P9-AFO-814

Latin American Dramatists since 1945

Recent Titles in
Bibliographies and Indexes in the Performing Arts

Latin American Dramatists since 1945

A Bio-Bibliographical Guide

Tony A. Harvell

Bibliographies and Indexes in the Performing Arts, Number 28

Westport, Connecticut
London

Library of Congress Cataloging-in-Publication Data

Harvell, Tony A., 1952–
  Latin American dramatists since 1945 : a bio-bibliographical guide / Tony A. Harvell.
    p. cm.—(Bibliographies and indexes in the performing arts, ISSN 0742–6933 ; no. 28)
  Includes bibliographical references and indexes.
  ISBN 0–313–32333–X (alk. paper)
    1. Latin American drama—20th century—Bio-bibliography—Dictionaries. 2. Dramatists,
  Latin American—20th century—Biography—Dictionaries. I. Title. II. Series.
  PQ7082.D7H37 2003
  862′.640998′03—dc22
    [B]   2003059671

British Library Cataloguing in Publication Data is available.

Library of Congress Catalog Card Number: 2003059671
ISBN: 0–313–32333–X
ISSN: 0742–6933

First published in 2003

Praeger Publishers, 88 Post Road West, Westport, CT 06881
An imprint of Greenwood Publishing Group, Inc.
www.praeger.com

Printed in the United States of America

∞™

The paper used in this book complies with the
Permanent Paper Standard issued by the National
Information Standards Organization (Z39.48–1984).

10 9 8 7 6 5 4 3 2 1

Contents

Preface

The theater in Latin America has evolved from a rich historical tradition rooted in Spain and in the indigenous cultures of the region. Since Independence, Latin America has experienced tremendous immigration from Western and Eastern Europe, the Middle East, Africa, and Asia. Consequently, many of the playwrights of latter have of the twentieth century were actually immigrants or children of immigrants. Therefore many of their cultural traditions are depicted in their plays. During the latter part of the twentieth century, dramatists such as Bertolt Brecht, Jean Ionesco, and Luigi Pirandello greatly influenced the work of Latin American dramatists, as many of them studied in Europe with these authors or their students. Latin American drama has also played an important role in social formation, and theater became an important instrument of social protest. Sadly, the military and political dictatorships of the late twentieth century had a chilling effect on theater and cultural production in general. The work of a number of dramatists was heavily censored. Many important playwrights either went into exile in neighboring countries, in the United States, or in Europe. Regrettably, some of them were actually imprisoned, tortured, or killed by the authoritarian regimes in place at the time.

This bio-bibliography identifies over 700 of the most important dramatists in twenty countries in Latin American who have written most of their work since 1950, arranged by country. Brief biographical information is provided, indicating any awards or prizes won by the playwright. Many playwrights were also directors or actors, and wrote in other genres as well. Most began writing plays after working in various other professions (law, medicine, and engineering, to name a few). The plays are listed in alphabetical order. The date in parentheses refers to the date the work was first produced, when that could be determined. Often plays are published after being produced, sometimes before, and sometimes they are never published. The bibliographical listing includes separate editions of the play, followed by references to the play in collections, anthologies, or periodicals. If there are translations in other languages, those are noted last. The index of over 7,000 titles follows English language alphabetization (*ch*, *ll*, and *ñ* are not treated as separate letters). The author entries use Library of Congress established headings whenever possible.

This reference work is designed to identify and locate biographical and bibliographical information about the rich dramatic tradition in modern Latin America. Many of these plays have been performed in North America, Europe, and Asia, a testament to the universality of drama in today's world.

BIO-BIBLIOGRAPHY

ARGENTINA

ARG 001

ABELENDA, OSCAR M. (1922-   ) was born in Buenos Aires and began his career as an actor. He helped found the Teatro Libre Enrique de Rosas which he also directed for a number of years. Along with other directors of independent theater he founded the Unión Cooperativa de Teatro Independientes in 1962. He has written musical comedy and drama as well as for radio.

Plays

A vos Che, Buenos Aires (1985).
Una aventura complicada (1973).
El cero a la izquierda (1973).
El cielo en el galpón (1985).
Cuando se pone el sol (1986).
Los días que se fueron (1986).
El extraño Señor Vertie (1979).
Flores de otoño (1984).
La gran patraña (1987).
Los que no eligieron (1979).
Triste domingo (1979).
Voces de la ciudad (1986).

ARG 002

ADELLACH, ALBERTO (1933-   ) is the pseudonym of Carlos Alberto Creste. He was born in Buenos Aires and worked in a number of careers including journalism before beginning to write for the theater. His plays have been translated into English, French, Portuguese, German, Italian, and Polish. He has lived in Spain and Mexico for a number of years.

Plays

Antígonia furiosa (1986).
Arena que la vida se llevó (1976).
Cada cosa en su lugar (1984).
Chau Papá (1971). In *Teatro*. Buenos Aires: Ediciones del Tablado, 1974. In *Teatro 70*. Buenos Aires: Comuna Baires, 1970.
Como quien dice Adellach (1974).
Cordelia de pueblo en puebla. Havana: Casa de las Américas, 1982.
Criaturas (1967). In *Teatro breve contemporáneo argentino, II*. Buenos Aires: 1967.
Esa canción es un pájaro lastimado (1971). In *Teatro*. Buenos Aires: Ediciones del Tablado, 1974.
Gimme 5 (1979). In *Conjunto*, no. 44 (April-June 1980), pp.16-73.
Hay golpes in la vida (1983).
Historia de desconocidos (1963) In *Teatro* Buenos Aires: Ediciones del Tablado, 1974.
Historias sin atenuantes (1972).
Homo dramaticus (1968). In *Teatro 70*, nos. 8-9 (1971). Published in Italian Rome: Instituto de Cultura Italo-Latinoamericano, n.d.
Job (1982).
Marcha (1969). In *Teatro*. Buenos Aires: Ediciones del Tablado, 1974. In *The Orgy; modern one act plays from Latin America*. Los Angeles: UCLA Latin American Center, 1974.
Nosferatu (1985).
Pájaros blancos sobre calles grises (1977).
Palabras (1963). In *Teatro*. Buenos Aires: Ediciones del Tablado, 1974.
¿Primero, qué? (1969).
Real envido. Buenos Aires: Ediciones de la Flor, 1984.
Sabina y Lucrecia (1980).
Vecinos y amigos (1966).
Vení que hay amor y bronca [with Roberto Espina] (1971).
Viaje de invierierno (1985).
La viña de Naboth (1979).
¿Y entonces, qué? (1970).

ARG 003

AGUIRRE, CORAL (1939-   ) was born in Bahía Blanca and studied music, dance, and theater as a child. After studying in Europe she returned to Argentina to work in the theater. Many of her plays deal with the period of the military dictatorship and the Falklands/Malvinas War. She also wrote plays for children.

Plays

Camila sin vueltas (1983).
El carretón de los sueños (1985).
La conquista (1984).
Crecer-Rock (1982).

La cruz en el espejo. Buenos Aires: Torres Agüero Editor, 1988.
Un cuento al revés (1977).
¿Dónde está el lobo feroz? (1977).
La farsa de Pathelin (1977).
Fuera de tiempo (1983).
Puerto White (1977).
Que me tapen la espalda (1981).
La salida (1985).
Secuestro y asesinato de Juana (1982).
Silencio-Hospital. Bahía Blanca, Argentina: Ediciones Senda, 1988.
Venid a ver la sangre por las calles (1972).

ARG 004

AGUSTONI, LUIS (1943-   ) was born in Buenos Aires and came to theater in the 1960's as an actor after having taught law. He won a number of prizes for his work, including the Premio Argentores twice for best comedy and best drama.

Plays

El bufón (1983).
El capitán Veneno (1980).
El protagonista ante el espejo (1988).
Variaciones sobre temas de Romeo y Julieta (1982).
Vida y milagros (1977).

ARG 005

ALBERTO, ALBERTO FÉLIX (1948-   ) was born in Buenos Aires and studied classical dance and philosophy at the Universidad de Buenos Aires. He later studied cinematography and worked as a director for a number of years before writing theater He received a number of awards for his work including the Premio Molière. His works have been performed in theater festivals in the United States, Canada, and other countries.

Plays

Don Juan, esa vieja rama (1982).
En los zaguanes, ángeles muertos (1990).
Un Hamlet de suburbio (1999).
Lulú ha desaparecido (1997).
La pasajera (1995).
La pestilería (1985).
Tango varsoviano (1987).

ARG 006

ALBERTO, ALEJANDRO (1943-   ) is the pseudonym of Alberto Lapadula who was born in Buenos Aires. He coauthored a play with Oscar Viale and was the sole author of a number of plays in the 1980's.

Plays
Camino negro [with Oscar Viale] (1984). In *Chúmbale; Camino negro*. Rosario, Argentina: Ediciones Paralelo 32, 1984.
Polo y Bebé (sus memorias) (1984).
La vida fácil (1981).
Visitante nocturno (1984).

ARG 007
  ALCAYAGA, ZULEMA (1983-   ) was born in La Pampa and has dedicated herself to children's musical theater. Her plays make use of regional music and folklore. She won the Premio Argentores.
Plays
El mundo de frutillitas (1985).
Los ositos juguetones en el mundo de frutillitas (1987).
Rosaluz (1981).

ARG 008
  ALIBER, ALICIA and BERNARDO are the pseudonyms of Bernardo Drimer and Alicia Kaplan de Drimer, a married couple who began writing theater together in the 1950's. They have won the Premio Nacional as well as regional prizes for their works.
Plays
El abrazo de madera. In *Teatro A.B. Aliber*. Buenos Aires: Corregidor, 1999.
Un abuelo gaucho. Buenos Aires: Carro de Tespis, 1974.
Caza de herederos (1958). Buenos Aires: Carro de Tespis, 1958. In *Teatro A.B. Aliber*. Buenos Aires: Corregidor, 1999.
El chivo en la pieza.
La ciudad de los novios (1964). Buenos Aires: Carro de Tespis, 1967. In *Teatro A.B. Aliber*. Buenos Aires: Corregidor, 1999.
La conferencia del año 3000. In *Teatro A.B. Aliber*. Buenos Aires: Corregidor, 1999.
De una sola pieza (1956). Buenos Aires: Maicel, 1984. In *Teatro A.B. Aliber*. Buenos Aires: Corregidor, 1999.
Doña Sinceridad.
Es increíble lo que se puede creer.
Esos quince segundos.
Ha llegado un plato volador (1968). Buenos Aires: Carro de Tespis, 1967. In *Teatro A.B. Aliber*. Buenos Aires: Corregidor, 1999.
Mis abuelos campesinos (1972). Buenos Aires: Carro de Tespis, 1974; Buenos Aires: Maicel, 1984.
Oh, la superstición. Buenos Aires: Corregidor, 1998.
Recuerdos de Papá. In *Teatro*. Buenos Aires: Corregidor, 1998.
Sabotaje en el infierno o Ese amor terreno (1955). Mexico City: Ediar, 1959; Buenos Aires: Carro de Tespis, 1969. In *Teatro A.B. Aliber*. Buenos Aires: Corregidor, 1999.

La trama de la vida. Buenos Aires: Corregidor, 1998.

ARG 009
ALLADIO, OMAR (1918-1987) was born in Buenos Aires and began writing radio theater while very young. Many of his plays have gaucho themes and deal with the urbanization of Buenos Aires in the early twentieth century.

Plays
A mi marido lo tiré por el balcón.
La cruz del sacrificio (1950).
Cuando nos falta mamá (1970).
Ha muerto un péon de campo (1970).
Juan de la noche (1971).
Juan de los tristes amores (1971).
Juan Moreira el gaucho inmortal (1970).
Lecciones prohibidas.
La sombra de Pancho Sierra (1967).
Soy Tango, el último malevo (1968).
Yo soy José Betinoti (el payador de las madres) (1956).

ARG 010
ANANÍA, FRANCISCO became active in the experimental theater movement in Argentina in the early 1980's. He won the Premio Coca-Cola en las Artes y Ciencias in 1983.

Plays
Reúnion (1983). In *Teatro argentino, año 1983*. Buenos Aires: Editorial Belgrano, 1983.
El último domingo (1982). Córdoba, Argentina: Municipio de Córdoba, 1983.
El viento se lo llevó [with Roberto Cossa, Jacobo Lagsner and Eugenio Griffero] 1983).

ARG 011
ANDRADE, NORA ELYDA (1957-   ) was born in Buenos Aires and studied comparative literature in France. She won the Premio Argentores and was a finalist for Spain's prestigious Premio Tirso de Molina, as well as other awards. She is currently a professor of literature at the Universidad del Salvador and at the Universidad de Buenos Aires.

Plays
Los artisstass (1983).
Los buenos momentos (1986).
Del largo descenso de Pancho a la ciudad (1979)
La escena está lista (1988). Mérida, Spain: Editorial Regional de Extremadura, 1988.
Juglarías (1980).

Su vida y milagros del pobrecito Mateo (1978).
Tragicicomedia de Abelardo y Eloysa (1988).

ARG 012
ANTONIETTO, ELENA DORA (1931-   ) was born in Buenos Aires and has been associated with the vanguard theatrical group of the Teatro Yenesi. She has won various regional prizes and has written extensively for television.

Plays
Circus-loquio [with Eduardo Pavlovsky] (1969).
Mea culpa (1971). Buenos Aires: Talía, 1972.
Nada para respirar [with Ricardo Halac] (1971).
Podría ser yo (1983).
Y nunca supe por qué (1986)

ARG 013
ARDILES GRAY, JULIO (1922-   ) was born in Monteros, Tucumán, and educated in Buenos Aires. He worked as a journalist, poet, and also wrote narrative. His plays are often characterized by black humor and a use of the grotesque. His work was much influenced by the European vanguard of the 1950's.

Plays
Arroz con leche.. me quiero casar (1970). In *Vecinos y parientes*. Buenos Aires: Ediciones de la Flor, 1970.
Auto de fe en las Indias (1988*)*. In *Personajes y situaciones*. Buenos Aires: Torres Agüero Editor, 1989.
Cambiemos los papeles (1968). *In Fantasmas y pesadillas: teatro (1971-1978)*. Buenos Aires: Centro Editor de América Latina, 1983.
Cermonía inútil (1975). In *Fantasmas y pesadillas: teatro (1971-1978)*. Buenos Aires: Centro Editor de América Latina, 1983.
Los cinco sentidos. In *Personajes y situaciones*. Buenos Aires: Torres Agüero Editor, 1989.
De Boedo a Montmartre (198?).
Egloga, farsa y misterio (1951). San Miguel de Tucumán, Argentina: Jano, 1961.
La farsa del Rico Tarugo y el Doctor Gañote. In *Talía*, año 2, Vol. 1, no. 10 (1955), pp. 20-23.
La flor azteca (1976). In *Fantasmas y pesadillas: teatro (1971-1978)*. Buenos Aires: Centro Editor de América Latina, 1983.
Los gemelos. In *Delirios y quimeras: teatro 1979-1992*. Buenos Aires: Corregidor, 1993.
Gulliver (1970). In *Vecinos y parientes*. Buenos Aires: Ediciones de la Flor, 1970.

La muralla invisible (1989). In *Personajes y situaciones.* Buenos Aires: Torres Agüero Editor, 1989.

La noche del crimen perfecto (1989). In *Personajes y situaciones.* Buenos Aires: Torres Agüero Editor, 1989.

La sombra del padre. In *Delirios y quimeras: teatro 1979-1992.* Buenos Aires: Corregidor, 1993.

La última cena (1970). In *Vecinos y parientes.* Buenos Aires: Ediciones de la Flor, 1970.

La verdadera historia del doctor Fausto y como fue vencido por el señor del tiempo. In *Delirios y quimeras: teatro 1979-1992.* Buenos Aires: Corregidor, 1993.

Visita de novios (1970). In *Vecinos y parientes.* Buenos Aires: Ediciones de la Flor, 1970.

ARG 014

ARMAGNO COSENTINO, JOSÉ (1904-   ) was born in Buenos Aires and produced his first play at age nineteen. He has written dramas, histories, and comedies as well as children's plays,.many of which have been produced for radio. He founded and co-directed the independent theater group "Tinglado Libre" which produced most of his plays. He won the Premio Nacional in 1947.

Plays

La bestia de ojos afilados (1958).

La boca ya tiene dientes (1966). Buenos Aires: S.E.P.A., 1967.

El deseo de verde quedó vestido (1960).

Desnuda de silencio (1951).

La disputa del fruto (1944). Buenos Aires: Editorial Verbo, 1945.

Fuga de estrella (1943).

Grita (1947).

Justo del Parque, el último orejón del tarro. Buenos Aires: S.E.P.A., 1975.

Luna quebrada (1950).

Más que la fuerza del amor (1923).

Mayúscula minúscula, minúscula mayúscula. Buenos Aires:S.E.P.A., 1975.

Ni un bocado para el caballo (1961).

No siempre dos más uno suman tres (1962). Buenos Aires: S.E.P.A., 1967.

El novio invisible (Amor en soledad) (1962). In *Teatro de una voz.* Buenos Aires: Cuadernos del Siroco, 1962.

Palacios diputado del pueblo (1965).

¿Qué hago con la llave si la cosa cambió la cerradura? Buenos Aires: S.E.P.A., 1973.

Una rosa en la crin (1959).

Sesenta y siete personajes reclaman un escenario. Buenos Aires: S.E.P.A., 1979.

Sueños azules en el tiempo verde (1966).

Teatro en el patio. Buenos Aires: Editorial Verbo, 1961.

ARG 015
AROLDI, NORBERTO LUIS (1931-1978) was born in Buenos Aires and studied broadcasting at the Instituto Superior de Enseñanza. He later received a scholarshop to study in Italy where he worked with film director Federico Fellini. He then moved to Mexico and and wrote screenplays and produced live shows. Upon returning to Argentina he began producing films as well as plays.

Plays
El andador; *Discepoliana* (1966). Buenos Aires: Talía, 1966. [Later produced as *Nosotros dos somos tres, Discepoliana* in 1976.]
Catalina Chin Pum.
Esquina de tango (1965).
Este flaco, flaco Buenos Aires (1977).
Un triste fabricante de alegrías (1953).

ARG 016
AULES, ROBERTO (1924-1978) was born in Buenos Aires but was orphaned at five years of age. By age fifteen, he was already writing and directing plays. He was strongly influenced by Spanish playright Federico García Lorca and was a pioneer in Argentine children's theater.

Plays
Las aventuras de Mariquita Pérez (1955).
Canciones que me enseñó mamá (1958).
El chocolatín de Frank Brown (1961). Buenos Aires: Carro de Tespis, 1967.
Farándula infantil (1941).
El monigote de la pared (1955).
El niño héroe (1939*). In Revista Trimestral del Patronato Nacional de Menores* (July-August-September 1941).
Los de la calle (1940).
Una nueva caperucita (1960).
Rompecabezas para armar, cantar y bailar (1963).
La rosa con flecos (1965).
Se me ha perdido un perrito (1956).

ARG 017
BACCARO, JULIO (1940-   ) was born in Quilmes and began working as an actor in independent theaters and in television. He founded and worked as a director of the independent theater "El Candil" in Quilmes. He won a number of prizes at the regional level and in 1971 received the Premio Pirandello from the Italian government. He also served as an acting director for the Teatro Nacional Colón in the 1980's.

Plays
Cuando nos vamos (1967). In *Talia*, nos. 9-10 (1969), p.35.
El duende por el camino (1969).
Escondamos a las visitas (1966).
Mi Buenos Aires de entonces (1985).

La señora Claudia y Miau (1969).

ARG 018

BAJARLÍA, JUAN-JACOBO (1912-) was born in Buenos Aires and worked as a lawyer in addition to writng drama, poetry, essays, history, science fiction, and detective stories. He was awarded the Premio Cuadernos del Siroco in 1963.

Plays

La billetera del diablo (1969).
La confesión de Finnegan (1961).
La esfinge (1955).
Monteagudo (1962). Buenos Aires: Talía, 1962.
Pierrot (1956).
Los robots (1955).
Telésfora (1972).
Las troyanas (1956).

ARG 019

BALLA, ANDRES (1921-) was born in Budapest and immigrated to Argentina in 1939. He was trained as a physician and was the author of several scientific works in addition to novels, short stories and theater. He won the Premio Municipal de Buenos Aires in 1966. Two of his works were finalists for Spain's Premio Tirso de Molina.

Plays

Abundancia (1976).
Las aguas negras.
El armisticio.
Dos por dos son seis (1963).
Estrella y barro (1959). Buenos Aires: Carro de Tespis, 1959.
Ficción y apocalipsis.
Homo sapiens y Bomba.
El Inca Túpac Amaru (1971). Buenos Aires: Instituto Luchelli Bonadeo, 1971.
Los lagartos.
Lorenzino (1976).
Los que respondieron al fuego. Buenos Aires: Autores Argentinos Asociados, 1975.
La niña que bailaba. In *Piezas cortas.* Buenos Aires: Ediciones del Siroco, 1965.
La nube.
Oscar el Terrible.
El primer paciente.
La República de Granato (1966).
Somos pájaros (1989).
El trapo de piso [performed as *Cercados*].
Viana (1977). Buenos Aires: Torres Agüero Editor, 1994.

ARG 020
BARACCHINI, DIEGO (1936-   ) was born in Buenos Aires and grew up in Lincoln. He trained in civil engineering but began acting at a young age. He wrote a number of novels in the 1960's and later began writing plays with Jacobo Langsner. He received a number of awards including the Medalla de Oro de Argentores and the Premio Muncipio del Teatro. His plays have been performed in Chile and Peru in addition to Argentina.

Plays

El baile de las sirvientas (1971).
La condesa del Abasto [with Jacobo Langsner].
El día menos pensado [with Jacobo Langsner].
Medio mundo (1966) [with Jacobo Langsner].
Se acabaron los lobos para mí [with Jacobo Langsner].

ARG 021
BARONI, RAÚL (1944-   ) was born in Buenos Aires. After studying law, he abandoned that career to study acting with the famous Catalan actress and drama teacher Margarita Xirgú. He worked first with the "Grupo Arco Iris" and later became a director of the Teatro Escena Libre. He wrote a number of children's plays as well as plays for adults.

Plays

Concierto de Chupetín.
Doña Tos de Carrasepera y su resfriada parentela.
Experiencia (miedos y silencios) (1977).
Ja, je, ji, jugando.
El jardín de las maravillas.
Locas maravillas (1979).
La Opereta Metereta.
Pequeños queridos (cuidado que están los chicos) (1982).
Un paseo por el juego.
El regreso de Doña Tos de Carraspera.
La revolución casera de Doña Tos de Carraspera.

ARG 022
BASCH, ADELA (1946-   ) was born in Buenos Aires and is a professor of literature at the Universidad de Buenos Aires. She has been an active promoter of reading throughout the country. She won the Premio Argentores in 1982 and has concentrated on writing narrative in recent years.

Plays

Abran cancha que aquí viene don Quijote de la Mancha (1979). Buenos Aires: Ediciones Colihue, 1990.
En un lugar de la Mancha [with Andrés Bazzalo] (1987).
Los árboles no son troncos (1982).

Marchietta (1988).
Minutos a toda hora (1985).
Oiga, chamigo aquará. Buenos Aires: Ediciones Colihue, 1985.
El velero desvelado (1982).
Vos que tenés un bosque (1988).

ARG 023
  BAZZALO, ANDRÉS (1954-   ) was born in Posadas and studied theater at the Instituto Federal del Teatro. He worked as both an actor and director and began writing plays in 1980. He has done research and conducted workshops on children's theater in Latin America and in Europe. He is Vice President of the Centro Argentino de Teatro para la Infancia y la Juventud.

Plays
  Un día de pesca (1985).
  En un lugar de la Mancha [with Adela Basch] (1985).
  La hormiga Tomasa (1980). Buenos Aires: Libros del Quirquincho, 1987.
  Toño, un grito en la ciudad (1989).

ARG 024
  BELLIZI, SALVADOR (1927-   ) began his career writing soap operas for radio under the pseudonym Víctor del Valle. He later wrote dramas and comedies as well as children's theater. He won the Premio Argentores in 1966.

Plays
  Alcoba para tres (1969).
  Amor en pijama.
  Las aventuras de Chiribín en un planeta sin sonrisas (1965). Buenos Aires: Carro de Tespis, 1967.
  Chiribín del bosque (1963).
  Cohete a la luna (1959).
  Cuando Adán perdió la hoja.
  Cuando rondan los cuervos (1954).
  De la tierra al espacio en una estrella (1962).
  Dúo-Show-Dúo-Show-Dúo-Show (1969).
  En el reino de la luna (1959).
  Un escalón y el cielo (1962).
  El más lindo con amor (1976).
  Misión a Venus (1957).
  La navidad del pobrecito de Asís (1961).
  Primero huevo después Pichón (1978).
  El rey, la ronda y la flor (1964).
  La risa mágica (1966).
  Rumbo a Marte (1958).
  ¡Yo quiero ..pero ella no! (1975).

ARG 025
BEN HASSAN, GUILLERMO (1935-   ) was born in Buenos Aires and became interested in theater as child. He studied with a number of well known acting coaches, including Lee Strassberg. Most of his plays are expressionist, however he has also written children's theater and realist dramas.

Plays

Ah... la libertad, la paz y la justicia (1969).

Los argentinos descendemos de...los barcos (1989). Buenos Aires: Editorial El Escriba, 2001.

Chocolate show (1967).

Ciento y uno [i.e. 101] (1979).

Cosas nuestras (1977).

España del siglo XIV (1971).

El gobernador.

Helado show (1968).

La historia del nuñeco que quiso ser hombre (1968).

Hoy ensayo con todo (1970).

Los muchacos.

Muchachos, vamos a hacer teatro! (1971).

No te metás, Juan (1973).

La pasión y muerte de Silverio Leguizamón (1969).

El problema (1968).

¿Qué será?

Siempre es.. y será lo mismo (1971).

Travesuras en el oeste (1970).

ARG 026
BERENGUER CARISOMO, ARTURO (1905-   ) is the grandson of famous Argentine actress Rita Carbajo. He studied law and was a professor of law and Spanish literature at various universities. He was dean of the Facultad de Filosofía y Letras at the Universidad de Buenos Aires for over twenty years and was a theater and literary critic as well as poet. He won the Premio Nacional de Teatro in 1949. He has edited a number of anthologies of drama and literature.

Plays

Cenicienta calza el 34 (1959).

Hay que salvar la primavera (1954).

Los héroes deben estar muertos (1957).

Hotel de ilusos (1974).

Jasón ha perdido el tiempo. Buenos Aires: Filofalsía, 1989.

La noche quieta (1941).

La piel de la manzana (1949).

Vuelve la Bella Durmiente (1977).

ARG 027

BERNARDO, MANÉ (1913-   ) was born in Buenos Aires and began working with puppets at the age of twenty. He has spent most of his life writing plays for puppets. In 1944 he founded the Teatro Nacional de Títeres of the Instituto Nacional de Estudios de Teatro. He established his own puppet theater group with Sara Bianchi, with whom he performed throughout Latin America and Europe.

Plays

Antología de obras de títeres y teatro. Buenos Aires: Latina, 1986.

Arriba las manos, historias con títeres (1977).

Aventuras de Ritirí y el gigante Tragavientos. Buenos Aires: El Títere Azul, 1964.

Con las manos en la masa [with Sarah Bianchi] (1971).

El encanto del bosque. Buenos Aires: Ata, 1958.

Hoy títeres [with Sarah Bianchi] (198?).

Jugando a Simbad el Marino [with Sarah Bianchi] (1979).

Mano a mano con el tango (1978).

Una peluca para la luna [with Sarah Bianchi] (1969).

Revolviendo cachivaches [with Sarah Bianchi] (1971).

Teatro de sombras. Buenos Aires: Actilibro, 1991.

Teatro de títeres. Buenos Aires: Instituto Nacional de Estudios de Teatro, 1955.

Títeres para jardineras [with Sarahh Bianchi]. Buenos Aires: Estrada, 1988.

Títeres. Buenos Aires: Títeres. Buenos Aires: Latina, 1972.

Títeres: educación. Buenos Aires: Angel Estrada, 1977.

Toribio quiere volar [with Sarah Bianchi] (198?) .

Toribio se resfrió [with Sarah Bianchi]. Buenos Aires: Libros del Quirquincho, 1990.

Los travesios diablillos (1962).

ARG 028

BERTOLUCCI TSUGUI-MORI, ANTONIO (1906-   ) was born in Pinar del Río, Cuba, and studied civil and canon law in Madrid and philosophy and literature in at the University of Toulouse in France. Many of his early plays were performed in Spain. He immigrated to Argentina in 1941 where his plays were produced in Buenos Aires. He was awarded Cuba's Premio José Martí in 1954.

Plays

Alas y sombras (1934)

Un árbol que es una perca (1970).

La bofetada (1957).

La calesita del ensueño (1965).

Coral (1954).

Corcel del viento (1965).

Espectador de domingo (1966).

Ilusión de las Máscaras (1953).
Inocente en la isla imaginaria (1937).
Una isla en el asfalto (1966).
López (1956).
La madre del milciano (1937)
Monodrama a transitores (1965).
La muchacha de la Plaza Lavalle (1967).
El pelícano borracho (1949).
Primera guardia (1952).
Proletarios (1931).
Tres hombres y yo (1933).
Truste (1934).

ARG 029
BETTI, ATILIO (1922-   ) was born in San Fernando and became involved with the independent theater movement in the 1950's. He won the Premio Nacional de Drama as well as other national and international prizes.

Plays
El buen glotón (1959).
Chaveta (1966). Buenos Aires: Carro de Tespis, 1966. In *Comentario*, no. 32 (1962). '
Comedieta. San Fernando, Argentina: Ateneo Popular E. Echeverría, 1976.
La culpa (1957).
El cuerpo y las águilas. San Fernando, Argentina: Ateneo Popular E. Echeverría, 1976.
La edad del hambre (1952).
Farsa del corazón (1953).); Buenos Aires: Editores Huemul, 1970; Buenos Aires: Editorial Torres Agüero, 1990; In *Talía*, nos. 19-20 (1960).
Francisco Bernardone (1964). Buenos Aires: Teatro Expresión, 1955; Buenos Aires: Talía, 1964.
Fundación del desengaño (1960). Buenos Aires: Talía, 1960.; Buenos Aires: Centro Editor de América Latina, 1973. In *Teatro argentino contemporáneo*. Madrid: Aguilar, 1973
La noche lombarda (1984). Buenos Aires: Plus Ultra, 1984.
El nuevo David (1980).
Sanseacabo (1971). Buenos Aires: Plus Ultra, 1986.
La selva y el reino (1969). Buenos Aires: Librería Huemul, 1970.

ARG 030
BIANCHI, SARAH (1922-   ) was born in Buenos Aires and became involved in puppet theater by working with Mané Bernardo. She also wrote a series of plays for hand puppets aimed at adults. She created the foundation Mané Bernardo and has mounted numerous exibitions of puppet plays.

Plays

Arriba las manos [with Mane Bernardo] (1977).
Con las manos en la masa [with Mané Bernardo] (1971).
Historia con títeres (1977).
Hoy, títeres [with Mané Bernardo]..
Jugando a Simbad el Marino [with Mané Bernardo] (1979).
Pantimanos (1983).
Una peluca para la luna [with Mané Bernardo] (1960).
Revolviendo cachivaches [with Mané Bernardo] (1971).
Títeres para jardineras [with Mané Bernardo]. Buenos Aires: Estrada, 1988.
La tierra de Alvar González (1982).
Toribio quiere volar [with Mané Bernardo].
Toribio se resfrió [with Mané Bernardo]. Buenos Aires: Libros del Quirquincho, 1990.

ARG 031

BITMAN, CLARA (1935-   ) was born in Montevideo, Uruguay, but grew up in Buenos Aires. She is an acting coach and has written theater and television for children. Her work has been performed in Spain, Cuba, and Puerto Rico. She received the Premio Argentores in 1983.

Plays

Cuento de sol a sol (1976).
Jueguemos a la poesía (1970).
La panza del tiempo (1978).
Pasado por agua (1981).
Un pedacito de vuelo (1983).
La siesta de los chupetines (1977).
El tío silencio (1973).

ARG 032

BOCCANERA, JORGE A. (1952-   ) was born in Bahia Blanca. He has written poetry, essays and worked in journalism, in addition to writing drama. His work debuted in the Teatro Abierto cycle in 1982. He won the Premio Casa de las Américas in 1976 and the Premio Nacional de Poesía Joven de México in 1977.

Plays

Arrabal amargo. Buenos Aires: Teatro Abierto, 1982.
Perro sobre perro (1985). In *Escena* (San José, Costa Rica), no.32-33 (1993-1994), pp.141-159.

ARG 033

BORTHIRY, ENRIQUE DAVID began writing for the Argentine newspaper *La Nación* at age nineteen. He also has written poetry and narrative. His plays often deal the the lives of ordinary workers and fishermen. He received the Premio de la Dirección Municipal de Turismo del Mar del Plata in 1964 and 1965.

Plays
La araña tejedora (1984).
La casa del mono que ríe (1963).
La copa del pescado rojo (1966).
La gaviota que comía sol (1964).

ARG 034
  BORTNIK, AÍDA is a journalist, television and screenwriter, dramatist, and director. She began her career as an actress and later studied drama and criticism. In 1976 she went into exile in Europe, fleeing Argentina's military regime. She has received the Premio Argentores as well as numerous awards for her screenplays, including *La historia oficial (Official Story)* which received an Academy Award in the United States.
Plays
De a uno (1982).
Domesticados (1982). Buenos Aires: Argentores, 1988.
Papá querido (1981). *In Teatro breve contemporáneo argentino.* Buenos Aires:Ediciones Colihue, 1986; *21 estrenos argentinos.* Buenos Aires: Teatro Abierto, 1981.
Primaveras (1984). Buenos Aires: Teatro Municipal General San Martín., 1985.
Soldados y soldaditos (1972).

ARG 035
  BOSCH, JORGE E. (1925-   ) was born in Buenos Aires and is a professor of mathematics at the Universidad Nacional de la Plata. He lived for two years in France where he was studying mathematics. While there he wrote two plays in French. Upon returning to Argentina he wrote highly abstract theater, heavily influenced by the French absurdists.
Plays
Los abyectos. Buenos Aires: Huemul, 1964.
Noche de primavera. Buenos Aires: Carro de Tespis, 1966.
Nuit de printemps [in French] . In *Perspectives du Théâtre,* no. 6 (1960).
York [In French] . In *Perspectives du Théâtre,* no. 4 (1960).

ARG 036
  BRAMBILLA, RAÚL (1956-   ) was born in Devoto, Córdoba and has worked as an actor, director and author. He also studied cinematography at the Universidad Nacional de Córdoba. He helped form the independent theater troupe "La Banda Trama" which has presented plays in New York and throughout Latin America
Plays
Cómicos (1987).
El corazón en una jaula (1983).
El gran Ferruci (1984).
¡Qué bella canción! (1981).

Sueños (1987).
Tristes gatos (1985).
Viejo mago ya sin fuerzas (1985).

ARG 037
BRESSAN, ALMA (1928-   ) is the pseudonym of Alma de Cecco. She was born in Buenos Aires and in the 1950's began writing radio plays She was a fervent admirer of the work of Italian dramatist Ugo Betti and moved to Italy and where she worked as a translator.Upon returning to Argentina, she wrote a number of plays that were performed in Buenos Aires and throughout the country. She won a number of awards for her work, including the Premio de la Fundación Nacional de Arte.

Plays

Adiós, Mamá Claudia (1958). Buenos Aires: Carro de Tespis, 1959.
La colmena (1962).
El león de crines de oro (1965).
Nunca te diré que sí (1970).
Que Irene duerma (1969).
El undécimo mandamiento (1974).
Y serás una sombra (1954)

ARG 038
BRISKI, NORMAN (1938-   ) is the pseudonym of Naum Briski who was born in Santa Fe. He began working as an actor in the 1960's and was active at the Instituto Torcuato di Tella. He is known as an actor, director, and playright.

Plays

Alfalfa (1986). In *Teatro del actor: obras de Norman Briski*. Buenos Aires: Atuel, 1996.
El astronauta. In *Teatro del actor: obras de Norman Briski*. Buenos Aires: Atuel, 1996.
Briskosis y Jazzpium.
Cena incluida. In *Teatro del actor: obras de Norman Briski*. Buenos Aires: Atuel, 1996.
Elecciones generales.
Fin de siglo. In *Teatro del actor: obras de Norman Briski*. Buenos Aires: Atuel, 1996.
La hortaliza (1968).
El niño envuelto (1966).
Observaciones y otras cosas (1970).
Rebatibles (1988). In *Teatro del actor: obras de Norman Briski*. Buenos Aires: Atuel, 1996.
Verde oliva. In *Teatro del actor: obras de Norman Briski*. Buenos Aires: Atuel, 1996.

ARG 039
BUCHIN, MIRKO (1932-   ) was born in J.B. Molina, Santa Fe and grew up in Rosario. A number of his plays were produced in Tucumán and Mendoza where he won various prizes. His work has also been performed in Uruguay and Spain. He was awarded the Premio Argentores in 1975. He has also taught at the Escuela Nacional de Arte Dramático.

Plays

La caja del amanaque (1968). In *Teatro*. Rosario, Argentina: Editorial Fundación Ross, 1992.

La casa de Ula (1971). In *Teatro*. Rosario, Argentina: Editorial Fundación Ross, 1992.

La linterna (1969). In *Teatro*. Rosario, Argentina: Editorial Fundación Ross, 1992.

Los paseítos de Manuela y Miguel (1974).

Por simpatía (1973). In *Teatro*. Rosario, Argentina: Editorial Fundación Ross, 1992.

El tucán escocés (1970).

La valija del rompecabezas (1968).

Víctor en el país (1984). In *Teatro*. Rosario, Argentina: Editorial Fundación Ross, 1992.

ARG 040
BUENO, PABLO (1923-   ) worked as a theater producer before beginning to write plays under the pseudonum of José Makia. Some of his plays went on to become movies.

Plays

A la vejez...acné (1968).

Amarga melodía. Buenos Aires: Freeland, 1979.

El amor y la hiel. In *Tres obras de Pablo Bueno*. Buenos Aires: Repertorio, 1972.

La bailarina (1969).

Doce estrellas. Buenos Aires: Ediciones Argentinas Contemporáneo, 1971.

Extramatrimonial. In *Tres obras de Pablo Buenos*. Buenos Aires: Repertorio, 1972.

La ilusión es azul. Buenos Aires: Carro de Tespis, 1967.

Intimidad conyugal (1966).

El llorón (1968).

Un matrimonio sin cama [with Roberto Talice] (1967).

Los novios de mi novia (1962).

Las píladoras (1970).

La ronda de los vagabundos (1970). Buenos Aires: Carro del Tespis, 1965.

Sakyamuni ha muerto. In *Tres obras de Pablo Buenos*. Buenos Aires: Repertorio, 1972.

ARG 041

BUFANO, ARIEL (1931-   ) was born in San Rafael, Mendoza and worked as a puppeteer, director, acting coach, and dramatist. He was active in incorporating puppet plays into the Teatro Municipal General San Martín in Buenos Aires. His work has received national prizes and has been performed in international festivals.

Plays

Amor de don Perlimplín con Belisa en su jardín.
La bella y la bestia (1981). Buenos Aires: Buenos Aires: Libros del Quirquincho, 198?
Carrusel titiritero.
David y Goliat.
El encuentro.
El gran circo criollo.
La historia de Guillermo Tell y su hijo gualterio (1986).
La lágrima de María.
Mimodrama de las Rosas.
El payaso maravilloso.

ARG 042

CAMPOAMOR, MARÍA JOSÉ (1946-   ) was born in France and came to Argentina in 1949. She began her career as an actress and still acts. A great admirer of Ingmar Bergman, her work has been performed throughout Latin America and Europe. She was a finalist for the Premio Casa de las Américas in 1967. Since 1984 she has primarily written for television.

Plays

Buenas personas.
Cero cero ocho [i.e. 008] se va con la murga (1985). In *Conjunto*, no. 72 (April-July 1987), pp.70-103. Buenos Aires: Teatro Municipal General San Martín, 1985.
Gritos y susurros (1980).
Metamorfosis 87 (1987) .
Odisea.
Oh, soledad, oh, compañia.

ARG 043

CAREY, BERNARDO (1934-   ) was born in Buenos Aires and studied at the Escuela de Bellas Artes and in a number of theater workshops. He helped form several theater groups including the "Teatro de Cristal" and "La Calle." He won a number of prizes including the Premio Nacional , Premio UNESCO, and the Premio Municipal.

Plays

Caballeros del centenario (1974).
Cándido (1981).
Capitanes de la arena (1988).

Cero en conducta (1981).

Cosméticos (1976).

Don Miseria y Margarita o Nuestro Fausto y su diablo (1982).

Los dos ladrones (1986). Buenos Aires: Subsecretaría de Cultura, Dirección General de Escuelas y Cultura, Provincia de Buenos Aries, 1987.

Encuentro casual (1982).

El fin de la ilusión (1980).

El hombre de yelo (1976). In *Teatro de Bernardo Carey*. Buenos Aires: Editores de América Latina, 1998.

Homero. In *Teatro de Bernardo Carey*. Buenos Aires: Editores de América Latina, 1998.

Patagónicas (1987).

El sillico de alivio (1973). Buenos Aires: Teatro Municipal General San Martín, 1985.

La transa. In *Teatro de Bernardo Carey*. Buenos Aires: Editores de América Latina, 1998.

La vida es bella sin embargo (1976).

ARG 044

CARLINO, CARLOS (1910-   ) was born in Ontiveros, Santa Fe and worked as journalist and poet in addition to writing drama. He wrote a number of plays for puppets as well as television scripts. He won the Medalla de Oro from Argentores in 1953 as well as the Premio Nacional de la Comisión Nacional de Cultura for his work in poetry and children's theater.

Plays

Las aventuras de Juan Tordo.

La biunda. Buenos Aires: Editorial Ambar, 1955; Buenos Aires: Carro de Tespis, 1969.

Un cabello sobre la amohada (1960). Buenos Aires: Cátedra Lisandro de la Torre, 1958.

Casamiento en Moisesville (1976).

Cuando trabaje (1959). Buenos Aires: Cátedra Lisandro de la Torre, 1958.

Esa vieja serpiente engañadora (1955). Buenos Aires: Cátedra Lisandro de la Torre, 1958.

Está la soledad (1962). In *Teatro*. Buenos Aires: R. Campos, 1970.

El fantasma Benito.

Los ladrones y el vigilante ladrón .

Lázaro vuelve (1957).

Siempre hace falta alguna cosa.

Todos contra la pared. In *Teatro*. Buenos Aires: R. Campos, 1970.

La última palabra (1956).

Un viaje por un sueño (1959).

ARG 045

CARLO, OMAR DEL (1918-1975) was born in La Plata and produced a number of plays, some based on classical mythology. He received various prizes at the national leval and one of his plays was made into an opera and performed at La Scala Opera House in Milan. In 1964 he moved to New York where he worked as a journalist and translator at the United Nations.

Plays

Donde la muerte clava sus banderas (1959).
Electra al amanecer (1948).
El jardín de ceniza (1955). Buenos Aires: Editorial Nova, 1956.
Proserpina y el extranjero (1956). Buenos Aires: Editorial Nova, 1956.

ARG 046

CARREÑO, VIRGINIA (1912-   ) is the pseudonym of Elsa Raquel Michel Krasting de Rivero Haedo who was born in Paris. In addition to theater, she has written novels and worked as a journalist. She was awarded the Premio Oltat-Poseidón.

Plays

La amansadora (1956). In *Teatro completo*. Buenos Aires: Torres Agüero Editor, 1995.
La casamentera (1959).
Cóctel (1957). In *Teatro completo*. Buenos Aires: Torres Agüero Editor, 1995.
El collar. In *Teatro completo*. Buenos Aires: Torres Agüero Editor, 1995.
Díalogos de 1810 el triunfo (1978). Buenos Aires: Editorial Padee, 1973.
Gobernador de la Rosa. San Juan, Puerto Rico: Editorial San Juanino, 1966.
El grabador. In *Teatro completo*. Buenos Aires: Torres Agüero Editor, 1995.
La maestra del piano. In *Teatro completo*. Buenos Aires: Torres Agüero Editor, 1995.
La mariposa (1959).
Parque Lezama Lima (1959).
Subterráneo (1956). Buenos Aires: Editorial Poseidon, 1957.

ARG 047

CARRERA, CLARA (1950-   ) was born in Buenos Aires and worked as an actress, translator, poet, screenwriter, as well as dramatist. Many of her plays were written for children.. Her plays for adults often contain social criticism of contemporary urban Argentine society.

Plays

Al señor consumidor.
Ama, Amalia, Ama.
El chocolate.
Dulce René.
Eligía para Luisito.
Esta noche soñamos con los otros.

Felicidades, Irene.
Los guantes azules.
Hoy vamos a cocinar (1978).
Q.E.P.D.
Sobre brujas y brujitas (1977).
Super Agente Distraidus (1977).

ARG 048

CASALI, RENZO (1939-   ) is known for his work at the Centro Dramático de Buenos Aires and on the periodical *Teatro 70*. He is a proponent of "teatro opcional" and "teatro canalizado," avant garde theater that uses propaganda, sexualization, and rebellion. During the military regime in 1973 he sought asylum in Italy where he produced several unpublished works. His works have been produced at international theater festivals in Italy and France.

Plays

Cuento para la hora de acostarse.
Francisco y María. In *Teatro 70*, no. 52/53 (1973).
La peste (Plaga Sacramental en XII secuencias). In *Teatro 70*, no.42/43, (1972).
Los hipocóndricos. In *Primer Acto*, no. 103 (1968).
Maximiliano diez años después. In *Teatro 70*, no. 6/7 (1971).
Water-Closet. In *Teatro 70*, no. 36/41 (1973).

ARG 049

CASTILLO, ABELARDO (1935-   ) was born in San Pedro, Argentina and worked primarily in narrative before turning to theater. His most important play *Israfel* has been performed in Europe and the United States and has been translated into English, Czech, Polish, French and Italian. He was awarded the Premio Gaceta Literaria in 1961.

Plays

A partir de las 7 (1968*).* In *Teatro*. Buenos Aires: Silcograf, 1968; *Teatro completo*. Buenos Aires: Emecé Editores, 1995.
Also Sprach el Señor Núñez.
Conejo.
El hombre de la capa al revés (1986).
Israfel. Buenos Aires: Editorial Losada, 1974; Buenos Aires: Grupo Editor, 1976; Buenos Aires: Seix Barral, 2001. In *Teatro completo*. Buenos Aires: Emecé Editores, 1995.
La madre de Ernesto.
El otro Judas (1961). In *Teatro*. Buenos Aires: Stilcograf, 1968; Buenos Aires: Escarabajo de Oro, 1963. In *Teatro completo*. Buenos Aires: Emecé Editores, 1995.
Un reloj para Matías Goldoni.
Salomé. In *Teatro completo*. Buenos Aires: Emecé Editores, 1995.

El señor Brecht en salón dorado (1983). In *Teatro completo*. Buenos Aires: Emecé Editores, 1995.

Sobre las piedras de Jericó (1965). In *Teatro*. Buenos Aires: Stilcograf, 1968. In *Teatro completo*. Buenos Aires: Emecé Editores, 1995.

ARG 050

CATANIA, CARLOS (1937-   ) was born in Santa Fe, Argentina and worked as an actor and director of the "Grupo de los 21." He began writing plays in 1960. After traveling to Central America and Mexico from 1961-64, he returned to Argentina as a director. He has also written a novel and critical studies of Argentine novelist Ernesto Sábato.

Plays

El General Otte. Guatemala City: Prensa Libre, 1977.

Muchachito sensacional.

La nube en la alcantarilla (1960). In *Talia,* año 3, no. 21 (1961), pp.1-22.

La oportunidad.

El Pilar.

Tres en el centro de la tierra.

ARG 051

CECCO, SERGIO DE (1931-1986) was born in Buenos Aires and also wrote under the pseudonyms of Javier Sánchez and Amadeo Salazar. At age eighteen he began writing for radio and for puppet theater. His plays have been performed throughout Latin America and in Europe. He won the Premio Argentores in 1964.

Plays

Blues de la calle Balcarce[with Gerardo Taratuto and Carlos País] (1982).

Capocómico (1965). Buenos Aires: Talía, 1965.

El chou de la Chona (1969).

La demolición (1982).

Durante el ensayo (1954).

El gran deschave [with Armando Chulak] (1975). Buenos Aires: Talía, 1978.

El hombre invisible ataca (1967).

El invitado (1958).

Llegó el plomero (1980).

¡Moreira! (1983). In *Cuadernos de la Comedia Nacional,* año 1, no. 4 (1984).

Prometeo (1956).

El reñidero (1962). Buenos Aires: Talía, 1963. Buenos Aires: Editorial Huemul, 1979.

La solomatagente (1979).

Titeatro de las malas artes (1965).

ARG 052

CERRO, EMETERIO (1952-1996) was born in Buenos Aires and trained as a psychologist. He also studied drama at the Instituto Superior de Arte of the Teatro Colón. In addition to theater he also wrote poetry and one novel.

Plays

El bollo (1988).
La cococha (1986).
El cuiscuis (1984). In *Teatralones*. Buenos Aires: Ediciones de la Serpiente, 1985.
La juanetarga (1983). In *Teatralones*. Buenos Aires: Ediciones de la Serpiente, 1985.
La magdalena del Ojón (1984). In *Teatralones*. Buenos Aires: Ediciones de la Serpiente, 1985.
La marencoche (1986).
La pipila (1986).

ARG 053

CHIAPPE, JUAN CARLOS (1914-1974) often wrote under the pseudonym of Claudio Zuviría. He was a prolific writer of radio shows and wrote a number of plays dealing with themes such as the gaucho, urbanization, and class conflict.

Plays

Una bala para Lisandro Corrales (1967).
Carrero del 900 en tu milonga estoy yo (1968).
Chaco Ramírez, el mestizo (1971)
Chaguando, el chango de la quebrada (1967)
El chúcaro Martín Vega (1969).
Un cuento cortito (1974).
El forastero de las sernatas (1968).
Julián Cruz, el domador (1971).
Lágrimas de campeón (1967).
El lobo de pajonal (1968).
Santos Cruz, el payador argentino (1968).

ARG 054

CHULAK ARMANDO (1927-1975) was born in Buenos Aires and began studying acting at age twenty. He later became involved with the experimental theater movement.

Plays

Chavito y Chaveta (1958).
Final feliz (1975). Published as *El gran deschave*. Buenos Aires: Talía, 1975.
La deschave [with Sergio Amadeo de Cecco]. Buenos Aires: Buenos Aires: Talía, 1977.
Los elefantes rosados (1954).

Margarita (1956).

ARG 055
   CIBRIAN, JOSÉ (1948-   ) was born in Havana, Cuba into a family of
   actors and immigrated to Argentina after the Cuban Revolution. His
   plays combine music, dance, and song interspersed with dialog. He also
   wrote a number of musicals based on historical themes as well as for
   television.
Plays
   Al final otra vez (1989).
   Aquí no podemos hacerlo (1978).
   Los Borgia (1986).
   Calígula (1984).
   Cibrianshow (1975).
   Ensayo (1985).
   George Sand, un nuevo musical (1984).
   Invasiones inglesas (1989).
   Mundo pobre querido (1970).
   Universexus (1971).

ARG 056
   COCHÍA, DAGOBERTO (1919-   ) was born in Roque Sénz Peña, Chaco,
   and often wrote under the name of Rolando Chávez. After writing novels
   he turned to theater and wrote most of his work in the 1960's. Many of
   his plays were rural dramas.
Plays
   El caserón de los cuervos.
   La chacatera de los ojos tristes (1964).
   Gringo e' porra (1969).
   La otra, siempre la otro (1963).
   La patrona y el menú (1965).
   La peona millonaria (1965).
   El quinto infierno (1967).
   Ranquel el vengador (1962).
   Reinoso...forastero de las serenatas (1968).
   Santos Cruz el payador argentino (1968).
   Santos Peñaloza...el gaucho de La Rioja (1969).
   Tierra sangrienta (1966).
   Yo soy un fugitivo (1962).

ARG 057
   COGOLANI, ROBERTO DANTE (1925-   ) was born in Buenos Aires
   and began writing theater in his twenties. He has written both comedies
   and dramas that often have metaphysical themes. His plays have been
   performed in Europe, Israel and United States. He has won a number of

international prizes including the Premio María Guerrero and the Premio Funcación Givré. One of his plays has been translated into Yiddish.

Plays

¡Apúrate, Antonio!

Balconeando (1974).

Chagall, sinfonía del sombro.

Chiflando bajito (1978).

Con el mundo a babuchas (1973).

Cuatro historias entre dos (1972).

Desván para el ensueño. In *Perfiles para la muerte.* Buenos Aires: Carro de Tespis, 1960.

Emma (1984).

Entre bochinche y bochinche (1983).

El exagerado luto de la señora (1975).

Un hongo muy grande.

Judith y las sombras (1987).

Marcos y la esfera 1982).

Patio de parra (1975).

El Patiturri (1982).

Perfiles para la muerte (1958). Buenos Aires: Carro de Tespis, 1960.

El señor Moñe (1983).

ARG 058

CONSTANTINI, HUMBERTO (1924-1987) was born in Buenos Aires and is known primarily for his narrative. In 1977 he emigrated to Mexico and lived there during the military regime, returning to Argentina in 1993. He won the Premio Nacional de Teatro in Mexico.

Plays

Chau, Pericles. In *Teatro completo.* Buenos Aires: Editorial Galerna, 1986.

¿De qué te reís? In *Teatro completo.* Buenos Aires: Editorial Galerna, 1986.

Estimado prócer (1984). In *Teatro completo.* Buenos Aires: Editorial Galerna, 1986.

La llave (1987). In *Teatro completo.* Buenos Aires: Editorial Galerna, 1986.

¡Mujer! (1984).

Una pipa larga con cabeza de jabalí. In *Teatro completo.* Buenos Aires: Editorial Galerna, 1986.

Un señor alto, rubio de bigotes. In *Teatro completo.* Buenos Aires: Editorial Galerna, 1986.

La traición de Viborg. In *Teatro completo.* Buenos Aires: Editorial Galerna, 1986.

Tres monólogos de Humberto Constantini. Buenos Aires: Editorial Falbo, 1964.

ARG 059

COPI (1941-1987) was the pseudonym of Raúl Natalio Roque Taborda, who was born in Buenos Aires. He lived in Paris while young and returned to Argentina at age eighteen, where his first play was performed. In addition to theater (written in both Spanish and French) he wrote novels and a number of works on homosexuality and creativity. During the military regime he returned to Paris where he died.

Plays

Un ángel para la señora Lisca (1959).

Eva Perón. Buenos Aires: Editorial Adriana Hidalgo, 2000. In English in *The Plays of Copi.* London: Calder and Boyars, 1976.

Evita (1969).

Le frigo. Paris: Persona, 1983.

La heladera (1984).

L'Homosexuel ou la difficulté de s'exprimer. Paris: C. Bourgois, 1974. In English as *The homosexual or the difficulty of expressing onesself.* in *The Plays of Copi.* London: Calder and Boyars, 1976.

La Journée d'une rêveuse. Paris: C. Bourgois, 1968.

La mujer sentada (1968).

La noche de Madame Lucienne (1984).

La pyramide; Loretta Strong. Paris: C. Bourgois, 1999. In English as *Loretta Strong* in *The Plays of Copi*, translated by Anni Lee Taylor. London: Calder and Boyars, 1976.

Les quatre jumelles. Paris: C. Bourgois, 1973. In English as *The Four Twins* in *The Plays of Copi.* London: Calder and Boyars, 1976.

Una visita inoportuna. Buenos Aires: Teatro Muncipio General San Martín, 1993.

ARG 060

COSSA, ROBERTO M. (1934-) was born in Buenos Aires and began his career as an actor in independent theater in the 1950's. In the 1960's he began writing plays and is considered a part of the new "realist" generation. He was one of the promoters of the experimental Teatro Abierto in 1982. He has won a number of prizes for his work, including the Premio Argentores, Premio Talía, Premio Municipio and others. His works have been performed in Spain and Italy and on television and made into movies.

Plays

Angelito. In *Teatro IV.* Buenos Aires: Ediciones de la Flor, 1990.

Años difíciles. In *Teatro V.* Buenos Aires: Ediciones de la Flor, 1999.

El avión negro [with Germán Rozenmacher, Carlos Somigliana and Ricardo Talesnik] (1970). Buenos Aires: Talía, 1970. In *Teatro II.* Buenos Aires: Ediciones de la Flor, 1989.

Los compadritos (1985). In *Teatro V.* Buenos Aires: Ediciones de la Flor, 1999.

Cuentos populares [with Raúl Rubén Peñarol Méndez and Carlos Somigliana].

De pies y manos (1985) In *Cuadernos de la Comedia Nacional*, año 1, no. 1 (March 1984); *Teatro III*. Buenos Aires: Ediciones de la Flor, 1990.

Los días de Julián Bisbál (1966). Buenos Aires: Talía, 1966. In *Teatro I*. Buenos Aires: Ediciones de la Flor, 1987.

Don Pedro dijo no. In *Teatro V*. Buenos Aires: Ediciones de la Flor, 1999.

Gris de ausencia (1981). In *Teatro Abierto, 1981*. Buenos Aires: Sociedad General de Autores de la República Argentina, 1981; *Teatro breve argentino*. Buenos Aires: Colihue, 1983; *7 dramaturgos argentinos*. Ottawa, Canada: Girol Books, 1983; *Teatro III*. Buenos Aires: Ediciones de la Flor, 1990.

Lejos de aqui [with Mauricio Kartún]. In *Teatro V*. Buenos Aires: Ediciones de la Flor, 1999.

Una mano para Pepito.

Martín Fierro [with Carlos Somigliana].

La ñata contra el libro (1966). Buenos Aires: Talía, 1967. In *Teatro I*. Buenos Aires: Ediciones de la Flor, 1987.

No hay que llorar (1981). Rosario, Argentino: Ediciones Paralelo 32, 1983. In *Teatro II*. Buenos Aires: Ediciones de la Flor, 1989.

La nona (1980). Buenos Aires: Colección Teatral de Argentores, 1980. In *Teatro II*. Buenos Aires: Ediciones de la Flor, 1989.

Nuestro fin de semana (1962). Buenos Aires: Talía, 1964.In *Teatro I*. Buenos Aires: Ediciones de la Flor, 1987. In English New York: Macmillan, 1966.

La pata de la sota (1967). Buenos Aires: Talía, 1967; Buenos Aires: Editor Abril, 1985. In *Teatro I*. Buenos Aires: Ediciones de la Flor, 1987.

El sur y después. Buenos Aires: Torres Agüero Editor, 1989. In *Teatro III*. Buenos Aires: Ediciones de la Flor, 1990.

El tío loco. In *Teatro Abierto, 1982*. Buenos Aires: Teatro Puntosur, 1989; *Teatro III*. Buenos Aires: Ediciones de la Flor, 1990.

Tute cabrero (1981). Rosario, Argentina: Paralelo 32, 1983. In *Teatro I*. Buenos Aires: Ediciones de la Flor, 1987.

El viejo criado (1980). In *Teatro Abierto, 1981*. Buenos Aires: Sociedad General de Autores de la República Argentina, 1981; *Primer acto*, no. 123 (March-April 1986); *Teatro Argentino 16; cierre de un ciclo*. Buenos Aires: Centro Editor de América Latina, 1981; *Teatro III*. Buenos Aires: Ediciones de la Flor, 1990.

Viejos conocidos. In *Teatro V*. Buenos Aires: Ediciones de la Flor, 1999.

Y el viento se lo llevó (1983) [with Francisco Ananía, Jacobo Langsner, and Eugenio Griffero).

Ya nadie recuerda a Frederic Chopin (1982). In *Teatro III*. Buenos Aires: Ediciones de la Flor, 1990.

Yepeto (1987). In *Teatro III*. Buenos Aires: Ediciones de la Flor, 1990.

ARG 061

CRUCIANI, CARLOS ALBERTO (1928-   ) was born in Buenos Aires and began his career as a dramatist writing parodies of classical Spanish drama. Many of his later works were adaptations of the narrative of other writers such as Mark Twain, Oscar Wilde, and Conrado Nalé Roxlo.

Plays

Las aventuras de Robin Hood (1965).
La balada de Doña Rata (1968).
El biale de las flores (1956).
Canciones para un día de lluvia (1978).
El circo de Pip y Pop (1964).
El circo viajero (1957).
Don Juan Tenorio 1954).
La escuela de las hadas (1965).
La hormiguita viajera (1964).
La jirafita azul (1973).
El jurado dijo sí (1949).
María Pamplinas (1983).
Othello (1954).
El príncipe, el ruiseñor y la rosa (1969).
Príncipe y mendigo (1965).
El show del gato loco (1965).
Un trébol de cuatro cuentos (1964).

ARG 062

CURESES, DAVID (1935-   ) was born in Buenos Aires and worked as an actor, producer, and dramatist. He received a government grant to study theater in London and Milan. He won the Premio Argentores and the Premio Municipio.

Plays

La cabeza en la jaula (1962).
Una cruz para Electra (1957).
Cuando la mujer de él encuentra una carta de ella (1977).
Después de la función (1950).
La frontera (1960.) Buenos Aires: Carro de Tespis, 1964.
¡Israel...Israel! (1969). Buenos Aires: Ediciones T.E.G.E, 1970.
La mujer de oro (1964).
Una mujer muy discreta (1960).
Noche de brujas (1967).
Las ratas (1958).
Retablo de Navidad (1956).
El viajero en mitad de la noche (1962).

ARG 063

CUZZANI, AGUSTÍN (1917-1987) was born in Buenos Aires and studied law. He worte short stories, novels, and theater. He was closely tied to the independent theater movement. During the military regime his work was censored. He won the Premio Nacional and Premio Argentores and his work has been performed in Spain, Russia, Germany, France and the United States.

Plays

El Centroforward murió al amanecer (1955). Buenos Aires: Editorial Ariadna, 1955 In *Teatro*. Buenos Aires: Editorial Quetzal 1960. Buenos Aires: Editorial Universitaria de Buenos Aries, 1966; *Teatro completo*. Buenos Aires: Editorial Almagesto, 1988. In Portuguese as *O avançado-centro morreu ao amanhecer*. Lisbon: Editorial Minotauro, 1965; In English as *The Center forward died at dawn*. New York: Friendship Press, 1970.

Complejísima. In *Cuzzani el breve*. Buenos Aires: Talía, 1976.

Cuzzani eróticus (1986).

Dalilah (1952). Buenos Aires: Pedestal. 1953.

Deliciosa. In *Cuzzani el breve*. Buenos Aires: Talía, 1976.

Disaparan sobre el zorro gris (1983).

La envidia (1970).

Espantosa. In *Cuzzani el breve*. Buenos Aires: Talía, 1976.

Historia de un zurdo contrariado (1985).

Los indios estaban cabreros (1958). Buenos Aires: Talía, 1968; Buenos Aires: Centro Editor de América Latina, 1967. In *Teatro*. Buenos Aires: Editorial Quetzal 1960; *Teatro completo*. Buenos Aires: Editorial Almagesto, 1988.

El leñador (1965).

Una libra de carne (1954). Buenos Aires: Editorial Quetzal, 1954. Buenos Aires: Centro Editor de América Latina, 1967. In *Teatro argentino contemporáneo*. Madrid: Aguilar, 1973. In *Conjuntos teatral nuevos horizones* (Tupiza, Bolivia), no. 6 (July 1959), pp.43-70; *Teatro completo*. Buenos Aires: Editorial Almagesto, 1988.

El mundo está meshigüe (1981).

La notable trajodia de Agamemnón y las ubres (1983).

Lo cortés no quita lo caliente.

Para que se cumplan las escrituras (1965). Buenos Aires: Editorial Quetzal, 1965; Buenos Aires: Editorial Universitaria, 1966.

Pitágoras go home (1983).

Sempronio (1958). In *Teatro*. Buenos Aires: Editorial Quetzal 1960. In *El teatro hispanoamericano contemporáneo, II*. Mexico: Fondo de Cultura Economíca, 1964.

ARG 064

D'ELIA, JORGE EDUARDO (1938-   ) was born in La Plata and grew up in Europe. He wrote many of his works in Madrid, Paris, and Hamburg. He also studied architecture and won awards for his designs. In addition to plays he has written short stories, screenplays, videos and worked as an actor. He won the Premio Nacional de Teatro in 1986.

Plays

Kafka, un judío insignificante.

No dejes de venir a visitarnos (1977).
Soledad hay una sola.
Trastienda show.

ARG 065
DANERI, ALBERTO (1937-   ) was born in Buenos Aires and was an athlete and journalist before he began writing theater. He won the Premio Argentores in 1962. He has also written short stories and essays.
Plays
Boomerang.
La búsqueda (1962). Buenos Aires: Talía, 1964. In *Teatro de soledad.* Buenos Aires: Editorial Santana, 1983.
La cita. In *Teatro de soledad.* Buenos Aires: Editorial Santana, 1983.
El festín.
El juego de cuatro o El antiamor. In *Teatro de soledad.* Buenos Aires: Editorial Santana, 1983.
El lazo.
El montón.
Matar las preguntas. In *Teatro de soledad.* Buenos Aires: Editorial Santana, 1983.
Trilogía de mi mismo.
Uno del montón. In *Teatro de soledad.* Buenos Aires: Editorial Santana, 1983.

ARG 066
DEL BUONO, HOMERO CÉSAR (1924-   ) was born in Lobos and produced a number of plays in the 1970's. He won the Premio Cadavid and the Premio Argentores for his work.
Plays
Asueto (1983).
Ceta Mayeta (1975).
El chico de al lado.
Desencuentro.
Entre el cielo y el mar.
La palabra. Losos, Argentina: Santamarina, 1975.
Mariposa.
Miss Primavera.
¿Otra vez la misma historia?
Pequeño gran río de carne.
Una piedra en el agua... y una pizca de de sal.Prodigio en las calles de tierra (1977).
Rebelión en la trastienda. Lobos, Argentina: Santamarina, 1975.
Trueque de almas.

ARG 067
DEL PERAL, CARLOS (1924-   ) was born in Buenos Aires and wrote absurdist plays dealing with Argentine society. He is also known as a humorist.

Plays

Hay que meter la pata (1968).
La hortaliza [with Norman Briski] (1968).
Mens sana in corpore sano (1966).
El niño envuelto [with Norman Briski] (1966)..

ARG 068
DEL PRADO, HORACIO RAÚL (1951-   ) was born in Buenos Aires and studied at the workshop of dramatist Ricardo Monti. He was exiled in Mexico during the early years of the military regime.

Plays

Arena lenta (1980).
El decenso (1983). In *Teatro, 4 autores*. Buenos Aires: Editorial Los Autores, 1983.
Retaguardia. In *Teatro, 8 autores*. Buenos Aires: FUNDART Editorial Autores, 1985.
La tribuna popular.

ARG 069
DENEVI, MARCO (1922-   ) was born in Sáenz Peña and is best known for his narrative and journalism. He has also written for television. He won the Premio Argentores in 1957.

Plays

Los anteojos (1956).
El cuarto de la noche (1962). In *Obras completas; Vol. 6, Teatro*. Buenos Aires: Corregidor, 1989.
El emperador de la China (1960). Buenos Aires: Aguaviva, 1960. *In Obras completas; Vol. 6, Teatro*. Buenos Aires: Corregidor, 1989.
Los expedientes (1957). Buenos Aires: Talía, 1957 *Buenos Aires: Talía, 1978*. In *Obras completas; Vol. 6, Teatro*. Buenos Aires: Corregidor, 1989. *Fatalidad de los amantes* (1974). In *Obras completas; Vol. 6. Teatro*. Buenos Aires: Corregidor, 1989.
El female animal (1967).
Un globo amarillo (1970). In *Obras completas; Vol. 6. Teatro*. Buenos Aires: Corregidor, 1989.
Los locos y los cuerdos (1975). In *Obras completas; Vol. 6. Teatro*. Buenos Aires: Corregidor, 1989.
La manzana (1971).
El naipe en la manga (1978).
La niña rosa.
El origen de la guerra (1967).
El parque de diversiones. Buenos Aires: Emecé, 1970.

Los perezosos (1970). In *Obras completas; Vol. 6, Teatro*. Buenos Aires: Corregidor, 1989.

El segundo círculo o el infierno de la sexualidad sin amor (1970*)*. In *Obras completas; Vol. 6. Teatro*. Buenos Aires: Corregidor, 1989.

ARG 70

DIAMENT, MARIO (1942-   ) was born in Buenos Aires and studied philosophy and literature at Hebrew University in Jerusalem. He is known as a journalist and writer of narrative, television, and cinema in addition to drama. He currently lives in the United States. He has also translated the films of Woody Allen into Spanish.

Plays

La cosa está afuera (1974).

Crónica de un secuestro (1971). Buenos Aires: Talía, 1972. In *Teatro*. Buenos Aires: Editorial Fraterna, 1989.

De Israel con amor (1972).

Equinoccio. In *Teatro*. Buenos Aires: Editorial Fraterna, 1989.

El invitado (1979). In *Teatro*. Buenos Aires: Editorial Fraterna, 1989.

Propriedad privada (1970).

ARG 71

DRAGO, ALBERTO (1937-   ) is the pseudonym of Horacio Alberto Paracampo, who was born in Buenos Aires and became active in the independent theater movement in his youth. He has written for children and adolescents as well as for television. Since 1990 has worked as a drama critic.

Plays

Afiches.

El asesinato de la Tota Méndez (1989.)

Las aventuras de cataplín y cataplero (1975).

De no sé que de libertad. In *Teatro*. Buenos Aires: Nueva Generación, 2000.

El que me toca es un chancho (1981).

Historia de un modelo casual. In *Cuatro monólogos*. Buenos Aires: Nueva Generación, 2001.

Historias alegremente crueles (1978).

El milagro continuo (1987).

Morocho y argentino. In *Cuatro monólogos*. Buenos Aires: Nueva Generación, 2001.

La navarro (1976).

Ocupación.

La peste descartable.

Por milonga. (1987).

Rubias de New York.

Sábado de vino y gloria (1976). In Teatro. Buenos Aires: Nueva Generación, 2000.

Se me murió entre los brazos (1979). In Teatro. Buenos Aires: Nueva
  Generación, 2000.
Se descompuso el auto en la carreta y un carruaje nos trajo hasta aquí.
Tácticas defensivas de una señora vieja, sola y tullida. In *Cuatro monólogos*.
  Buenos Aires: Nueva Generación, 2001.
Yo te saludo, divina. In *Cuatro monólogos*. Buenos Aires: Nueva
  Generación, 2001.

ARG 72

DRAGÚN, OSVALDO (1929-1973) was born in San Salvador, Entre Ríos.
  After beginning to study law, he abandoned it to write plays. Many of his
  plays deal with injustice and oppression and are characterized as
  existentialist and absurdist. His work has been compared to that of
  Bertolt Brecht. His work has been performed in France, Israel, and
  Brazil. Several plays have been translated into English and performed in
  the United States. He is among the best known Latin American playrights
  of the twentieth century.

Plays

Al perdedor (1983). Buenos Aires: Paralelo 32, 1983.
Al vencedor (1982).
Al violador (1981). Ottowa, Canada: Girol Books, 1981.
Amoretta (1964). Buenos Aires: Ediciones del Carros de Tespis, 1965.
Arriba corazón (1987). Buenos Aires: Teatro Muncipal General San Martín,
  1987. In *Conjunto,* no. 77 (July-September 1988), pp.52-90; *Osvaldo
  Dragún: su teatro.* Medellín, Colombia: Ediciones Otras Palabras, 1993.
Como una copa de cristal.
Desde el 80 [with Andrés Lizarraga] (1958).
Dos en la ciudad (1967). [Also titled *El amasijo* and *Historias con cárcel*].
  Buenos Aires: Calatayud, 1968; Madrid: Taurus, 1968. In *Caminos del
  teatro latinoamericano.* Havana: Casa de las Américas, 1973.
Eran ocho en el bosque (1955).
Una gota para el mar.
El gran duque ha desaparecido (1947).
Heroica de Buenos Aires (1966). Havana: Casa de las Américas, 1966;
  Buenos Aires: Astral, 1967. In *Primer Acto,* no. 77 (1966).
Hijo del terremoto. In *Gestos*, no. 2 (November 1986), p.157.
Historia con carcel. In *Caminos del teatro latinoamericano.* Havana: Casa
  de las Américas, 1973.
*Historia de como nuestro amigo Panchito González se sintió responsable de
  la peste bubónica en Africa* (1957), Buenos Aires: Talía, 1957; Buenos
  Aires: Escorpio, 1965; Buenos Aires: Astral, 1967. In *Primer Acto*, no.
  35 (1962); *Teatro 70*, nos. 26-29 (April-May 1972); *The Orgy: modern
  one-act plays from Latin America.* Los Angeles: UCLA Latin American
  Center, 1974.

Historia de mi esquina (1957). Buenos Aires: Escorpio, 1965. In *Teatro.* Buenos Aires: G. Dávalos, 1965; *Colección teatro 2.* Buenos Aires: Ediciones Ascasubi, 1973.

Historia de un flemón (1957).Buenos Aires: Talía, 1957. Buenos Aires: Escorpio, 1965. Buenos Aires: Astral, 1967. In *Primer acto,* no. 35 (1962); *Teatro 70,* nos. 26-29 (April-May 1972).

Historia del hombre que se convirtió en perro (1957). Buenos Aires: Talía, 1957; Buenos Aires: Escorpio, 1965; Buenos Aires: Ediciones Astral, 1967. In *Teatro breve hispanoamericano contemporáneo.* Madrid: Aguilar, 1970; *Primer acto,* no. 35, 1962; *Teatro 70* nos. 26-29 (April-May 1972); *Teatro de la vanguardia.* Lexington, MA: D.C. Heath and Co., 1975; *Contextos literarios hispanoamericanos.* Ft. Worth, TX: Holt, Rhinehart, and Winston, 1986; *Osvaldo Dragun: su teatro*; Medellín, Colombia: Otras Palabras, 1993. In English as *The man who turned into a dog* in *Selected Latin American one-act plays.* Pittsburgh, PA: University of Pittsburgh Press, 1973.

Historias para ser contadas [also entitled *Historias para ser contadas al perdedor].* (1957). Buenos Aires: Talía, 1957; Ottawa, Canada: Girol Books, 1982; Rosario, Argentina: Ediciones Paralelo 32, 1982. In *Primer Acto,* no. 35, (June-July 1962), pp.14-33; *Colección teatro 2.* Buenos Aires: Ediciones Ascasubi, 1973; *Teatro 70.* Buenos Aires: Comuna Baires, 1970; *Osvaldo Dragún: su teatro.* Medellín: Ediciones Otras Palabras, 1993.

Hoy se comen al flaco (1976). Ottawa, Canada: Girol Books, 1981.

El jardin del infierno (1959). Buenos Aires: Centro Editor de América Latina, 1966. In *Revista de la Escuela de Arte Teatral,* no. 5 (1962), pp.51-81.

Los de la mesa diez (1957). Buenos Aires: Talía, 1957; Buenos Aires: Escorpio, 1965; Buenos Aires: Astral, 1967; Buenos Aires: Centro Editor de América Latina, 1968; Córdoba, Argentina: Ediciones Ascasubi, 1973. In *Primer Acto 35* (1962); *Teatro.* Buenos Aires: G. Dávalos, 1965; *Teatro 70.* Buenos Aires: Comuna Baires, 1970; *Teatro argentino contemporáneo, 1949-1969.* Madrid: Aguilar, 1973; *Colección teatro 2.* Córdoba, Argentina: Ediciones Ascasubi, 1973; *Osvaldo Dragun: su teatro* Medellín, Colombia: Otras Palabras, 1993.

Un maldito domingo [also published as *Dos en la ciudad* and *El amasijo].* Buenos Aires: Catalayud, 1958; Madrid: Taurus, 1968. In *Teatro 70,* nos. 26-29 (April-May 1972); *Nueve dramaturgos.* Ottawa: Girol Books, 1979.

Mi obelisco y yo (1981). In *Teatro Abierto.* Buenos Aires: Argentores, 1987

El milagro en el mercado viejo (1963). Buenos Aires: Producciones Norte, 1963; Havana: Casa de las Américas, 1963; Madrid: Taurus, 1968.

Una mujer por encomienda (1966).

Pedrito el grande (1973) .

La peste viene de Melos (1956). Buenos Aires: Editorial Ariadna, 1956.

Túpac Amaru (1957). Buenos Aires: Losange, 1957.

Y nos dijeron que éramos inmorales (1963). Xalapa, Mexico: Universidad Veracruzana, 1962. Buenos Aires: Los Monteagudos, 1963; Madrid: Taurus, 1968. In English as *And they told us we were immortal* in *The modern stage in Latin America: six plays*. New York: Dutton and Co., 1971.

¿Y por casa - cómo andamos? [with Paco Hase] (1980).

ARG 73
ERAMY, ELIO (1934-   ) was born in Buenos Aires and founded a mime theater. A number of his works were adapted for television. His most recent play deals with the marginalization of gays in Argentina. His work was often censored under the military regime in Argentina.

Plays

Los amores de Véronica.
Caray con el 900.
La cigüeña Punzó. Buenos Aires: Fundación El Libro, 1989.
Crecer con papá.
Drama en Tic-Tac.
Una noche en Mary Kass [originally titled *Maricas*] (1984).

ARG 74
ESCOFET, CRISTINA (1945-   ) was born in Caleufú, La Pampa. She graduated from the Universidad Nacional de La Plata, where she is currently a professor of philosophy. She began writing novels and short stories, and later plays. She has written for both children and adults.

Plays

Apuntes sobre las formas (1983).
Brunilda (1983).
Corazón de tiza (1990).
La doncella de Amsterdam. In *Dramaturgas, vol. 1*. Buenos Aires: Nueva Generación, 2001.
Eternity class. In *Tres obras de teatro de Cristina Escofet*. Buenos Aires: Editorial Nueva Generación, 2001.
Las que aman hasta morir. In *Tres obras de teatro de Cristina Escofet*. Buenos Aires: Editorial Nueva Generación, 2001.
Nunca usarás medias de seda (1990). Havana: Casa de las Américas, 1990. In *Teatro completo*: Buenos Aires: Torres Agüero Editor, 1994.
¿Qué pasó con Bette Davis? In *Tres obras de teatro de Cristina Escofet*. Buenos Aires: Editorial Nueva Generación, 2001.
Ritos del corazón. In *Teatro completo*: Buenos Aires: Torres Agüero Editor, 1994.
Señoritas en concierto (1993) In *Teatro completo*: Buenos Aires: Torres Agüero Editor, 1994.
Solas en la madriguera (1988).In *Teatro completo*: Buenos Aires: Torres Agüero Editor, 1994.

Té de tías (1985). In *Teatro completo*: Buenos Aires: Torres Agüero Editor, 1994.

Las valijas de Ulises (1984). Buenos Aires: Plus Ultra, 1991.

ARG 75

ESTEBAN URRUTY, ENRIQUE (1933-   ) was born in Buenos Aires and became involved with the independent theater movement in his twenties. He worked as an actor, lighting designer, and assistant director. He has also worked in television. He won the Premio Tirso de Molina from Spain in 1975.

Plays

Las aguas sucias (1962).

La cabeza en el pozo (1975). Madrid: Ediciones Cultura Hispánica, 1977.

Marginal (1989).

Microhombre (1962).

La red de pescar (1956).

ARG 76

ESTEVE, PATRICIO (1933-1995) was born in Buenos Aires and worked as a journalist, professor and critic in addition to writing plays. He won the Premio Nacional de Teatro in 1972.

Plays

¿Aimez vous la Pampa? (1975).

Casamientos entre vivos y muertos (1977).

El crimen es un asunto de familia (1969).

El diablo en la cortada (1979).

For export (1981). In *21 estrenos argentinos*. Buenos Aires: Ediciones Teatro Abierto, 1981.

La gran histeria nacional. Buenos Aires: Talía, 1973; Buenos Aires: Editorial Plus Ultra, 1992.

Palabras calientes (1976). Buenos Aires: Editorial Plus Ultra, 1991.

¿Probamos otra vez? (1970).

Toda luna es atroz (1983).

ARG 77

FERNÁNDEZ TISCORNIA, NELLY (1928-1988) was born in La Pampa and taught literature in Buenos Aires province and worked as a journalist. In addition to writing plays, she also wrote novels and a number of screenplays.

Plays

De España a América en tres barquitos.

Despacio... escuela. Buenos Aires:Teatro Ateneo, 1987; Buenos Aires: Cántaro Editores, 1992.

El árbol azul (1959).

Made in Lanús (1986) Buenos Aires:Teatro Ateneo, 1986. [Bilingual Spanish/English edition]. Buenos Aires: Editorial Lagasa, 1990.

Romance a la vida y muerte de la montenera (1968)
Situación límite (1983).

ARG 78
FERNÁNDEZ UNSAIN, JOSÉ MARÍA (1919-   ) was born in Santa Fe
and studied medicine, law, philosophy and letters. In 1946 he won the
Premio de la Comisión Nacional de Cultura. He was named best
producer of Venezuelan Television and has been both a drama teacher
and Director General of the Teatro Nacional. Most of his plays have been
written for television.

Plays
Dos basuras. Buenos Aires: Carro de Tespis, 1957.
La muerte se está poniendo vieja. In *Argentores*, no. 272 (June 30, 1947).

ARG 79
FERRARI, JUAN CARLOS (1917-   ) is the pseudonym of Enrique
Grande who was born in Buenos Aires. He became associated with the
independent theater movement while quite young. His plays often deal
with the problems of youth.

Plays
Las campanas de Verona (1958).
Canasta (1956).
Cuando empieza el luto (1951). In *Teatro: monólogos de hoy*. Buenos Aires:
    Instituto Movilzador de Fondos Cooperativos, 1995.
Los culpables (1960).
Dos parejas y media (1972).
Esa camino difícil (1952). Buenos Aires: Técnica Impresora, 1954.
Extraño episodio (1973).
Historia de verano (1957).
El mazorquero (1956).
Námun-Có (1969).
La ñata (1956). In *Cuatro obras de teatro argentino*. Buenos Aires: Talía,
    1969.
Las nueve tías de apolo (1958). Buenos Aires: Editorial Italia, 1958; Buenos
    Aires: Ediciones Colihue, 1983.
Petit hotel (1963).
Por arte de magia (1956).
Las ranas cantan de noche (1963). Buenos Aires: Carro de Tespis, 1964.
Siempre vale la pena (1960).
El tío Arquimedes (1951).

ARG 80
FERRARI AMORES, ALFONSO (1903-1989) was born in Buenos Aires
and worked as a journalist, poet, and tango lyricist as well as a writer of
drama, crime stories and radio soap operas. He won the Premio Nacional

de Teatro in 1963 and the Premio Argentores in 1969. His plays have been performed in the United States and Germany as well as Argentina.

Plays

A la sombra del alto manzano (1965). Buenos Aires: Carro de Tespis, 1965.

El afano (1975).

Una anticuada máquina infernal.

Arrimo de puercoespines. In *Cuatro obras de teatro argentino.* Buenos Aires: Talía, 1969.

Austera (1929).

Espártaco (1939).

El hombre que poda la parra (1943).

Mástiles quebrados (1949).

El problema del oficial (1969).

El papel de plata

Las sábanas blancas (1965). Buenos Aires: Carro de Tespis, 1965.

Tengo que matarte Angela (1935).

La toma de la bohardilla (1963). Buenos Aires: Carro de Tespis, 1963

Los turistas (1967).

Vida de Santa Teresita del niño Jesús (1934).

El voto femenino (1933).

ARG 81

FERRETTI, AURELIO (1907-1964) was born in Buenos Aires. In 1957 he was chosen as program director for Radio Nacional. He wrote novels in addition to his farses and has been director of independent theatrical organizations. In 1962 he was awarded the Premio Nacional for his contributions to literature.

Plays

Las bodas del diablo. In *Revista Argentores,* no. 281 (1948).

Bonome, farsa del hombre y el queso. In *Farsas.* Buenos Aires: Ediciones Tinglado, 1952.

El café de Euterpe. In *Teatro.* Buenos Aires: Editorial Quetzal, 1963.

La cama y el sofá. In *Teatro.* Buenos Aires: Editorial Quetzal, 1963.

Farsa de farsas. In *Farsas.* Buenos Aires: Ediciones Tinglado, 1952.

Farsa del cajero que fue hasta la esquina. Buenos Aires: Ministerio de Educación y Justicia, Dirección General de Cultura, 1957; Buenos Aires: Centro Editor de América Latina, 1966. In *Conjuntos: teatral nuevos horizones* (Tupiza, Boliva) no.5 (August 1958).

Farsa del consorte (Bertón y Bertina). In *Farsas.* Buenos Aires: Ediciones Tinglado, 1952.

Farsa del héroe y el villano. In *Proscenio* año 2, no. 5 (1949); *Farsas.* Buenos Aires: Ediciones Tinglado, 1952.

Farsa del hombre y el queso. In *Farsas.* Buenos Aires: Ediciones Tinglado, 1952.

Farsa del sexo opuesto. In *Talía,* no. 31 (1967).

Farsa sin público. In *Cuatro obras de teatro argentino.* Buenos Aires: Talía, 1969.

Fidela. In *Farsas.* Buenos Aires: Ediciones Tinglado, 1952; Buenos Aires: Carro de Tespis, 1961.

Histrión. In *Teatro.* Buenos Aires: Editorial Quetzal, 1963.

La multitud. Buenos Aires: Ediciones Tinglado Libre Teatro, 1946.

La pasión de Justo Pómez. In *Teatro.* Buenos Aires: Editorial Quetzal, 1963.

La prédica con música. In Talía, año 2, no. 10 (1955).

Pum en el ojo. In *Teatro.* Buenos Aires: Editorial Quetzal, 1963.

ARG 82

FINZI, ALEJANDRO (1954-   ) was born in Buenos Aires and studied literature at the Universidad del Comahue. During the 1980's he lived in exile in France, where some of his plays were translated into French and performed. He lives in Neuquén where he directs the Grupo Teatral Rio Vivo and is professor at the Universidad Nacional del Comahue. His plays have been performed in Europe and Latin America.

Plays

Bairoletto y Germinal. Buenos Aires: Ediciones UnTER, 1999.

Benigar. Neuquén, Argentina: Fondo Editorial Neuquino, 1994.

Camino de cornisa; Molino Rojo (1988).

La leyenda de el Dorado o Aguirre, el marañón. Neuquén, Argentina: Fondo Editorial Neuquino, 1994.

Viejos hospitales (1986).

ARG 83

FONTANARROSA, ROBERTO (1944-   ) was born in Rosario and is known as a humorist as well as playright. His work has appeared in number of journals and newspapers in Argentina and abroad.

Plays

Inodoro Pereyra el renegau (1977). Buenos Aires: Ediciones de la Flor, 1981.

La mano en la lata (1983).

Serio o no serio (1982).

Sueño de barrio (1982).

ARG 84

FORERO, MARÍA TERESA (1940-   ) was born in Buenos Aires and taught literature for many years before beginning to write for children. In addition to plays, she wrote for television and won awards for her narrative. She won the Premio Estrella de Mar 1981/982.

Plays

Aquí

Del triunfo de los coches.

Fábrica de nubes.

Me pongo a acampar.

Muecas en el espejo.
El nono en el jardín.

ARG 85

FRANCHI, FRANCO is known as a dramatist and narrator. He was active in the Teatro Abierto in 1982. His plays have been performed in Uruguay, Peru, and Cuba.

Plays

Archipélago.
El examen cívico. Buenos Aires: Ediciones Búsqueda, 1988.
Estación.
El inquisidor general.
El recaudador fiscal (1985).
Las suertes cíclicas.

ARG 86

GALLIPOLI, ELIO (1944-   ) was born in Marina Gioiosa, Italy and immigrated to Argentina at age eight. He becan his career as an actor and later began writing plays. He is associated with the theater of the absurd in Argentina. He won the Premio Municipal in 1972.

Plays

El diez y seis de octubre. In *Teatro abierto.* Buenos Aires: Argentores, 1981.
La espera (1980).
¡Hola hermanito! (1975).
Para amarte mejor. Buenos Aires: Teatro Abierto, 1983.
El rector (1980).
Repetición y diferencia (1987).
El rictus (1979).
Strogonoff (1985).
El sur y la nada. Buenos Aires: Del Plata, 2000.
Varón V. (1982).

ARG 87

GAMBARO, GRISELDA (1928-) was born in the La Boca barrio of Buenos Aires to Italian immigrants. She lived extensively in Italy and Spain during the military regime which prohibited publication of some of her plays. In addition to theater she also wrote novels and short stories, many of which she adapted into plays. She is generally asociated with theater of the absurd and the style known as the "grotesco criollo." She has received the Premio Emecé, Premio Argentores, and the Premio Instituto Torcuato de Tella.

Plays

Antigonía furiosa (1986) In *Antología Teatro Abierto 1981.* Buenos Aires: Editorial Teatro Abierto, 1981; *Teatro Vol. 3.* Buenos Aires: Ediciones de la Flor, 1990. In English in *Information for foreigners: three plays.* Evanston, IL: Northwestern University Press, 1992;

Atando cabos. In *Teatro. Vol. 6.* Buenos Aires: Ediciones de la Flor, 1996

El campo. Buenos Aires: Ediciones Insurrexit, 1967; Buenos Aires: Centro Editor de América Latina, 1981. In English as *Camp* in *Voices of change in the Spanish American theater.* Austin, TX: University of Texas Press, 1971.

La casa sin sosiego. In *Teatro. Vol. 6.* Buenos Aires: Ediciones de la Flor, 1996.

Dar la vuelta. In *Teatro. Vol. 2.* .Buenos Aires:Ediciones de la Flor, 1987.

De profesión maternal (1997). In *Teatro.* Buenos Aires: Grupo Editorial Norma, 2002.

Decir sí (1981). In *21 Estrenos argentinos.* Buenos Aires: Editorial Teatro Abierto, 1981; *Siete dramaturgos argentinos.* Ottawa: Girol, 1983; *Teatro breve contemporáneo argentino.* Buenos Aires: Colihue, 1983; *Teatro. Vol. 3.* Buenos Aires. Ediciones de la Flor, 1984*; Dramaturgas latinoamericanas contemporáneas.* Madrid: Editorial Verbum, 1991.

Del sol naciente. In *Teatro. Vol. 1.* Buenos Aires: Ediciones de la Flor, 1984

Desafiar al destino. In *Teatro. Vol. 5.* Buenos Aires: Ediciones de la Flor, 1992.

El desatino (1965). Buenos Aires Centro de Experimentación Audiovisual del Instituto Torcuato di Tella, 1965. In *Teatro.* Barcelona: Editorial Argonauta, 1979.

Efectos personales. In *Teatro. Vol. 5.* Buenos Aires: Ediciones de la Flor, 1992.

Es necesario entender un poco. Buenos Aires: Ediciones de la Flor, 1996.

Falta de modestia (1997). In *Teatro.* Buenos Aires: Grupo Editorial Norma, 2002.

La gracia. In *Teatro. Vol. 3.* Buenos Aires: Ediciones de la Flor, 1990.

Información para estranjeros (1973). In *Teatro. Vol. 2.* Buenos Aires: Ediciones de la Flor, 1987. In English as *Information for foreigners* in *Information for foreigners: three plays.* Evanston, IL: Northwestern University Press, 1992.

Lo que va dictando el sueño (2000).

La malasangre. In *Teatro. Vol. 1.* Buenos Aires: Ediciones de la Flor, 1984. In English as *Bad blood.* Woodstock, IL.: Dramatic Publishing Co., 1994.

Mi querida (2001). In *Teatro.* Buenos Aires: Grupo Editorial Norma, 2002.

El miedo. In *Teatro. Vol. 3.* Buenos Aires: Ediciones de la Flor, 1990.

Las paredes (1966). In *Teatro.* Barcelona: Editorial Argonauta, 1979. In English as *The* walls in *Information for foreigners: three plays.* Evanston, IL: Northwestern University Press, 1992.

Mi querida (2001). In *Teatro.* Buenos Aires: Grupo Editorial Norma, 2002.

Morgan. In *Teatro. Vol. 5.* Buenos Aires: Ediciones de la Flor, 1992.

Nada que ver (1972). Buenos Aires: Ediciones Noe, 1972. In *Teatro.* Ottawa, Canada: Girol, 1983.

Nosferatu (1985).

Pedir demasiado (2001). In *Teatro.* Buenos Aires: Grupo Editorial Norma, 2002.

Penas sin importancia. In *Teatro. Vol. 5.* Buenos Aires: Ediciones de la Flor, 1992.

Puesta en claro. (1974). In *Teatro. Vol. 2.* Buenos Aires: Ediciones de la Flor, 1987.

Real envido. In *Teatro. Vol. 1.* Buenos Aires:Ediciones de la Flor, 1984.

Los siameses (1967). Buenos Aires: Ediciones Insurrexit, 1967. In *Nueve dramaturgos hispanoamericanos.* Ottawa, Canada: Girol, 1979; *Teatro.* Barcelona: Editorial Argonauta, 1979.

Sólo un aspecto. (1974). In *Palabra y el hombre,* no. 8 (Oct.-Dec. 1972, pp.52-72; *Teatro. Vol. 3.* Buenos Aires: Ediciones de la Flor, 1990.

Sucede lo que pasa (1976). In *Teatro. Vol. 2.* Buenos Aires: Ediciones de la Flor, 1987. In *Teatro.* Ottawa, Girol, 1983.

Viaje de invierno (formerly *Viaje matrimonio*) (1985). In *Teatro. Vol. 3.* Buenos Aires: Ediciones de la Flor, 1990.

Viejo matrimonio (1965).

ARG 88

GENÉ, JUAN CARLOS (1928-   ) was born in Buenos Aires and is known as a dramatist, director, actor, and teacher. He left Argentina during the military dictoratship to live in Venezuela. In 1977 he founded the group "Actoral 80" in Caracas. He has been a director of the Centro Latinoamericano de Creación e Investigación Teatral and has written for radio, television and cinema. He was president of the Asociación Argentina de Actores and has taught at various universities in Argentina and Venezuela.. He has won numerous awards including the Premio Maria Guerrero for best Argentine author.

Plays

Las aventuras de Pippo (1955).

Cosa juzgada (1971). Buenos Aires: Granica Editor, 1970.

Golpes a mi puerta (1985). Caracas: Ediciones Centro Gumilla, 1984; Buenos Aires: Torres Agüero Editor, 1988.

El herrero y el diablo (1955). Buenos Aires: Editorial Talía, 1947. In *Teatro.* Buenos Aires: Centro Editor de América Latina, 1983.

El inglés (1975). In *Teatro.* Buenos Aires: Centro Editor de América Latina, 1983.

Memorial del cordero asesinado (1987). Buenos Aires: CELCIT, 1991. In *Conjunto,* no. 78 (1989), pp.45-71; *Dramática latinoamericana,* no. 1

Se acabó la diversión (1967). In *Teatro.* Buenos Aires: Centro Editor de América Latina, 1983.

Señoras y señores del tiempo de antes (1957).

ARG 89

GENTILE, GUILLERMO (1942-   ) was born in Trieste, Italy and moved to Argentina while very young. He taught classical languages and later studied theater. In 1968 he returned to Italy and studied with film director Paolo Pasolini. Upon returning he began writing plays, many of which have been performed throughout South America and in Italy and Spain. He was awarded the Premio Lope de Vega and Medalla de Oro in Spain as well as the Premio Talía and Premio Argentores in Argentina.

Plays

Con las alas encogidas (1983).

La guerra sonríe en primera plana (1968).

Hablemos a calzón quitado (1968). In *Teatro 70,* no. 4/5 (November-December 1970), p.39.

¿Qué tal te va? (1982).

Vení, que hablamos de vos (1972).

Y chau... Pinela.

ARG 90

GHIANO, JUAN CARLOS (1920-1990) was born in Nogoya, Entre Rios. He studied law and was a literary critic, editor, short story writer and dramatist. He was a university professor in Buenos Aires for many years and founded the literary journal *Ficción.* He won both the Premio Argentores y Premio Municipal.

Plays

El abánico de Venecia. In *Ceremonías de la soledad.* Buenos Aires: Ediciones de la Flor, 1968.

Antiyer (1972). Buenos Aires: Talía, 1966. In *Tres tragicomedias porteñas.* Buenos Aires: Goyanarte, 1977.

La casa de los Montoya (1954).

Ceremonias de la soledad (1964). Buenos Aires:Ediciones de la Flor, 1968.

Corazón de tango (1968). Buenos Aires: Talía, 1966. In *Tres tragicomedias porteñas.* Buenos Aires: Goyanarte, 1977.

Los desmemoriados. In *Actos del miedo.* Caracas: Monte Avila, 1971.

Los devoradores. In *Actos del miedo.* Caracas: Monte Avila, 1971.

Duelo por su excelencia. In *Ceremonías de la soledad.* Buenos Aires: Ediciones de la Flor, 1968.

Explicación. In *Ceremonías de la soledad.* Buenos Aires: Ediciones de la Flor, 1968.

Los extraviados. In *Actos del miedo.* Caracas: Monte Avila, 1971.

La gula (1970).

La moreira (1962). Buenos Aires: Talía, 1962.

Narcisa Garay, mujer para llorar (1959). Buenos Aires: Talía, 1959. In *Tres tragicomedias porteñas.* Buenos Aires: Goyanarte, 1977; *El teatro argentino,* no. 101 (1981).

Nunca estaremos a solas. In *Ceremonías de la soledad.* Buenos Aires: Ediciones de la Flor, 1968.

Pañuelo de llorar. In *Ceremonías de la soledad.* Buenos Aires: Ediciones de la Flor, 1968.

Los protegidos. In *Actos del miedo.* Caracas: Monte Avila, 1971.

La puerta al río (1950).

Los refugiados. In *Actos del miedo.* Caracas: Monte Avila, 1971.

RSVP. In *Ceremonías de la soledad.* Buenos Aires: Ediciones de la Flor, 1968.

Los sirvientes. In *Actos del miedo.* Caracas: Monte Avila, 1971.

Los testigos (1967). In *Actos del miedo.* Caracas: Monte Avila, 1971.

Vestida de novia. In *Ceremonías de la soledad.* Buenos Aires: Ediciones de la Flor, 1968.

ARG 91

GIL QUESADA, MARUJA (1907-1977) was born in Buenos Aires and was the daughter of a well-inown zarzuela composer. She studied literature and went to Spain where she began her theater career studing with Catalan dramatic coach Margarita Xirgú. She returned to Argentina and became involved with the Teatro Itatí.

Plays

Los años solos (1964).

Ante el umbral (1957). Buenos Aires: Carro de Tespis, 1966.

Brigitte (1966).

El bugón del paraíso.

En la espera (1954). Buenos Aires: Editorial Capítulo VIII, 1955.

Extraño equipaje (1956). Buenos Aires: Carro de Tespis, 1956.

Un episodio más (1952). Buenos Aires: Editorial Capítulo VIII, 1955.

Fantasmas del valle azul (1955).

Lo que fue (1957).

No hay que perder la cabeza (1965).

La otra farsa.

Pájaro asustado (1968).

Primavera traviesa.

Las raíces de la cruz (1960).

Refugium peccatorum.

Una señora importante (1967).

Solvados de un ideal.

Un sueño más.

ARG 92

GIMÉNEZ PASTOR, MARTA is known as a poet, journalist, and writer of children's literature as well as a playright. Many of her plays were written for puppets.

Plays

El árbol de botellitas. In *Respectable público.* Buenos Aires: Librería Huemul, 1974.

El circo.

Un día en el juzgado.

El dueño del higueral. In *Respectable público.* Buenos Aires: Librería Huemul, 1974.

En su barriga hay un bicho. In *Respectable público.* Buenos Aires: Librería Huemul, 1974.

El gato sin botas (1978).

El ladrón de margaritas. In *Respectable público.* Buenos Aires: Librería Huemul, 1974.

Pinturín, pintor de flores (1967). In *Respectable público.* Buenos Aires: Librería Huemul, 1974.

Quisiera tener un barco (1976).

El vendedor de ilusiones (1980). In *Respectable público.* Buenos Aires: Librería Huemul, 1974.

ARG 93

GLICKMAN, NORA (1944-   ) was born and grew up in the Pampa,. She has been in the United States for many years now, where she is a professor of Spanish and Latin American Literature at Queens College. She has also written short stories and has edited an anthology of Argentine Jewish theater.

Plays

Un día en Nueva York. In *Teatro.* Buenos Aires: Editorial Nueva Generación, 2000.

Liturgias. In *Teatro.* Buenos Aires: Editorial Nueva Generación, 2000.

Noticias de suburbio. In *Teatro.* Buenos Aires: Editorial Nueva Generación, 2000.

Una tal Raquel. In *Teatro.* Buenos Aires: Editorial Nueva Generación, 2000.

ARG 94

GOLDEMBERG, JORGE (1941-   ) was born in Buenos Aires and received a degree in filmmaking from the Universidad de Nuevo Léon. He won the Premio Casa de las Américas in 1975 and the Premio Argentores in 1983. He has also written for television and cinema.

Plays

Argentine Quebracho Company (1972).

Cartas a Moreno (1987). Buenos Aires: Teatro Municipal General San Martín, 1986.

Fifty-fifty (1976) In *Tramoya*, no. 12, (July-September 1978) pp.91-128.

Knepp (1984). Buenos Aires: Teatro Vivo, 2000. In French in Givors, France: Color Gang, 1996.

Krinsky (1983). Buenos Aires: Ediciones de Arte Gaglianone, 1984; Buenos Aires: Teatro Municipal General San Martín, 1986.

Un país muy verde (1983).

Poniendo la casa en orden (1985).

Rajemos, marqués, rajemos (1976).

Relevo 1923. Havana: Casa de las Américas, 1975.

Yo estoy bien (1983).

ARG 95

GONZÁLEZ ARQUATI, GERMÁN (1926-   ) was born in Buenos Aires and worked as an optician before beginning his theatrical career. He studied directing at the the Escuela Municipal de Arte Dramático. He has been awarded the Premio Argentores and other prizes at the national level.

Plays

El amor, las mujeres y la muerte (1978).
Aquel mal paso de la costurerita (1975).
Las bodas (1970).
Carnada al noreste (1973).
La cola (1979).
La daga florentina (1974).
El fondo (1982). In *Cuatro autores.* Buenos Aires: Editorial Los Autores, 1983.
Los húsares (1986).
Informe del bosque (1980)
El Kafkillo (1876).
El malón (1985).
Pabellón circular (1978).
La piel de Judas (1974).
Respiración artificial (1975).
La tacita azul (1985).
Vértigo de estrellas (1987).

ARG 96

GONZALEZ GIL, MANUEL is known as a director, screen and television writer, and playright. He studied at the Conservatorio de Arte Dramático where he received a degree in set design. He teaches at various Universities in Buenos Aires and founded the Theater Group Catarsis in 1975. Most of his works are written for children.

Plays

Desarmable.
Garabatito.
Los mosqueros del rey.
Todo de a dos. Buenos Aires: Libros del Quirquincho, 1987?

ARG 97

GOROSTIZA, CARLOS (1920-   ) was born in Buenos Aires and became involved with the arts community while very young. He first worked as a puppeteer later turning to more serious forms of theater. He has won the Premio de la Municipalidad de Buenos Aires, Premio Nacional, and Premio Planeta. In 1983, he was made Argentina's Secretary of Culture.

Plays

A propósito del tiempo. In *Teatro.* Buenos Aires: Ediciones de la Flor, 1991.

¿A qué jugamos? (1968) Buenos Aires: Sudamericana, 1969. In *Teatro*. Buenos Aires: Ediciones de la Flor, 1991.

El acompañamiento (1981). In *21 estrenos argentinos*. Buenos Aires: Editorial Teatro Abierto, 1981; *7 dramaturgos argentinos*. Ottawa, Canada: Girol Books, 1983; *Teatro breve contemporáneo argentino*. Buenos Aires Colihue, 1986; *Teatro*. Buenos Aires: Ediciones de la Flor, 1991.

Aeroplanos (1990). In *Teatro*. Buenos Aires: Ediciones de la Flor, 1991.

El caso del hombre le la valija negra (1951). Buenos Aires: La Máscara, 1951. In *Teatro*. Buenos Aires: Ediciones de la Flor, 1991.

Los cinco sentidos capitales (1973). In *Teatro*. Buenos Aires: Ediciones de la Flor, 1991.

Los cuartos oscuros (1976). Buenos Aires: Editorial Sudamericana, 1976.

Diálogo de dos sobrevivientes (1972).

Doble historia de amor. In *Teatro*. Buenos Aires: Ediciones de la Flor, 1991.

El fabricante de piolín (1950)

El frac rojo (1988). In *Teatro*. Buenos Aires: Ediciones de la Flor, 1991.

La gallo y yo (1976).

Hay que apagar el fuego (1982). Rosario, Argentina: Ediciones Paralelo, 32, 1983. In *Teatro*. Buenos Aires: Ediciones de la Flor, 1991.

Los hermanos queridos (1978). Buenos Aires Colección Teatral de Argentores, 1980

La ira (1970).

Juana y Pedro. Caracas: Monte Avila, 1976. In *Teatro*. Buenos Aires: Ediciones de la Flor, 1991.

El juicio (1954).

El lugar (1970). Buenos Aires: Sudamericana, 1972. In *Teatro*. Buenos Aires: Ediciones de la Flor, 1991.

Mambrundia y Gasparindia (1964). In *La clave encantada*. Buenos Aires: Lilulí, 1943; Buenos Aires: Talía, 1970.

Marta Ferrari (1954).

Matar el tiempo (1982). Rosario, Argentina: Ediciones Paralelo 32, 1983. In *Teatro*. Buenos Aires: Ediciones de la Flor, 1991.

La muerte de Platero. In *La clave encantada*. Buenos Aires: Lilulí, 1943; Buenos Aires: Talía, 1970.

Los otros papeles. In *Teatro*. Buenos Aires: Ediciones de la Flor, 1991.

El pan de locura (1958). Buenos Aires: Talía, 1958; Buenos Aires Sudamericana, 1966; Buenos Aires: Centro Editor de América Latina, 1981; Buenos Aires: Abril, 1985; Buenos Aires: Ediciones Colihue, 1993. In *El teatro actual latinoamericano*. Mexico City: Ediciones de Andrea, 1972; *Teatro*. Buenos Aires: Ediciones de la Flor, 1991.

Papi. Rosario, Argentina: Ediciones Paralelo 32, 1985. In *Teatro*. Buenos Aires: Ediciones de la Flor, 1991.

El patio de atrás. In *Teatro*. Buenos Aires: Ediciones de la Flor, 1991.

Platero en titrilandia. In *La clave encantada*. Buenos Aires: Lilulí, 1943; Buenos Aires: Talía, 1970.

Los prójimos (1967) Buenos Aires Sudamericana, 1977; Buenos Aires Clásicos Huemul, 1985; Buenos Aires: Abril, 1985. In *Drama and theatre,* vol. 9, no. 2 (Winter 1970/1971); *Teatro.* Buenos Aires: Ediciones de la Flor, 1991.

El puente (1949). Buenos Aires Losange, 1954; Buenos Aires Talía, 1963; Buenos Aires: Sudamericana 1966 Buenos Aires: Kapelusz, 1974; Buenos Aires: Ediciones Colihue, 1993. In *Teatro argentino contemporáneo, 1949-1969*; Madrid: Aguilar, 1973; *Teatro.* Buenos Aires: Ediciones de la Flor, 1991. In English as *The bridge.* New York: S. French, 1961.

El Quijotillo (1950). In *La clave encantada.* Buenos Aires: Lilulí, 1943; Buenos Aires: Talía, 1970.

Rashomon (1964).

El reloj de Batasar (1955). Buenos Aires: Losange, 1955.

Títeres de la clave encantada (1943).

El último perro (1954).

La vaquita triste. In *La clave encantada.* Buenos Aires: Lilulí, 1943; Buenos Aires: Talía, 1970.

Vivir aquí (1964). Buenos Aires Talía, 1964.

ARG 98

GRASSO, ALDO (1923-   ) was born in Balcarce and grew up in Corrientes. He is known as a journalist, television and theater director and a specialist in psychodrama. He has won the Premio Fundación Nacional de Arte as well as third prize in the Premio Nacional.

Plays

Abstracto de Claudia y Rodolfo (1972). In *Teatro.* Corrientes, Argentina, Ediciones Gracia, 1972.

Brindis con gotas de rocío (1973).

Comunión (1977).

Jamás diré adiós (1987).

Las moscas verdes (1972). In *Teatro.* Corrientes, Argentina, Ediciones Gracia, 1972.

Las siete corrientes (1988).

Vuelvo por el paraguas (1965). Buenos Aires: Carro de Tespis, 1966. In *Teatro.* Corrientes, Argentina, Ediciones Gracia, 1972.

ARG 99

GRASSO, JORGE (1934-   ) was born in Buenos Aires and has worked as a lawyer, professor of English, director, and playright. He has won the Premio Municipal and has been a fninalist for Argentina's Premio Nacional and the Premio Tirso de Molina in Spain.

Plays

Cena de bachilleres (1980). In *Teatro para burgueses.* Buenos Aires: Carro de Tespis, 1974.

Una chica de Plaza Italia.

Cuando llegue chiqui (1985). Buenos Aires: Ediciones Agon, 1981.
Electra o La viuda de Daniel (1986).
Esa chica (1984).
Los extranjeros (1960). Buenos Aires: Editorial Cuadernos del Siroco, 1961.
Festejante a mediodía (1979). In *Teatro*. Buenos Aires: Corregidor, 1991.
Historia de los Aldao (1959). In *Teatro para burgueses*. Buenos Aires: Carro de Tespis, 1974.
Jugar a partir (1983). In *Teatro*. Buenos Aires: Corregidor, 1991.
Julieta (1956). Buenos Aires: Editorial Cuadernos del Siroco, 1960.
Larga noche de verano (1968).
El recuerdo y las rosas (1955).
Retrato de Gabriela (1955). In *Teatro para burgueses*. Buenos Aires: Carro de Tespis, 1974.

ARG 100
GRIFFERO, EUGENIO (1936-   ) was born in Buenos Aires and trained as a psychoanalyst. His plays have been performed in Caracas, Madrid, and Montevideo. He was awarded the Premio Molière in 1984.
Plays
La abeja en la miel (1984).
El amigo (1975).
Circomundo (1983).
Criatura (1981).
Cuatro caballetes (1985). Buenos Aires: Teatro Municipal General San Martín, 1985.
Destiempo (1984). In *Cuadernos de la Comedia Nacional*, año 1, no. 2 (1984).
Eugenia (1984).
Familia se vende (1975).
La fuerza del destino trae mala suerte (1975).
La gripe (1980).
Monólogos (1974)
Prefacio (1975).
Príncipe azul. In *Teatro abierto '82*. Buenos Aires: Puntosur, 1989; *Cuadernos de la Comedia Nacional*, año 1, no. 3 (1984).
El toro calabrés (1975).
El viento se lo llevo [with Francisco Ananía, Roberto Cossa, and Jacobo Langsner] (1983).
El visitante extraordinario (1982).

ARG 101
GUDIÑO KIEFFER, EDUARDO (1935-   ) was born in Esperanza, Santa Fe, and studied law and worked as a journalist. He is known for his narrative as well as for his drama.
Plays
Fabulando Buenos Aires (1973).

La incoherente locura diferente (1985).
Marilyn (1982).
No me pises los pies (1971).
Una pareja, un enano y una vieja (1986).
Prohibido aflojar (1982).

ARG 102
GUTMACHER, BENITO (1950-   ) was born in Buenos Aires and began work as an actor. He travelled extensively in Europe acting in a number of theater festivals.

Plays
Esencias (1972).
La gente me ama (1977).
El grito del cuerpo (1987).
Hamlet 74 (1974).
Iniciación (1981).
Provocación a Shakespeare (1985).
Los reyes magos (1989).
La transformación del Sr. Guillermo (1983).

ARG 103
HABEGGER, ROBERTO (1938-1988) was born in Buenos Aires and began writing plays in the 1960's. His plays often often used humor in a setting of horror or terror.

Plays
La enamorada del mura (1974).
Es el espantoso regreso de Drácula (1968).
Esta noche Drácula (1978).
Una pasión arrabalera (1969).
Perdón por mi pasado (1972).
Piedad para una bataclana (1976).

ARG 104
HALAC, RICARDO (1935-   ) was born in Buenos Aires and gave up his university studies in economics to study in Germany. While living in Berlin he became a great admirer of Bertolt Brecht and the Berliner Ensemble. Upon returning from Europe he worked as a journalist and began writing theater.

Plays
El destete. Rosario, Argentina: Ediciones Paralelo 32, 1984.
El dúo Sosa Echague. In *Teatro.* Buenos Aires: Corregidor, 1987.
Estela de madrugada (1965). Buenos Aires: Angel Press, 1965. In *Teatro.* Buenos Aires: Corregidor, 1987.
Fin de diciembre (1965). Buenos Aires: Angel Press, 1965
Frida Kahlo, la pasión. In *Teatro.* Buenos Aires: Corregidor, 1987.
La perla del Plata (1988).

La reina del Plata. s.l.: s.n., 1985.

Lejana tierrra prometida In *21 estrenos argentinos.* Buenos Aires: Editorial Teatro Abierto, 1981; *Siete dramaturgos argentinos.* Ottawa, Canada: Girol Books, 1983.

Metejón, guarda con el tango. In *Teatro.* Buenos Aires: Corregidor, 1987.

Mil años un día (1986). In *Teatro.* Buenos Aires: Corregidor, 1987.

Nada para espirar [with Elena Dora Antonietto and Manuel Iedbvani].

Ruto de rotas cadenas. In *Teatro.* Buenos Aires: Corregidor, 1987.

Segundo tiempo (1976). Buenos Aires: Galerna, 1978. In *Teatro.* Buenos Aires: Corregidor, 1987.

Soledad para cuatro (1961). Buenos Aires: Talía, 1962; Buenos Aires: Galerna, 1978; Buenos Aires: Centro Editor América Latina, 1982. In *Teatro.* Buenos Aires: Corregidor, 1987.

Tentepie I y II (1969). In *Teatro breve contemporáneo argentino.* Buenos Aires Colihue, 1986; *Teatro.* Buenos Aires: Corregidor, 1987.

Un trabajo fabuloso (1980). Rosario, Argentina: Ediciones Paralelo 32, 1980.

ARG 105

HASE, PACO (1950-   ) is the pseudonym of Ismael Eduardo Hase who was bon in Santa Fe. He began his career as a musician, later writing for stage and television. He was awarded the Premio Martín Fierro in 1990.

Plays

Canciones con sol (1975).

Ping... pong... ¡fuera! (1973).

¿Quién fue? (1974).

¿Y por casa cómo andamos? [with Osvaldo Dragún] (1979).

ARG 106

HAYES, JORGE RICARDO (1945-1990) was born in Rosario and began his career as an actor in his home province. He later moved to Buenos Aires where he continued to work as an actor and later as a playright. He was awarded the Premio Argentores in 1977.

Plays

Bienaventurados (1980). In *Teatro argentino año 1983.* Buenos Aires Belgrano, 1983.

El castillo de los tres audaces (1968).

Erosión (1970).

Franca mejoría (1975).

El ladrón de sonrisas (1977).

Morisquetas (1975).

Mujer que se hamaca (1975).

Una pequeña aventura (1967).

Querido Antonio (1980).

Se mira y no se toca (1975).

La tijera (1974).

ARG 107
HERME, J.C. (1924-1989) was born in Buenos Aires and became active with the Grupo Yenesí in the 1960's.
Plays
Alguien [with Eduardo Pavlovsky] (1966).
Color de ciruela (1963). Buenos Aires: Carro de Tespis, 1964.
Con los minutos contados (1968).
Último match [with Eduardo Pavlovsky] (1966). Buenos Aires: Ediciones de la Luna, 1967; Buenos Aires: Talía, 1970.

ARG 108
HOCHMAN, CLAUDIO (1958-   ) was born in Buenos Aires and studied theater and dance at the Escuela Municipal de Arte Dramático and the Teatro Municipal General San Martín. He also receved a degree in physical education and briefly wrote poetry, studied painting, and began writing plays in the 1980's.
Plays
Alan en Vulcania (1989).
Cuentos de los pueblos de un lugar (1985).
Dulce frutilla (1983).
Las equivocaciones de la comedia (1988).
Fabulosas fábulas (1986).
Gracias (1989).
Había una flor una vez (1984).
La increíble histoira de un tacaño (1990).
Medida por narices (1987).
Merci (1988).
La murguita del Chirigüare (1987).
Red carnation (1988).
Viajeros (1989).

ARG 109
HOLCER, RICARDO (1958-   ) was born in Buenos Aires and is known as an actor, author, and director. His work was done with playright Máximo Salas and often draws on a mix of traditional theater with Chinese opera, Japanese kabuki, flamenco, and kitsch.
Plays
América Macbeth [with Máximo Salas].
Dr. Jeckill [with Máximo Salas].
El gato negro [with Máximo Salas] (1983).
Estudio de actores [with Máximo Salas] (1986).
Frankenstein habló con la luna [with Máximo Salas] (1981).
Jack el destripador (La noche que se besaron hasta morir) [with Máximo Salas].
Movitud Beckett [with Máximo Salas] (1984).

Sade subte show [with Máximo Salas] (1988).

ARG 110
HUBEID, SUSANA was born in Córdoba and grew up in Jujuy. She began her writing career in essays, short stories, and poetry in addition to theater. In 1971 she received a grant from the Louvre to study in France, where she received the inspiration for her play about Marie Antoinette.

Plays

Camila O'Gorman (1987).

Extraña paralela. In *Mi teatro en el teatro*. Jujuy: s.n., 1974

María Antonieta. In *Mi teatro en el teatro*. Jujuy: s.n., 1981.

Rosas rojas para dos damas tristes (1974).

ARG 111
HUERTAS, JORGE (1949-   ) was born in Buenos Aires and studied psychology at the Universidad Católica Argentina. He later went on to study drama with playrights Roberto Durán and Ricardo Monti and taught theater in Buenos Aires. He also wrote for television and movies.

Plays

Algo contigo. In *Tres comedias urbanas*. Buenos Aires: Editorial Bilbos, 2000.

Una amistad de años. In *Tres comedias urbanas*. Buenos Aires: Editorial Bilbos, 2000.

La cruz del sur in *8 autores*. Buenos Aires: Los Autores, 1985 (staged as *Buscando la cruz del sur*).

Password. In *Tres comedias urbanas*. Buenos Aires: Editorial Bilbos, 2000.

Subterraneo. In *Teatro argentino año 1983*. Buenos Aires: Belgrano, 1983.

ARG 112
IMBERT, JULIO (1918-   ) was born in Rosario. He has written poetry and essays in addition to writing and directing theater. His plays have been performed in Argentina and Uruguay. He received the Premio Primer in Certamen del Teatro Universitario de la Plata as well the Premio del Fondo Nacional del Arte, along with several other awards. He was a founder of the independent theater "Las Cuatro Tablas."

Plays

Un ángel en la mantequería. In *Cuatro obras de teatro argentino*. Buenos Aires: Talía, 1969.

Azor (1959). In *Comentario*, nos. 26-28 (1960-1961).

Biografía de esetla transparente (1962).

Camilo O'Gorman. Buenos Aires: Talía, 1968.

Comedia de naranja (1959).

Día caprichoso (1969).

El diablo despide luz.

El diente (1956). Buenos Aires: Losange, 1954.

Electra (1963). Buenos Aires: Talía, 1964.

Este lugar tiene cien fuegos [also titled: *El Círculo*] (1952).

Hesperidina para uno. [also titled *Peppermint para uno*]. In *El Clarín* (January 3, 1960).

Los hijos del verano. Buenos Aires: Carro de Tespis, 1962.

La lombriz (1951).

La mano (1952). Rosario, Argentina: Las Cuatro Tablas, 1953.

La noche más larga del año (1958). Buenos Aires: Talleres Gráficos Julio Kaufman, 1958. In *Comentario*, no. 19 (April-June 1958).

Los navegantes del Génesis. Buenos Aires: Talía, 1964.

Panteras aquí. In *Revista de teatro* (Buenos Aires), no. 1 (Nov.-Dec. 1960), pp. 29-38.

Pelo de zanahoria.

Primer actor: el diablo. In *Comentario*, no. 37 (1963).

La punta del alfiler.

El reloj que no mide el tiempo (1953).

El señor comisario come pan (1962).

Ursula duerme (1958). Buenos Aires: Ediciones Hicancho, 1958; Buenos Aires: DT Cisne, 1958. In *Gaceta litearia*, no. 13 (April-May 1958).

ARG 113

IRIARTE, MIGUEL (1935-   ) was born in Córdoba and studied at the Escuela Provincial de Bellas Artes. He worked as an actor and director in addition to writing plays. He was awarded the Premio Fundación Nacional de Arte and was nominated for various other national prizes.

Plays

El cuadro.

Eran cinco hermanos y ella no era muy santa. In *Obras de teatro.* Buenos Aires: Instituto Nacional del Teatro, 2000.

Una familia tipo. In *Obras de teatro.* Buenos Aires: Instituto Nacional del Teatro, 2000.

Las gallegas.

Gracias Giogio (1988).

El guante blanco (1984).

Las monjas.

Páginas sueltas (1988).

Quince caras bonitas (1979). In *Obras de teatro.* Buenos Aires: Instituto Nacional del Teatro, 2000.

San Vincente super star. In *Obras de teatro.* Buenos Aires: Instituto Nacional del Teatro, 2000.

El truque (1983).

ARG 114

IZCOVICH, CARLOS (1930-   ) was born in Buenos Aires and worked as an attorney, journalist, professor, and theater critic in addition to writing theater. In his youth he founded *Buenos Aires Teatral*, a review of theater.

Plays
Amo (1971).
Memorias (1988). Buenos Aires: Teatro Municipal General San Martín,
1986.

ARG 115
KACS, MAURICIO CLAUDIO (1951-1981) was born in Buenos Aires
and worked as an actor and musician as well as writer of children's
theater. He has won various prizes for his musicals and plays for adults.

Plays
Cabeza loca (1978).
Los cinco y medio (1978).
Los entendidos (1978).
Juicio a la clase media.
Para bien o para mal (1975).
Permítame mostrarle (1974).
El revés de la sonrisa.
Tarturremoto (1976).
Yo sí.. ¿y usted? (1977).

ARG 116
KARTÚN, MAURICIO (1946-   ) was born in San Martín and began
writing short stories while in his teens. He studied dramaturgy at the
Nuevo Teatro and at the Universidad de Buenos Aires. He also worked as
an actor and wrote for radio. He has won several prizes including the
Argentores in 1983, Segundo Premio Nacional 1987, and Premio
Meridiano de Plata 1988. His plays are a mixture of humor, history, and
tragicomedy.

Plays
La casita de los viejos (1982). Buenos Aires Putosur, 1989. In *8 autores*.
Buenos Aires: Los Autores, 1985; *Teatro*. Buenos Aires: Ediciones
Corregidor, 1993-1999.
Chau Misterix (1980). Buenos Aires: Torres Aguero, 1980. In *Teatro*.
Buenos Aires Editorial Los Autores, 1985; *Teatro*. Buenos Aires:
Ediciones Corregidor, 1993-1999.
Como un puñal en las carnes. In *Teatro*. Buenos Aires: Ediciones
Corregidor, 1993-1999.
Cumbia, morena, cumbia (1983). In *8 Autores*. Buenos Aires: Los Autores,
1985; *Teatro*. Buenos Aires: Ediciones Corregidor, 1993-1999.
Desde la lona (1997). In *Teatro*. Buenos Aires: Ediciones Corregidor, 1993-
1999.
Esta es la historia de la civilización y la barbarie [with Humberto Rivas].
(1974).
Gente muy así (1976).
El hambre da para todo (1977).

Lejos de aquí [with Roberto Cossa].

El partener. Santa Fé, Argentina: Universidad Nacional del Litoral, 1989; Ottawa, Canada: Girol Books, 1993. In *Teatro.* Buenos Aires: Ediciones Corregidor, 1993-1999.

Pericones (1987). Buenos Aires: Teatro Municipal General San Martín, 1987. In *Teatro.* Buenos Aires: Ediciones Corregidor, 1993-1999.

Rápido nocturno, aire de foxtrot (1998). In *Teatro.* Buenos Aires: Ediciones Corregidor, 1993-1999.

Sacco y Vanzetti (1991). Buenos Aires: Adriana Hidalgo editora, 2001.

Salto al cielo (1991). In *Del parricidio a la utopía.* Ottawa, Canada: Girol Books, 1993; *Teatro.* Buenos Aires: Ediciones Corregidor, 1993-1999.

ARG 117
KORZ, AARÓN is known as an actor, director and theater researcher. His plays often used black humor to criticize the the military regime of the 1980's. He received the Premio Estrella de Mar and also the Premio Mejor Unipersonal.

Plays

Alto en el cielo (1983).

Buey sollo buen se lame (1985). In *Teatro completo.* Buenos Aires: Torres Agüero Editor, 1996.

De víctimas y victimarios (1982). Buenos Aires: Puntosur, 1989. In *Teatro completo.* Buenos Aires: Torres Agüero Editor, 1996.

Estrellas por la cabeza (1983).

El lamento de Muchnik.

La patria de géminis. In *Teatro completo.* Buenos Aires: Torres Agüero Editor, 1996.

ARG 118
KRALY, NÉSTOR (1936-   ) was born in Buenos Aires and studied drama in Córdoba and in São Paulo, Brazil. His plays are highly realistitic and often deal with class and intergenerational conflict. He won several awards including the Premio Editorial Losange. He has also written short stories. He lived in the United States for number of years and one of his plays was translated into English.

Plays

Balada maleva. Buenos Aires:Talía, 1972.

Ha muerto un payador (1968). Buenos Aires: Impr. López, 1968.

Marfiles desnudos [later titled *Junio 16*] (1957). In *Tres dramas, tres autores.* Buenos Aires: Editorial Losange, 1961; In English in *June 16 and other plays.* Buenos Aires: Ediciones Nueva Visión, 1961.

No hay función. Buenos Aires: Talía, 1967.

La noche que no hubo sexta (1967). Buenos Aires: Talía, 1959.

La vida, un callejón sin salida (1973).

ARG 119
KUYMDJIAN, FELISA (1927-   ) was born in Buenos Aires and is known as a novelist, dramatist, researcher, and translator from Japanese and Chinese. Her first play was translated into Chinese and performed in Hong Kong.

Plays
Agridulce (1979).
Arroz con leche concert (1977).
Juego entre dos (1965).
Juguemos con el duende (1976).
El ropero (1974).
Salón de té chino (1957). In Chinese in *Cosmorama* (Hong, Kong) (1962).
El taller de Lucas (1971).

ARG 120
LARRIERA, TEÓFILO (1916-   ) was born in Buenos Aires and wrote a number of plays. He was awarded the Premio Comedia Nacional de Cultura and was a finalist for the Premio Tirso de Molina in Spain in 1978.

Plays
El caralisa (1976).
La carroña y los buitres. In *Teatro festivo.* Madrid: Grupo Cero, 1980.
Los custodios del embajador (1978). In *Teatro festivo.* Madrid: Grupo Cero, 1980.
El desierto poblado. In *Teatro festivo.* Madrid: Grupo Cero, 1980.
En el centro de la selva. In *Teatro festivo.* Madrid: Grupo Cero, 1980.
El inquilino (1954).
El mecanismo. In *Teatro festivo.* Madrid: Grupo Cero, 1980.
No hay otra historia. In *Teatro festivo.* Madrid: Grupo Cero, 1980.
La noche no tiene fin (1945).
Odio (1948).
Los roedores. In *Teatro festivo.* Madrid: Grupo Cero, 1980.
Sí, mi coronel (1976).
Supremodi FI 1 y 2. In *Teatro festivo.* Madrid: Grupo Cero, 1980.
El techo. In *Teatro festivo.* Madrid: Grupo Cero, 1980.

ARG 121
LAVECCHIA, HORACIO LUIS (1942-   ) was born in Buenos Aires and did most of his dramatic production in the 1970's with the Grupo de la Legua. He also wrote a number of children's plays.

Plays
En el país de viento y barrilete (1974).
Historias del abuelo cuento (1976).
El inmigrante (1972).
La mansión de los Usher (1973).

Tarot (1979).

ARG 122

LEAL REY, INDALECIO PEDRO (1927-1991) was born in Buenos Aires and worked as an architect in addition to acting and writing. He founded the Teatro de Arquitectura in 1951.

Plays

Angelito el secuestrado o los tormetos de la infancia (1967).
Kaput en 6 tiempos (1975).
Lulú (1978).
La melodía fatal (1976).
Las trompetas y las águilas (1958).

ARG 123

LEHMANN, MARTA (1922-1965) was born in Buenos Aires and worked as a painter and professor of literature in addition to writing plays. She won a number of awards for her work including the Premio Municipal.

Plays

La evasión (1958). In *Teatro*. Buenos Aires: Falbo, 1966.
La fiesta (1959). In *Teatro*. Buenos Aires: Falbo, 1966.
Los flagelados (1959). Buenos Aires: Talía, 1961. In *Teatro*. Buenos Aires: Falbo, 1966.
La huida. In *Teatro*. Buenos Aires: Falbo, 1966.
Lázaro (1951). Buenos Aires: Losange, 1959. In *Teatro*. Buenos Aires: Falbo, 1966.
La ofensiva. In *Teatro*. Buenos Aires: Falbo, 1966.
Otra vez Fedra. In *Teatro*. Buenos Aires: Falbo, 1966.
Los próximos (1950). In *Teatro*. Buenos Aires: Falbo, 1966.
El secreto. In *Teatro*. Buenos Aires: Falbo, 1966.
Su opertunidad (1959). In *Teatro*. Buenos Aires: Falbo, 1966.
El sumario (1958). In *Teatro*. Buenos Aires: Falbo, 1966.
El velo. In *Teatro*. Buenos Aires: Falbo, 1966.

ARG 124

LEVENE, GUSTAVO GABRIEL (1905-1988) was born in Catamarca and was known as an historian, professor, researcher and playright. He received the Premio Nacional de Teatro in 1953/1954.

Plays

Bernardino.
La cautiva.
El desconocido.
Mariano Moreno. Buenos Aires: Losange, 1957; Buenos Aires: Edicom, 1972.

ARG 125

LEVINSON, LUISA MERCEDES (1914-1988) was well known for her narrative. She wrote two plays that also received critical acclaim and was awarded the Premio Teatro Municipal General San Martín.

Plays

Julio Riestra ha muerto. Buenos Aires: Ediciones Nueva Visión, 1963. In *Obras maestras del teatro moderno.* Buenos Aires: Losange-Amauta, 1963.

Tiempo de Federica. Buenos Aires: Ediciones Nueva Visión, 1963.

ARG 126

LIZÁRRAGA, ANDRÉS (1919-1982) was born in La Plata. He studied painting and at age 35 began writing for the theater. He won the Premio Casa de las Américas from the Cuban government. Many of his plays had historical themes. He also wrote extensively for television.

Plays

Ajena un siglo (1978).

Alto Perú. Buenos Aires In *Teatro.* Buenos Aires: Editorial Quetzal, 1962.

La cama del emperador (1970).

El carro eternidad (1959). Buenos Aires: Talía, 1959. In *Teatro.* Buenos Aires: Editorial Quetzal, 1962.

Un color soledad. In *Teatro.* Buenos Aires: Editorial Quetzal, 1962.

Contacto en Madrid. In *Conjunto*, no. 56 (April - June 1983), pp.16-63.

Desde el 80 (1959) [with Osvaldo Dragún].

Jaime el destripador (1967).

Los linares (1959). Buenos Aires Talía, 1959; In *Teatro.* Buenos Aires: Editorial Buenos Aires Quetzal, 1962.

Proceso de Juana Azurduy (1972).

¿Quiere usted comprar un pueblo? Buenos Aires: La Rosa Blindada, 1964. In Teatro. Havana: Casa de las Américas, 1964. In Portuguese as *Povoação, vende-se.* Porto, Portugal: Distribuidores da Nova Realidade: Raiz-Representações, 1971.

Romeo, Julieta y el tango (1972).

Santa Juana de América. Havana: Casa de las Américas, 1960; Buenos Aires: Quetzal, 1962.

El torturador. In *Conjunto*, no. 15 (January - March 1973), pp. 95-121.

Tragos a la madrugada (1980).

Tres jueces para un largo silencio (1960). Buenos Aires: Centro Editor de América Latina, 1966. In *Teatro.* Buenos Aires: Editorial Buenos Aires Quetzal, 1962.

¡Y dále que va! (1963)

ARG 127
   **LLOBERAS CHEVALIER, MARISEL (1960-   ) was born in San Fernando and studied acting and writing for cinema and television. She won the Premio Mauricio Kohen.

Plays
   Acordate de la Francisca (1987). Buenos Aires: Teatro Municipal General San Martín, 1987.
   Dios nos libre y guarde (1985).
   Vidas (1980).

ARG 128
   **LÓPEZ TROISI, SUSANA (1931-   ) was born in Buenos Aires and trained as a social worker. She became a prolific writer of children's theater as well as theater for adults.

Plays
   Almendrín y los muñecos mágicos (1970).
   Angelitos de papel (1976).
   Aventuras de Pelusa y el mago Piolín (1965).
   Una bomba a la italiana (1980).
   Del mundo llueven naranjas (1971).
   Don Gato recibe visitas (1971).
   Entre-tango (1978).
   Escoba de 15 (1977).
   Esta noche estoy de tango (1976).
   Felipe Linyera (1977).
   Los invitados del más allá (1973).
   Mi Lupa Busacuentos (1984).
   La niña que fue tortuga (1957).
   No me puedo quejar (1978).
   Pasaporte al cielo (1982).
   Pausa para una taza de café (1967).
   Personalmente (1977).
   Présteme los lentes, señor (1983).
   San Telmo en la nostalgia (1975).
   Santelmísimo (1974).
   Sueña pelo de zanahoria (1974).
   El viento, el mar y Felipe (1975).

ARG 129
   **LOTERSZTEIN, MANUEL ABRAHAM (1940-   ) was born in Buenos Aires and studied dramaturgy at the Seminario Pablo Palant of Argentores and at the Universidad de Buenos Aires. He won a number of prizes including the Premio Argentores.

Plays
   La conferencia (1970).
   Enfermedad peligrosa (1973).

Estos programas tan violentos (1981).
Los invitados a la demolición (1981).
La mística (1967).
¿Quiénes son los rebeldes? (1976).
Siempre hay sol (1983).

ARG 130
MAHIEU, ROMA (1937-) was born in Poland and is the pseudonym of Roma Salomón de Mahier. He came to live in Argentina while very young. His plays are often highly polemic and deal with cruelty and violence in an absurdist style. He won both the Premio Talía and the Premio Argentores.

Plays
El dragón de fuego. Madrid: Sociedad General de Autores de España, 1993.
La gallina ciega. Madrid: Editorial Vox, 1980. In *Conjunto*, no. 52 (April-June 1982), pp.62-118.
Juegos a la hora de la siesta (1976).
María la muerte (1977).

ARG 131
MALCHIODI PIÑERO, VELIA (1923-) was born in Junín and began her career writing plays for puppets. She has won the Premio Municipal, Premio Fundación Nacional de Artes, and the Premio Talía. Her plays have been translated into Portuguese and performed in Brazil. She has also written for cinema.

Plays
Adán y Eva (1962). Buenos Aires: Talía, 1963.
El angurriento (1965). Buenos Aires: Talía, 1965.
La cooperativa de los Diógenes (1963).
Dos ángeles de vacaciones.
Embriaguez genial.
Mariquita Remolocha (1970).
El paquete (1959).
Pestaña blanca.
El pollo pelado (1963).
Rompe ruta.
El sabueso.
Las suegras (1959).

ARG 132
MAMONE, MIGUEL (1897-1974) was born in Buenos Aires and was trained as a physician. He maintained that his daily contact with patients over many years provided him with much material for his plays.

Plays
En la hora del perdón.
La fuga.

La honestidad, alojamiento (1963).
Muchacho calavera (1930).
El obstétrico Fouché.
Las piernas del Cachafaz. Buenos Aires: Carro de Tespis, 1969.
Plaza Hotel Bar (1926).
Que conventillo violento (1963).
Tiene playa ... y basta.

ARG 133

MARECHAL, LEOPOLDO (1900-1970) waa born in Buenos Aires and was highly regarded as a poet and wirter of novels and short stories. While in his twenties he travelled extensively in Spain and France which heavily influenced in his writing style. Upon returning to Argentina, he adaopted a strong nationalist orientation and was a strong supporter of Juan Perón and also of Fidel Castro. He won the Premio Nacional de Drama in 1951.

Plays

Alijerandro.

Antígona Vélez (1951). Buenos Aires: Citerea, 1965; Buenos Aires: Editorial Sudamericana, 1970; Buenos Aires: Ediciones Colihue, 1981. In *Obras completas v.2.* Buenos Aires: Libros Perfil, 1998.

El arquitecto del honor.

Athanor. In *Obras completas v.2.* Buenos Aires: Libros Perfil, 1998.

La batalla de José Luna (1967). Santiago, Chile: Editorial Universitaria, 1970. Buenos Aires: Editorial Universitaria, Universidad Nacional de Misiones, 1997. In *El espía y otros relatos.* Buenos Aires: Editorial Jorge Kiek, 1975; *Obras completas v.2.* Buenos Aires: Libros Perfil, 1998.

El canto de San Martín (1950). Buenos Aires: Universidad Nacional Católica, 1950.

Un destino para Salomé.

Don Alas o la virtud.

Don Juan (1984). Buenos Aires: Ediciones Castagneda, 1978; Buenos Aires: Ediciones Colihue, 1983.

Estudio en Cíclope.

Gregorio Funes. In *Obras completas v.2.* Buenos Aires: Libros Perfil, 1998.

Mayo el seducido.

El Mesías. In *Obras completas v.2.* Buenos Aires: Libros Perfil, 1998.

Muerte y espitafio de Belona.

La parca.

El superhombre. In *Obras completas v.2.* Buenos Aires: Libros Perfil, 1998.

Las tres caras de Venus (1952). Buenos Aires: Cieterea, 1966; Buenos Aires: Editorial Sudamericana, 1970; Buenos Aires: Editorial Universitaria, Universidad Nacional de Misiones, 1997. In *Obras completas v.2.* Buenos Aires: Libros Perfil, 1998.

ARG 134

MARECHAL, MALENA (1942-   ) was born in Buenos Aires and has been active in the experimental theater movement. She is a professor of theater at the Universidad del Salvador and also at the Escuela de Teatro del Teatro La Fábula.

Plays

Adán llegó a Buenos Aires (¿vendrá desnudo?) (1989).
Blanco-espacio-humano (1972).
Cómo lo fácil es difícil (1973)
Jueguemos de Cezanne a Miró (1968).
Principio de incertidumbre (1978).
Rastro de una acción. (1972).
Semana de Belgrano.

ARG 135

MARISCAL, CATALINA INÉS (1938-   ) was born in Buenos Aires and is known as an actress, journalist, and writer for radio and television in addition to her work for the theater. She has won numerous awards for her work, including the Premio Argentores.

Plays

Cigüeñas y repollos no deben mentir (1977).
Los cuentos del Miau Miau (Aventuras de un Michifuz en una Calle Gatuna) (1977).
Los cuentos del Tim-Tan (Aventuras del reloj) (1967). Buenos Aires: Carro de Tespis, 1968.
¿De quién es el sol.. de quién es la luna? (1983).
La percha (1987).

ARG 136

MARISTANY, MARÍA is known as an actress and founder of the theater Grupo Talía, in addition to being a playright. She won a number of prizes at the national level including the Premio Municipal, Premio Nacional and Premio Argentores. She has written extensively for television and teaches acting in Buenos Aires.

Plays

Buenos Aires del amor (1970).
Cuatro hombres, una esquina, un pueblo (1973).
Diez chapas.
Eso maravilloso sueño de Caperucita.
Historias de vida y muerte de un general de la nación (1975).
Juana de Pompeya (1971).
Linda.
Mujeres solas (1968).
Palomas en la niebla (1976).

ARG 137
MASCIÁNGIOLI, JORGE (1929-   ) is known as a writer of novels, short stories, and screen plays in addition to his work as a dramatist. He has won a number of awards including the Premio Municipal, Premio Fundación Nacional del Arte, and the Premio Argentores.

Plays
Amalia (1978).
Amén (1969).
Caramela de Santiago (1968).
Como es ... no es (Ficciones sobre el amor) (1980).
La lujuria (1970).
Moneda de mandarina (1969).
La noche de Caín (1967).
La rutina (1970).
Safón y los pájaros.
Señor Leonardo. Buenos Aires: Grupo Editor Latinoamericano, 1992.

ARG 138
MATHUS, CARLOS ENRIQUE (1939-   ) was born in Rosario and is known as the founder of the Teatro de Rosario, which produced many of his works. His plays have been performed in New York, France, and Brazil.

Plays
El ángel (1964).
Briga de Foice.
Cuarto de espejos.
El día de la fiesta (1966).
Huija la muerte (1974).
El jardin de las delicias (1973).
El juego (1964).
La lección de anatomía (1973).
El mazacote (1966).
Molto vivace (1965).
El palco (1965).
El primero que llega (1968).
Reconstrucción (1974).
La reyerta (1965).
Sketch (1965).
Vida de Leonardo da Vinci.

ARG 139
MAURE DE SEGOVIA, MARÍA ELVIRA (1929-   ) was born in Mendoza and began producing plays in the 1970's. She won the Premio Argentores as well as other national prizes.

Plays
Alfonsina (1987).

Un amor esdrújulo (1982).
Bajo llave (1982).
El casamiento de Mariana (1982).
Galopes de madera (1986).
¿Jugamos al gallo ciego? (1975).
La muela y los pasteles. (1979).
El santo del naranjo (1978).
Viento de otoño (1984).

ARG 140

MAURICIO, JULIO (1919-   ) was born in Buenos Aires and was self taught as a writer. He is primarily known for his narrative and screen plays. He has won a number of prizes, including the Premio Casa de las Américas from Cuba, the Premio Teatro Municipal General San Martín, and Premio de la Dirección de Cultura. His plays have been performed in Latin America, Italy, France, and the United States.

Plays

Los datos personales. In *Teatro breve contemporáneo argentino.* Buenos Aires: Colihue, 1986.
La depresión. Buenos Aires: Talía, 1970.
Un despido corriente. Havana: Casa de las Américas, 1972.
Elvira. Buenos Aires: Galerna, 1982.
En la mentira. Buenos Aires: Talía, 1969.
El enganche (1982).
La forma adecuada (1967).
Geón (1972)
La maleta. Madrid: Escelicer, 1971.
Motivos. Buenos Aires: Talía, 1964.
El pino de papá (1983).
La puerta (1972).
Los retratos. In *Caminos del teatro latimoamericano.* Havana: Casa de las Américas, 1973.
El señor Eduardo (1982).
La valija. Buenos Aires: Talía, 1969; Buenos Aires: Centro Editor de América Latina, 1982.

ARG 141

MEDINA, ROBERTO NICOLÁS (1935-1999) was born in Córdoba and has worked extensively as a director and drama coach in addition to writing plays.

Plays

Bajo sospecha (1989). Buenos Aires: Fundación del Libro,1989.
Bienvenido, Mr. Batman. In *Teatro.* Buenos Aires: Torres Agüero Editor, 1994.
La brutila Sombrilla y su gato Malandrín 1968).
Caramba, Carambita, y Carambola (1984).

El circo del Caballito Azul (1970).

Cita en la madrigada. Córdoba, Argentina: Editorial de la Municipalidad de Córdoba, 1996.

La cometa azul (1966). In *Piezas cortas.* Buenos Aires: Cuadernos del Siroco: 1965.

Con la música a otra parte (1989).

Una corona para Jacob (1987).

Las cosas no son como son. In *Teatro.* Buenos Aires: Torres Agüero Editor, 1994.

Crónica de un concurso (1987).

Las cuatro paredes (1959). In *Teatro.* Buenos Aires: Ediciones Corregidor, 1999.

Cuentos de grillos y lunas (1967).

El eclipse y las sombras (1965). In *Teatro.* Buenos Aires: Ediciones Corregidor, 1999.

Encuentro en la plaza de un grupo de desconocidos. In *Teatro.* Buenos Aires: Ediciones Corregidor, 1999.

Érase un viejo pirata (1970).

Esta tonina está loca, loca (1977).

Los generales mueren de aburrimiento (1994). In *Teatro.* Buenos Aires: Torres Agüero Editor, 1994.

Girasoles y Margaritas crecent en el altillo (1987).

La hechicera. Córdoba, Argentina: Editorial de la Municipalidad de Córdoba, 1996.

Historia de pillos (1962).

Historia sin salida (1990). Córdoba, Argentina: Editorial de la Municipalidad de Córdoba, 1991. In *Teatro.* Buenos Aires: Ediciones Corregidor, 1999.

Historias de Adán y Eva (1973).

Hogueras a la hora de la siesta (1964).

Una larga espera (1968). In *Teatro.* Buenos Aires: Torres Agüero Editor, 1994.

La larga noche de Alcestes. Buenos Aires: Torres Agüero Editor, 1992.

La loca historia de un delfín 1985).

Los que quedaron (1963).

La luna en bicicleta (1984).

Mambrú se fue a la selva (1971).

Moby Dick ya no está donde estaba (1992). In *Teatro.* Buenos Aires: Torres Agüero Editor, 1994.

La murga de Juan (1966). Buenos Aires: Carro de Tespis, 1968.

Orfeo en las tinieblas (1966). Buenos Aires: s.n., 1965.

Pase, siéntese y espere (1974).

Personajes en la sala (1951

Poder decir..estuve (1987).

Próxima estación (1959).

El Quijote de los niños (1972).

Requiem para Gardelito (1987).

Rocinante vuelve al camino (1984).

Una rosa para Margarita (1960).

Una sombra en el pajonal (1987). In *Teatro*. Buenos Aires: Torres Agüero Editor, 1994.

Todo tan inesperado. In *Teatro*. Buenos Aires: Ediciones Corregidor, 1999.

El último apoliyo (1990). In *Teatro*. Buenos Aires: Torres Agüero Editor, 1994.

El vagabundo de la luna (1977). Buenos Aires: Carro de Tespis, 1968.

Un velorio sin difunto (1990). Córdoba, Argentina: Editorial de la Municipalidad de Córdoba , 1991.

Un viejo payaso sin pie ni cabeza (1967).

ARG 142

MILEO, DIEGO (1946-   ) was born in Buenos Aires and abandoned a career in law to write plays. Many of his plays were psychodramas. He won the Premio Argentores in 1971 and in 1980.

Plays

Aquí durmió Gardel (1986).

Benmérita institución. In *Cuatro autores*. Buenos Aires: Editorial Los Autores, 1983.

Cómo es una solapa (1971).

El detergente (1974).

Jamás un corazón ingrato (1983).

El Kafkillo (1976).

Limite de seguridad (1987).

Mimi-Flash (1970).

No son frutillas (1974).

Que el tumulto nos proteja (1971).

¿Quién quiere decir siempre? (1979).

ARG 143

MONTAINE, ELISEO (1906-1966) was born in Buenos Aires and was the pseudonym of Eliseo Gullino. He was known as a journlist, humorist, writer of fiction and screenplays as well as drama. He coauthored a number of plays with Roberto Tálice. He won the Premio Nacional and the Premio Municipal.

Plays

El amor comienza mañana [with Roberto Tálice] (1953). In *Repertorio,* no. 5 (1952).

Amor todas las noches [with Roberto Tálice] (1950).

Cuatro en el paraíso [with Roberto Tálice] (1952). Buenos Aires: Carro de Tespis, 1966.

Don Rufo de los milagros (1960). Buenos Aires: Talía, 1960.

El hijo azul [with Roberto Tálice] .

El hombre prohibido [with Roberto Tálice] (1951). In *Repertorio,* no. 3 (1952).

La iglesita (1937).

La llama eterna [with Roberto Tálice] (1947). Buenos Aires: Carro de Tespis, 1963. In *Argentores,* no. 253 (July 30, 1947).

La luna de miel en el cielo [with Roberto Tálice] (1955). Buenos Aires: Carro de Tespis, 1959.

Mujeres en el desierto (1942) In Argentores, no. 259 (June 30, 1946).

Noche en los ojos [with Roberto Tálice] (1947).

La oculta verdad [with Roberto Tálice] (1948). Buenos Aires: Carro de Tespis, 1961. In *Proscenio,* año 1, no. 3 (October 1948).

Romántica Florinda (1954).

Siendo amor, es primavera (1949).

Swing para una rosa de luto [with Roberto Tálice]. Buenos Aires: Carro de Tespis, 1967.

ARG 144

MONTI, RICARDO (1944-   ) was born in Buenos Aires where he became associated with the Teatro Payró and the Grupo Laboratorio. He is known for creating highly symbolic yet realist theater. His works have been translated and performed in Latin America and Europe. He has won the Premio Argentores and Spain's Premio Carlos Arniches.

Plays

Asunción (1992). In *Teatro.* Buenos Aires: Corregidor, 1995.

La cortina de abalorios (1981). In *Teatro abierto.* Buenos Aires: Editorial Teatro Abierto, 1982; *7 dramaturgos argentinos.* Ottawa, Canada: Girol, 1993.

Una historia tendenciosa de la clase media argentina (1971). Buenos Aires: Talía, 1972. In *7 dramaturgos argentinos.* Ottawa, Canada: Girol, 1993.

Marathon (1980) In *Teatro argentino.* Buenos Aires: Centro Editor de América Latina, 1981.

Una noche con el señor Magnus e hijos. Buenos Aires: Talía, 1971. In *Del parricidio a la utopía: el teatro argentino actual en 4 claves mayores.* Ottawa, Canada: Girol, 1993.

La oscuridad de la razón (1993).

Una pasión sudamericana (1989). In *Teatro-Celcit,* no. 3 (1992); *Teatro.* Buenos Aires: Corregidor, 1995.

Visita (1977). Buenos Aires: Talía, 1978.

ARG 145

MOSQUERA, BEATRIZ (1936-   ) was born in Buenos Aires and wrote a number of plays for children and adults. Her plays often highlighted the hypocrisies in Argentine society and in the 1980's were critical of the authoritarian regime. She has won a number of awards including the Premio Bienal Unión Carbide and the Premio Fundación Nacional del Arte.

Plays

Despedida en el lugar (1982). In *Teatro*. Buenos Aires: Libro de Tierra Firme, 1987.

Desde adentro. In *Teatro*. Buenos Aires: Libro de Tierra Firme, 1987.

Un domingo después de un lunes (1969).

En nuestro propria nombre. In *Teatro*. Buenos Aires: Torres Agüero Editor, 1992.

La irredenta (1989). In *Teatro*. Buenos Aires: Libro de Tierra Firme, 1987.

El llamado. In *Teatro*. Buenos Aires: Torres Agüero Editor, 1992.

La luna en la taza (1979). In *Teatro*. Buenos Aires: Libro de Tierra Firme, 1987.

Madeias. In *Teatro*. Buenos Aires: Torres Agüero Editor, 1992.

Mira lo que te está pasando (1969).

No hay más lolas (1987).

Otra vez la luna. In *Teatro*. Buenos Aires: Libro de Tierra Firme, 1987.

Pequeñas consequencias. In *Teatro*. Buenos Aires: Torres Agüero Editor, 1992.

El primer domingo (1969). In *Teatro*. Buenos Aires: Torres Agüero Editor, 1992.

Qué clase de lucha es la lucha de clases (1972).

Queridas mias. In *Teatro*. Buenos Aires: Torres Agüero Editor, 1992.

Reunión de familia en el museo. In *Teatro*. Buenos Aires: Torres Agüero Editor, 1992.

Ronda de encapuchados.

Sábado a la noche. In *Teatro*. Buenos Aires: Torres Agüero Editor, 1992.

La soga. In *Teatro*. Buenos Aires: Torres Agüero Editor, 1992.

Tolón y Tolina (1968).

Violeta Parra y sus voces. In *Teatro*. Buenos Aires: Torres Agüero Editor, 1992.

ARG 146
MUÑOZ, ALICIA (1940-　　) was born in Buenos Aires and trained as a violinist. She worked for many years as as a screen writer and composer in addition to writing for the theater. She has won a number of prizes, including the Premio Argentores.

Plays

Alcen las barreras (1978).

Allá por el año 8 (1982).

El año de la peste (1981).

La chalequera (1987).

Ciudad en fuga (1979).

La cola del cinco (1984).

La coronela (1985). Buenos Aires: La Gran Aldea, Centro Editor, 1985.

El día que no se puso el sol (1978).

La fiera (1977).

Historia de piratas (1978).

El piantado (1980).
El pobre Franz (1983).
Una silla al sol (1978).
La taberna del cuervo blanco (1982).

ARG 147
NALÉ ROXLO, CONRADO (1898-1971) was born in Buenos Aires. He wrote poetry and humorous short stories and his first play was written in 1922. He also worked as a newspaper journalist as director of *El Independiente*, a position he held up until his death. He won the Premio Argentores in 1957 and the Premio Nacional de Teatro.

Plays
A la manera de (1969).
El amor de Betty o La torta de alarma (1949).
La balada de Doña Rata (1971).
La cola de la serena (1941). Buenos Aires: Librería Hachette, 1941; New York: Appleton Century Crofts, 1957; Buenos Aires: Editorial Sudamericana, 1957; Buenos Aires: Editorial Huemel, 1966; Buenos Aires: Centro Editor de America Latina, 1968.
Cordelia, la niña hada (1969).
El cuevo del arca. Buenos Aires: Editorial Losada, 1945.
La escuela de las hadas (1965).
Judith y las rosas (1956). Buenos Aires: Editorial Sudamericana, 1957; Buenos Aires: Editorial Huemul, 1965.
El monigote de la pared (1955).
El muerto profesional (1943).
El neblí (1957). In *Teatro breve*. Buenos Aires: Editorial Huemel, 1969.
El pacto de Cristina (1945). Buenos Aires: Editorial Losada, 1945; Buenos Aires: Editorial Sudamericana, 1957.
El pasado de Elisa. In *Teatro breve*. Buenos Aires: Editorial Huemel, 1969.
El reencuentro (1957). In *Teatro breve*. Buenos Aires: Editorial Huemel, 1969.
El vacío. In *Teatro breve*. Buenos Aires: Editorial Huemel, 1969.
Una viuda difícil (1944). Buenos Aires: Editorial Poseidon, 1944; New York: Norton, 1953; Buenos Aires: Editorial Sudamericana, 1957; Buenos Aires: Editorial Huemul, 1965.

ARG 148
NÚÑEZ, JORGE (1939-   ) was born in Buenos Aires to parents who were both actors. He began his career first as an actor, later turning to writing plays. He was active in organizing various workshops for dramatists and actors, wrote screenplays, an received several distinctions from SADE, the Seminario Sobre Escritura Dramática at the Universidad de Buenos Aires.

Plays
Lo que mata es la humedad (1981).

Ojo al bache (1982).
La orden viene de arriba.
El sombrero de tres picos (1981).
Y qué sé yo (1965).

ARG 149

O'DONNELL, PACHO (1941-) was born in Buenos Aires and is a practicing psychoanalyst. During the military dictatorship he lived in exile in Spain. He has also been a politician, diplomat, and senator, and served as Secretario de Cultura de la Ciudad de Buenos Aires y la Nación. He has written both novels and plays and was awarded the Premio Argentores, Premio Municipal, and the Premio Fondo Nacional de las Artes.

Plays

La alcoba de Lady Winchester.
Buscando a papá (1979).
Escarabajos (1975). In *Teatro.* Buenos Aires: Galerna, 1997.
El fusilamiento de Dorrego (1982).
Imágenes.
Jueguemos en el bosque (1979).
Lo frío y la caliente (1977). In *Teatro.* Buenos Aires: Galerna, 1982.
¿Lobo estás? In *21 estrenos argentinos.* Buenos Aires: Editorial Teatro
    Abierto, 1981; *Teatro.* Buenos Aires: Galerna, 1982.
Torobloas, torobles (1980).
Vincente y los cuervos (1979). In *Teatro.* Buenos Aires: Galerna, 1982.
Ya es hora de que te cases, papá.

ARG 150

OPERTO, WALTER (1937-   ) was born in San Mariano, Santa Fe and became involved in the avant-garde theater movement in the 1960's. He combines elements of modern European theater with critical realism. His plays have been performed at various Latin American festivals.

Plays

Amor, amor or cómo hacer un buen marido en cuatro lecciones (1974).
La bicicleta (1968).
Ceremonia al pie del obelisco. In *Teatro '70,* no. 18/19 (1971).
Después del viento (1989).

ARG 151

ORDAZ, LUIS (1912-   ) was born in Barcelona and came to Argentina at a young age. He also wrote a number of critical and historical works on Argentine theater in addition to his plays.

Plays

Barrilete al sol (1971). Buenos Aires: Talía, 1970.
Conquista real (1932).

Los cuentos de Fray Mocho (1966). In *Teatro*. Buenos Aires: Centro Editor de América Latina, 1983.

El conventillo (1958).

Ensueño (1939). Buenos Aires: Editorial Tiempo Nuestro, 1940. In *Teatro*. Buenos Aires: Centro Editor de América Latina, 1983.

Fracaso.

Fray Mocho del 900 (1964).

Maternidad (1937). Buenos Aires: Editorial Tiempo Nuestro, 1940.

Historia de jubilados. In *Teatro*. Buenos Aires: Centro Editor de América Latina, 1983.

Jugando a la guerra (1941). In *Revista Teatro*, año 1, no. 2 (1940).

Juguemos en el bosque (1978).

Milonga de don José (1989).

Mujeres a escena (1983).

Pasión y muerte de Silverio Leguizamón (1983).

Reposo (1966).

Sobre los escombros. In *Revista Teatro*, año 2, no. 7/8 (1941).

Vos, yo .. y la bornca.

ARG 152

ORGAMBIDE, PEDRO G. (1929-   ) was born in Buenos Aires and began his career as a sports writer in the 1940's. He later turned to writing narrative and essays. During the milirary regime, he lived in exile in Mexico. He is best known for his novels and historical and critical studies of literature.

Plays

La buena familia.

Discepolín (1989).

Don Fausto. Buenos Aires: Asociación Amigos del Complejo Teatral Enrique Santos Discépolo, 1995.

Eva (El gran musical argentino).

Concierto para caballero solo.

Juan Moreira Super Show.

Se armó la murga.

Un tren o cualquier cosa.

La vida prestada.

ARG 153

OTEIZA, ALBERTO M. (1919-   ) was born in Mar del Plata and is known as an essayist, orator, and professor of literature as well as a dramatist.

Plays

Ciudad Universitaria (1972). La Plata, Argentina: Editorial Olimpo, 1957.

La doctora Dosset (1952). La Plata, Argentina: Ediciones Olimpo, 1954.

La loca del puerto (1972).

Luz en los ojos (1939).

Luz roja. La Plata, Argentina: Ediciones Olimpo, 1993.
El rancho viejo. La Plata, Argentina: Ediciones Olimpo, 1996,
Remordimiento. La Plata, Argentina: Ediciones Olimpo, 1955.
El sueño revelador de Rosa Aguirre.
Los vascos del Cerrito. La Plata Argentina: Ediciones Olimpo, 1983.
¡Y yo soy el héroe! (1959). La Plata: Municipalidad de la Plata, 1962.

ARG 154
OVES, SANTIAGO CARLOS (1941-) was born in Buenos Aires. He worked as a director, screenwriter, short story writer, and poet as well as a playright. He was a founder of the "Grupo Octubre," a militant theater group specializing in collective creation. He wrote a number of screen plays for television and film has also directed films.

Plays
La toma (1970). In *Conjunto*, no. 23 (January – March, 1975), pp. 36-77.
El verso (1995).

ARG 155
OYHARZABAL, RICARDO is a contemporary playright whose works focus on gay and lesbian themes.

Plays
Al sordo cielo.
Asfixia (el homosexual frente a sí mismo).
Las cuatro ciudas (1990).
La cueva de la Bruja Ventarrón (1988).

ARG 156
PAGANINI, RODOLFO (1938-   ) was born in Buenos Aires and was trained as a dentist. He made his debut as a dramatist with the Teatro Abierto in 1982. He has also writen extensively for television and served as director of the Teatro del Club Italiano.

Plays
Descarten el comodín (1985).
La libertad no tiene sexo (1987).
Prohibido no pisar el cesped (1982). In *Teatro Abierto 82.* Buenos Aires: Puntosur, 1989.
Según pasan las botas (1983).
Seis macetas y un solo balcón.

ARG 157
PAGÉS LARRAYA, ANTONIO (1918-   ) was born in General Alvear, Mendoza and is known as a researcher and professor of international stature. For many years, he directed the Instituto de Literatura Argentina at the Universidad de Buenos Aires. In addition to plays, he wrote numerous screen plays, primarily on historical themes. He has won the Premio Municipal.

Plays
Santos Vega, el payador (1953). Buenos Aires: Ediciones Doble P, 1953, 1953; Buenos Aires: Carro de Tespis, 1965.
La tierra no pregunta (1956).

ARG 158

PAÍS, CARLOS (1934-) was born in Santa Fe and worked as director in his home province before coming to live and work in Buenos Aires. He was active in the Teatro Abierto movement and also worked extensively in television. He won several awards for his work at the national level.

Plays
Aguafuertes porteñas (1971).
Bar La Costumbre (1982). In *Teatro completo*. Buenos Aires: Torres Agüero Editor, 1992.
Blues de la calle Balcarce (1983).
Club Atlético Maderas de Oriente. In *Teatro de Carlos País*. Buenos Aires: Editores de América Latina, 1999.
Cuando me afeita (1988). In *Teatro completo*. Buenos Aires: Torres Agüero Editor, 1992.
Los derrocamientos. Buenos Aires: Teatro Abierto, 1983.
Desfile de extrañas figuras. In *Teatro completo*. Buenos Aires: Torres Agüero Editor, 1992.
En la franja marrón (1989).
El hombrecito. Buenos Aires: Torre Aguero, 1992. In *Trilogía teatro tango*. Buenos Aires: Corregidor, 1997.
Noche de parias. In *Teatro de Carlos País*. Buenos Aires: Editores de América Latina, 1999.
La oca (1981). In *Teatro Abierto*. Buenos Aires: Editorial Teatro Abierto, 1981.
La procesión de los que suben.
Moreira, vida y circo (1984).
Muñeca brava. In *Trilogía teatro tango*. Buenos Aires: Corregidor, 1997.
Las partes. In *Teatro completo*. Buenos Aires: Torres Agüero Editor, 1992.
Pobre tipo. In *Trilogía teatro tango*. Buenos Aires: Corregidor, 1997.
Punto muerto.
La santa propriedad (1973).
Soledad. In *Teatro de Carlos País*. Buenos Aires: Editores de América Latina, 1999.
Somos como somos (1980).
Tal como somos (1981).
Viviente jardín (1989).
Vivir sin domingo (1975).
Welcome los amos (1972).

ARG 159
PALANT, JORGE (1942-   ) was trained as a psychiatrist but began writing plays at the age of seventeen. His plays have been performed in Argentina and Uruguay.

Plays

Antes de la fiesta (1986). Buenos Airs: Editorial Conjetural, 1988. In *Teatro.* Buenos Aires: Del Autor, 1993.

Barranca arriba (1959).

Cabareteras (1975).

Cartas del cielo. In *Teatro.* Buenos Aires: Del Autor, 1993.

La cena está servida (1973).

El ensayo. In *Teatro.* Buenos Aires: Del Autor, 1993.

Griselda en la cuerda (1989). Buenos Aires: Kargieman, 1975.

El invitado (1966).

La noche y sus campanas (1966).

Vine a verte, papá. Buenos Aires: Kargieman, 1975.

Las visitas (1972). Buenos Aires: Kargieman, 1975.

ARG 160
PALANT, PABLO (1914-1975) was born in Victoria, Entre Rios and worked as a teacher, essayist, attorney, historian and critic in addition to writing plays. He was a prominent instructor in the Seminario de Autores of Argentores. He was also well known for his translations of Beauvoir, Cocteau, and Beckett into Spanish. He won the Premio Juan B. Justo in 1939 and the Premio Argentores in 1957.

Plays

El amor muerto (1946). Buenos Aires: Americana, 1942.

El ángel cruel (1953). Buenos Aires: Carro de Tespis, 1966.

El cerco (1950).

El dedo gordo (1963).

Los días del odio. In *Argentores*, no. 262 (1946).

La dicha impía (1954). Buenos Aires: Carro de Tespis, 1957. In *Talía* no. 16 (1956).

Diez horas de vida (1938) in *Teatro*, nos. 7-8 (May-June 1941).

Esta mujer mía (1947). Buenos Aires: Carro de Tespis, 1966.

El excarabajo. Buenos Aires: Talía, 1962.

Felicia fea.

La huida. In *Teatro*, no. 2 (1940)

Jan es antisemita (1939) in *Teatro*, no. 3. (1940).

María de los dos (1966). Buenos Aires: Carro de Tespis, 1968.

Nos van a comer los piojos (1966).

¡Ojo que viene! (1970).

El piano y otros juegos. (1960).Buenos Aires: Carro de Tespis, 1968.

El regreso triunfal de Quicón (1969).

Safo (1964).

Sonata para trombón y amor (1965)

Tarde de bodas (1968).
Triunfal reaparición de Quincón (1970)
El trompo (1968).
Unos heredan y otros no (1951).

ARG 161
PAOLANTONIO, JOSÉ MARÍA (1932-   ) was born in San Cristóbal, Santa Fe and studied law. He became involved in theater after writing poetry, short stories, and journalism He has also worked as an actor and director and actor in stage, television, and film. His plays have been performed in Europe as well as througout Latin America. He won the Premio Editorial Losange in 1969. He has taught for many years at the Escuela Nacional de Teatro.

Plays
Aire libre (1971).
Bach y Round (1970).
¿Dónde queda, qué puedo tomar? (1971).
Entre hombres solos.
Fuego asoma (1969).
El jardín de los Frenchi Berutti (1972).
La movilización general (1968).
Paraíso de Ana y Merces.
Por mi cuenta y riesgo (1986).
Siete jefes. Buenos Aires: Editorial Nueva Visión, 1961.
La última oportunidad (1975). [also performed as *La consciencia en paz.*]

ARG 162
PAVLOVSKY, EDUARDO A. (1933-   ) was born in Buenos Aires and received a degree in medicine. He studied psychoanalysis and went on to do training in psychodrama in New York. In 1968 he founded the experimental theater group "Latinomericano." He is a major proponent of psychodrama in Argentina.

Plays
Un acto rápido (1965). Buenos Aires: Cuadernos del Siroco, 1966. In *Teatro completo.* Buenos Aires: Autel, 1997.
Alguien. Buenos Aires: Cuadernos del Siroco, 1966.
El bocón. Concepción, Uruguay: Ediciones Ayllu, 1995. In *Teatro completo.* Buenos Aires: Autel, 1997.
La cacería (1969). Buenos Aires: Ediciones La Luna, 1967.
Cámara lenta (1982). Buenos Aires: Ediciones Búsqueda, 1979; Madrid: Fundamentos, 1989. In *Teatro completo.* Buenos Aires: Autel, 1997.
Camellos sin anteojos (1963).
El cardenal. Buenos Aires: Búsqueda, 1992. In *Teatro completo.* Buenos Aires: Autel, 1997-.
Cerca (1983). Buenos Aires: Ediciones Búsqueda, 1988. In *Teatro completo.* Buenos Aires: Autel, 1997.

Circus-loquio (1969).

Diálogo inconclusivo. In *Teatro completo.* Buenos Aires: Autel, 1997.

La espera trágica (1964). Buenos Aires Cuadernos del Siroco, 1966. In *Teatro completo.* Buenos Aires: Autel, 1997.

Grito fuerte. In *Teatro completo.* Buenos Aires: Autel, 1997.

El hombre (1963).

Imágenes, hombres y muñecos (1963).

La mueca (1971). Buenos Aires: Talía, 1971; Madrid: Fundamentos, 1980; Buenos Aires: Ediciones Búsqueda, 1988. In *Tres obras de teatro.* Havana: Casa de las Américas, 1970.

La muerte de Marguerite Duras (2000). In *Teatro completo.* Buenos Aires: Autel, 1997.

Pablo (1986). Buenos Aires: Ediciones Búsqueda, 1986; Madrid: Fundamentos, 1989.

Pasos de dos. Buenos Aires: Búsqueda, 1990. In *Teatro completo.* Buenos Aires: Autel, 1997. In Portuguese as *Pas de deux* in *Teatro argentino contemporáneo.* s.n.: Iluminuras, 1992.

Pequeño detalle. Buenos Aires: Galerna, 2001. In *Teatro completo.* Buenos Aires: Autel, 1997.

Poroto. In *Teatro completo.* Buenos Aires: Autel, 1997.

Potestad (1985). Buenos Aires: Ediciones Búsqueda, 1987; Madrid: Fundamentos, 1989; Buenos Aires: Galerna, 2001. In *Teatro argentino contemporáneo: antología.* Madrid: Fondo de Cultura Económica, 1992; *Teatro: monólogos de hoy.* Buenos Aires: Instituto Movilizador de Fondos Cooperativos, 1995; *Teatro completo.* Buenos Aires: Autel, 1997.

El puré (1986).

El robot (1966) Buenos Aires: Cuadernos del Siroco, 1966.

Rojos globos rojos. Buenos Aires: Libros de Bablionia, 1994. In *Teatro completo.* Buenos Aires: Autel, 1997.

El señor Galíndez (1973). Buenos Aires: Ediciones Búsqueda, 1986; Madrid: Fundamentos, 1980. In *Tres dramaturgos rioplatense.* Ottawa, Canada: Girol Books, 1983; In *Teatro completo.* Buenos Aires: Autel, 1997.

El señor Laforgue (1983). Buenos Aires: Ediciones Búsqueda, 1982; Madrid: Fundamentos, 1989. In *Teatro completo.* Buenos Aires: Autel, 1997.

Somos (1962). Buenos Aires: Cuadernos del Siroco, 1966.

Telerañas (1976). Buenos Aires: Búsqueda, 1976; Madrid: Fundamentos, 1980. In *Teatro completo.* Buenos Aires: Autel, 1997.

Terecero incluido. In *Teatro completo.* Buenos Aires: Autel, 1997.

Textos balbuceantes. In *Teatro completo.* Buenos Aires: Autel, 1997.

Último match [with J.C. Herme]. Buenos Aires: Talía, 1967; Buenos Aires Ediciones de la Luna, 1967

Volumnia. In *Teatro completo.* Buenos Aires: Autel, 1997-.

ARG 163

   PAZ, LILIANA is best known for her musical comedies and children's plays. As a composer, she has writen music for nearly all the staged works of Tennesee Willims, Federico García Lorca, and Jean Anouilh that were performed in Argentina. For her narrative, she received the Premio Don Quijote given by the Union of Iberian American Writers in the United States, the Premio Municipio, and the Premio Argentores.

Plays

   Bailando sobre el arco iris.
   Buenos Aires, me copás.
   El chico de la vidriera.
   Entre pitos y flautas.
   No puedo decirte NO (1959).
   El país de mi infancia.
   El piano de abuelita.
   Plumas y plumitas (1978).
   Por la segundo persona del singular.
   ¿Quién robó el tigrecito blanco? (1976).

ARG 164

   PELAYO, FELIX M. (1902-1992) was born in Buenos Aires and began his career as a journalist and poet. In 1930 he began writing for the stage. His work won him the Premio Argentores and a Medalla de Oro in the theater festival at Necochea. He also wrote extensively for radio as well as novels, short stories, and poetry.

Plays

   A batallas de amor cuerda de ahorcado. Buenos Aires: Ediciones Plus Ultra, 1984.
   Antes del estreno (1967).
   Antes del té. Buenos Aires: Ediciones El Hogar, 1932.
   La bab del diablo (1930).
   Bataclán. Buenos Aires: Carro de Tespis, 1960.
   El cordón umbilical. In *3 comedias de Félix M. Pelayo.* Buenos Aires: Repertorio, 1971.
   Una criada española (1965).
   Cuentos en el botánico.
   Los cuernos de la luna.
   Fuego en las breñas. Buenos Aires: Carro de Tespis, 1965.
   El hombre y la imagen (1941). Buenos Aires: Ediciones Plus Ultra, 1984.
   El milagro y el rey (1958).
   No vuelvas a empezar (1960). In *3 comedias de Félix M. Pelayo.* Buenos Aires: Repertorio, 1971.
   Pedido de casamiento (1952).
   Plum el aventurero. Buenos Aires: Ediciones Plus Ultra, 1984.
   ¡Quédate Margarita! In *3 comedias de Félix M. Pelayo.* Buenos Aires: Repertorio, 1971.

La ranita verde y el marinero Andrés. Buenos Aires: Ediciones Plus Ultra, 1984.

El señor Lorens sólo quiere un bufón (1962).

ARG 165
PEÑAROL MÉNDEZ, RAÚL RUBÉN (1945-   ) was born in La Pampa and became involved with the independent theater movement in the 1950's. His plays are often a combination of absurdism and the grotesque. He was heavily influenced by European playrights such as Fernando Arrabal and Bertolt Brecht.

Plays
A la violencia (1970).

Ayer Buenos Aires hoy.

Cuentos populares [with Roberto Cossa and Carlos Somigliana].

La gota (1970).

I love my country (1988).

Inventario (1983).

Las de Barranco.

Libertad y otros escenas.

¡Moreira! In *Cuadernos de la Comedia Nacional*, año 1, no. 4 (October 1984).

Necesito siete gambas (1986).

El premio Gómez (1969).

ARG 166
PERCIAVALLE, CARLOS (1941-   ) was born in Uruguay, but came to Buenos Aires to work in the theater as an actor. He studied in the United States with Lee Strassberg in the Actor's Studio. Upon returning from the U.S. he began writing plays.

Plays
Carlos Perciavalle superstar (1971).

Frulix [María Inés Quesada-Zapiola] (1969).

Help Valentino [with María Inés Quesada-Zapiola] (1966).

Help Scheherzade [with María Inés Quesada-Zapiola] (1968).

Kesakeyo [with María Inés Quesada-Zapiola] (1969).

ARG 167
PÉREZ CARMONA, JUAN (1930-   ) was born in Granada, Spain and came to live in Argentina during the Spanish Civil War. He worked as a publicist and novelist before writing theater. He received the Premio Argentores, the Premio Comedia Nacional, and the Premio Municipal.

Plays
Algún entró en el jardín prohibido (1990).

Corrientes y Dorrego (yo... argentino) (1965).

La jaula [performed as *Sí, no, sí*] (1968).

Mariposas de alas cortas (1990).

Ningún tren llega a las 13 (1962). Buenos Aires: Carro de Tespis, 1963.

Piedra libre [performed as *Tiro al blanco*] (1970). In *Teatro selecto hispanoamericano.* Madrid: Escelicer, 1970.

La redención de los toros (1965).

La revolución de las macetas (1965). Buenos Aires: Talía, 1966.

Los señores (1967).

Las tortugas (1964). Buenos Aires: Talía, 1967.

Veinticinco sin nombre (1966). Buenos Aires: Talía, 1967.

ARG 168

PÉREZ PARDELLA, AGUSTÍN (1928-   ) was born in Buenos Aires and studied for the priesthood before turning to writing. He has written poetry, narrative, and biography as well as drama for stage, film and television. He was awarded the Premio Nacional in 1958 and the Premio UNESCO in 1975.

Plays

La barraca de fuego. In *Teatro.* Buenos Aires: Corregidor, 2001.

Camila. In *Teatro.* Buenos Aires: Corregidor, 2001.

Contragolpe. In *Teatro.* Buenos Aires: Corregidor, 2001.

Evita, la mujer del siglo (1984). In *Teatro.* Buenos Aires: Corregidor, 2001.

Gardel-Borges-Gardel. In *Teatro.* Buenos Aires: Corregidor, 2001.

Gardel, mito y leyenda.

Guyaquíl. In *Teatro.* Buenos Aires: Corregidor, 2001.

Judas (1955). Buenos Aires: Talleres Gráficos, Della Torre y Creo, 1954. In *Teatro.* Buenos Aires: Corregidor, 2001.

Masada (1979). In *Teatro.* Buenos Aires: Corregidor, 2001.

La mujer del Toboso. In *Teatro.* Buenos Aires: Corregidor, 2001.

Las mujeres de Rosas. In *Teatro.* Buenos Aires: Corregidor, 2001.

Pobre Marilyn. In *Teatro.* Buenos Aires: Corregidor, 2001.

Poncio Pilato (1968). In *Teatro.* Buenos Aires: Corregidor, 2001.

Los presidentes (1975). In *Teatro.* Buenos Aires: Corregidor, 2001.

El resplandor de la furia (1979).

Savonarola (1976). Buenos Aires: Editorial Kraft, 1967; Buenos Aires: Plus Ultra, 1974. In *Teatro.* Buenos Aires: Corregidor, 2001.

Las siete muertes del general (1970). Buenos Aires: Ediciones Culturales Argentinas, Ministerio de Educación y Justicia, Subsecretaría de Cultura, Dirección General de Cultura, 1964. In *Teatro.* Buenos Aires: Corregidor, 2001.

Strip-tease (no matarás). Buenos Aires: Editorial Kraft, 1967; Buenos Aires: Plus Ultra, 1974.

Treintiuno de diciembre.

La víspera del alma. Buenos Aires: Editorial Kraft, 1967; Buenos Aires: Plus Ultra, 1974.

Yo, Pizarro. In *Teatro.* Buenos Aires: Corregidor, 2001.

ARG 169
   PERINELLI, ROBERTO (1940-   ) was born in Buenos Aires. And was a
   founding member of the Ciclo Teatro Abierto and a member of the
   Fundación Carlos Somigliana para el Estímulo del Autor Nacional. He
   has won the Premio *Revista Paro de Puego* al Mejor Autor Nacional.
Plays
   La cena (1998). In *Teatro de Roberto Perinelli*. Buenos Aires: Editores de
   América Latina, 1998.
   Ceremonía de reemplazo o El metejón (1969).
   La conversadora. In *Teatro: monólogos de hoy*. Buenos Aires: Instituto
   Movilizador de Fondos Cooperativos, 1995.
   Coronación. In *Teatro Abierto*. Buenos Aires: Editorial Teatro Abierto,
   1981.
   El cuento de la buena vida (1985*)*.
   Dúo de flauta y batería (1977).
   El gallo azul (1978).
   Gastón. Buenos Aires: Teatro Abierto, 1985.
   La hija del capitán (1990).
   Hombre de confianza. Buenos Aires: Editores de América Latina, 1998.
   El ladrón. In *Hispamérica*, año 4, no. 10 (April 1975).
   Landrú, asesino de mujeres (1997). *Teatro de Roberto Perinelli*. Buenos
   Aires: Editores de América Latina, 1998.
   Mi querida Rita.
   Miembros del jurado (1970). In *Del parricidio a la utopía: el teatro
   argentino actual en 4 claves mayores*. Ottawa, Canada: Girol Books,
   1993.
   Nada más triste que un payaso muerto. Buenos Aires: Teatro Abierto, 1983.
   Los pies en remojo (1971). In *Cuatro autores*. Buenos Aires: Editorial Los
   Autores, 1983.

ARG 170
   PESCADOR, PIPO is the pseudonym of Enrique Daniel Fischer who began
   writing plays in the 1950's after graduating from the Universidad de la
   Plata where he had studied set design and acting. Most of his plays,
   poems, and narrative were written for children. He has lived in Spain
   and Canada since 1981.
Plays
   Caja de luces (1976).
   Cancionero mágico (1989).
   Canciones de cuatro veranos (1975).
   Canciones de un día entero (1975).
   Canciones para crear el mundo (1974).
   Canticuenta 70 (1970).
   Fundación de Gala (1980).
   Guatriz, Guatroz, Guatriz quiere ladrar por la nariz (1968).
   El mar está serenito (1970).

Pipo para en todas las estaciones (1977).
Pipo Pescador (1971).
Pipo Pescador canta con playa y sol (1976).
Pipo Pescador canta sus canciones.
Pipo Pescador canta y gira (1985).

ARG 171

PETIT DE MURAT, ULISES (1907-1983) was born in Buenos Aires and is known as a poet, essayist, journalist, and filmmaker as well as dramatist.. He won the Premio Argentores, the Premio Nacional de Literatura, and the Premio Fondo Nacional del Arte.

Plays

Espejo para la santa. Buenos Aires: Carro de Tespis, 1970.
Estampas de la tierra purpúrea (1961).
La novia de arena (1945). Buenos Aires: Editorial El Quijote, 1945.
Un porteño del 900. Buenos Aires: Talía, 1969.
Yrigoyen (1982).

ARG 172

PIBERNAT, CARLOS (1922-   ) was born in Buenos Aires and became involved in the theater at age sixteen. He began his career as a chemist, but later began writing for radio. He has won the Premio Nacional de Literatura and the Premio del Teatro Nacional Colón.

Plays

En el ocaso.
Hoy sin mañana (1972). Buenos Aires: Carro de Tespis, 1966.
Palais Royal.
Sagitario.
El secreto de vivir.
El tonto de la moneda.
La triste historia.

ARG 173

PINTI, ENRIQUE (1940-   ) was born in Buenos Aires and has worked as a professor of literature and actor. He began writing musicals for children as well as plays for adults that are often based on mythology or historical figures. His plays often used a combination of grotesque and humor to express his ideas.

Plays

Cocktail para 3.
Corazón de bizcochuelo (1970).
Los disfraces de Piotor (1983).
Historias del siete.
Historias recogidas I y II (1973).
Oh mi mamá qué buena fuiste para mí.
Pan y circo (1980).

Salsa criolla (1990). Buenos Aires: Planeta, 1992.
Soy loca por el biógrafo.
La tartamuda.

ARG 174

POGORILES, EDUARDO (1954-) was born in General Pinedeo, Chaco, and is a theater critic for the dailly newspaper *Clarín*. He has directed a number of drama workshops. In addition to plays, he has also written adaptations of Argentine short stories for television.

Plays

La agonía para soñadores (1981). In *Teatro: 4 autores.* Buenos Aires:Los Autores, 1982.

Haciendo tiempo (1984). In *Teatro: 8 autores*. Buenos Aires: Los Autores, 1985.

ARG 175

PONFERRADA, JUAN OSCAR (1908-1990) was born in Catamarca and studied law at the Universidad de Buenos Aires He also worked as an actor, director, poet, and journalist for *Mayoría* and *El Nacional*, as well as a theater critic. He founded the Teatro Río Bamba in 1960 and directed the Instituto Nacional de Estudios del Teatro. He won the Premio Municipal and Premio Nacional for his work.

Plays

El carnaval del diablo (1945). Buenos Aires: Carro de Tespis, 1958. In *Tres obras dramaticas*. Buenos: Editorial Universitaria de Buenos Aires, 1970.

Un gran nido verde (1958). In *Tres obras dramaticas*. Buenos: Editorial Universitaria de Buenos Aires, 1970.

Hoy en el paraíso (1958).

Los incomunicados de Zapués (1961).

Los pastores (1950). In *Tres obras dramaticas*. Buenos: Editorial Universitaria de Buenos Aires, 1970.

Pesebre (1940).

El trigo es de Dios (1947). Buenos Aires: Secretaría de Cultura, 1947. Buenos Aires: Carro de Tespis, 1967.

ARG 176

PRESET, ARMANDO (1921-   ) is the pseudonym of Armando Blancafort, who was born in Buenos Aires but who spent much of the 1930's, 1940's and 1950's in Los Angeles and New York, where some of his plays were performed.

Plays

En familia... otra vez.
Isla de ensueño.
Junto al lago (1958).
La reprimida y los forzudos (1979).

ARG 177

PUIG, MANUEL (1932-1990) was born in General Villegas, Argentina and attended the Universidad de Buenos Aires and the Centro Sperimentale di Cinematografia in Rome. He lived in London, Rome, Paris, and Stockholm where he worked as a translator, film director, and teacher. He began writing theater in 1965. He lived for many years in Rio de Janeiro. He has received international acclaim for his fiction. and has adapted some of these for the stage.

Plays

Bajo un manto de estrellas. Barcelona: Seix Barral, 1983. In English as *Under a mantle of stars*. New York: Lumen Books, 1985. In *The kiss of the spider woman and two other plays*. New York: W.W. Norton, 1994.

El beso de la mujer araña/The kiss of the spider woman. [English translation of dramatic adaptation of the novel]. New York: W.W. Norton, 1994. In *DramaContemporary:Latin America plays*. New York: PAJ Publications, 1986.

Café bar El Siglo.

La cara del villano. Barcelona: Seix Barral,1985.

Los cinco enanitos y las fábulas.

Las consciencias.

Farsa del poeta loco (1965).

El misterio del rarmo de rosas/Mystery of the rose bouquet [English translation of dramatic adaptation of the novel]. In *The kiss of the spider woman and two other plays*. New York: W.W. Norton, 1994.

Recuerdo de Tijuana. Barcelona: Seix Barral, 1985.

El ser y su yo.

Maldición eterna a quién lea estas páginas [theatrical adaptation of the novel] (1980).

Quiero (1982).

ARG 178

QUESADA ZAPIOLA, MARÍA INÉS (1941-) is associated with vanguard theater in Argentina. Her plays often made use of audience participation, film clips, and other innovations to create ununsual stagings.

Plays

Frulix [with Carlos Perciavalle].

Help Valentino [with Carlos Perciavalle].

Help Scherezade [with Carlos Perciavalle].

Kesakeyo [with Carlos Perciavalle].

Microsucesos (1965).

ARG 179

RABINOVICH, JOSÉ (1903-1978) was born in Bialistok, Rusia, the son of a rabbi and a teacher. As a young boy he suffered from ill health. He immigrated to Argentina in 1942 and worked as a graphic designer. He wrote a number of prose and poetry works in addition to theater. He won the Premio Municipal in 1976.

Plays

Con pecado concebida (1975). Buenos Aires: Carro de Tespis, 1975.
Una gota de sangre basta.
El gran castigo (1976). Buenos Aires: Ediciones Crisol, 1976.
La malograda sociedad.
La muerte de un muerto.
El show de la judería.
El vencedor vencido.

ARG 180

RAMONET, CONRADO (1931-   ) was born in Buenos Aires and trained as a psychologist. He studied theater at the Nuevo Teatro. He is known as a director, acting coach, and dramatist. He has also taught courses in drama therapy and teaches at the Escuela Nacional de Arte Dramático.

Plays

El burlador de Pompeya.
Hamlet o el Rosendo, he aquí el dilema (1979).
Historia de Orestes (1973).
Los juegos de Lisa (1986).
Lupus (1972).
La penúltima cena (1988).

ARG 181

RAZNOVICH, DIANA (1945-   ) was born in Buenos Aires and obtained a degree in literature from the Universidad de Buenos Aires. She has written for the newspapers *El Mundo, La Opinión*, and *Tiempo Argentino*. She has also directed workshops for writers and written poetry and screen plays as well as for the stage. In addition, she is also a musician, humorist, and painter.

Plays

Autógrafos (1984).
El buscapiés. Buenos Aires: San Martín, 1968
Casa matriz (1993). Madrid: Consorcio Casa de Amèrica, 2001. In English as *MaTRIX, Inc.* in *Defiant acts: four plays*. Lewisburg, PA: Bucknell University Press, 2002.
El contratiempo (1973).
De atrás para adelante. Madrid: Consorcio Casa de Amèrica, 2001. In English as *Rear entry* in *Defiant acts: four plays*. Lewisburg, PA: Bucknell University Press, 2002.
Desconcierto. In *Teatro Abierto*. Buenos Aires: Editorial Teatro Abierto, 1981. In English as *Disconcerted* in *Defiant acts: four plays*. Lewisburg, PA: Bucknell University Press, 2002.
El guardagente (1971).

Jardín de otoño (1983). Buenos Aires: Comedia de la Provincia, 1985; Madrid: Consorcio Casa de Amèrica, 2001. In English as *Inner gardens* in *Defiant acts: four plays*. Lewisburg, PA: Bucknell University Press, 2002.

Marcelo el mecánico (1978).

Plaza hay una sola (1968).

Texas en carretilla (1971).

ARG 182
REVAGLIATTI, ROLANDO (1945-   ) was born in Buenos Aires and is known as an actor, director, poet, and playright. He has also coordinated a number of writer's workshops.

Plays

La cabeza (1975). In *Las piezas de un teatro*. Buenos Aires: RundiNuskín Editor, 1990.

Chiste triste. In *Las piezas de un teatro*. Buenos Aires: RundiNuskín Editor, 1990.

El festín (1977). In *Las piezas de un teatro*. Buenos Aires: RundiNuskín Editor, 1990.

Lo llamaremos or el numerito. In *Las piezas de un teatro*. Buenos Aires: RundiNuskín Editor, 1990.

Travesía. In *Las piezas de un teatro*. Buenos Aires: RundiNuskín Editor, 1990.

ARG 183
REY, GILBERTO (1936-   ) was born in Pergamino and wrote poetry as well as comedy and drama. His comedies have been performed throughout Latin America.

Plays

Cama para tres.

Una cama y dos maridos (1965*).*

¿Cómo conquistar una mujer casada?

Un conejo en la alcoba.

Cuando las mujeres dicen, ¡no!

Cuando una viuda se desnuda (1971).

Cuernitos para el desayuno (1976).

Proceso al inocente (1964).

¿Qué hago con dos mujeres? (1968).

La quinta esá que arde (1984).

El último, que apague la luz (1982).

Yo amo...tú amas...

ARG 184
RIBAS, GERARDO (1907-1981) was born in Madrid and worked as journalist. He won a prize from the Comisión Nacional de Cultura and also served on the executive committee of Argentores.

Plays

El amor de Barba Azul (1954).
Un ángel de barro. Buenos Aires: Carro de Tespis, 1962.
Boda gitana en Sevilla.
Burlas de verano y mar. Buenos Aires: Carro de Tespis, 1966.
Colorado el 32.
Cuando la verdad es mentira (1951).
El embrujo.
El espartero.
Estampas españolas.
Gol.
El gran canalla (1962). Buenos Aires: Carro de Tespis, 1962.
Inspiración del Bolero de Ravel.
Un matrimonio inmoral (1952). Buenos Aires: Carro de Tespis, 1960.
Los peregrinitos (1940).
Romance de bandidos.
Rosalía de Castro (1958).
¡Señora ... cierre el balcón! (1953).
Tiempos goyescos.

ARG 185

RICCI, JORGE began his career in the Teatro Municipal de Santo Tomé in Santa Fe province. He organized the Grupo 67 theater troupe in Santa Fe. Most of his work has been performed in Santa Fe province. He won prizes at the Concurso Nacional de Obras de Teatro in 1999.

Plays

Actores de provincia. Santa Fe, Argentina: Universidad Nacional del Litoral, 1994. In *Trastienda.* Santa Fe, Argentina: Universidad Nacional del Litoral, 1998.
Café de lobos. In *Escritos nocturnos.* Rosario, Argenina.: Editorial Artemisa, 1997; *Trastienda.* Santa Fe, Argentina: Universidad Nacional del Litoral, 1998.
El clásico binomio. Santa Fe, Argentina: Universidad Nacional del Litoral, 1989; La Plata, Argentina: Universidad Nacional de La Plata, 1999.
Corazones solitarios (1990).
El cuadro filodramático. In *Trastienda.* Santa Fe, Argentina: Universidad Nacional del Litoral, 1998.
La cuna mecánica (1999). Buenos Aires: Buenos Aires: Instituto Nacional del Teatro, 2000.
Lágrimas y sonrisas.
La llanura estremecida.
Mal sueño (1999). Buenos Aires: Buenos Aires: Instituto Nacional del Teatro, 2000.
Sonrisas.
Sueño de juventud.

Vacaciones con mis tíos. In *Trastienda*. Santa Fe, Argentina: Universidad Nacional del Litoral, 1998.

Zapatones. In *Trastienda*. Santa Fe, Argentina: Universidad Nacional del Litoral, 1998.

ARG 186
RISSO PATRÓN, CARLOS (1961-   ) was born in Buenos Aires and graduated from the Escuela Nacional de Arte Dramático. He began his career first as a director, then actor, and later as playright. He has won awards both in Argentina and Brazil for his work.

Plays

Babio y la trágica locura del mundo (1990).

La danza de la muerte (1988).

Dos amigos en apuros o Buzón de ilusiones (1989).

Historia de la Colonia (1987).

La nave de los locos (1988).

Por el Barrio.

Van a matar a Dorego (1986).

ARG 187
RITHNER, JUAN RAÚL (1944-   ) was born in Buenos Aires and grew up in General Roca in Río Negro Province, where he worked as a journalist. He is best known for his children's theater and work with puppets. He has won the Premio Argentores twice for his work.

Plays

La aldea de REFASI (1985).

Almendra y el mago de los diarios (1979).

Amarillo, ¿quién lo tiene? (1977).

La botella del Pirata (1977).

El cazador de lobos marinos.

La colina de la música (1983).

La isla de Almendra (1975).

Las maracas de Almendra (1978).

El maruchito. Buenos Aires: Ediciones Ultimo Reino, 1998.

La noche de los muñecos.

Nosotros dos.

Pataluna en el país del pincel (1978).

ARG 188
RIVA, HUMBERTO (1924-   ) was born in Córdoba and has writen a number of dramas, often with existential themes. He won the Premio Argentores in 1980.

Plays

Almuerzo para el arnero (1971).

Los conflictos y los personajes.

Dos monarcas para el trono (1960).

El convidado (1954).
Esta es la historia de la civilización y la barbarie [with Mauricio Kartún]. (1974).
Mientras sobrevivimos (1956).
Rebelión de personajes (1954).

ARG 189
RODRÍGUEZ MUÑOZ, ALBERTO (1915-   ) was born in Buenos Aires and produced his first play at age 19. He has taught theater and organized the Compañia de Nuevo Arte Dramático and the Organización Latinoamericano del Teatro. He has won the Premio Fondo Nacional de Arte, the Premio Teatro Municipal General San Martín, and other awards at the national level.

Plays
Biógrafo (1971). Buenos Aires: Carro de Tespis, 1970.
El canto de la vida. In *Teatro.* Buenos Aires: Ediciones Corregidor, 1994.
Una catedral gótica (1988). Buenos Aires: Editorial Plus Ultra, 1992.
Cuatro horas (1937).
Lo demás es batifondo (1967).
Las dos caras de la luna (1980).
Luna negra (1940).
Melenita de oro (1961). Buenos Aires: Editorial Sudamericana, 1965.
Nadie debe morir. Buenos Aires: Editorial Plus Ultra, 1992.
Nuestra bella que duerme (1976).
El ojo del juglar. In *Teatro.* Buenos Aires: Ediciones Corregidor, 1994.
Pasaje por el limpo (1969).
El pasillo oscuro (1967).
Prólogo (1957).
El solitario viaje de regreso (1976). Buenos Aires: Portea, 1967.
Su nombre es Calipso (1967).
El tango del ángel (1962). Buenos Aires: Editorial Sudamericana, 1965.
Los tangos de Orféo. Buenos Aires: Editorial Sudamericana, 1965.
El tren de la justa hora. Teatro. Buenos Aires: Ediciones Corregidor, 1994.
El verde camino (1955).
Very happy end (1957).
Zarabanda de los inocentes (1987). Buenos Aires: Portea, 1967.

ARG 190
ROITMAN, BERNARDO (1929-   ) was born in Guaymallén, Mendoza where he began his theatrical and cinema career. He founded the first independent theater in Mendoza, "La Avispa." He later moved to Buenos Aires where he taught at a number of universities and wrote screenplays and translations. He received a number of awards for his narrative and drama, including the Premio Fondo Nacional de Arte.

Plays
El acusador público.

Aquí se juega.
En Belén tocan a fuego.
Esta es nuestra vida.
Los estados del alma.
Las horas de nuestra vida.
El huésped.
El pacto. Buenos Aires: Carro de Tespis, 1965.
El puente.
¿Quiere usted representar conmigo?
El timbre (1956).
Tres cientos millones.
Una ventana da al mar.

ARG 191
RONDANO, MARÍA (1930-1988) is the pseudonym of María Lidia Vásquez Cuestas y Cabanillas who was born in Córdoba. She began her career writing for radio, later writing for the stage. She primarily wrote historical and philsophical drama. During the military regime, her work was heavily censored. She won the Premio Municipal and the Premio Teatro Nacional Colón as well as the Premio Argentores.
Plays
Dedé (1964).
Los derechos (1969).
El escondite (1970).
El espejo de oro.
Fabulandia o fabulorio (1976).
La gran moloca (1967).
Lucharás con el diablo (1963).
¿Qué cuelga del manzano? (1970).
Romances de la chacra de Perdriel.
La última yarará (1986).
La yarará.

ARG 192
ROVNER, EDUARDO (1942-) was born in Buenos Aires. He has known as a writer of realistic and satirical drama. He relies heavily upon caustic humor and psychological themes to deal with political and social issues of the time, such as Argentina's military dictatorship.
Plays
Carne. In *Teatro.* Buenos Aires: Ediciones de la Flor, 1994-1996.
Compañía (1990). Ottawa, Canada: Girol Books, 1993. In *Teatro.* Buenos Aires: Ediciones de la Flor, 1994-1996.
Concierto de aniversario. In *8 autores.* Buenos Aires: Los Autores, 1985; *Teatro.* Buenos Aires: Corregidor, 1989; *Teatro.* Buenos Aires: Ediciones de la Flor, 1994-1996.

Cuarteto (1991). Buenos Aires: Torres Agüero Editor, 1992. In *Del parricidio a la utopía*. Ottawa: Girol Books, 1993; *Teatro*. Buenos Aires: Ediciones de la Flor, 1994-1996.

¿Una foto? (1977). In *8 autores*. Buenos Aires: Editorial Los Autores, 1985; *Teatro*. Buenos Aires: Corregidor 1989; *Teatro*. Buenos Aires: Ediciones de la Flor, 1994-1996.

Lejana tierra mía. In *Teatro*. Buenos Aires: Ediciones de la Flor, 1994-1996.

La máscara una familia, un tiempo (1978).

La mosca blanca. In *Teatro*. Buenos Aires: Ediciones de la Flor, 1994-1996.

El otro y su sombra. In *Teatro*. Buenos Aires: Ediciones de la Flor, 1994-1996.

Una pareja qué es mío, qué es tuyo (1976). In *Teatro*. Buenos Aires: Corregidor, 1989.

Socrates, el encantador de almas. In *Teatro*. Buenos Aires: Ediciones de la Flor, 1994-1996.

Sueños de un náufrago (1985). In *Teatro*. Buenos Aires: Corregidor, 1989; *Teatro*. Buenos Aires: Ediciones de la Flor, 1994-1996.

Teatralogía de las sombras. In *Teatro*. Buenos Aires: Ediciones de la Flor, 1994-1996.

Tinieblas de un escritor enamorado. Puebla, Mexico: J. Ruiz Mercado, 1996. In *Teatro*. Buenos Aires: Ediciones de la Flor, 1994-1996.

Último premio. Buenos Aires: Ediciones Cinco, 1981. In *Teatro*. Buenos Aires: Corregidor, 1989; *Teatro*. Buenos Aires: Ediciones de la Flor, 1994-1996.

La vieja, la joven, y el harapiento. In *Teatro*. Buenos Aires: Ediciones de la Flor, 1994-1996.

Volvió una noche (1990). Havana: Casa de las Américas, 1991. In *Teatro*. Buenos Aires: Ediciones de la Flor, 1994-1996.

Y el mundo vendrá (1989). In *Teatro*. Buenos Aires: Corregidor, 1989; *Teatro*. Buenos Aires: Ediciones de la Flor, 1994-1996.

ARG 193
ROZENMACHER, GERMÁN (1936-1971) was born in Buenos Aires and raised in an Orthodox Jewish home. After graduating from the Universidad de Buenos Aires with a degree in philsophy and literature, he began working for the Spanish-language daily Jewish newspaper *Amancer*. He also wrote a number of short stories, often with Jewish themes. He won the Premio Argentores in 1970.

Plays

El avión negro [with Roberto Cossa, Ricardo Talesnik and Carlos Somigliana] (1970). Buenos Aires: Talía, 1970.

El Llazarillo de Tormes (1969). Buenos Aires: Talía, 1971.

Réquiem para un viernes en la noche. Buenos Aires: Talía, 1964.

Simón Brumelstein, el cabellero de Indias (1970). Buenos Aires: Argentores, 1987.

ARG 194

RUBERTINO, MARÍA LUISA is known as a poet, short story writer, and dramatist. She won the Premio Municipal, Premio Argentores, and Premio Fondo Nacional del Arte. She has written for both children and adults.

Plays

Aggiornamento. In *Teatro*. Buenos Aires: Editorial Nueva Generación, 2000.

El cerco roto. Buenos Aires: Carro de Tespis, 1957.

El dormitorio (la movida). In *Teatro*. Buenos Aires: Editorial Nueva Generación, 2000.

Dos minas del veinte. In *Teatro*. Buenos Aires: Editorial Nueva Generación, 2000.

El encuentro (1955).

Está en nostros (1953).

Estoy rayado (El grabador). In *Teatro*. Buenos Aires: Editorial Nueva Generación, 2000.

Fuerza de choque.

El jardín robado (1981). Buenos Aires: Teatro Municipal General San Martín, 1980.

Medio litro y sirenita (1968). Buenos Aires: Carro de Tespis, 1967.

La princesa, la muralla y el ratón (1962).

Rebotín (1963).

El regreso (1953).

Romancito en el mundo de la fábula (1961).

Romeo y Julieta en la ciudad de las marionetas.

El rompecabezas (1971). Buenos Aires: Talía, 1968.

El sobretodo y la piel (1964). In *Teatro*. Buenos Aires: Editorial Nueva Generación, 2000-

Teatro para niños. Buenos Aires: Ediciones Culturales Argentinas, Secretaría de Cultura, Ministerio de Educación y Justicia, 1984.

Los viejos que supimos conseguir. In *Teatro*. Buenos Aires: Editorial Nueva Generación, 2000.

Violeta Buenos Aires.

ARG 195

SACCOCCIA, HUGO LUIS (1949-) was born in Rawson. He is a lawyer and magician in addition to being a playright and director. He received the Premio Los Andes in 1992. He is a prominent figure in the theater in Neuquén province.

Plays

Argentina, ¿dove stai? (1984).

Casa sin trancas (1982).

Chau Felisa (1981).

Cuando la vida es otoño (1982).

Espuma de luna (1970).

Modelos de madre para recortar y armar (1985).

Pioneros (1985).
La torre de Babel (1984).
Yo conzco un mago (1972).

ARG 196
SÁENZ, DALMIRO (1926-   ) was born in Buenos Aires and is widely known as a short story writer and novelist in addition to being a dramatist. He won the Premio Casa de las Américas in Cuba. He also wrote for the cinema.

Plays

El Argentinazo. Buenos Aires: Torres Agüero, 1988.
¡Hip, hip, ufa! (1967). Buenos Aires: Editorial Sudamericana, 1967; Havana: Casa de las Américas, 1967.
¿Quién, yo? Buenos Aires: J. Goyanarte, 1965.
Qwertyuiop. Buenos Aires: J. Goyanarte, 1961.
Treinta treinta.

ARG 197
SALAS, MÁXIMO is known as an actor, director and dramatist. His plays often make use of creative costumes and are written about fictional crime figures.

Plays

América Macbeth [with Ricardo Holcer].
Dr. Jeckill [with Ricardo Holcer].
Estudio de actores [with Ricardo Holcer](1986).
Frankenstein habló con la luna [with Ricardo Holcer] (1981).
El gato negro[with Ricardo Holcer](1983).
Jack el destripador (La noche que se besaron hasta morir) [with Ricardo Holcer].
Movitud Beckett[with Ricardo Holcer](1984).
Sade subte show [with Ricardo Holcer](1988).

ARG 198
SANTA CRUZ, ABEL (1915-   ) was born in Buenos Aires and began writing radio plays at age twenty four. In 1942, he began writing comedies and musicals. He won the Medalla de Oro Argentores in 1953 and the Premio García Velloso in 1958.

Plays

La cama del presidente. Buenos Aires: Carro de Tespis, 1963.
Casi una pareja.
Cuarenta años de novios.
Esta noche filmación (1942).
Hay que bañar al nene.
Los maridos de mamá.
Mi marido hoy duerme en casa.
Las mariposas no cumplen años. Buenos Aires: Carro de Tespis, 1961.

Novia para casarse (1987).
La noche de los sinvergüenzas (1981)..
Los ojos llenos de amor. Buenos Aires: Carro de Tespis, 1968.
Pimienta y Frutilla.
¡Qué familia de locos! (1988).

ARG 199

SARDI, MARÍA ELENA studied dance, music, and acting at the Escuela Nacional de Arte Dramático. She wrote her first play in 1978 under the pseudonym of Carlo Adami. She won a number of prizes including the Premio Peppino, the Premio Reconocimiento Alicia Moreau de Justo, and the Premio Meridiano de Plata.

Plays

Duse, la Divina (1989).
Locas por el biógrafo (1978).
Las obreras (1985).
Romances en el jardín (1983)
Vamos a hablar de mujeres (1983).

ARG 200

SCHALOM, MYRTHA (1940-   ) received her doctorate in economics, but left that profession to study dramaturgy with Ricardo Monti and acting at the Actor's Studio in New York. She has worked as an actor and director in a number of plays. Several of her plays deal with the relationship of Jews to other immigrant groups in Argentina.

Plays

Le Jaim, Moisesville (Por la vida).
Pioneros (1989).
Shalom Buenos Aires.
Y elegirás la vida.

ARG 201

SCOLNI, MIGUEL (1903-   ) was trained as an attorney and sociologist. His plays dealt with daily life among the middle classes in particular, and with intergenerational conflict.

Plays

Amor filial.
Los asesinos de guantes blancos (1966).
Jesús Termeiro y familia (1967). Buenos Aires: Carro de Tespis, 1967.
Romeo, Julieta y el otro (1969).
Seis mil millones de dólares (1956).
La venganza del abogado.

ARG 202

SEIBEL, BEATRIZ (1934-   ) was born in Buenos Aires and began by writing children's plays. She later wrote addult plays which are often based on historial figures and events. She has also done extensive research on Spanish creole culture in Argentina and theater history. She is a professor of Argentine and Latin American theater history at the Universidad de Buenos Aires.

Plays

Canto latinoamericana (1984).
De gatos y lunas (1965).
Retablillo para tres (1968).
Siete veces Eva (1987).

ARG 203

SEREBRISKY, HEBE (1928–1985) began his career as a journalist and theater critic. In the 1970's he dedicated himself to writing plays. He won the Premio Argentores in 1980.

Plays

Anagrama. In *Teatro.* Buenos Aires: Ediciones Teatrales Scena, 1982.
La cabeza del avestruz. In *Teatro.* Buenos Aires: Ediciones Teatrales Scena, 1982.
Don Elías campeón (1980). In *Teatro.* Buenos Aires: Ediciones Teatrales Scena, 1982.
Un fénix Lila (1984). In *Teatro.* Buenos Aires: Ediciones Teatrales Scena, 1982.
Finisterre. In *Teatro.* Buenos Aires: Ediciones Teatrales Scena, 1982.
El hipopótamo blanco (1984). In *Teatro.* Buenos Aires: Ediciones Teatrales Scena, 1982.
El hombre que habló un idioma distinto y el rey dijo: ¡Oh! Este hombre está loco.
Mi libertad (1984).
Proyecciones. In *Teatro.* Buenos Aires: Ediciones Teatrales Scena, 1982.
Pura surgencia. In *Teatro.* Buenos Aires: Ediciones Teatrales Scena, 1982.
Redes (1978). In *Teatro.* Buenos Aires: Ediciones Teatrales Scena, 1982.
El vuelo de las gallinas. In *Teatro.* Buenos Aires: Ediciones Teatrales Scena, 1982.

ARG 204

SERRANO, CARLOS LUIS is a theater director from Rosario who has also written a number of plays, mostly for children. He was awarded the Premio Argentores and the Premio Fondo Nacional del Arte. He has also written for television and film.

Plays

La carreta sin Dios (1969).
Chau Carlitos.
Diana Durbin se equivoca. In *Teatro.* Rosario, Argentina: Editorial Fundación Ross, 1992.
Doña Jovita y sus cosas.
Mi autito bujía

La mona, aunque se vista de seda, se pesca un catarro (1981).
Pacto para una memoria.
Perdonános el miedo (1962).
Raquel Liberman.. una historia de Pichincha (1987). In *Teatro.* Rosario, Argentina: Editorial Fundación Ross, 1992.
Varieté Blue. In *Teatro.* Rosario, Argentina: Editorial Fundación Ross, 1992.

ARG 205

SHAND, WILLIAM (1902-1997) was born in Glasgow, Scotland, and came to live in Argentina in 1938. He wrote poetry, novels and was a careful observer of contemporary Argentine society. He often dealt with highly controversial and delicate topics. Several of his plays were translated into English and performed in Hungary. He won a number of awards, including the Premio Fondo Nacional del Arte, Premo Municipal, and the Faja de Honor de la S.A.D.E.

Plays

Adobe para los mansos (1973). In *Teatro.* Buenos Aires: Corregidor, 1976.
Ámame Roberto (1963).
Las andanzas de Rubino (1983). Buenos Aires: Ediciones Centro Cultural Corregidor, 1983.
Antón Delmonte. In *Teatro.* Buenos Aires: Grupo Editor Latinoamericano, 1989.
Bill's choice: a black comedy in two acts. Budapest: Centre Hongrois de l'I.I.T.,1981.
La casa de al lado.
La cultura del lático. Buenos Aires: Talía, 1963. In *Teatro.* Buenos Aires: Grupo Editor Latinoamericano, 1989.
Los días del miedo. Buenos Aires: Editorial Americalee, 1967.
La elección de José. In *Teatro.* Buenos Aires: Corregidor, 1976.
Farsa con rebelde (1972). In *Teatro.* Buenos Aires: Corregidor, 1976; *Teatro.* Buenos Aires: Grupo Editor Latinoamericano, 1989.
Fricka takes over. Budapest, Hungary: Centre hongrois de l'I.I.T.,1981.
El guerrero ciego (1957).
Judith y el ganster (1959). Buenos Aires: Carro de Tespis, 1967.
El páramo. Buenos Aires: Editorial Americalee, 1967. In *Teatro.* Buenos Aires: Grupo Editor Latinoamericano, 1989.
El rey.
El sastre (1973). In *Teatro.* Buenos Aires: Corregidor,1976; *Teatro.* Buenos Aires: Grupo Editor Latinoamericano, 1989.
Secuestros, perro y otras yerbas. In *Teatro.* Buenos Aires: Corregidor, 1976.
The tailor, almost a comedy. Budapest, Hungary: Centre hongrois de l'I.I.T.,1981.
La transacción (1966). In *Teatro.* Buenos Aires: Grupo Editor Latinoamericano, 1989.
Zona de muerte. Buenos Aires: Editorial Americalee, 1967.

ARG 206
SOFOVICH, GERARDO (1937-   ) was born in Buenos Aires and has written and directed for theater, television, and film. He has mostly written musical comedies.
Plays
El champagne las pone minosas (1981). In *Tres días con gerente*. Buenos Aires: Cuadernos del Siroco, 1965.
Pobres pero casi honradas (1984). In *Tres días con gerente*. Buenos Aries: Cuadernos del Siroco, 1965.

ARG 207
SOMIGLIANA, CARLOS (1932-1987) was associated with realist theater movement of the 1960's. He wrote a number of plays in coauthorship with other dramatists of his time. Some of his plays questioned the abuses of the military regime and the fate of the "desaparecidos." He founded the Teatro de la Campaña shortly before his death.
Plays
Amarillo. Buenos Aries: Falbo Librero Editor, 1965; Buenos Aires: Municipalidad de Buenos Aires, 1988.
Amor de ciudad grande. Buenos Aires: Falbo Librero Editor, 1965.
El avión negro [with Roberto Cossa, Germán Rozenmacher, and Ricardo Talesnik] (1970). Buenos Aires: Talía, 1972. In *Teatro completo* Buenos Aires: Municipalidad de Buenos Aires, 1988.
La bolsa de agua caliente (1967). Buenos Aires: Talía, 1967.
Cuentos populares [with Roberto Cossa and Raúl Rubén Peñarol Méndez].
De la navegación (1969). In *Teatro completo*. Buenos Aires: Municipalidad de Buenos Aires, 1988.
La democracía en el tocador. In *Teatro completo* Buenos Aires: Municipalidad de Buenos Aires, 1988.
El ex-alumno (1970). Buenos Aires: Centro Editor de América Latina, 1982. In *Teatro completo* Buenos Aires: Municipalidad de Buenos Aires, 1988.
Historia de una estatua. Rosario, Argentina: Paralelo 32, 1983. In *Teatro completo*. Buenos Aires: Municipalidad de Buenos Aires, 1988.
Homenaje al pueblo de Buenos Aires. In *Teatro completo* Buenos Aires: Municipalidad de Buenos Aires, 1988.
Inventario [with Hebe Serebrisky, Susana Torres Molina and Raúl Ruben Peñarol Méndez] (1983).
Libertad y otros escenas (1989).
Macbeth (1980). In *Teatro completo* Buenos Aires: Municipalidad de la ciudad de Buenos Aires, 1988.`
Martín Fierro [with Roberto Cossa] (1967).
El nuevo mundo (1981). In *Teatro Abierto*, 1981. Buenos Aires:Editorial Teatro Abierto, 1981; *Teatro completo* Buenos Aires: Municipalidad de Buenos Aires, 1988.
Oficial primero (1982). In *Teatro completo* Buenos Aires: Municipalidad de Buenos Aires, 1988.

Richard III sigue cabalgando. In *Teatro completo* Buenos Aires: Municipalidad de la ciudad de Buenos Aires, 1988.

ARG 208
SOTO, MÁXIMO (1942-   ) was born in Buenos Aires and studied sociology. He worked as an actor, director, translator, and dramatist. Most of his plays were absurdist. He won the Premio Argentores in 1982.

Plays

Una cuestión de familia (1982).
Pepe Pepino (1984).
Pido gancho (1983).
¡Qué momento!
Trabajo pesado (1981). In *Teatro abierto.* Buenos Aires: Editorial Teatro Abierto, 1981.
Vecindades (1978).

ARG 209
STRASSBERG-DAYAN, SARA is an essayist, poet, and theater teacher. She was born in Uruguay and studied theater at the Escuela de Teatro de la Universidad de Buenos Aires, where she has also served as a professor. She received the Premio Fondo Nacional de Arte in 1964.

Plays

Cantarín y Tragalibros en el país de la luna (1966).
Feliz cumpleaños, Amanda (1964).
El jajá (1963). Buenos Aires: Hachette, 1965.
La mala palabra (1968). Buenos Aires: Hachette, 1965.
Matar a los muertos.
Un imunto por Amancay.
Sócrates (Conócte a tí mismo) (1968). Buenos Aires: I.B. Colombo, 1971.
El trigal y los cuervos. Buenos Aires: Ediciones Kargieman, 1973.

ARG 210
TAGLE ACHÁVAL, CARLOS is from Córdoba where he received his dotorate in law, and is best known as an historian and politician as well as dramatist.

Plays

La cabeza de la Hidra (1979). Córdoba, Argentina: s.n., 1980.
Cuando Perón llegó a la Casa Rosada. Córdoba, Argentina: s.n., 1985.
Cuando Teresa Rati conoció la verdad (1984). Córdoba, Argentina: Ediciones Argentina, 1982.
S.R.L. (1957).

ARG 211
TAHIER, JULIO (1906-   ) was born in Buenos Aires and studied medicine. He became fascinated with the cinema and theater at a young

age. He directed numerous plays throughout the 1960's and 1970's. He
was awarded the Premio Molière.

Plays

Cántame un tango Romeo (1984*).*
Faburlando en Buenos Aires (1973).
Gotán (1979).

ARG 212
TALESNIK, RICARDO (1935-   ) was born in Buenos Aires and began
writing for television in the 1960's. Some of his plays have been
performed in Latin America, Europe, the Middle East, and the United
States. He received the Premio Argentores.

Plays

El avión negro [with Roberto Cossa, Germán Rozenmacher, and Carlos
Somigliana]. Buenos Aires: Talía, 1972.
Casi un hombre (1979).
El chucho (1976).
Cien veces no debo (1970). Buenos Aires: Talía, 1972. In *Teatro.* Ottawa,
Canada: Girol Books, 1980.
Cómo ser una buena madre (1977).
En camiseta (1985).
La fiaca. Buenos Aires: Talía, 1967; Buenos Aires: Puntosur, 1990. In
Primer Acto, no. 105 (February 1969); *Teatro.* Ottawa, Canada: Girol
Books, 1980.
Los japoneses no esperan (1973).
Solita y sola (1972).

ARG 213
TÁLICE, ROBERTO (1902-1999) born in Montevideo, Uruguay. He
began writing theater in his adolescence. He travelled throughout Latin
America and Spain and served as a theater critic for several Argentine
and Uruguayan newspapers and was President of Argentores, the
Argentine national writers' association. He won a number of awards for
his work.

Plays

El amor comienza mañana [with Eliseo Montaine]. In *Repertorio*, no. 5
(1953).
Amor todas las noches [with Eliseo Montaine].
Asesinos (1920).
Los caminos de Dios (1967). Buenos Aires: Carro de Tespis, 1967.
La casa de los siete espejos.
Cinco para el amor (1967).
Ciudadano del mundo. In *Argentores*, año IX, no. 213 (September 30, 1942)
pp.1-34.
Cuatro en el Paraíso [with Eliseo Montaine]. Buenos Aires: Argentores,
1955; Buenos Aires: Carro de Tespis, 1966. In *Repertorio*, no. 2 (1952).

Dos horas de amor (1953).

Enséñame a mentir (1955).

El hijo azul [with Eliseo Montaine].

El hombre prohibdo [with Eliseo Montaine]. In *Repertorio*, no. 3 (1952).

Los infieles (1920).

Ivan sin sosiego. Montevideo, Uruguay: Imp. Compania de Teatro Universal, 1951.

John, Jean, and Juan (1945). In *Argentores*, no. 238 (March 30, 1944).

El ladrón del mar. In *Repertorio*, no. 4 (1952).

Libra, Leo y Sagitario (1967). Buenos Aires: Carro de Tespis, 1967.

La llama eterna [with Eliseo Montaine]. Buenos Aires: Carro de Tespis, 1963. In , *Argentores* no. 253 (July 30, 1947).

Luna de miel en cielo [with Eliseo Montaine]. Buenos Aires: Carro de Tespis, 1959.

La machorra (1953). In *Repertorio*, año II, no. 5 (1953).

Mi reino por un toro (1956).

La mujer incompleta (Don Juan Vencido). In *Repertorio,* año. 1, no. 3 (1952).

La nena.

Noche en los ojos. In *Argentores*, año XIV, no. 209 (1957).

La oculta verdad [with Eliseo Montaine]. Buenos Aires: Carro de Tespis, 1961. In *Proscenio*, año 1, no. 3 (October 1948).

Primera (1926).

Los puritanos (1923).

Quien mucho abarca (1922).

Sábado del pecado. Buenos Aires: Carro de Tespis. In *Argentores*, ano XV, 2a ep. no. 291. (1951), pp.948.

El secreto de la media moneda (1935).

Siendo amor es primavera [with Eliseo Montaine] in Proscenio ano. II, no. 9 (30 Sept.1949)

Sierra chica . Buenos Aires: Carro de Tespis, 1966.

Swing para una rosa de luto [with Eliseo Montaine]. Buenos Aires: Carro de Tespis, 1967.

Tempestad [with Eliseo Montaine].

La última evasión.

¡Viva la Pepa! (1967).

ARG 214

TAMPIERI, SUSANA is a literary agent, novelist, poet, publicist, and playright from Mendoza. She has written anumber of psychological plays. She has received the Premio Nacional de Teatro and Premio Vendimia de Teatro among other awards.

Plays

A mi manera (1979).

ABZURDO (1990). Mendoza, Argentina: Gobierno de Mendoza, Ministerio de Cultura y Educación, Subsecretaría de Cultura, Ediciones Culturales de Mendoza, 1990.

Ante la puerta (1975).

Cantando los cuarenta (1978). Mendoza, Argentina: Municipio de la ciudad de Mendoza, 1990.

Chupate esa mandarina (1986).

El cumpleaños de Anna (1979).

Estos muchacos revoltosos (1965).

La formimaquía. Mendoza, Argentina: Municipio de la ciudad de Mendoza, 1990.

La imagen de Narciso (1969).

Kaddish a cinco voces (1983).

Una llave a las ocho (1983).

El pariente (1967).

Pretérito imperfecto.

Recital de poemas y canciones (1980).

El restro (1983).

El sí de las abuelas (1982).

Las termitas (1967).

ARG 215

TARATUTO, GERARDO (1944-   ) was born in Buenos Aires and was trained as an attorney. He began his career as a dramatist with the Ciclo Teatro Abierto. He also wrote for television, for which he received a number of awards.

Plays

Blues de la calle Balcarce [with Sergio DeCecco and Carlos Pais] (1983).

Chorro de caño (1982).

Veinte años no es nada (1985).

ARG 216

TEISAIRE, GRACIELA (1919-   ) was born in Buenos Aires and wrote a number of comedies in the 1940's and 1950's which received awards, including the Premio Dupuy de Lome, the Medalla de Oro Argentores, and the Premio Municipal. She also wrote for television and cinema. She later served as a professor of screenwriting at the Instituto Nacional de Cinematografía.

Plays

A través del éter (1948).

Abelardo es un amigo (1975).

Antaño y hogaño (1948).

El camino de la gloria. Mendoza, Argentina: s.n., 1938.

Caso de familia (1985).

Cosas de siempre (1947). In *Rosalinda*, año XVI (1947).

Despierte Isabel (1970).

Estrictamente profesional. In *Rosalinda,* año XIV, no. 164/166 (1945).
Pancho Ramírez (1959).
¡Qué cosa es vivir! (1982).
¿Quién es usted? (1943).
Ráfaga (1942).
Ser o no ser (1944).
Una viudita imposible (1964).

ARG 217
THOMAS, JOSÉ DE (1922-   ) is the pseudonym of José Manuel de Thomas who was born in Oviedo, Spain. He came to Argentina as a young child and grew up in Patagonia. He worked in journalism and published a few poems before beginning to write for the stage. He won the Premio Argentores in 1966.

Plays
Confiados (1959).
Contra las cuerdas (1965).
Una cruz para el godo (1961).
Isla interior. Buenos Aires: Cooperativa Impresora y Distribuidora Argentina 1959.
El lobo en la ciudad (1965). Buenos Aires: Carro de Tespis, 1967.
La locura del Rey Federico (1952).
La luna de coral (1969).
La marea (1955). In *Pantomima,* año 1, no. 1 (November 1952).
Médico y veterinario (1942).
Mi querida Josefina (1962).
Puerto instinto (1953).
Te escribo desde el alba (1955).
El televisor (1961). Buenos Aires: Talía, 1962.
Todos bailamos el twist (1962).

ARG 218
TIDONE, JORGE (1924-   ) was born in Buenos Aires and began his career writing for children. His children's plays been widely performed and many adopted for television. He won the Premio Fondo Nacional de Arte in 1966.

Plays
Blasón de tierra (1948).
Cascanueces y el Rey de los Ratones.
Fabulín y Fabulón (1958).
Las hadas viajan en calesita (1965). Buenos Aires: Carro de Tespis, 1966.
Historias de pícaros y tontos (1966).
Insuficiente, conducta mala (1957). Buenos Aires: Teatro de los Niños, 1957.
Lindo (1958).
Margarita la chacarera (1969).

El medallón de turquesas.
Médico a garrotazas (1958).
La muerte del hijo pródigo (1954).
Rey de Pícaros.
Teatro con guardapolvo. Buenos Aires: La Obra, 1964.
Tiempos de negro y farol (1960). [published as *El negrito del farol*]. Buenos Aires: Ediciones Plus Ultra, 1977.

ARG 219
   TORRES, ROBERTO (1937-) was born in Mendoza but grew up in Buenos Aires. He has been director of the Elenco Teatro Esceneario in Mendoza and has continued to work as a director as well as playright. He is a great admirer of Italian director Federico Fellini's work .

Plays
   Duérmete mi niño (1972).
   Fellincirco 84 (1984).
   Frank Brown (1979).
   El Kaso Dora (1982).
   Un mundo de dos ruedas.
   Recuerdos (1988).
   Los tiempos presentes (1970).
   Y es así nomás, así nomás es (1968).

ARG 220
   TORRES MOLINA, SUSANA (1956-) was born in Buenos Aires and has directed and written plays and short stories. Her plays have been performed in Spain, London, New York, and Washington. She has also directed the at the Festival Latinoamericano in New York.

Plays
   Amatíssima (1988)
   El aniversario o Mens sana in coporore sano (1975).
   Besos de neón.
   Canto de sirenas (1995). Buenos Aires: Teatro Vivo, 2002.
   Espiral de fuego (1985).
   Extraño juguete (1977). Buenos Aires: Editorial Apex, 1978; Buenos Aires: Ediciones Búsqueda, 1997.
   Inventario [with Carlos Somigliana, Hebe Serbrinsky and C. Méndez] (1983).
   Sobre un mar de miedos (1984).
   Toys.
   Unión mystica (1991).
   Y a otra cosa mariposa (1981). Buenos Aires: Búsqueda, 1998.

ARG 221
   TRAFIC, CARLOS (1939-) is the pseudonym of Carlos Antonio Traficante, who was born in Buenos Aires. From the time of his youth,

he became involved with the innovative theatrical movement associated with the Instituto Torcuato di Tella. In 1968, he organized the "Grupo Lobo" to began producing new forms of theater. He has worked as a director in France, Italy, Germany, Spain and the Netherlands.

Plays

El regreso de la familia Cenci (1973).

El señor Retorcimientos (1973).

Un tiempo (1968).

Tiempo de fregar.

ARG 222

TREJO, MARIO (1926-   ) was born in Buenos Aires and is best known as a poet of the literary vanguard. He is also a proponent of the theater movement "Teatro Vivo," which often promotes theater as an instrument of social change and religious ritual.

Plays

Libertad y otras intoxicaciones. Buenos Aires:Instituto Torcuatode Tella, 1967.

No hay piedad para Hamlet (1960). Buenos Aires: Ministerio de Educación y Justicia, Dirección General de Cultura, Ediciones Culturales Argentinas, 1960.

ARG 223

URONDO, FRANCISCO (1930- 1976) was born in Santa Fe and studied at the Universidad del Litoral and the Universidad de Buenos Aires. He wrote poetry and journalism and contributed to various literary magazines, both in Argentina and abroad. He was awarded the Premio Casa de las Américas in 1969. Under the military regime in 1976 he disappeared and was killed.

Plays

Archivo General de Indias (1972). In *Teatro*. Buenos Aires: Editorial Sudamericana, 1971.

Homenaje a Dumas. In *Teatro*. Buenos Aires: Editorial Sudamericana, 1971.

Muchas felicidades y otras obras. Havana: Arte y Literatura (1986). In *Teatro*. Buenos Aires: Editorial Sudamericana, 1971.

Sainete con variaciones (1966). In *Teatro*. Buenos Aires: Editorial Sudamericana, 1971.

Veraneando. In *Conjunto*, no. 7, (1969) pp.27-68.

ARG 224

VAGNI, ROBERTO ALEJANDRO (1901-1966) was born in Reconquista, Santa Fe. He served as director of the Teatro Nacional Cervantes in 1949-1950. He won the Primer Premio Municipal de Buenos Aires in 1945 and the Premio Nacional in 1952.

Plays

Alma.

Los cáceres (1962). Buenos Aires: Carro de Tespis, 1962.
Camino bueno (1953). In *Argentores*, año XIV, no. 268 (1947).
Tierra extraña (1945). In *Argentores*, año XII ,no. 255 (December 30, 1945).
Vendaval (1952).
La verdad eres tu. (1952).

ARG 225
VARGA, DINKO (1922-   ) was born in Osijek, Yugoslavia and came to live in Argentina as an infant. He studied philosophy in Santiago del Estero and Catamarca, and later moved to Río Negro dwhere he began a career as a journalist.

Plays
El canto del grillo (1962).
El honor (1977).
Un lugar para la aventura (1960).
Namuncurá (1978).
La sentencia (1976).
El tercermundista (1975).
El terrorista (1975).

ARG 226
VERRIER, MARÍA CRISTINA (1939-   ) was born in Buenos Aires and began producing plays in the 1960's. She has written for both children and adults and in various genres including comedies, realistic dramas, absurdist theater and black humor. She has also written for magazines, radio, television and movies. She received the *Premio Revista Confirmado* in 1960.

Plays
La balada de la idiota (1979).
La bronca (1965). In *El teatro de María Cristina Verrier 1960 a 1982.* Buenos Aires: Imprenta de Buenos Ayres, 1985.
Cero (1961). In *El teatro de María Cristina Verrier 1960 a 1982.* Buenos Aires: Imprenta de Buenos Ayres, 1985.
Chou Chou. In *El teatro de María Cristina Verrier 1960 a 1982.* Buenos Aires: Imprenta de Buenos Ayres, 1985.
Duenderías (1963).
Los días (1986). In *El teatro de María Cristina Verrier 1960 a 1982.* Buenos Aires: Imprenta de Buenos Ayres, 1985.
Los guerreros del rey (1963).
Job o el día que cortaron las rosas. In *El teatro de María Cristina Verrier 1960 a 1982.* Buenos Aires: Imprenta de Buenos Ayres, 1985.
Naranjas amargas para mamá (1966). In *El teatro de María Cristina Verrier 1960 a 1982.* Buenos Aires: Imprenta de Buenos Ayres, 1985.
Los olvidados (1960).
La pared pintada de lluvia. In *El teatro de María Cristina Verrier 1960 a 1982.* Buenos Aires: Imprenta de Buenos Ayres, 1985.

La pequeña gente. In *El teatro de María Cristina Verrier 1960 a 1982.* Buenos Aires: Imprenta de Buenos Ayres, 1985.

La roña (1980). In *El teatro de María Cristina Verrier 1960 a 1982.* Buenos Aires: Imprenta de Buenos Ayres, 1985.

Sal para la sed. In *El teatro de María Cristina Verrier 1960 a 1982.* Buenos Aires: Imprenta de Buenos Ayres, 1985.

Los viajeros del tren a la luna. In *El teatro de María Cristina Verrier 1960 a 1982.* Buenos Aires: Imprenta de Buenos Ayres, 1985.

¿Y fue? In *El teatro de María Cristina Verrier 1960 a 1982.* Buenos Aires: Imprenta de Buenos Ayres, 1985.

ARG 227

VIALE, OSCAR (1932-1994) is the pseudonum of Gerónimo Oscar Schissi who was born in Buenos Aires. He has worked as a actor and television writer in addition to writing plays.

Plays

Ahora vas a ver los que te pasa (1983).

Antes de entrar dejen salir. In *Teatro Abierto.* Buenos Aires: Editorial Teatro Abierto, 1981.

Camino negro. Rosario, Argentina: Ediciones Paralelo 32, 1984.

Chúmbale (1971). Rosario, Argentina: Ediciones Paralelo 32, 1984. In *Teatro.* Buenos Aires: Corregidor, 1987-2000.

Convivencia (1979). In *Teatro breve contemporáneo argentino.* Buenos Aires: Colihue, 1984; *Teatro.* Buenos Aires: Corregidor, 1987-2000.

Convivencia feminina (1986). In *Teatro.* Buenos Aires: Corregidor, 1987.

Encantada de conocerlo (1978). In *Teatro.* Buenos Aires: Corregidor, 1987.

El grito pelado (1967). Buenos Aires: Talía, 1969. In *Teatro.* Buenos Aires: Corregidor, 1987-2000.

Íntimas amigas (1982).

Leonor vs. Benedetto (1978).

Luna de miel entre veinte (1971).

Periferia. Buenos Aires: Teatro Municipal General San Martín, 1983. In *Teatro.* Buenos Aires: Corregidor, 1987-2000.

La pucha . Buenos Aires: Talía, 1969.

¿Yo? ... argentino (1976).

ARG 228

VIGO GIAI, AGUSTÍN is known as a sculptor, language professor, set designer, and playright. He twice won the Premio Argentores. His plays have been performed in Argentina and in Spain.

Plays

El ascensor (1971). In *Teatro.* Buenos Aires: Carro de Tespis, 1980.

La casa sin Dios (1972). In *Teatro.* Buenos Aires: Carro de Tespis, 1980.

Los inquilinos (1980).

La lista. In *Teatro.* Buenos Aires: Carro de Tespis, 1980.

Vivir con él (1980).

ARG 229

VILLAFAÑE, JAVIER (1910-   ) began his career with children's puppets at age 23. He wrote children's books and short stories and traveled in Venezuela and Cuba where his work was quite successful.

Plays

A imagen y semejanza. Buenos Aires: Ediciones Colihue, 1994.

Antología: obra y recopilaciones. Buenos Aires: Editorial Sudamericana, 1990.

El caballero de la mano de fuego. Buenos Aires: Hachette, 1957.

La calle de los fantasmas. In *Conjunto*, no. 24 (April-June 1975), pp.10-14.

Chímpate, chámpate.

Juancito y María.

Mensaje (1988).

El pagadero y el diablo (1984).

Por la misma huella (1988)

Puede ser o es lo mismo.

ARG 230

WAINER, ALBERTO (1939-   ) was born in Zárate and became involved with the Teatro Payró at age fifteen. His later plays dealt with the victims of the authoritarian military regime.

Plays

El asesinato del Señor Agosto [with Julio César Silvain] (1966).

Crónica de dos (1967).

Esteban y la solidumbre (1975).

El hombre y el bosque (1957). In *Teatro.* Buenos Aires: Gleizer, 1959.

El mejor bailarín de jazz americano (1983).

Romeo y Julieta. In *Teatro.* Buenos Aires: Gleizer, 1959.

Los últimos. Buenos Aires: In *Teatro.* Buenos Aires: Gleizer, 1959.

Variante para el mediodía (1967).

Volver a Carmenza (1970).

ARG 231

WALSH, MARIA ELENA (1930-   ) was born in Ramos Mejía and began writing at the age of seventeen. In 1948, she was invited to come study in the United States by Spanish poet Juan Ramón Jiménez. She also traveled to Paris and returned to Argentina to continue writing, pimarily for children. She is known as a poet, singer, television and screen writer and dramatist. She has received the Premio Sixto Pondal Ríos and in 1982 was declared an illustrious citizen of the city of Buenos Aires.

Plays

Canciones para mirar (1962).

Doña Disparate y Bambuco (1963).

Hoy todaviá (1978).

Los ejecutivos también tienen alma (1969).
Jueguemos en el mundo (1968).
Los sueños del rey Bombo (1959).

ARG 232
WALSH, RODOLFO J. (1927-1977) was born in Coele Choel, Río Negro to parents who had come to Argentina during the first wave of Irish immigration. He worked as a journalist and political commentator before writing theater. He is best known for his short stories. He disappared during the military regime in 1977 and was killed.

Plays

La batalla (1965). Buenos Aires: J. Alvarez, 1968; Buenos Aires: Ediciones de la Flor, 1988. In *Obra literaria completa.* Mexico City: Siglo XXI Editores, 1981.

La granada (1965). Buenos Aires: J. Alvarez, 1968; Buenos Aires: Ediciones de la Flor, 1988. In *Obra literaria completa.* Mexico City: Siglo XXI Editores, 1981.

Un kilo de oro (1967). In *Obra literaria completa.* Mexico City: Siglo XXI Editores, 1981.

Nota al pie. In *Obra literaria completa.* Mexico City: Siglo XXI Editores, 1981.

ARG 233
WERNICKE, ENRIQUE (1915-1968) was born in Buenos Aires and is well known as a writer of narrative. His plays draw upon traditional comic and dramatic forms as well as aburdism and expressionism.

Plays

A las tres de la mañana. In *Sainetes contemporáneos.* Buenos Aires: Talía, 1965.

Los aparatos. Buenos Aires: Burnichon: 1964.

La bicicleta. In *Sainetes contemporáneos.* Buenos Aires: Talía, 1965.

El cabezón. In *Sainetes contemporáneos.* Buenos Aires: Talía, 1965.

La concordia. In *Otros sainetes contemporáneos.* Buenos Aires: Burnichon Editor, 1963.

Un diálogo. In *Sainetes contemporáneos.* Buenos Aires: Talía, 1965.

Dilecta, S.A. In *Otros sainetes contemporáneos.* Buenos Aires: Burnichon Editor, 1963.

En la plaza. In *Sainetes contemporáneos.* Buenos Aires: Talía, 1965.

Este mundo absurdo (1966).

Examen de conciencia. In *Sainetes contemporáneos.* Buenos Aires: Talía, 1965.

Festival in Buenos Aires (1963).

El gran show de todos los vientos (1964).

El mago. In *Sainetes contemporáneos.* Buenos Aires: Talía, 1965.

La mamadera. In *Sainetes contemporáneos.* Buenos Aires: Talía, 1965.

María se porta mal (1966).

El paquete. In *Sainetes contemporáneos.* Buenos Aires: Talía, 1965.
El poeta peligroso (1968).
Un sainete a domicilio. In *Otros sainetes contemporáneos.* Buenos Aires: Burnichon Editor, 1963.
La soga. In *Sainetes contemporáneos.* Buenos Aires: Talía, 1965.
El suicida. In *Sainetes contemporáneos.* Buenos Aires: Talía, 1965.
Un test en blanco y negro (1964). In *Otros sainetes contemporáneos.* Buenos Aires: Burnichon Editor, 1963.
Tanguito. In *Sainetes contemporáneos.* Buenos Aires: Talía, 1965.
La trampa. In *Sainetes contemporáneos.* Buenos Aires: Talía, 1965.
Las tres (1963).

ARG 234
WINER, VICTOR (1954-   ) was born in Buenos Aires and worked as an actor in Rosario before writing plays. He participated in a drama workshop lead by Ricardo Monti. He became of the group known as "Los Autores," which included playrights Eduardo Rovner and Mauricio Kartún.

Plays
Buena presencia (1981). In *Teatro completo.* Buenos Aires: Torres Agüero,1995.
El cielo es de los payasos (1994). In *Teatro completo.* Buenos Aires: Torres Agüero,1995.
Honrosas excepciones. Buenos Aires: Teatro Abierto, 1983. In *Teatro completo.* Buenos Aires: Torres Agüero,1995.
Luna de miel en Hiroshima (1994). In *Teatro completo.* Buenos Aires: Torres Agüero,1995.
El último tramo (1981).
Viaje de placer (1988). In *8 autores.* Buenos Aires: Ediciones Los Autores, 1985; *Teatro completo.* Buenos Aires: Torres Agüero,1995.

ARG 235
YOUNG, JUAN RAÚL works in public relations and is known as a poet as well as a playright. His work is well known in the theater of the absurd in Latin America.

Plays
El país de los niños malcriados.
Viaje a la costa. Buenos Aires: Talía, 1963.

ARG 236
ZARLENGA, ETHEL GLADYS (1935-   ) was born in Tucumán and worked as a director, set designer, acting coach and dramatist. She founded a number of regional theater groups and has won the Premio Nacional and the Premio Municipal.

Plays
Aníbal, Aníbal.

El arenero de los sueños.
Don Orquesto y las 7 notitas (1972).
En un rincón del estrecho mundo (1961).
La hormiguita casada (1962).
Por la calle (1972). Tucumán, Argentina: Consejo Provincial de Difusón Cultural, 1973.
¿Quién es el zorro? (1973).
El rey del hipo (1967).
Te presento un amigo. Buenos Aires: Galerna , 1986
Triquis, Tracas, Trocos (1963).
Vengan al circo (1966).

ARG 237

ZEMMA, ALFREDO (1936-) was born in Trenque Lauquén. His plays often deal with the world of artists and show people and were performed with the elements of a music hall show. He was active with the experimental Teatro Abierto and served as director of the Teatro Nacional Colón. He won the Premio Molière for directing.

Plays

Frank Brown (1979).
El gran show internacional del Cabaret Bijou (1975).
Líderes (1982).
El padre, e hijo y Cía. Ltda. (1977).

BOLIVIA

BOL 001

BOTELHO GOSALVEZ, RAÚL (1917-   ) was born in LaPaz. He worked as a diplomat, novelist, essayist, journalist, and professor at the Universidad de Warziata. His work won him the Primer Premio Nacional de Teatro in 1961. A staunch communist, his theater often deals with historical themes.

Plays

Borrachera verde. La Paz: Juventud, 1980.

La lanza capitana. La Paz: H. Municipalidad de la Paz, 1967; La Paz: Juventud, 1980.

BOL 002

BREDOW, LUIS received a degree in theater from the Université Aix en Provence in France. He won the Premio Franz Tamazo in 1976. His play *Sahar*a uses dance, pantomime, lighting and sets to present the history of man.

Plays

Sahara (1976)

BOL 003

COSTA DU RELS, ADOLFO (1891- 1980) was born in Sucre. He served as a diplomat in Switzerland, the Vatican, the United Nations and as the last President of the League of Nations He was nominated for a Nobel Prize and was a member of the Academia de la Lengua Española. He was forced out of office in the coup of 1952 and went to live in Europe where many of his later works were performed. He won the Premio Gulbenkian in 1972. His plays have been translated into Italian, Dutch, English, and Polish.

Plays

Los estandartes del rey/Les etendards du roi [Spanish/French] Cochabamba, Bolivia: Los Amigos del   Libro, 1974. In English as *The king's standards*. New York: Samuel French, 1958.

Les forces du silence (1944).

Hacia el atardecer. Santiago, Chile: Imprenta Universitaria, 1919.

El quinto jinete (1963).

El signo del fuego (1957).

BOL 004

FLORES, MARIO (1902-   ) was born in Santa Cruz, Bolivia and worked as a journalist, poet, and diplomat. He was founder of the magazines *Ultima Hora*, *La Noche*, and *Tribuna de la Paz*.

Plays

Los milagros del padre Liborio. Buenos Aires: Ediciones del Carro de Tespis, 1960.

BOL 005

FRANCOVICH, GUILLERMO (1901-   ) was born in Sucre, Bolivia, and worked as a lawyer diplomat, and professor at the Universidad de Sucre. He was a Vice Presidential Candidate in 1947. He also wrote extensively on philosophy and worked as director of the Regional Center of UNESCO. He is the first Bolivian playwright to have his work appear in a   Latin American anthology. Most of his plays were written in the 1950's while he was living in Cuba. In later years, he went to live in Brazil.

Plays

Como los gansos (1955). In *Teatro completo*. La Paz:Editorial Los Amigos del Libro, 1975.

Empresario de sueños. In *Teatro completo*. La Paz:Editorial Los Amigos del Libro, 1975.

El monje de Potosí (1952). La Paz: Ediciones Signo, 1962. In *Teatro completo*. La Paz:Editorial Los Amigos del Libro, 1975.

Monseñor y los poetas. In *Teatro completo*. La Paz:Editorial Los Amigos del Libro, 1975.

Un puñal en la noche (1953). In *Teatro completo*. La Paz:Editorial Los Amigos del Libro, 1975.

El reencuentro. In *Teatro completo*. La Paz:Editorial Los Amigos del Libro, 1975.

Reunión improvisada. In *Teatro completo*. La Paz:Editorial Los Amigos del Libro, 1975.

Soledad y tiempo. In *Teatro completo*. La Paz:Editorial Los Amigos del Libro, 1975.

Tentación. La Paz:Editorial Los Amigos del Libro, 1984.

BOL 006
LLANOS APARICIO, LUIS (1909-   ) was born in La Paz and studied at the Colegio Nacional Ayacucho in La Paz. He worked in journalism and served as as director of the journal *Said.* He also wrote a number of radio plays and was founder of the Grupo Bohemio de Periodistas.

Plays
Dad a Cesar y a Dios lo que es de Dios. In *Teatro boliviano.* LaPaz: Instituto Boliviano de Cultura, 1977.
Heullas del pasado heroíco.
Vuelvase manana. LaPaz: s.n., 1948.

BOL 007
SALMÓN, RAÚL was the leader of a group interested in reviving Bolivian theater around 1943 which was known as "Teatro Social." Its goals were to present simple dramatic works and draw public attention to the social problems encountered by the popular classes in Bolivia. His plays often deal with problems such as prostitution, police brutality, and other social issues.

Plays
La abuela que aprendió a leer a los 80. In *Seis obras de teatro breve.* La Paz: Editorial "Popular", 1990.
Un argentino en La Paz. In *Cuatro comedias cortas y populares.* La Paz: s.n., 1975.
La birlocha de la esquina. In *Seis obras de teatro breve.* La Paz: Editorial "Popular", 1990.
Busch: héroe y víctima. LaPaz: Librería Editorial "Juventud", 1986.
La calle del pecado (1944). In *Teatro boliviano.* La Paz: Los Amigos del Libro, 1969.
Caparelli:¿y por casa cómo andamos? In *Cuatro comedias cortas y populares.* La Paz: s.n., 1975.
La computadora parlante. La Paz:Libreria Editorial "Juventud", 1985.
La doctora Zaconeta. In *Cuatro comedias cortas y populares.* La Paz: s.n., 1975.
Las dos caras de Olañeta. La Paz: Librería Editorial "Juventud", 1990.
Escuela de pillos (1949). In *Teatro boliviano.* La Paz: Los Amigos del Libro, 1969.
El estaño era Limachi. In *Teatro boliviano.* La Paz: Los Amigos del Libro, 1969.
Los exiliados. In *Seis obras de teatro breve.* La Paz: Editorial "Popular", 1990.
Hijo de chola. La Paz:Librería-Editorial "Juventud", 1991.
Los hijos del alcohol. In *Teatro boliviano.* La Paz: Los Amigos del Libro, 1969.
El homicida que pagó su culpa por adelantado. In *Seis obras de teatro breve.* La Paz: Editorial "Popular", 1990.

Joven, rica y plebeya. La Paz: Libreria Editorial "Juventud", 1986. In *Teatro boliviano.* La Paz: Los Amigos del Libro, 1969.

Juana Sánchez (1964). La Paz: Teatro Social, 1965. In *Teatro boliviano.* La Paz: Los Amigos del Libro, 1969; *Teatro boliviano.* Madrid: Paraninfo, 1972.

Linares, dictador civil. La Paz:Librería Editorial "Juventud", 1991.

La lotería. In *Cuatro comedias cortas y populares.* La Paz: s.n., 1975.

Mi compadre el ministro. La Paz,Bolivia: Librería Editorial "Juventud", 1991. In *Teatro boliviano.* La Paz: Los Amigos del Libro, 1969.

Miss Chijini. In *Teatro boliviano.* La Paz: Los Amigos del Libro, 1969.

No quiero ser millonario. In *Seis obras de teatro breve.* La Paz: Editorial "Popular", 1990.

El partido de la contrapartida. In *Teatro boliviano.* La Paz: Los Amigos del Libro, 1969.

Plato paceño.

Redención. La Paz: Libreria Editorial "Juventud", 1985.

Siembra. La Paz: Teatro Social, 1954.

El Tata Belzu ha resucitado. In *Seis obras de teatro breve.* La Paz: Editorial "Popular", 1990.

Tres generales. In *Teatro boliviano.* La Paz: Los Amigos del Libro, 1969; *Teatro boliviano.* Madrid: Paraninfo, 1972.

Viva Belzu (1952). La Paz:Ediciones Teatro Social, 1962. In *Teatro boliviano*; La Paz:Los Amigos del Libro, 1969; In *Teatro boliviano.* Madrid: Paraninfo, 1972.

BOL 008

SUÁREZ FIGUEROA, SERGIO (1922-1968) was the founder of a new generation of Bolivian writers devoted to experimental theater in Bolivia. His plays were written in a rather medieval style and were symbolic of the political oppression of the period. He was awarded the Gran Premio Annual de Teatro "Franz Tamayo" in 1967. He also wrote poetry in addition to theater.

Plays

El arpa en el abismo. La Paz: Ediciones Eurídice, 1963?

La azotea. La Paz: Dirección General de Cultura, 1968.

El hombre del sombrero de paja. La Paz: Cooperativa de Artes Gráficas E. Burillo Ltda, 1968.

La peste negra. La Paz: Universidad Mayor de San Andres, Centro de Estudiantes, Facultad de Filosofía y Letras, 1967.

BOL 009

SUÁREZ, GASTÓN (1929-   ) was an important writer of highly symbolic expressionist drama dealing with issues such as family and society fragmentation.

Plays

Después del invierno. La Paz: Empresa Editora Khana Cruz, 1981.

Vertigo o el perro vivo. La Paz: Dirección General de Cultura de la H.
Municipalidad, 1968; La Paz:Ediciones Abaroa, 1973.

BOL 010

WILDE, MARTIZA was born in LaPaz to a Bolivian mother and Austrian
father. She studied theater in Spain at Real Escuela de Arte Dramático de
Madrid as well as in France. In 1978 she returned to Bolivia and began
writing plays. She founded two theater companies in Bolivia and has won
numerous prizes in Bolivia as well as the Premio Ollantay from the
Comité Internacional del Centro Latinoamericano de Creación e
Investigación Teatral (CELCIT).

Plays

Adjetivos (1990)

De brujas y alcoviteiras.

BRAZIL

BRA 001
ANDRADE, JORGE (1922-   ) was born on a ranch in the state of São
Paulo, but moved to the city of São Paulo to study law at age twenty. He
abandoned that career to study at the Escola de Arte Dramática de São
Paulo. While there he won a number of prizes for his work. His plays
often deal with society's problems and belong to the the the theater of social
protest.

Plays
A escada e Os ossos do barão (1961). São Paulo: Editora Brasiliense, 1964.
O incendio. Sao Paulo: Global Editora, 1979.
Milagre na cela. Rio de Janeiro: Paz e Terra, 1977.
A moratoria (1955). Rio de Janeiro: Livraria Agir, 1959.
Pedreira das almas (1958). São Paulo: Editora Anhambi, 1958; Rio de
    Janeiro: AGIR, 1960.
Rasto atras (1967). Sao Paulo: Editora Brasiliense, 1967.
Senhora na boca do lixo (1968). Rio de Janeiro: Civilizção Brasileira, 1968.
O telescopio (1954). Rio de Janeiro: AGIR, 1960; Rio de Janeiro: Servico
    Nacional de Teatro, 1973.
Vereda da salvação (1964). São Paulo: Editora Brasiliense, 1965.

BRA 002
ASSUNÇÃO, LEILAH (1944-   ) was born in São Paulo and graduated
from the Universidade de São Paulo. She is a former model and actress.
She was associated with the Teatro Novo group which addressed the

problems of the middle class and and youth, but not in the vein of the theater of social protest.

Plays

Boca molhada de paixão calada. In English as *Moist lips, quiet passion* in *3 contemporary Brazilian plays in bilingual edition.* Austin, TX: Host Publications, Inc., 1988.

Fala baixo, senão eu grito (1969). São Paulo: Edições Símbolo, 1977.

Jorginho, o machão (1970). São Paulo: Edições Símbolo, 1977.

A kuka de Kamaiorá. Rio de Janeiro: Ministério da Educação e Cultura/DAC/FUNARTE/ServiçoNacional de Teatro/Departamento de Documentação e Divulgação, 1978.

Lua nua. São Paulo, Sãi Paulo: Editora Scipione, 1990.

Roda cor-de-roda. São Paulo: Edições Símbolo, 1977.

BRA 003

BLOCH, PEDRO (1914-   ) was bon in Titoniev, Ukraine and was naturalized a Brazilian citizen. He studied medicine and at the Facultad de Medicina. And worked as a otolarnygologist. He also taught at the Escola de Reabilitação do Rio de Janeiro. He began writing theater for radio, later writing for the stage.

Plays

Os amigos de Valdemar (1948).

O amor os oito mães. In Spanish as *Amor a ocho manos.* Madrid: Ediciones Alfilc. 1968.

Um anão chora baixinho (1947).

O boneco sentado (1950).

Brasileiros em Nova York (1956).

O contrato azul (1967).

A cor do silencio (1951).

Um cravo na lapela.

Dona Xepa (1953). Petrópolis, Brazil: Ed. Vozes, 1969 Rio de Janeiro: Servico Nacional de Teatro, Ministerio da Educacao e Cultura, 1973; Rio de Janeiro: Edições Nosso Tempo, 1975.

Esta noite choveu prota. Rio de Janeiro: Editôra Civilização Brasileira1957. Petrópolis, Brazil: Editôra Vozes, 1964.

O grande aAlexandre (1947).

Os inimigos não mandam flôres (1951). Rio de Janeiro: Talmagráfica, 1951; Rio de Janeiro: Editôra Civilização Brasileira, 1957; Petrópolis, Brazil: Editôra Vozes, 1964. In English as *Enemies don't send flowers,a play in 3 acts* New York: s.n., 1950? In Spanish as *Los enemigos no mandan flores.* Buenos Aires: Ediciones Losange,c1956.

Irene. Rio de Janeiro: Editora Talmagráfica, 1953.

Leonora (1952).In Spanish translated by Alejandro Casona. Montevideo Uruguay :Ediciones Mensaje, 1953.

A Mancha (1952).

As mãos de Eurdíce. Rio de Janeiro: Grafica N.S. de Fátima, 1954; Rio de Janeiro: Editôra Civilização Brasileira, 1957. In English as *The hands of Euridice*. New York: s.n., 195? In Spanish as *Las manos de Eurídice*. Buenos Aires: Ediciones Losange, 1956; MadridEscelicer, 1969.

Miquelina (1959).

Morre um gato na China. Rio de Janeiro: Talmagráfica, 1952; Petrópolis, Brazil: Ed. Vozes, 1969

Mulher de briga (1955).

Os pais abstratos (1966). Petrópolis, Brazil: Vozes, 1965.

O problema. In *Teatro*. Rio de Janeiro: Irmãos Pongetti Editôres, 1961.

Procura-se uma rosa (1961).

Roleta paulista (1963).

Soraia, pôsto 2. Petrópolis, Brazil: Ed. Vozes, 1969.

O sorriso de pedra. In *Teatro*. Rio de Janeiro: Irmãos Pongetti Editôres, 1961; Petrópolis, Brazil: Editôra Vozes, 1964.

A Zícara do imperator (1947).

BRA 004

BOAL, AUGUSTO (1931-) was born in Rio de Janeiro and is known as a critic, essayist, and playwright. He uses theater as a form of social change. He has been associated with black theater and worker's theater for many years. During the military regime he was forced to leave Brazil and lived in Peru.

Plays

Arena conta Tiradentes [with Gianfrancesco Guarnieri]. São Paulo: Livraria Editôra Sagarana, 1967.

As aventuras do Tio Patinhas. In *Teatro de Augusto Boal*. São Paulo: Editora Hucitec, 1986-88.

El gran acuerdo internacional del Tío Patilludo. In *3 [i.e. Tres] obras de teatro*. Buenos Aires: Ediciones Noé, 1973.

Historias de nuestra América. In *Teatro de Augusto Boal*. São Paulo: Editora Hucitec, 1986-1988.

A lua pequena e a caminhada perigosa. In *Teatro de Augusto Boal*. São Paulo: Editora Hucitec, 1986-88.

Murro em Ponta de Faca. In *Teatro de Augusto Boal*. São Paulo: Editora Hucitec, 1986-1988.

A revolucão na América do Sul (1960). São Paulo: Massao Ohno, 1961? In *Teatro de Augusto Boal*. São Paulo: Editora Hucitec, 1986-1988. In Spanish as *Revolución en América del Sur* in *3 [i.e. Tres] obras de teatro*. Buenos Aires: Ediciones Noé, 1973.

Torquemada. In *Teatro de Augusto Boal*. São Paulo: Editora Hucitec, 1986-1988. In Spanish in *Teatro latinoamericano de agitación*. Havana: Casa de las Américas, 1972; *3 [i.e. Tres] obras de teatro*. Buenos Aires: Ediciones Noé, 1973 .

BRA 005
BORBA FILHO, HERMILO (1917-1976) was born in Pernambuco and studied medicine and chemical engineering in Recife. He later studied theater at the Escola de Belas Artes at the Universidade de Pernambuco. He lived for a number of years in Rio de Janeiro, where he wrote theater. He won the Prêmio Silvino Lopes in 1962.

Plays

Auto da mula do padre (1948).
A barca de ouro (1953). In *Teatro.* Recife, Brazil: Edicões Tep, 1952.
Diálogo do encenador (1964). Recife, Brazil: Imprensa Universitária, 1964.
A donzela Joana (1966). Petrópolis, Brazil : Vozes, 1966.
Electra no circo (1953). In *Teatro.* Recife, Brazil: Edicões Tep, 1952.
João sem terra. In *Teatro.* Recife, Brazil: Edicões Tep, 1952.
Un parquiano inevitável (1965).
Sobrados e mocambos (1971). Rio de Janeiro: Civilização Brasileira: 1972.

BRA 006
BUARQUE, CHICO (1944-   ) was born in Rio de Janeiro, the son of historian and sociologist Sérgio Buarque de Hollanda and pianist Maria Amélia Cesário Alvim. His family moved to Italy and he studied at the University of Rome. He later returned to Brazil where he studied at the Universidade de São Paulo. He is best known as a poet and musician in the movement known as Musica Popular Brasileira (MPB).

Plays

Calabar ou o elogio da traição (1974).
Gota d'agua (1975). Rio de Janeiro: Civilização Brasileira, 1989
Ópera do malandro (1978). São Paulo: Livraria Cultura Editora, 1978
O rei de Ramos [with Dias Gomes]. Rio de Janeiro: Civilização Brasileira, 1979.
Roda viva (1967). Rio de Janeiro: Ed. Sabiá, 1968.

BRA 007
FERNANDES, MILLÔR (1924-   ) was born in Rio de Janeiro and worked as a cartoonist, journalist, humorist, artist, translator and dramatist. His theater often takes a satirical look at Brazil's poverty and he participated in the protest theater movement against the military dictatorship. He has also translated a number of European playwrights into Portuguese.

Plays

Arpa apresenta bons tempos hein. In *Coleção teatro de Millôr Fernandes.* Porto Alegre, Brazil: L&PM Editores, 1979.
Bonito como um deus. In *Teatro de Millôr Fernandes.* Rio de Janeiro: Editôra Civilização Brasileira, 1957.
Computa, computador, computa; a crucificação da clase média. Rio de Janeiro: Editorial Nórdica, 1972.
Diálogo da mais perfeita compreensào jonjugal (1955).

Do tamanho de um defunto (1955). In *Teatro de Millôr Fernandes*. Rio de Janeiro: Editôra Civilização Brasileira, 1957.

Duas tabuas e uma paixão. Porto Alegre, Brazil:L&PM Editores, 1982.

É aseado num fato verídico que apenas ainda não aconteceu. Porto Alegre, Brazil: L&PM Editores, 1977.

Um elefante no caos (1955). Rio de Janeiro: Editôra do Editor, 1955; Porto Alegre, Brazil: L&PM Editores, 1979.

Flávia, cabeça, tronco e membros. Porto Alegre, Brazil: L&PM Editores, 1977.

A gaivota. In *Teatro de Millôr Fernandes*. Rio de Janeiro: Editôra Civilização Brasileira, 1957.

A história é uma historia e o homem o único animal que ri. Porto Alegre, Brazil:L&PM Editores, 1978.

O homem do princípio ao fim. Porto Alegre, Brazil: L&PM Editores, 1978.

Liberdade, liberdade (1965). Porto Alegre, Brazil: L&PM Editores, 1977.

Uma mulher em três atos. In *Teatro de Millôr Fernandes*. Rio de Janeiro: Editôra Civilização Brasileira, 1957.

Pigmaleoa. Rio de Janeiro: Serviço Nacional de Teatro, Ministério da Educação e Cultura, 1973.

BRA 008

FIGUEIREDO, GUILHERME (1915-1997) was born in Campinas and graduated from the Faculdade de Direito of the Universidade do Rio de Janeiro. He is known as a poet, journalist, literary critic, essayist, novelist and dramatist. He also served in as President of the Associação Brasileira de Escritores. His theater is classical and semirrealistic and written on broad themes. He helped organize the Teatro do Estudante and began writing plays in 1968.

Plays

O asilado (1961).

Balada para Satã. Rio de Janeiro: Campanha Nacional de Teatro, Ministério da Educação e Cultura, 1962

Cara e coroa. In *Seis peças em um ato*. Rio de Janeiro: Civilização Brasileira, 1971.

Um deus dormiu lá em casa (1949). Rio de Janeiro: Editôra Civlização Brasileira, 1964.; Porto, Portugal: Círculo de Cultura Teatral, Teatro Experimental do Porto, 1957. Lisbon: Publicações Europa-América, 1967. In English as A god slept here. Rio de JaneiroMinistério da Educação e Cultura, Serviço de Documentação, 1957.

Don Juan. Buenos Aires :Ediciones Losange, 1958?

Os fantasmas. Rio de Janeiro: Serviço Nacional do Teatro, Ministério da Educação e Cultura, 1956; Rio de Janeiro: Editôra Civlização Brasileira, 1964.

Fim-de-semana. In *Seis peças em um ato*. Rio de Janeiro: Civilização Brasileira, 1971.

Greve geral (1968).

Juizo final. In *Seis peças em um ato*. Rio de Janeiro: Civilização Brasileira, 1971.

Lady Godiva (1968).

Maria da Ponte. Rio de Janeiro:Serviço Nacional de Teatro, 1970.

A menina sem nome. Rio de Janeiro: Editora Expressão e Cultura em co-edição com o Instituto Nacional do Livro--MEC, 1972.

Meu tio Alfredo. In *Seis peças em um ato*. Rio de Janeiro: Civilização Brasileira, 1971.

A muito curiosa história da virtuosa matrona de Efeso. Rio de Janeiro: Editôra Civlização Brasileira, 1964.

O princípio de Arquimedes. In *Seis peças em um ato*. Rio de Janeiro: Civilização Brasileira, 1971.

A rapôsa e as uvas (1953). São Paulo :Livraria Martins Editôra, 1959?; Rio de Janeiro: Editôra Civlização Brasileira, 1964; Lisbon: Publicações Europa-América, 1967. In English as *The fox and the grapes*. New York: s.n., 1955. In Spanish *as La zorra y las uvas*. Buenos Aires :Ediciones Losange,c1958

Tragédia para rir (1953). Rio de Janeiro: Editôra Civilização Brasileira1958.

Uma visita. In *Seis peças em um ato*. Rio de Janeiro: Civilização Brasileira, 1971.

BRA 009

GOMES, DIAS (1922-1999) was born in Salvador, Bahia. He wrote his first play at age 15. His work is characterized by detailed descriptions of life in Bahia, the marginalized of Brazil's cities, and life under the authoritarian regimes of the 1960's and 1970's. He received the Prêmio Nacional do Teatro and other awards.

Plays

Amanhã será outro dia (1943).

Amor em campo minado (1984). In *Teatro de Dias Gomes*. Rio de Janeiro: Civilização Brasileira, 1984; *Os caminhos da revolução*. Rio de Janeiro: Bertrand Brasil, 1991.

O bem-amado (1968).. Porto Alegre, Brazil: Bels, 1977 . In *Teatro de Dias Gomes*. Rio de Janeiro: Civilização Brasileira, 1980.

O berço do herói (1976) Rio de Janeiro: Editôra Civilizacão Brasileira, 1965; São Paulo: Melhoramentos, 1987. In *Teatro de Dias Gomes*. Rio de Janeiro: Civilização Brasileira, 1979.

Campeões do mundo (1980). In *Teatro de Dias Gomes*. Rio de Janeiro: Civilização Brasileira, 1978; *Os caminhos da revolução*. Rio de Janeiro: Bertrand Brasil, 1991.

Os cinco fugitivos do juízo final (1954).. In *Peças da juventude*. Rio de Janeiro: Bertrand Brasil, 1994.

A comédia dos moralistas, péca em 3 átos (1937). Bahia, Brazil: Fenix Grafica, 1939.

Um difunto a baiana (1985).

Dr. Getúlio, sua vida e sua glória (1968/1983). Rio de Janeiro: Civilização Brasileira, 1968. In *Teatro de Dias Gomes*. Rio de Janeiro: Civilização Brasileira, 1979.

Doutor Ninguém (1945).

Eu acuso o céu. In *Peças da juventude*. Rio de Janeiro: Bertrand Brasil, 1994.

Os fugitivos do juizo final (1954).

A invasão (1962). Rio de Janeiro: Editôra Civilização Brasileira, 1962. In *Teatro de Dias Gomes*. Rio de Janeiro: Civilização Brasileira, 1979; *Os caminhos da revolução*. Rio de Janeiro: Bertrand Brasil, 1991.

João Cambão (1943).

Meu reino por um cavalo (1988). Rio de Janeiro: Bertrand Brasil, 1989.

O pagador de promessas (1960). Rio de Janeiro: Livraria Agir, 1961; Rio de Janeiro Ediçoes de Ouro, 1972; Rio de Janeiro: Civilicação Brasileira, 1967. In *Teatro de Dias Gomes*. Rio de Janeiro: Civilização Brasileira, 1979; *Os heróis vencidos*. Rio de Janeiro: Bertrand Brasil, 1989. In English as *Journey to Bahia*. Washington: Brazilian American Cultural Institute, 1964.

Odórico o bem amado. In *Teatro*. Rio de Janeiro: Civilização Brasileira, 1972.

Pé-de-Cabra (1942). In *Peças da juventude*. Rio de Janeiro: Bertrand Brasil, 1994.

As primícias (1977).. Rio de Janeiro: Civilização Brasileira, 1978.

O rei de ramos [with Chico Buarque] (1979). In *Teatro de Dias Gomes*. Rio de Janeiro: Civilização Brasileira, 1979.

A revolucão dos beatos. In *Teatro*. Rio de Janeiro: Civilização Brasileira, 1972.

O santo inquierito (1966). Rio de Janeiro: Civilização Brasileira, 1966; São Paulo: Círculo do Livro, 1977. In *Os heróis vencidos*. Rio de Janeiro: Bertrand Brasil, 1989

O túneli (1972). In *Os caminhos da revolução*. Rio de Janeiro: Bertrand Brasil, 1991.

Vamos soltar os demônios (1972). In *Teatro*. Rio de Janeiro Civilização Brasileira1972.

BRA 010
GUARNIERI, GIANFRANCESCO (1934-) was born in Italy but emigrated to Brazil as an infant. His first play was written at age 25 and was significant in that it was one of the earliest Brazilian plays to use drama to make a political point about Brazilian society.
Plays
Botequim. São Paulo: Monções, 1973.

Castro Alves pede passagem (1971). São Paulo: Platéia, 1971.

Eles não usam black-tie (1958). São Paulo: Editôra Brasiliense, 1966. In *Teatro de Gianfrancesco Guarnieri*. Rio de Janeiro: Civilização

Brasileira, 1978; *Gianfrancesco Guarnieri; seleção*. São Paulo: Global Editora, 1986.

O filho do Cão. In *Teatro de Gianfrancesco Guarnieri*. Rio de Janeiro: Civilização Brasileira, 1978.

Gimba: presidente dos valentes (1959). Rio de Janeiro:Serviço Nacional de Teatro, Ministério da Educação e Cultura, 1973. In *Teatro de Gianfrancesco Guarnieri*. Rio de Janeiro: Civilização Brasileira, 1978.

Um grito parado no ar. São Paulo: Monções, 1973. In *Gianfrancesco Guarnieri; seleção*. São Paulo: Global Editora, 1986.

Ponto de partida. São Paulo: Editora Brasiliense, 1976. In *Gianfrancesco Guarnieri; seleção*. São Paulo: Global Editora, 1986.

A semente (1961?). São Paulo: Edições Massao Ohno, 1961? In *Teatro de Gianfrancesco Guarnieri*. Rio de Janeiro: Civilização Brasileira, 1978; *Gianfrancesco Guarnieri; seleção*. São Paulo: Global Editora, 1986.

BRA 011

MARCOS, PLINIO (1935-1999) was born in Santos and worked in a number of careers including the circus, financial services, as a radio humorist, and actor before turning to writing. He was an administrator of the Teatro de Arena. His works were constrantly under attack during the 1960's and 1970's military regime because he dealt with the whole spectrum of Brazilian life.

Plays

O abajur lilás. São Paulo :Editora Brasiliense, 1975. In *Teatro maldito*. São Paulo: Maltese, 1992.

O assassinato do anão do caralho grande. São Paulo: Geração Editorial, 1996.

Balbina de um palhaco.

Barrela. São Paulo:Edições Símbolo, 1976.

A dança final. São Paulo: Maltese, 1994

Dois perdidos numa note suja. São Paulo: Global, 1978. In *Teatro maldito*. São Paulo: Maltese, 1992. In English *in 3 contemporary Brazilian plays in bilingual edition*. Austin, TX: Host Publications, Inc., 1988.

O homem do caminho (1999).

Homens de papel (2000). São Paulo: Global, 1978

Jornada de um imbecil até o entedimento.

Madame Blavatsky (1985)..

A mancha roxa (1988).

Navalha na carne. In *Teatro maldito*. São Paulo: Maltese, 1992.

Oração para um pé de chinelo. *São Paulo :*Global Editora, 1979.

O poeta da vila e seus amores.

Quando as máquinas param.

Verde que te quero verde.

BRA 012
MORAES, VINÍCIUS DE (1913-) is best known as a a writer of poetry, crônicas (newspaper column vignettes) and samba lyrics. His *play Orfeu da conceicão* adapted classical mytholgy to the Brazilian carnaval and went on to be made into the movie *Orfeu Negro(Black Orpheus)* which wan a number of film awards.

Plays

Cordélia e o peregrino. In *Teatro em verso.* São Paulo: Companhia das Letras, 1995.

As feras. Rio de Janeiro: Serviço Nacional de Teatro, Ministério da Educação e Cultura, 1968. In *Teatro em verso.* São Paulo: Companhia das Letras, 1995.

Orfeu da conceição: tragédia carioca. Rio de Janeiro: Editôra Dois Amigos, 1956; Rio de Janeiro: Livraria São Jose, 1960. In *Teatro em verso.* São Paulo: Companhia das Letras, 1995.

Pobre menina rica. In *Teatro em verso.* São Paulo: Companhia das Letras, 1995.

Procura-se uma rosa. In *Teatro em verso.* São Paulo: Companhia das Letras, 1995.

BRA 013
PRATA, MÁRIO (1946-) was born in Uberaba and wrote short stories, novels, and for film and television in addition to theater.

Plays

Bésame mucho. Porto Alegre, Brazil: L&PM, 1987.

O cordão umbelical (1970). In *Revista do Teatro,* no. 390 (November-December 1972).

Dona Beja (1980).

E se a gente ganhan a guerra (1971).

Fábrica de chocolates (1979).

Purgatorio, uma comédia divina (1984).

Papai e mamãe conversando sobre o sexo (1984).

Salto alto (1983).

BRA 014
QUEIROZ, RACHEL DE (1910-) was born in Fortaleza where she grew up with first hand knowledge of the difficult life in the sertão of the Northeast. She has written extensivlely for newspapers and journals, as well as novels. She served for period of time in the General Assembly of the United Nations. Her theater often draws on themes from the past. She has won a number of prizes for her work including the prestigious Machado de Assis prize from the Academia Brasileira de Letras.

Plays

A beata Maria do Egito (1958). Rio de Janeiro: J. Olympio, 1958; Rio de Janeiro: Serviço Nacional de Teatro, Ministério da Educação e Cultura, 1973. In *Obra reunida.* Rio de Janeiro: J. Olympio Editora, 1989.

Lampião (1953). Rio de Janeiro: J. Olympio, 1953. In *Obra reunida.* Rio de Janeiro: J. Olympio Editora, 1989.

BRA 015

RODRIGUES, NELSON (1912-) was born in Recife and is known as a journalist, humorist, and dramatist. He is one of Brazil's best known modern dramatists. His theater is characterized by its naturalist depiction of unpleasantness and depression in urban life. His plays were heavily censored or banned during the military regime. He often deals with highly controversial issues such as incest, interracial marriage, and prostitution.

Plays

Album de família (1945). Rio de Janeiro: Edições do Povo, 1946. In *Teatro.* Rio de Janeiro: Serviço Nacional de Teatro, 1959-60; *Teatro quase completo.* Rio de Janeiro: Tempo Brasileiro, 1965-66.; In *Teatro completo de Nelson Rodrigues.* Rio de Janeiro: Nova Fronteira, 1990.

Anjo negro. Rio de Janeiro: "Seção de Livros" da Emprêsa Gráfica "O Cruzeiro," 1948. In *Teatro.* Rio de Janeiro: Serviço Nacional de Teatro, 1959-60. In Spanish as *Angel negro.* Buenos Aires: Carro de Tespis, 1959.

Anti-Nelson Rodrigues (1973).

O beijo no asfalto (1961). Rio de Janeiro: J. Ozon, 1961; Rio de Janeiro: Editora Nova Fronteira, 1995. In *Teatro quase completo.* Rio de Janeiro: Tempo Brasileiro, 1965-66; *Teatro completo de Nelson Rodrigues.* Rio de Janeiro: Nova Fronteira, 1990.

Bôca de ouro (1959). In *Teatro.* Rio de Janeiro: Serviço Nacional de Teatro, 1959-60; *Teatro quase completo.* Rio de Janeiro: Tempo Brasileiro, 1965-66.

Bonitinha mas ordinaria. São Paulo: Editôra Brasiliense 1965. In *Teatro quase completo.* Rio de Janeiro: Tempo Brasileiro, 1965-66; *Teatro completo de Nelson Rodrigues.* Rio de Janeiro: Nova Fronteira, 1990.

Dorotéia. In *Teatro.* Rio de Janeiro: Serviço Nacional de Teatro, 1959-60; In *Teatro quase completo.* Rio de Janeiro: Tempo Brasileiro, 1965-66; *Teatro completo de Nelson Rodrigues.* Rio de Janeiro: Nova Fronteira, 1990..

A falecida (1954). Rio de Janeiro: Dramas e comédias, 1956. In *Teatro.* Rio de Janeiro: Serviço Nacional de Teatro, 1959-60; *Teatro quase completo.* Rio de Janeiro: Tempo Brasileiro, 1965-66. In English as *The deceased woman.* Rio de Janeiro: Funarte, 1998.

A mulher sem pecado (1941*).* Rio de Janeiro: "Seção de Livros" da Emprêsa Gráfica "O Cruzeiro," 1948. In *Teatro.* Rio de Janeiro: Serviço Nacional de Teatro, 1959-60; *Teatro quase completo.* Rio de Janeiro: Tempo Brasileiro, 1965-66.

Perdoa-me por me traíres (1957). In *Teatro.* Rio de Janeiro: Serviço Nacional de Teatro, 1959-60; *Teatro quase completo.* Rio de Janeiro: Tempo Brasileiro, 1965-66.

Senhora dos afogados (1947). Rio de Janeiro: Dramas e comédias, 1956. In *Teatro*. Rio de Janeiro: Serviço Nacional de Teatro, 1959-60; In *Teatro completo de Nelson Rodrigues*. Rio de Janeiro: Nova Fronteira, 1990. In English as *Lady of the drowned*. Rio de Janeiro: Funarte, 1998.

A serpente. Rio de Janeiro: Editora Nova Fronteira, 1980. In *Teatro completo de Nelson Rodrigues*. Rio de Janeiro: Nova Fronteira, 1990.

Os sete gatinhos (1958). Rio de Janeiro: Editora Nova Fronteira, 1980. In *Teatro*. Rio de Janeiro: Serviço Nacional de Teatro, 1959-60; ; *Teatro quase completo*. Rio de Janeiro: Tempo Brasileiro, 1965-66.

Otto Lara Resende, ou Bonitinha, mas ordinária. In *Teatro completo de Nelson Rodrigues*. Rio de Janeiro: Nova Fronteira, 1990.

Toda nudez será castigada (1965). Rio de Janeiro: Distribuidora Record 1973. In *Teatro quase completo*. Rio de Janeiro: Tempo Brasileiro, 1965-66; In *Teatro completo de Nelson Rodrigues*. Rio de Janeiro: Nova Fronteira, 1990. In English as *All nudity shall be punished*. Rio de Janeiro: Funarte, 1998.

Valso no. 6 (1950). In *Teatro*. Rio de Janeiro: Serviço Nacional de Teatro, 1959-60 ; *Teatro quase completo*. Rio de Janeiro: Tempo Brasileiro, 1965-66. In English as *Waltz no. 6*. Rio de Janeiro: Funarte, 1998.

Vestido de noiva (1943). Rio de Janeiro: Edições do Povo, 1946; Rio de Janeiro: "Seção de Livros" da Emprêsa Gráfica "O Cruzeiro," 1944. Rio de Janeiro: Serviço Nacional de Teatro, Ministério da Eduçacão e Cultura, 1973. In *Teatro*. Rio de Janeiro: Serviço Nacional de Teatro, 1959-60; *Teatro quase completo*. Rio de Janeiro: Tempo Brasileiro, 1965-66. In English as *The wedding dress*. Valencia, Spain: Albatros, 1980; Rio de Janeiro: Funarte, 1998.

Viúva, porém honesta (1957). In *Teatro*. Rio de Janeiro: Serviço Nacional de Teatro, 1959-60; *Teatro quase completo*. Rio de Janeiro: Tempo Brasileiro, 1965-66 .

BRA 016
SUASSUNA, ARIANO (1927-   ) was born in João Pesso, Pernambuco. At the age of two his family went to live in the jungle. He studied law at the Faculdade de Direito in Receife, but became interested in Brazilian poular theater. He was instrumental in founding the Teatro do Estudante de Pernambuco in 1946. He has also written novels, but his drama is best known as combining classical Iberian traditions such as the picaresque with the popular fok theater of northeastern Brazil. He has won numerous prizes for his work, which has been translated into Spanish, French, and English.

Plays

Apena e a lei (1959).

O arco desolado (1952)

O auto da compadecida (1956). Rio de Janeiro: Livraria AGIR, 1957; Lisboa: Editora Gráfica Portuguesa, 195?. In English as *The rogues' trial*. Berkeley, California: University of California Press, 1963. In Spanish as

Auto de la compadecida. Madrid: Ediciones Alfil, 1965. In French *as Le jeu de la miséricordieuse; ou, Le testament du chien*. Paris:Gallimard, 1970.

Auto de João da Cruz..

O casamento suspeitosa (1956).

A caseira e a Catarina (1962).

O castigo da soberba (1953).

Farsa da boa preguiça. Rio de Janeiro: J. Olympio, 1974.

O homem de vaca e o poder da fortuna (1958).

Os homens de barro (1949).

Uma mulher vestida de sol. Recife, Brazil: Imprensa Universitária, 1964.

A pena e a lei. Rio de Janeiro: AGIR, 1971.

O rico avarento (1954).

O santo e a porca (1957).

Torturas de um coração (1951).

BRA 017

VIANNA FILHO, ODUVALDO (1936-1974) was born in Rio de Janeiro, the son of a prominent playwright of the early 20th century. He wrote his first work at the age of ten. He later studied architecture but gave it up to study theater in São Paulo with Teatro Arena. His theater is characterized by themes of the urban intellectual and middle classes. His plays were heavily censored during the military regime.

Plays

Alegro desbum (1972).

Amor.

O auto do tutu vai acabar.

Auto dos 99%.

Os Azeredos mais os Benevides (1964). Rio de Janeiro: Serviço Nacional de Teatro, Ministério da Educação e Cultura, 1968.

Bilbao, via Copacabana (1957). In *Teatro*. Rio de Janeiro: Ediçoes Muro-Ilha Livraria Editora, 1981.

Chapetura futebol clube (1959). In *Teatro*. Rio de Janeiro: Ediçoes Muro-Ilha Livraria Editora, 1981.

Corpo a corpo (1970).

Em família (1970).

A longa noite de cristal (1969).

A mais-valia vai acabar, seu Edgar. In *Teatro*. Rio de Janeiro: Ediçoes Muro-Ilha Livraria Editora, 1981.

Moço em estudo de sitio (1965).

Papa Highirte (1968). Rio de Janeiro: Ministério da Educação e Cultura, Serviço Nacional de Teatro, 1968

Quatro quadras de terra (1963). Havana: Casa de las Américas, 1964. In *Teatro*. Rio de Janeiro: Ediçoes Muro-Ilha Livraria Editora, 1981.

Rasga coração (1974). Rio de Janeiro: Ministério da Educação e Cultura/SEAC, FUNARTE/Serviço Nacional de Teatro, 1980

Se correr o bicho pega, se ficar o bicho come (1966). Rio de Janeiro: Civilização Brasileira: 1966.
So Jânio dá a esso o máximo.

CHILE

CHI 001

AGUIRRE, ISIDORA (1919-) was born in Santiago and studied at the Institut des Hautes Etudes Cinématographiques in Paris. She began her career writing plays for puppets. She has written novels in addition to her musicals and plays. Many of her works in the mid 1980's were a form of social protest directed against the Pinochet dictatorship. She has published and illustrated children's books and was a professor of theater at the Universidad de Chile. She has been awarded the Premio Casa de las Américas.

Plays

Anacleto Chin Chin (1956).

Carolina (1955). In *Teatro Chileno Actual.* Santiago: Zig Zag, 1966. In English in *Best Short Plays, 1959-1960.* New York: Dodd, Mead, 1961

La dama del canasto (1965).

Diálogos de fin de siglo (1989). Santiago: Editorial Torsegel, 1989.

Don Anacleto Avaro (1965).

Dos y dos son cinco (1957).

Entre dos trenes (1956). In *Apuntes*, no. 20 (April 1962).

Esos padres de la patria (1989).

Esta difícil condición (1978).

Judas Macabeao (1992).

Lautaro: epopeya del pueblo mapuche (1981). In *Teatro chileno contemporáneo.* Santiago: Santillana, 1998; Santiago: Editorial Nascimento, 1982.

Los libertadores: éramos entonces como un pequeño género humano (1984). Santiago: s.n ., 1984.

Los libertadores: Bolívar y Miranda (1993). Santiago: Ediciones LAR, 1993.

Los papaleros (1964). In *Revista Mapocho,* vol. 2 no. 1 (1964), pp.57-93; *El teatro actual latinoamericano.* Mexico City: Ediciones de Andrea, 1972; Santiago: Ediciones Torguel, 1989.

Los que van quedando en el camino (1970). Santiago: Muller, 1970. In *Conjunto,* vol. 2 no. 33 (July-September , 1968).

Maggi ante el espejo (1978).

Mi primo Federico (1990).

La micro (1957).

Pacto de medianoche (1956). In English in *Best Short Plays 1959-1960.* New York: Dodd, Mead, 1961.

Las Pascualas (1957). English translation in *Poet Lore,* vol. 59 (1965).

La pérgola de las flores (1960). Santiago: Editorial Andrés Bello, 1986.

Población esperanza (1959).

Ranquil (1988).

Retablo de Yumbel (1987) Havana: Casa de las Américas, 1987; Concepción, Chile: Literatura Americana Reunida, 1987.

Las sardinas o la supresión de Amanda (1958).

Tía Irene, yo te amaba (1988).

CHI 002
ANCAVIL, ROBERTO (1965-) was born in Santiago and studied acting at the Escuela de Actuación de Nelson Brodt and at the Teatro Escuela Imagen de Gustavo Mezo. His plays have been performed in France. He was selected to participate in the 1997 Talleres Literarios José Donoso sponsored by the National Library of Chile. He currently teaches at the Instituto Superior de Arte y Cultura Bertolt Brecht and at the Universidad Arcis.

Plays

Emile Dubois, un genio del crimen y pavana difunto (1998). In *Cuadernos del Talleres Litearrios José Donoso.* Santiago: Biblioteca Nacional de Chile, 1998.

CHI 003
BAÉZA CÁCERES, TANIA (1971-) was born in Santiago and studied theater at the Universidad de Chile and the Pontificia Universidad de Chile. She also participated in the 1997 Talleres Literarios José Donoso sponsored by the National Library of Chile.

Plays

La niña descubierta (1998). In *Cuadernos del Talleres Literarios José Donoso.* Santiago: Biblioteca Nacional de Chile, 1998.

CHI 004
BASSO, CRISTIÁN (1976-) was born in Santiago. His plays were written under the name of Andrés Benelli. He received the Premio Gabriela Mistral for his short stories as well as awards for his poetry.

Plays
Muebles de carne y hueso (1992).
El poder del cabello medieval (1986).

CHI 005
BENAVENTE, DAVID (1941-   ) was born in Santiago and received a degree in sociology from the Universidad Católica de Chile. He was a founder and member of the "Grupo Los Moreau." He also served as director of the Escuela de Artes de Communicación at the Universidad Católica de Chile.

Plays
Hug.
Pedro, Juan y Diego (1976). Santiago: CESOC, Ediciones ChileAmérica, 1989.
Tejado de vidrio (1981).
Tengo ganas de dejarme barba. In *Revista Mapocho*, no. 12 (1968), pp.97-152.
Tres Marías y una. Santiago: CESOC, Ediciones ChileAmérica, 1989. In *Teatro Chileno de la Crisis Institucional.* Santiago: CENECA, 1982.

CHI 006
BERNARDI, FRANCISCA (1975-   ) was born in Santiago and studied at the Pontificia Universidad Católica de Chile and participated in a number of workshops with famed directors Rodrigo García and Inés Margarita Stranger. She participated in the 1997 Talleres Literarios José Donoso sponsored by the National Library

Plays
Boomerang (1998). In *Cuadernos del Talleres Literarios José Donoso* Santiago: Biblioteca Nacional de Chile, 1998
Llámame,no te arrepentirás (1998).

CHI 007
BURGOS, JUAN CLAUDIO (1966-   ) was born in San Vicente and studied acting at the Pontificia Universidad Católica de Chile in 1994. His work has been performed in the Teatro Nacional Chileno and he has been recognized by Chile's Secretaria de Educación y Cultura. He participated in the 1997 Talleres Literarios José Donosa at the Biblioteca Nacional.

Plays
Casa de luna (1996).
Gólgota (1998). In *Cuadernos del Talleres Liteararios José Donoso.* Santiago: Biblioteca Nacional de Chile, 1998 .
Job (1993).
El mal sueño (1995).

CHI 008

CASSIOGOLI, ARMANDO (1928-   ) was born in Santiago and studied in Europe and Latin America and was a professor of philosophy at the Universidad de Chile. He has written a number of short stories and novels in addition to plays. He has lived outside Chile for a number of years

Plays

El avispa (1957).
Hijo del salitre.
Pampa arripa.
Recuento (1964).
El repollito (1958).
Santa María (1966).
El socio de Dios (1962).
Tres cuentos para escenario (1958).

CHI 009

CASTRO, OSCAR (1947-   ) was born in Talca and studied journalism at the Universidad Católica. In 1968 he founded the theater group "ALEPH" and worked as its director for a number of years. He was imprisioned during the military coup in Chile in 1973. In 1976 he went to live in France where he has produced a number of works that have received critical success.

Plays

Casimiro Peñafleta del supertricio.
Había una vez un rey (1972).
La guerra. In *Conjunto*, no. 37 (July-September 1978), pp.35-57.
La increíble y triste historia del General Peñaloza y del exiliado Mateluna.
La noche suspendida. In *Conjunto,* no. 60 (April-June 1984), pp.64-85.
La trinchera del supertricio.
Sálvase quién pueda [with Carlos Genovese]. In *Apuntes,* no. 86 (July 1980), pp.49-110.

CHI 010

CERDA, CARLOS is known as a dramatist, short story writer and profesor of philosophy and literature. He lived in exile in Germany from 1973 to 1984 where he received his doctorate in literature. He has also written for radio, film, and television. Since 1987 he has worked with the theater group ICTUS. He is professor at the Escuela Teatro Imagen in Santiago.

Plays

Este domingo [with José Donoso]. In *Apuntes*, no. 100 (Fall-Winter 1990), pp.31-60
Los hermanos de Calanda (1984).
Lo que está en el aire (1982).

No hay viajero sin equipaje (1988).
La noche del soldado (1976).
Residencia en las nubes [with Delfina Guzman, Nissim Sharim, and Carlos Genvese].
Sexto A (1965).
Un tulipán, una piedra, una espada (1982).

CHI 011
CHESTA, JOSÉ (1936-1962) immigrated to Chile at a young age. He began acting while studying at the Escuela Normal Camilo Henríquez. While working as an elementary school teacher he began his career in writing at the Teatro of the Universidad de Concepción. He helped found the Grupo de Teatro Independiente Caracol. He won the Premio Alercé from the Sociedad de Escritores de Chile in 1961. He died in an accident at age 26.

Plays
Cruces hacia el mar (1961) in *José Chesta: textos y contextos.* Concepción, Chile: Ediciones Universidad de Concepción, 1994
Las redes del mar (1959). In *José Chesta: textos y contextos.* Concepción, Chile: Ediciones Universidad de Concepción, 1994.
El umbral (1960) in *José Chesta: textos y contextos.* Concepción, Chile: Ediciones Universidad de Concepción , 1994.

CHI 012
CORNEJO GAMBOA, LUIS (1930-   ) was a writer of short stories, plays and novels, actor, filmmaker and director of the the theater magazine *Escenario.*

Plays
Lluvia de octubre.
Regreso del infierno. In *Escenario* (Santiago), no. 4 (August 1961), pp.5-28.

CHI 013
CUADRA, FERNANDO (1925-   ) was born in Rancagua and studied at the Universidad de Chile and at the Universidad de Madrid. He won the Premio Teatro Experimental in 1948 and in 1950. In 1965 he won the Primer Premio de la Sociedad de Autores Teatrales de Chile and the Premio Gabriela Mistral de Literatura. He was an actor in various plays in the 1950's and later founded the independent Teatro Arlequín. He has also served as Dean of the Facultad de Arte at the Universidad de Chile. His plays often deal with the psychology and sociology of the lower middle class and frequently use historical or detective themes.

Plays
Las avestruces
Chilean love (1974).

Cinco lagartos (1943).
La ciudad de Dios (1949).
Croniteatro (1973).
La desconocida (1953).
El diablo está en Machalí (1958).
Doña Tierra (1957). In *Teatro*. Santiago: Nascimento, 1979
La encrucijada (1945).
La familia de Marta Mardones. In *Teatro*. Santiago : Nascimento, 1979
Fin de curso.
El mandamás (1960).
Las medeas (1948).
Las murallas de Jérico (1948).
La niña en la palomera (1965). Santiago: Ediciones Ercilla, 1970.
Racangua 1814 (1960).
Los sacrificados.
Los últimos días (1966).
La vuelta al hogar (1956).

CHI 014
DEBESA, FERNANDO (1921-   ) was born in Santiago. He studied architecture in Chile and Europe, and worked as a theater critic for *El Mercurio* and other newspapers. He later served as cultural attaché in London and in Buenos Aires. In 1958 he received the Premio Municipal en Teatro and the Premio Gabriela Mistral de Literatura and in 1981 he was awarded the Premio Nacional de Arte (Mención Teatro). He has been a professor of theater, costume, and set design at the Universidad de Chile and has worked for the Teatro Nacional. He often writes psychological, historical, and "costumbrista" theater.

Plays
El árbol Pepe (1959).
Bernardo O'Higgins (1961). In *Escenario*, vol. 1, no. 3 (June 1961), pp.1-29.
El guadapelo (1965). In *Mapocho*, vol. 4, no. 1 (1965), pp.57-66.
El guerrero de la paz (1962). In *Mapocho,* no. 18 (Summer 1969), pp.113-164.
Mama Rosa (1957). Santiago: Editorial del Nuevo Extremo, 1958; Santiago: Editorial Universitaria, 1969.
Melgarejo (1967).
Persona y perro (1968). In *Teatro Chileno Actual*. Santiago: Zig-Zag, 1966.
La posesión [with Enrique Gajardo Velásquez] (1961).
Primera persona singular (1964). In *Apuntes,* no. 33 (October 1963).

CHI 015
DÍAZ, JORGE (1930-   ) was born in Rosario, Argentina and came to Chile at the age of four. He received a degree in architecture from the

Universidad Católica in 1955. After traveling for a while in Europe, he began writing theater after studying with exiled Catalan drama coach Margarita Xirgú. His work often deals with existential themes, using ritual, parody, black humor, and mininalist staging. Many of his plays also indirectly deal with Latin American politics. He also wrote a number of plays for children, along with radio and television. In 1965 he left Chile to live in Spain, where many of his works were first performed. He has won Spain's prestigious Premio Tirso de Molina and Chile's Premio Municipal de Teatro among other prizes. He returned to live in Chile in 1994.

Plays

A imagen y semejanza (1990) Menorca, Spain: Ediciones de la Societat Cercle Artistic de Ciutadella de Menorca, 1991.

Abracadabra pata de cabra (1985). In *Del aire al aire*. Santiago: Editorial Universitaria, 1993.

Las actrices (1985).

Algo para contar en Navidad (1968) Barcelona: Ediciones Don Bosco, 1974. In *Apuntes*, no. 61(August 1966), pp.17-32; *Antología subjetiva*. Santiago: Red Internacional del Libro, 1986.

Americaliente (1971).

Andrea o los jardines sumerigidos (1983). In *Teatro Breve*. Santurce, Spain: Consejo de Santurce, 1990.

Los angeles maullan mejor.

Los ángeles ladrones o El día en que los ángeles se comieron los pájaros cucú (1967). Santiago: Colección V Centenario, 1992. In Galician as *Os anxos cómense curs*. Vigo, Spain: Editorial Galaxia, 1973.

Antropofagia de salón o Electroshock para gente de orden (1971).

Así por ejemplo (1986).

La Barraca de Jipijapa (1973).

Cacos y comecocos o El Imperio del humo (1980).

Canción de cuna para un decapitado (1966).

Canto subterráneo para blindar una paloma (1976). In *Revista Conjunto*, no. 70, (1986), pp.64-109; *Antología subjetiva*. Santiago: Red Internacional del Libro, 1986.

El cepillo de dientes (1961). Santiago: Editorial Universitaria, 1973. In *Apuntes*, no. 16 (October 1961), pp.23-47; *Teatro*. Madrid: Taurus, 1967; *Teatro chileno contemporáneo*. Mexico: Aguilar, 1970. *Ceremonia ortopédica*. (1975). Santiago: Biblioteca Popular Nascimento, 1978.

Ceremonias de la soledad. Santiago: Colección de Teatro de la Biblioteca Popular Nascimento, 1978.

Chumingo y el pirata de lata (1963). In *Apuntes*, no. 90 (November 1983), pp.69-122.

Las cicatrices de la memoria o *Ayer sin ir más lejos* (1984). Madrid: A. Machado, 1988; Madrid: Ediciones del Insituto de Cooperación Iberoamericana, 1986.

Ciudad al revés (1983). Tenerife, Spain: Ediciones del Aula de Cultura del Cabildo Insular de Tenerife, 1985.

La ciudad que tiene la cara sucia (1976). Santiago. Editorial Emisión, 1992.

Un corazón llego de lluvia (1989). s.l.: Servicio de Publicaciones, Junta de Comunidades de Castilla-La Mancha, 1992.

Cuentos inolvidables del ratón de biblioteca (1995)

Cuentos para armar entre todos (1974).

Cuerpo glorioso o Crisálida (1995).

De boca en boca (1993).

El desasosiego o *Percusión* o *Los últimos naufragios* (1988). Guadalajara, Spain: Ediciones del Patronato Municipal de Cultura del Ayuntamiento de Guadalajara, 1983.

Desconcierto para dinosaurios y trompetas (1990).

Desde la sangre y el silencio o *Fulgor y muerte de Pablo Neruda* (1980).

Un día es un día o *La carne herida de los sueños* (1978). In *Antología subjetiva*. Santiago: Red Internacional del Libro, 1986.

Dicen que la distancia es el olvido (1985) in *Revista Gestos*, año 2, no. 3 (April 1987) .

La dragonera (1979).

Eduación (1979).

El espantajo (1979). In *Revista Conjunto*, no. 38 (October-December 1978), pp.97-118.

El estupor o *Contra el ángel y la noche* o *Paisaje en la niebla con figuras* (1989). In *Antología subjectiva*. Santiago: Red Internacional del Libro, 1996.

Entre pícaros anda el juego o *Pícaros* (1983).

Esplendor carnal de la ceniza new version of *Mata a tu prójimo como a ti mismo)* (1984).

¿Estudias o trabajas? (1980).

El generalito. In *Conjunto* no. 38 (October-December 1978), pp.80-97; In Catalan as *El Generalet.* Barcelona: Ediciones Don Bosco, 1979.

El génesis fue mañana (1966). In *Teatro chileno acutal.* Santiago: Zig-Zag, 1966; *Teatro.* Madrid: Taurus, 1967; *En un acto.* New York: Van Nostrand Co., 1974; *Modern One-Act Plays from Latin America.* Los Angeles: UCLA Latin American Center, 1974.

El Guirigay o *Zambacanuta* o *La escuela refrescante* (1981). Santiago: Editorial Emisión, 1992.

Guante de hierto (1991). In *Revista Apuntes*, no. 107, (Autumn-Winter 1994).

El guror de la resaca.

Historias para contar por el aire. Barcelona: Ediciones Don Bosco, 1977.

Un hombre llamado isla (1961).

Las hormigas o *Así en la tierra como en el suelo* (1974).
Introducción al elefante y otras zoologías (1968). In *The Drama Review*, v. 46 (Winter 1970).
La isla salvada del nafragio (1994).
El jaguar azul (1992). Menorca, Spain: Ediciones de la Societat Cercle Artistic de Ciutadella de Menorca, 1993.
Los juguetes olvidados (1980).
Ligeros de equipaje (1982) in *Primer Acto*, no. 208, (March-April 1985);*Teatro Latinoamericano en un acto*. Havana: Casa de las Américas, 1986; *Antología subjetiva*. Santiago: Red Internacional del Libro, 1986.
Liturgía para cornudos o *la Cosiacosa* (1969).
El locutorio (1976). Valladolid, Spain: Gráficas Martín, S.A., 1977.
El lugar donde mueren los mamíferos (1963). In *Mapocho*, vol. 3, no. 3 (1965), pp.107-142;*The Modern Stage in Latin America: Six Plays*. New York: E.P.Dutton and Co., 1971; *Coleccíon Teatro*. Madrid: Excelicer, 1972; *Antología Subjetiva*. Santiago: Red Internacional del Libro, 1996.
La mala noche buena de don Etcétera (1964).
La manifestación (1978).
Manuel Rodríguez (1955).
La mariposa de luz (1995).
Mata a tu prójimo como a ti mismo (1975). Madrid: Ediciones Cultura Hispánica, 1977; Santiago: Biblioteca Popular Nascimento, 1978; *Teatro del absurdo hispanoamericano*. Mexico City: Patria, 1987.
Materia sumerigida (1988).
Matilde (1987) .
Mear contra el (1972). In *Revista Conjunto*, no. 21 (July-September 1974), pp.8-50.
Muero, luego existo (1985). Santiago: Taller Dos, 1989.
El mundo es un pañuelo (1989). In *Del aire al aire*. Santiago: Editorial Universitaria, 1993.
El nudo ciego (1965).
Un ombligo para dos (1981). In *Conjunto*, vol . 9, no. 2, (Autumn 1983).
Opera inmóvil o *Dulce estercolero* (1988). Aloi, Spain: Ediciones del Ayuntamiento de Aloi, 1995. In *Antología subjetiva*. Santiago: Red Internacional del Libro, 1986.
La orgástula (1969). In *Latin American Theater Review,* vol. 4, no. 1 (Fall 1970) p.9.??????
Oscuro vuelo compartigo o *Fragmentos de alguien* (1979). In *Revista Apuntes* no. 97, (Spring-Summer 1988), pp.48-81.
La otra orilla (1986) s.l.: Servicio de Publicaciones, Junta de Comunidades de Castilla-La Mancha, 1988. In *Antología subjetiva*. Santiago: Red Internacional del Libro, 1986.
La paloma y el espino (1956).

La pancarta o Está estrictamente prohibido todo lo que no es obligatorio (1970). In *Teatro difícil*. Madrid: Escelicer, 1971; *One act plays*. Pittsburgh, PA: University of Pittsburgh Press, 1973.

La pandilla del arco iris (1993). In *Del aire al aire*. Santiago: Editorial Universitaria, 1993.

La pipirijaina (1989).

Pablo Neruda viena volando (1991). In *Primer Acto*, no. 240 (September-October 1991).

Piel contra piel (1982).

El pirata de hojalata (1972).

Pirueta y voltereta (1969).

Pon tu grito en el cielo (1993).

Por arte de mar (1984).

Por que justo a mi me toco ser yo (1986).

La puñeta (1977)

Rascatripa (1973).

Réquiem para un girasol (1961). In *Teatro*. Madrid: Taurus, 1967.

El resplandor secreto del otoño. In Teatrae: Revista de la Escuela de Teatro, Universidad de Finis Terrae, año 1, no. 1, (Summer-Fall 2000).

Rinconete y Cortadillo [musical adaptation of Cervantes' work] (1976).

Seneca, ratón de biblioteca o Aventuras con ton y son o Aventuras de papel (1979). In *Del aire al aire*. Santiago: Editorial Universitaria, 1993.

Serapio y yerbabuena (1963). Barcelona: Ediciones Don Bosco, 1976; In Italian as *Serapio e Erbabuona*. s.l.: Editrice Elle DiCi, 1980.

El supercoco (1976).

El tío vivo (1988).

Topografía de un desnudo (1965). Santiago: Editorial Santiago, 1967.

Los tiempos oscuros (with Jaime Silva) (1986)

Variaciones para muertos de percusión (1964) in *Conjunto*, no. 1 (1964), pp.19-48.

El velero en la botella (1962). Santiago: Editorial Universitaria, 1973. In *Mapocho*, vol. 1, no. 1 (1963), pp.53-84; *Primer acto*, no. 69 (December 1965.

Viaje a la penumbra (1995).

Viaje alrededor de un pañuelo (1982).

La víspera del deguello o El génesis fue mañana.

La vuelta al volantín en ochenta pájaros (1985).

CHI 016

DONOSO, JOSÉ (1924-) was born in Santiago and studied at the Universidad de Chile and at Princeton University. He taught at number of Chilean and international universities. He is best known for his short novels and short stories. He received the Premio de la Crítica Española for his novel *Casa de Campo* and received Chile's Premio Nacional de Literatura in 1990.

Plays

Coronación, Historia de un roble solo. Performed as *Sueños de mala muerte*
1985).

Este domingo [with Carlos Cerda] (1965). In *Apuntes Teatro,* no. 100
(Autumn-Winger 1990), pp.31-60.

CHI 017

ESCOBAR VILA, BENITO (1970-   ) was born in Santiago and studied at
literature at the Pontificia Universidad Católica de Chile. He is a
professor of writing at the Universidad Diego Portales and also teaches
drama at the Universidad Finis Terrae. He received first place in the
Concurso El País que Amaríamos in 1994 and was also a participant in
the Talleres Literarios José Donoso sponsored by the Biblioteca
Nacional.

Plays

En la búsqueda del Johanson perdido (1994).

Game over [with Rolando Jara] (1996).

Pedazos rotos de algo (1998). In *Cuadernos del Talleres Literarios José
Donoso.* Santiago: Biblioteca Nacional de Chile. 1998.

CHI 018

FIGUEROA, CRISTIÁN (1972-   ) was born in Santiago and studied at
the Universidad de Chile. He has participated in a number of workshops
such as the Talleres Literarios José Donoso sponsored by the Biblioteca
Nacional. He teaches at the Grupo Cámara Chile and at various schools
in Santiago. He has also appeared as an actor in various telenovelas.

Plays

Malcrianza; restos de familias (1998).

Mareos (1998). In *Cuadernos del Talleres Literarios José Donoso.* Santiago:
Biblioteca Nacional de Chile. 1998.

CHI 019

GAJARDO VELÁSQUEZ, ENRIQUE (1923-   ) was born in San Carlos.
He became interested in the theater at age nine, and worked at various
capacities in the theater from his youth. In 1941 he formed the Teatro
Experimental (now the Instituto del Teatro de la Universidad de Chile).
He was a professor of theater arts at the Universidad de Chile and
founded theater groups throughout Chile, including la Sede de Chillán
which he directed. He also directed the Radio and Television School at
the Universidad de Chile. In 1960, he won the Premio Especial de Teatro
del Pueblo for his play *Conflicto* (written with Miguel Littín).

Plays

Algo horrible y bello, Matilde (1983).

Conflicto [with Miguel Littín] (1962).

Un día de verano (1960)
Dulce patria (1954).
Juan Maula y el garrudo (1953).
Pool (1959).
La posesión [with Fernando Debesa] (1961).
El secreto (1954).
El zapatero de enfrente (1953).

CHI 020
GENOVESE, CARLOS (1947-   ) was born in Concepción and studied theater at the Escuela de Teatro de la Universidad de Chile. He worked as an actor, directed various groups, and taught acting at that university. He also wrote (along with Humberto Guerra) a major book on Chilean theater history. He most recently was director of the theater company "Tinglado."

Plays
La guerra.
Había una vez un rey
Sálvese quién pueda [with Oscar Castro] (1980) in *Apuntes* no. 86 (July 1980), pp.49-110.

CHI 021
GÓMEZ, CELESTE (1972-   ) was born in Santiago and participated in a number of theater workshops headed by playwrights Sergio Vocanovic, Jaime Miranda and others. He aslo participated in the Talleres Literarios José Donoso sponsored by the Biblioteca Nacional.

Plays
Nevera (1998). In *Cuadernos de Talleres Liteararios José Donoso*. Santiago: Biblioteca Nacional de Chile, 1998.

CHI 022
GONZÁLEZ, AMADEO (1901-   ) wrote a number of comedias, sainetes, zarzuelas, and sketches for children's theater. His works were popular and he received numerous awards from the Teatro Nacional

Plays
La carreta (1958).
Estalló la Paz (1967).
Por la ventana entró el amor (1949).

CHI 023
GUZMÁN, JUAN (1931-   ) is a professor of theater at the Universidad de Valdivia. He has represented Chile in international competitions and won the Premio Muncipio de Santiago. His plays often focus on the problems of youth and intergenerational conflict.

Plays
El caracol (1960).
Se le deben Juanito (1960).
Trigo morado (1960).
El Wurlitzer (1964). In *Mapocho*, no. 19 (1969), pp.119-175.

CHI 024
HARCHA, ANA MARÍA (1976-   ) was born in Pitrufquén and studied theater at the Pontificia Universidad Católica de Chile and with Inés Stranger and the Spaniard Rodrigo Garcia.
Plays
¡Perro! (1998).
Tango (1998).

CHI 025
HEIREMANS, LUIS ALBERTO (1928-1964) was born in Santiago and received a degree in medicine from the Universidad de Chile. He became interested in theater and went to study at the Conservatory of Dramatic Art in Paris and the Academy of Music and Dramatic Art in London. Upon returning to Chile, he headed the Academia del Arte Dramático at the Universidad Católica. His plays often have religious themes, and use folklore, symbolism, and allegory and are reminiscent of Brecht and Lorca. His work has been performed in the United States, Great Britain, and Germany. In addition to plays he also wrote poetry, novels, and short stories.
Plays
El abanderado (1962). In *Dos piezas teatrales de Luis Alberto Heremans*.
    Santiago: Imprenta Mueller, 1962; *Teatro*. Santiago: s.n., 1962; *Teatro chileno contemporáneo*. Mexico City: Aguilar, 1970; *Versos de ciego*.
    Santiago: Ercilla, 1970; *Cuadernos de teatro,* no. 12 (July 1985), pp.77-119.
El año repetido (1961).
Buenaventura (1961). In *Mapocho*, vol. 3, no. 1 (1965), pp.67-106.
Es de contarlo y no creerlo (1959). In *La jaula en el árbol y dos cuentos para teatro*. Santiago: Editorial del Nuevo, Extremo, 1959.
Espectáculo de navidad (1961).
Esta señorita Trini (1958).
La eterna trampa (1953). In *Mapocho*, no. 23 (Spring 1970), pp.259-301.
Los güenos versos (1958). In *La Honda*, no. 3 (July-September 1957).
La hora robada (1952). In *La jaula en el árbol y dos cuentos para teatro*.
    Santiago: Editorial del Nuevo Extremo, 1959; *Finis Terrae*, vol. 4 , no. 13 (1957).
El mar en la muralla (1961).
Moscas sobre el mármol (1958).
Navidad en el circo (1954).

Noche de equinoccio (1951).

El palomar a oscuras (1962). In *Mapocho*, vol. 3, no. 1 (1965).

La ronda de la buena nueva (1961). In *Apuntes*, no. 23 (October 1962), pp.1-38.

Sigue la estrella (1958). In *Apuntes*, no. 17 (November 1961), pp.15-55; *Teatro chileno actual*. Santiago: Zig-Zag, 1966.

La simple historia (1951).

El tony chico (1964). In *Teatro*. Santiago: s.n., 1962; *Apuntes*, número especial, (1965); *Mapocho*, no. 16 (Autumn 1968), pp.123-177; *Cuadernos de Teatro*, no. 12 (julio 1985), pp.120-172.

Versos de ciego (1961). In *Escenario*, vol. 1 , no. 2 (May 1961); *Dos piezas teatrales de Luis Alberto Heiremans*. Santiago: Imprenta Mueller, 1962; *Teatro*. Santiago: s.n., 1962; *El abanderado/Versos de ciego*. Santiago: Ercilla, 1970; *Cuadernos de Teatro*, no. 12 (July 1985), pp.20-76; *Escenario* (Santiago), no. 2 (May 1961), pp.1-25.

CHI 026

JARA, ROLANDO (1969-   ) was born in Santiago and studied literature at the Pontificia Universidad Católica de Chile. He was selected for the Muestra Nacional de Dramaturgia organized by the Secretaría de Comunicación y Cultura and has also worked with the "Equipo Marilyn Monroe" theater group in Santiago.

Plays

Costas de hilo (1998). In *Cuadernos del Talleres Liteararios José Donoso*. Santiago: Biblioteca Nacional de Chile. 1998.

Game over [with Benito Escobar] (1996).

CHI 027

JODOROWSKY, ALEXANDRO (1929-   ) was born in Chile to parents of Russian Jewish descent, and moved to Mexico in the 1950's. He has lived in France most of his life. He was founder of the theater of marionettes at the Teatro Experimental de la Universidad de Chile. While living in Spain, he founded the "Teatro Pánico" along with Spanish playwright Fernando Arrabal. He was also a major force in Mexican vanguard theater.

Plays

Drama pop (1969).

El ensueño. Mexico City: OPIC, 1967.

El fabricante de máscaras.

La jaula.

El juego que todos jugamos.

Juegos pánicos.

Lucrecia Borgia (1977).

CHI 028

JOSSEAU, FERNANDO (1924-   ) was born in Magallanes, Punta Arenas and studied at the Academia del Teatro and the Universidad de Chile, where he worked with Margarita Xirgú, exiled Catalan drama coach. He lived in Mexico and the United States. He studied directing at the Teatro Experimental de la Universidad de Chile and organized the first Festival de Teatro Chileno. His play *El prestamista* was performed in over 57 countries. He has won the Premio Municipal de Santiago.

Plays

Alicia en el país de las zancadillas (1986).

César (1950).

Demential party (1983).

Esperando el amenecer (1950).

El estador Renato Kaumann (1976).

Las goteras.

La mano y la gallina (1957).

La muela del juicio final (1983).

Los parientes.

El prestamista (1956) Buenos Aires: Talía, 1957.

Su excelencia, el Embajador (1982).

La torre de marfil (1957).

CHI 029

LAMBERG, FERNANDO (1928-   ) born in Valparaíso and taught Spanish and philosophy the Universidad Católica. In addition to drama, he also wrote essays and poetry. He was awarded the Premio Municipal de Santiago and the Premio Gabriela Mistral.

Plays

Una antigua belleza (1958).

Aprendices de la vida (1960).

El que consturyó su infierno (1950).

El juicio (1952).

Una madeja para trepar (1959).

El periodista (1954). In *Apuntes*, no. 65 (March 1967), pp.25-36.

Psicología aplicada (1958).

El triunfo del candidato.

CHI 030

LAZO, WALDO (1944-   ) has written for the Chilean newspapers *La Nación* and *El Mercurio*. He was active in the theater workshop of the Insituto Chileno-Norteamericano de Cultura. He has lived in the United States for a number of years.

Plays

Transformación diabólica. In *Escenario,* no. 5 (October 1961), pp.8-20.

CHI 031

LEONART, MARCELO (1970-) was born in Chile and studied acting at the Pontificia Universidad Católica de Chile. He participated in various workshops with playwright Antonio Skármeta and others. In 1995 he received the Premio Gabriela Mistral for his novel *Es amor lo que sangra* and later won the Concurso Juan Rulfo for his short stories.

Plays

Encadenados (1997).
No salgas esta noche (1991).
Pompa Bye Bye (1994).
Sobre los mismos techos (1992).
Subcielo, fuego en la ciudad (1994).

CHI 032

LIHN, ENRIQUE (1929-) was born in Santiago and studied fine arts. He is best known for his poetry and stories including children's stories. He was director of the literary magazine *Boletín de Arte*, (Universidad de Chile)and editor of *Alerce* published by the Sociedad de Escritores de Chile. He has received the Casa de las Américas prize as well as the Premio Extremo Sur.

Plays

La Meka (1984).
Nueva York, cartas marcadas (1985).
La radio (1986).

CHI 033

LILLO, JORGE O. is an actor and professor at the Esculea de Teatro de la Universidad de Chile. He is a writer of children's plays. He is associated with the Teatro Experimental de la Universidad de Chile.

Plays

El queso y el salchichón. In *Cuadernos de Teatro*, no. 5 (March 1982), pp.67-80.

CHI 034

LITTÍN, MIGUEL (1942-) was born in Palmilla of parents of Greek and Palestian descent. He is a great admirer of the work of Arthur Miller and Ionesco. He served as president of Chile Films under the Allende government. During the military dicatorship he moved to Spain, where he has worked primarily in making films.

Plays

Conflicto [with Sergio Gayardo].
Los hijos de Isabel (1969).
El hombre de la estrella (1963).
La mariposa debajo del zapato (1965).

Raíz cuadrada de tres.
Tres para un paraguas (1965).

CHI 035

MARTÍNEZ PEIRET, PATRICIO (1958-) was born in Santiago and studied cinematography at the Pontificia Universidad Católica de Chile. He also participated in theater workshops led by playwright Sergio Vodanovic and others. He now primarily works in film adaptation.

Plays

El hombre de los sindone. Santiago: Editorial Platero, 1988.

CHI 036

MEZA WEVAR, GUSTAVO directed over plays for numerous theaters in Chile. He currently teaches acting and directing at various universities in Chile. He is currently artistic director of the Teatro de la Universidad de Concepción and director of the Teatro Escuela Imagen. He was awarded Chile's Premio Apes in 1978 for best director.

Plays

Cartas de Jenny. In *Apuntes Teatro*, no. 99 (Spring-Summer 1989), pp.23-43.
Cero a la izquierda.
¿Quién dijo que el fantasma de don Indalicio había muerto?
El último tren. In *Teatro chileno de la crisis institucional.* Santiago: CENECA, 1982.
Viva Somoza [with Juan Radragán].

CHI 037

MOLLETO LABARCA, ENRIQUE (1923-) is a journalist, sculptor, novelist and poet in addition to being a playwright. He was married to poet Cecilia Cassanova. He won the Premio Gabriela Mistral de Literatura in 1959 for *La torre* and the Premio Alercé in 1962 for *El sótano* as well as the Premio Municipal de Santiago.

Plays

Un cambio importante (1960).
La confesión. In *Mapocho,* vol.13. no. 6 (1966), pp.102-105.
La llamada (1960).
El sótano (1963).
El telescopio (1960).
La torre (1960).

CHI 038

MORALES, JOSÉ RICARDO (1915-) was born in Valencia, Spain and immigrated to Chile during the Spanish Civil War. He studied received a degree in history and geography from the Universidad de Chile in 1942, where he later taught. He is considered one of the members of the "Generación del 41." He was one of the founders of the Teatro Experimental de la Universidad de Chile and directed their first work. His style is considered realist with surrealist elements.

Plays

A ojos cerrados (1947).

La adaptación al medio (1965).

Bárbara Fidele (1946).

Burlilla de don Berrendo (1955).

El canal de la Mancha (1965).

La Celestina (1949).

Cómo el poder de las noticias nos da noticias del poder (1969). In *Primer Acto, 1970.*

La cosa humana (1966). In *No son farsas; cinco anuncios dramáticos.* Santiago: Editorial Universitaria, 1974.

Los culpables (1964).

De puertas adentro (1944).

Don Gil de las calzas verdes (1948).

Doña Carcolines y su amante (1938).

El embustero en su enredo (1941).

La grieta (1963).

Hay una nube en su futuro (1965).

Las horas contadas (1967). Santiago: Arbol de los Lotus, 1968.

La imagen. In *Fantasmagorías.* Santiago: Editorial Universitaria 1981.

El inventario (1971).

El jefe no le tiene miedo al gato. In *Fantasmagorías.* Santiago: Editorial Universitaria 1981.

El juego de la verdad (1953).

El material.

Miel de abeja (1979). *No son farsas; cinco anuncios dramáticos.* Santiago: Editorial Universitaria, 1974

No hay que perder la cabeza. In *No son farsas; cinco anuncios dramáticos.* Santiago: Editorial Universitaria, 1974.

Nuestro norte es el sur. In *Fantasmagorías.* Santiago: Editorial Universitaria 1981.

La Odisea (1966).

Oficio de tinieblas (1966).

Orfeo y el desodorante. In *No son farsas; cinco anuncios dramáticos.* Santiago: Editorial Universitaria, 1974.

Pequeñas causas (1946).

Pequeñas risas (1968). Madrid: Taurus, 1969.

Prohibida la reproducción (1964).

Un marciano sin objeto (1967). In *Teatro.* Santiago: Editorial Universitaria, 1972.

El segundo piso (1968) in *Revista de Occidente, 1970.*

La teoría y el método (1964).
La vida imposible (1955).

CHI 039

MORGADO, BENJAMIN (1909-   ) was born in Coquinto and studied math and accounting. He wrote poetry, essays and theater and was a member of various cultural organizations. In 1965 he received the Premio Nacional de Teatro.

Plays

El hombre del brazo encogedo (1936).
Hoy comienza el olvido (1954). Santiago: Sociedad de Autores de Chile, 1954.
La maestra era pobre (1976).
Nace una mujer (1941)
Petróleo (1940).
El prestamista de honras (1939).
¿Qué prefiere Ud.? (1958).
El rey midas (1935).
Siete cuatro dos (7-4-2) (1937).
La sombra que viene del mar (1943).
Tarde llega el alba (1958).
Te querré toda la vida (1945). Santiago: Gutenberg, 1946.
Tempestad sin sollozos (1944). Santiago: Gutenberg, 1946.
Tragolisto (1935).
Trébol de cuatro hojas (1938).
Valle de sombras (1956).
Los viejos deben descansar (1974).

CHI 040

PARRA, MARCO ANTONIO DE LA (1952-   ) was born in Santiago and is the nephew of poet Nicanor Parra. He wrote short stories and novels as well as plays. He is a psychiatrist by profession and founded the Teatro de la Pasión Inextinguible in Santiago. He has won numerous awards for his narrative, including the Premio Ornitorrinco in 1987, the Premio Caja España de Teatro Breve, and the Premio Burne.

Plays

Albricio en el país de la mala vida.
Brisca (1974).
Cornica obscenamente infiel (1988).
Cuerpos prohibidos (1991).
Dédalus en el vientre de la bestia. In *Apuntes Teatro,* no. 107 (Autumn-Winter 1994), pp.40-60.
Dostoievski va a la playa (1994).
El continente negro (1994).

El deseo de toda ciudadana (1987).

Heroína.

Infieles. In *Conjunto,* no. 79 (1990), pp.58-88.

King Kong Palace (1994).

Lo curo, lo cocido, lo podrido. Santiago: Biblioteca Popular Nascimento, 1983.

Madrid/Sarajevo.

Matanagos. Santiago: Biblioteca Popular Nascimento, 1983

La pequeña historia de Chile. In *Apuntes Teatro,* no. 109 (Autumn-Winter 1995) pp.17-38.

El quibraespejos (1974).

Samertaim.

La secreta guerra de Santiago de Chile (1989).

La secreta obscenidad de cada día.

Sin memoria ni deseo. In *Gestus* (Bogotá). número. especial. (April 1998), pp.37-53.

Sueños eróticos/amores imposibles (1986).

CHI 041

PÉREZ DE ARCE, CAMILO (1912-1968) studied engineering and later became interested in writing historical fiction, crime novels, and history in addition to drama. He served as President for the Sociedad de Autores Teatrales. He won the Premio Municipal de Santiago.

Plays

El árbol

Bajo el signo de la muerte (1951).

El Cid (1950).

Comedia para asesinos (1957).

La Plaza de los Cuatro (1964)

Rebellión de la Aldea (1952).

El túnel (1953).

Vistantes de la muerte (1959).

CHI 042

PINEDA, JOSÉ (1937-   ) graduated in theater from the Escuela de Teatro de la Universidad de Chile. Many of his works are written for children, including pantomimes, although some of his plays are realist dramas. He has also written numerous television adaptations.

Plays

El boquete (1980).

Los candidatos.

Cierra esa boca, Conchita (1992). In *Apuntes Teatro,* no. 104 (Winter-Spring 1992), pp.19-38.

Coronación (1966).

De nuevo en la soledad.

Del año de la cocoa (1973).
El fantasma de Avenida España (1986).
La huasita y Don Iván (1966).
La kermesse (1974).
Las obras de misericordia [with Alejandro Sieveking] (1969).
Los marginados (1966).
Mónica en los reinos de la luna (1964).
Ochenta mil hojas (1980).
Pensión para gente sola (1959).
El robot ping-pong (1964). In *Apuntes,* no. 38 (May 1964), pp.9-48.

CHI 043
REQUEÑA, MARÍA ASUNCIÓN (1915-1986) was born in Punta Arenas. She studied dentistry, trained as a civil pilot, briefly wrote poetry, and began writing theater in the early 1950's. She won the Primer Premio del Teatro Experimental in 1955 and the Premio Alerce in 1973. Her plays reflect a nostalgia for her desolate homeland in Chile's Patagonia region, and often drew upon mythology, fantasy, and the experiences of women overcoming challenges. Having worked as a dentist in public health, her plays often show compassion for the poor.

Plays
Ayayema (1964). Santiago: Ediciones Universitaria, 1964; *Teatro chileno contemporáneo.* Mexico City: Aguilar, 1970.
Chiloé, cielos cubiertos. Santiago: Editorial Nasicmento, 1969.
La Chilota (1972).
Cuentos de invierno.
El camino más largo (1959).
Fuerte Bulnes (1955). In *Teatro* (Santiago), no. 5, (August 1955).
Homo chilensis (1972).
Mister Jones llega a las ocho (1952).
Pan caliente (1958).
Piel de tigre (1961).

CHI 044
REYES, SALVADOR (1899-1970) was born in Copiapó. He worked with various newspapers throughout the country and later held consular posts in France, Italy, and Spain. He wrote novels, short stories, and essays as well as theater. He won the Premio Nacional de Literatura in 1967 and was designated Académico de la Lengua Española by the Academia de la Lengua Española de Chile.

Plays
La redención de las sirenas (1967). In *Mapocho,* no. 21 (1970), pp.183-242.

CHI 045

RIESEMBERG, SERGIO (1941-   ) is a Chilean television director who also wrote plays. He has also directed the Festival de Viña del Mar. He teaches at the Universidad Diego Portales.

Plays

Baile de despedida (1963).
Cuando termine el verano (1960).
De regreso (1960).
La otra cara del sábado (1959).
Sobre valles verdes (1958).
Tristeza en la playa de las ágatas (1962).

CHI 046

ROBLEDO, EDUARDO (1963-   ) was born in Santiago and studied theater at the Pontificia Universidad Católica de Chile. He was a cofounder of the Agrucapación de Escritores Jóvenes. He has produced a number of cultural and literary programs for radio as well as multimedia works. He received a creative scholarship from the Consejo Nacional del Libro y la Lectura.

Plays

Espejismos (1985).
El payaso de la ONU (1985).
El Universo de Espadarra (1986).

CHI 047

ROEPKE, GABRIELA (1920-   ) was born in Santiago and studied at the Pontificia Universidad Católica de Chile. She is both an actress and musicologist. She studied in Europe and at the University of North Carolina. and studied and taught at the Julliard School of Music. She founded the Teatro del Ensayo de la Universidad Católica (TEUC) and was editor of the *Revista Estanpuero*. She received the Premio Municipal de Teatro as well as the Ronald Holt prize. She currently teaches at the New School in New York.

Plays

El bien fingido (1964).
Un castillo sin fantasmas (1965).
Los culpables (1955).
Dúo (1959).
La invitación (1954).
Juegos silenciosos (1959).
Una mariposa blanca (1957). In *Apuntes,* no. 13 (July 1961), pp.20-45; *Teatro chileno actual.* Santiago: Zig-Zag, 1966. In English as *A white butterfly* in *Best short plays, 1959-1960.* Boston: Beacon Press, 1960
Martes 13. In *Mapocho,* no. 22, (Winter 1970), pp.185-215.

Los peligros de la buena literatura (1958). In *Apuntes*, no. 18, (December 1961), pp.24-40
Las santas mujeres (1955).
La telaraña (1959).

CHI 048

SÁNCHEZ, MARCELO (1966-   ) studied history and theater at the Pontificia Universdad Católica de Chile. He has taught history of Chilean theater at the Escuela de Teatro La Matriz de Valparaíso. He received two awards from the Fondo de Desarrollo de la Cultura y de las Artes.

Plays
Antes del mar (1996).
Balada de noche (1997).
Batman: música para dos. In *Cuadernos del Talleres Literarios José Donoso*. Santiago: Biblioteca Nacional de Chile, 1998.
Detrás del espejo (1997).
Signos vitales (1995).
Tres corazones una noche (1996).
Los vivientes (1998).

CHI 049

SHARIM PAZ, NISSIM (1932-) was born in Santiago and studied law at the Universidad de Chile. He was a founder of the theater company ICTUS. He has written for theater and television and has run for political office.

Plays
Cuestionemos la cuestión (1969).

CHI 050

SIEVEKING. ALEJANDRO (1934-   ) was born in Rengo and worked as an actor with the group ICTUS. He was associated the the Teatro Experimental at the Universidad de Chile for a number of years where he also taught theater history. He lived for some time in Costa Rica, where along with his wife, actress Bélgica Castro, was active in the cultural community. He has also written television scripts. He received the Premio Municipal de Teatro in 1960.

Plays
El abanderado (1961).
Animas de día claro (1962). Havana: Casa de las Américas, 1973. In *Mapocho*, vol. 1, no. 2 (1963), pp.40-66; *Teatro chileno contemporáneo*. Mexico City: Aguilar, 1970.
Cama de batalla (1974).
La cama en medio de la pieza.
El chévere (1966). In *Mapocho*, vol. 5, nos.2-3 (1966).

El chispero (1978).

La comadre Lola (1982).

Dionisio (1962).

El fin de febrero (1958).

Encuentro con las sombras (1955).

Ingenuas palomas y otras obras de teatro. Santiago: Editorial Universitaria, 1994.

La lección de la luna (1957).

La madre de los conejos (1961). In *Escenario*, vol. 1, no. 1 (April 1961).

La mantis religiosa (1971). In *Obras de teatro*. Santiago: Editorial Universitaria, 1974; In English as *The praying mantis* in *The praying mantis and other plays*. Oshkosh, WI: GMW Publications, 1986.

La mula del diablo (1981).

Los hermanastros (1960).

Manuel Leonidas Donaire y las 5 mujeres que lloraban por él. Santiago: Cuadernos de Teatro, 1985.

Mi hermano Cristián (1957). In *Teatro chileno actual*. Santiago: Zig-Zag, 1966.

Las obras de misericordia [with José Pineda] (1977).

El paraiso semiperdido (1958). In *Apuntes*, no. 19 (March 1962), pp.19-44;*Cuadernos de teatro*, no. 6 (September 1982).

Parecido a la felicidad (1959).

Peligro a cincuenta metros [with José Pineda] (1969).

Pequeños animales abatidos. Havana: Casa de las Américas, 1975; In English as *Small game hunt* in *The praying mantis and other plays*. Oshkosh, WI: GMW Publications, 1986.

Una plaza sin pájaros.

La remolienda (1965). In *Cuadernos de teatro* no. 9 (March 1984), pp.10-73;*Obras de teatro*. Santiago: Editorial Universitaria, 1974.

La sal del desierto (1972).

La señorita Kitty. Santiago: Editorial Planeta, 1994.

Todo se irá, se fue, se va al diablo (1968). In English as *Everything will go--went--and is going to Hell* in *The praying mantis and other plays*. Oshkosh, WI: GMW Publications, 1986.

Tres tristes tigres (1967). In *Obras de teatro*. Santiago: Editorial Universitaria, 1974. In English as *The Ragged rascals ran*. Oshkosh, WI: GMW Publications, 1986.

Una vaca mirando al piano (1968).

La virgen de la manito cerrada (1973).

La virgen de puño cerrado (1976).

CHI 051

SILVA GUTIÉRREZ, JAIME (1934-) primarily writes children's theater, often with folklore and influences from medieval Spanish literature.

Plays
Arturo y el ángel (1962) in *Mapocho*, v.3, no.8 (1965), pp.103-116.;
    Cuadernos de teatro, no. 9 (March 1984), pp.74-94.
La beatas de Talca (1959).
Comedia de equivocaciones (1967).
Comedia española. (1983).
Edipo (1953).
El evangelio según San Jaime (1969).
Los grillos sordos
Juego de niños. In *Cuadernos de teatro*, no. 6 (September 1982).
El muchacho y las alas
Los niños en el desván (1960).
El otro avaro (1954).
La princesa Panchita (1958). In *Cuadernos de teatro*, no. 3 (1981), pp.20-
    66.
La rebelión
Las travesuras de Don Dionisio.

CHI 052
SKÁRMETA, ANTONIO (1940-   ) was born in Antofagasta and studied philosophy at the Universidad de Chile. In the 1960's he worked as an actor and director with the student group CADIP. At the time of the military coup in 1973, he went to live in Buenos Aires and later Berlin. While in Argentina he worked as an actor, screenwriter, and director. He is known primarily for his novels and short stories. Most of his plays are adaptations of his novels and short stories.

Plays
Ardiente paciencia (1983).
La búsqueda (1978).
La insurrección (1982).
No pasó nada (1980).
Soñe que la nieve ardía (1975.

CHI 053
SOTO RAMOS, LUIS was born in Antofogasta and began his career as an actor before turning to writing plays. He served as a director of the Teatro del Arte in Santiago during the 1970's.

Plays
Boquitas pintadas (1979).
Crisis (1987).
Esa juventud herida (1984).
La fierecilla domá (1975).
Inés de Suárez.
Juicio final (1955).

Risas a la chilena (1978).
Vivir por vivir (1977).
XX salude atte a Ud. (1951).

CHI 054

SOTOCONIL, RUBÉN (1917   ) was an actor and one of the founders of the Teatro Experimental in Santiago. He has edited a number of collections of amateur theater. His children's plays are his best known works.

Plays

La chicarra y las hormigas (1957).
En el hospital (1961).
La prueba (1952).
Teatro en un acto (1957).

CHI 055

SUBERCASEAUX, BENJAMÍN (1902-1973) was born in Santiago and studied medicine at the Universidad de Chile. He later obtained a doctorate in psychology from the Sorbonne. He wrote novels, short stories, and cultural studies in addition to theater. He received the Premio Nacional de Literatura in 1963.

Plays

Pasión y epopeya de Halcón Ligero. Santiago: Editorial Nascimento, 1957.

CHI 056

TESSIER, DOMINGO (1918-   ) was born Domingo Mihovilovic in Punta Arenas and studied at the Universidad de Chile. He was a director in the 1940's and travelled in Mexico, Great Britain and the U.S. He later returned to work with the Teatro Experimental in Santiago. In the 1980's many of his plays could not be performed because of censorship imposed by the military regime. He won the Premio Municipio de Santiago.

Plays

Dr. Luca Milic, médico cirujano. Puntarenas, Chile: Hersaprint, 1976.
Por Joel. In *Apuntes,* no. 87 (May 1981), pp.56-116.
Tablas, láminas, almbres de púas y demáses. Santiago: Editorial La Noria, 1985.

CHI 057

TORRES, VÍCTOR V. won the Premio Gabriela Mistral in 1966 and 1971, as well as the Premio Teatro Casa de las Américas in 1973.

Plays

Una casa en Lota Alto. Havana: Casa de las Américas, 1973.
La clínica (1966)
Los desterrados (1973).
Elecciones y electores (1971).

La guardia noctura (1971).

CHI 058
VALDOVINOS, MARIO (1957-   ) was born in Santiago and studied philosophy and education at the Universidad de Chile. He is currently a profesor of cinema at the Universidad ARCIS and writes book reviews for *El Mercurio* newspaper in Santiago.

Plays
Al fondo del paraíso (1995).
Conversación de los tres caminantes (1989).
Danza para dos movimientos (1989).
El gran teatro de Franklin (1994).
Lord Mostaza (1990).
Muertos de risa (1996).
La noche de los feos.

CHI 059
VALENZUELA, GUILLERMO (1912-   ) worked as a telegraph operator for the Chilean merchant marines before he took up writing. He wrote extensively for radio in addition to the plays he wrote for the stage. He also wrote poetry and short stories dealing with the sea.

Plays
Por el ancho camino del mar (1945). Santiago: Ediciones de la Cultura, 1946.
Rapa Nui
El sacerdote del mar y la gran blanca alpha (1953).

CHI 060
VILLAGRA, NELSON (1963-   ) was born in Concepción and received a degree in Cinema from the Instituto Cubano de Arte e Industria Cinematográfica in Havana.

Plays
Estela (1998). In *Cuadernos del Talleres Literarios José Donoso*. Santiago: Biblioteca Nacional de Chile, 1998.

CHI 061
VODANOVIC, SERGIO (1926-   ) was born in Santiago and studied law at the Universidad de Chile. He studied theater at Columbia and Yale in the United Sates. He has also taught theater staging at the Ponitificia Universidad Católica. He won the Premio Municipal de Teatro three times and also wrote for television.

Plays

La cigüeña también espera (1955)

¿Cúantos años tiene un día? (1978).

Deja que los perros ladren (1959). Santiago: Nuevo Extreno, 1960; Santiago: Pehuén, 1990; In *Tres Novelas cortas y tres piezas teatrales*. New York: Holt, Rhinehart, and Winston, 1970; *Deja que los perros ladres/nos tomamos la universidad; teatro*. Santiago: Editorial Universitaria, 1971; *Teatro*. Santiago: Editorial Nascimento, 1978.

El delantal blanco (1964). In *Mapocho, vol. 4, no. 2 (1965); ;Teatro chileno contemporáneo*. Mexico: Aguilar, 1970; *En un acto*. New York: Van Nostrand, 1974; *Teatro*. Santiago: Editorial Nascimento, 1978.

Las exiliadas (1964). In *Teatro chileno actual*. Santiago: Zig-Zag, 1966; *Teatro chileno contemporáneo*. Mexico City: Aguilar, 1970; *Voices of Change in the Spanish American Theater*. Austin: University of Texas, 1971.

Los fugitivos (1965). In *Mapocho*, vol. 2, no. 3, (1964).

La gente como nosotros (1964). In *Mapocho*,vol. 5, no. 4 (1966);*Teatro chileno contemporáneo*. Mexico: Aguilar, 1970;*Voices of Change in the Spanish American Theater*. Austin: University of Texas 1971; *Contextos literarios hispanoamericanos*. Ft. Worth: Holt, Rhinehart and Winston, 1986.

Igual que antes (1972).

La mar estaba serena (1982).

Mi mujer necesita marido (1953).

Mismo como siempre. In English as *Same as ever* in *Modern International Drama*, v.12, no. 1 (1978).

Nos tomamos la universidad (1970). In *Deja que los perros ladres/nos tomamos la universidad; teatro*. Santiago: Libros para el estudiante, 1970.

¡Perdón...estamos en guerra! (1966). Santiago: Biblioteca Popular Nascimento, 1978.

El príncipe azul (1947).

El senador no es honorable (1952).

Los traidores.

Viña. In *Teatro*. Santiago: Editorial Nascimento, 1978.

CHI 062

WOLFF, EGON (1926-   ) was born in Santiago to German immigrants. As a young child he suffered from tuberculosis. He studied chemical engineering at the Ponitificia Universidad Católica. He has written novels and telenovelas in addition to theater. His work is characterized by psychological realism, often with political allegories. His plays have been staged in Europe and in the U.S, including at Yale University. He has won numerous awards and prizes, including the Premio Muncipio de Santiago and Premio Teatro de la Casa de las Américas.

Plays

Álamos en la azotea (1981). In *Teatro chileno contemporáneo*. Santiago: Editorial Andrés Bello, 1982; *Teatro completo*. Boulder, CO: Society of Spanish and Spanish-American Studies, 1990.

La balsa de la Medusa (1985). In *Apuntes*, número especial (March 1984), pp.82-215; *Teatro completo*. Boulder, CO: Society of Spanish and Spanish-American Studies, 1990.

Discípulos del miedo (1958). In *Teatro completo*. Boulder, CO: Society of Spanish and Spanish-American Studies, 1990.

Esas 49 estrellas (1961).

Espejismos (1981). In *Apuntes*, no. 88 (October 1981), pp.41-105.

Flores de papel. (1970). Santiago: Editorial Nasicmento, 1978; *Tres obras*. Havana: Casa de las Américas, 1970.;*Teatro selecto contemporáneo hispanoamericano*. Madrid: Escelicer, 1971; *Teatro completo*. Boulder,CO: Society of Spanish and Spanish-American Studies, 1990. In English as *Paper Flowers*. Columbia, MO: University of Missouri Press, 1971.

Háblame de Laura (1986). In *Apuntes*, no. 96 (Fall 1988), pp.125-171; *Teatro completo*. Boulder, CO: Society of Spanish and Spanish-American Studies, 1990.

Los invasores (1963). In *El Teatro hispanoamericano contemporáneo*. Mexico City: Fondo de Cultura Económica, 1964; *Teatro chileno contemporáneo*. Mexico City: Aguilar, 1970; Santiago: Ercilla, 1970; *Los invasores/José*. Santiago: Pehuén Editores, 1990; *Teatro completo*. Boulder, CO: Society of Spanish and Spanish-American Studies, 1990. In English in *Three Contemporary Latin American Plays*. Waltham, MA: Xerox College Publishing, 1971; as *The invaders* in *Modern International Drama* (Spring, 1975).;

José (1980). In *Los invasores/José*. Santiago: Pehuén Editores, 1990; *Teatro completo*. Boulder, CO: Society of Spanish and Spanish-American Studies, 1990.

Kindergarten (1978). Santiago: Biblioteca Popular Nascimento, 1978; *Teatro completo*. Boulder, CO: Society of Spanish and Spanish-American Studies, 1990.

Mansión de lechuzas (1958). In *Teatro chileno actual*. Santiago: Zig-Zag, 1966; *Teatro completo*. Boulder, CO: Society of Spanish and Spanish-American Studies, 1990.

Niñamadre (1961). Santiago: Instituto Chileno-Norteamericano de Cultura, 1961; *Teatro completo*. Boulder, CO: Society of Spanish and Spanish-American Studies, 1990.

Parejas de trapos (1959). In *Teatro completo*. Boulder, CO: Society of Spanish and Spanish-American Studies, 1990.

El signo de Caín (1971). In *Teatro completo*. Boulder, CO: Society of Spanish and Spanish-American Studies, 1990.
El sobre azul (1977).

COLOMBIA

COL 001

ANDRADE RIVERA, GUSTAVO (1921-   ) was born in Neiva and studied philosophy and literature at the Universidad de Bogotá. He also wrote for a number of newspapers in Bogotá. He was active in Colombia's experimental theater movement.

Plays

El camino (1963*)*. In *El teatro comprometido de Gustavo Andrade Rivera.* Bogotá: Letras Nacionales, 1974.; *Obra dramática.* Bogotá: Instituto Colombiano de Cultura, 1994.

Farsa de la ignorancia y la intolerancia en una ciudad de provincia lejana y fanática que bien puede ser ésta. In *Remington 22 y otras piezas de teatro.* Bogotá: Instituto Colombiano de Cultura, 1973; In *Obra dramática.* Bogotá: Instituto Colombiano de Cultura, 1994.

Historia en el parque. In *Obra dramática.* Bogotá: Instituto Colombiano de Cultura, 1994.

Historias para quitar el miedo (1961). In *Teatro.* Bogotá: s.n., 1963. In *Obra dramática.* Bogotá: Instituto Colombiano de Cultura, 1994.

El hijo del caudillo se quita la camisa.

Hola allá dentro.

El hombre que vendía talento. In *Teatro.* Bogotá: s.n., 1963; *Remington 22 y otras piezas de teatro.* Bogotá: Instituto Colombiano de Cultura, 1973.

El propio veredicto. In *Remington 22 y otras piezas de teatro.* Bogotá: Instituto Colombiano de Cultura, 1973; *Obra dramática.* Bogotá: Instituto Colombiano de Cultura, 1994.

Rémington 22. In *Teatro.* Bogotá: s.n., 1963; *Remington 22 y otras piezas de teatro.* Bogotá: Instituto Colombiano de Cultura, 1973; *Obra dramática.* Bogotá: Instituto Colombiano de Cultura, 1994.

COL 002

ARANGO, GONZÁLO (1931-   ) was born in Andes and is best known as founder of the poetry movement "nadaismo."

Plays

La consagración de la nada. In *Teatro.* Bogotá: Intermedio, 2001

HK-111. Medellín, Colombia: Vega, 1966. In *Teatro.* Bogotá: Intermedio, 2001.

Nada bajo el cielo raso. Medellín, Colombia: Medellin, Vega, 1966. In *Teatro.* Bogotá: Intermedio, 2001.

Los ratones van al infierno. Bogotá: Intermedio, 2001.

COL 003

ARCILA GALLEGO, JORGE teaches drama and is an actor and director as well as a psychologist. He coordinates a dramatic workshop for the Escuela Nacional de Arte Dramática and teaches at the Universidad Nacional and Universidad del Rosario.

Plays

La audición. In *Gestus* (Bogotá); no. 5 (1993); pp.552-55.

COL 004

BONNETT, PIEDAD (1951-   ) was born in Amalfi, Antioquía, and studied philosophy and letters at the Universidad de los Andes and in Spain. She has written poetry, drama, essays, and short stories. She is currently a university professor in Amalfi.

Plays

En la cuerda floja.

Gato por liebre.

Que muerda el aire afuera.

Sobre la cuerda floja (1992).

La vida singular de Albert Nobbs.

COL 005

BUENAVENTURA, ENRIQUE (1925-   ) was born in Cali and later moved to Bogotá. He also worked in Brazil, Argentina, Venezuela, and Chile as a journalist, cook, house painter, actor, and director. In 1955 he founded the Teatro Experimental de Calí. He is known as a director and theoretician in addition to one of the best known modern Colombia playwrights. He won the Premio Casas de las Américas in 1980 and the Premio Internacional de Teatro (UNESCO). Much of his work was developed with the Group Teatro Experimental de Calí. Along with playwright Santiago García, he is known as the major proponent of "Nuevo Teatro" in Colombia.

Plays

A la diestra de Dios Padre. Bogotá: Ediciones Tercer Mundo, 1963; In *Teatro.* Bogotá: Instituto Colombiano de Cultura, Subdirección de

Comunicaciones Culturales, División de Publicaciones, 1977; *Teatro.* Havana: Casa de las Américas, 1980.; *Antología del teatro hispanoamericano contemporánea.* Mexico City: Fondo de Cultura Econónica, 1984; *Teatro colombiano contemporáneo.* Bogotá: Tres Culturas, 1985 In *Conjunto*, no. 3 (1964) pp.17-48.

La adoración de los reyes magos.

América (1951).

La audiencia. In *Teatro.* Havana: Casa de las Américas, 1980.

La autópsia. In *Teatro.* Havana: Casa de las Américas, 1980.

El convertible rojo. In *Teatro inedito.* Bogotá: Presidencia de la República, 1997.

La corista. In *Teatro inedito.* Bogotá: Presidencia de la República, 1997.

Cristobál Colón (1955). In *Teatro inedito.* Bogotá: Presidencia de la República, 1997.

La denuncia. In *Conjunto*, no. 19 (Jan.-March 1974); *Teatro inedito.* Bogotá: Presidencia de la República, 1997.

Dos hombres en la mina.

En la diestra de Dios Padre (1957).

El encierro (1972). In *Teatro inedito.* Bogotá: Presidencia de la República, 1997.

La encrucijada. In *Teatro inedito.* Bogotá: Presidencia de la República, 1997.

La estación. In *Teatro inedito.* Bogotá: Presidencia de la República, 1997.

El guinnaru. In *Teatro inedito.* Bogotá: Presidencia de la República, 1997.

La guariconga. In *Teatro inedito.* Bogotá: Presidencia de la República, 1997.

Historia de una bala de plata (1983). Havana: Casa de las Américas, 1980.

Los inocentes.

Juan sin tierra.

La maestra. In *Teatro.* Havana: Casa de las Américas, 1980.

El menú (1974). In *Teatro* (Escuela de Teatro, Universidad de Medellín), no. 2 (1970), pp.38-94; *Conjunto*, no. 10 (1971); pp.12-44; *Teatro actual latinaoamericano.* Mexico City: Ediciones De Andrea, 1972; *Teatro.* Bogotá: Instituto Colombiano de Cultura, Subdirección de Comunicaciones Culturales, División de Publicaciones, 1977; *Teatro.* Havana: Casa de las Américas, 1980.

El nudo corredizo. In *Teatro inedito.* Bogotá: Presidencia de la República, 1997.

La ópera bufa. In *Teatro inedito.* Bogotá: Presidencia de la República, 1997.

La orgía (1972). Bogotá: Editorial Oveja Negra, 1985. In *Teatro.* Bogotá: Instituto Colombiano de Cultura, Subdirección de Comunicaciones Culturales, División de Publicaciones, 1977; *Teatro.* Havana: Casa de las Américas, 1980.

Los papeles del infierno. Mexico City: Siglo XXI Editores, 1990. In *Teatro.* Bogotá: Instituto Colombiano de Cultura, Subdirección de

Comunicaciones Culturales, División de Publicaciones, 1977; *Teatro.* Havana: Casa de las Américas, 1980.

Projecto piloto. In *Teatro inedito.* Bogotá: Presidencia de la República, 1997.

Un requiem por el Padre de Las Casas (1963). Bogotá: Ediciones Tercer Mundo, 1963.

La requisa (1972).

La tortura (1972). In *Teatro.* Havana: Casa de las Américas, 1980.

San Antoñito (1964). In *Teatro inedito.* Bogotá: Presidencia de la República, 1997; *Teatro inedito.* Bogotá: Presidencia de la República, 1997.

Seis horas en la vida de Frank Kulak.

Sketch de las finanzas. In *Teatro inedito.* Bogotá: Presidencia de la República, 1997; *Teatro inedito.* Bogotá: Presidencia de la República, 1997.

Soldados. In *Teatro.* Bogotá: Instituto Colombiano de Cultura, Subdirección de Comunicaciones Culturales, División de Publicaciones, 1977.

El sueño (1972).

La tragedia del rey Christophe (1961). Bogotá: Ediciones Tercer Mundo, 1963.

La trampa (1972)

Ubú rey. In *Teatro inedito.* Bogotá: Presidencia de la República, 1997.

Vida y muerte del fantoche lusitano. In *Teatro.* Havana: Casa de las Américas, 1980; *Teatro inedito.* Bogotá: Presidencia de la República, 1997.

Y el demonio llegó a la aldea (1953).

COL 006
BUITRAGO, FANNY (1946-   ) was born in Barranquilla and began writing short stories, novels, and for radio and television. She has also written for *El Nacional* (Bogotá) and is part of the Group "Nadaista." In 1974 she won the children's literature prize sponsored by Seguros Médicos Voluntarios. She wrote only one play.

Plays

El hombre de paja. Bogotá: Espiral, 1964.

COL 007
DÍAZ VARGAS, HENRY (1948-   ) is a director, actor and professor of theater. He has participated in many festivals and competitions.

Plays

El cumpleaños de Alicia (1985).

La encerrona del miedo (1981)

Josef Antonio Glan o de como se sublevo el comun (1981).

Maduras tinieblas (1989).

Mas allá de la ejecución (1984).

Las puertas (1984). Medellín Colombia: Universidad de Antioquía, Departamento de Publicaciones, 1990.

El salto y las voces (1989)

La sangre más transparente (1982). Bogotá: Colcultura, 1992.

El siguiente (1989).

El Puño (1976).

COL 008

GARCÍA, LUIS ALBERTO (1937-   ) was born in Tujaboyocá, Colombia. He became involved in theater while studying at the Universidad Nacional de Colombia, from which he obtained a degree in philosophy and literature. He has also worked as an actor and director and has written adaptations for television and a book of short stories as well as plays.

Plays

La Gaitana.

I took Panama (1974). In *Teatro colombiana contemporánea*. Buenos Aires: Tres Culturas, 1985.

Las Ibáñez.

Juicio de residencia.

Michín, el gato bandido.

Otra vez un extraño ha pisado nuestros predios.

La primera independencia.

El sueño de Gettysburg.

Toma tu lanza Sintana.

Tras las huellas de la historia.

La vida del celador.

Violencia.

COL 009

GARCÍA, SANTIAGO (1928-   ) was born in Bogotá where he studied architecture. He later went on to study theater in Prague and at the Actor's Studio of New York. He founded the theater group "El Baho" and also "El Grupo de la Casa de la Cultura." He also wrote theoretical works on theater. Along with Enrique Buenaventura he is considered one of the best respresentatives of Colombian theater. He is associated with the Grupo La Candelaria in Bogotá.

Plays

El diálogo del rebusque. In *Conjunto*, no. 55, (Jan.-March 1983), pp.49-86; In *Teatro colombiano*. Madrid: Primer Acto, 1984; *Cuatro obras del Teatro La Candelaria*. Bogotá: Ediciones Teatro La Candelaria, 1987.

Maravilla estar. In *Antología del teatro experimental en Bogotá*. Bogotá: nstituto Distrital de Cultura y Turismo, 1995.

COL 010

GONZÁLEZ CAJIAO, FERNANDO (1938-) was born in Bogotá where he worked as an actor, director, and theater historian in addition to being a playwright. His *Historia del Teatro Colombiano* is a seminal work on the history of Colombian theater from colonial times to the present.

Plays

Atabí o la última profecía de los chibchas. Bogotá: División de Publicaciones, Instituto Colombiano de Cultura, 1982. In *Conjunto*, no. 32 (April-June 1977), pp.33-71

Huellas de un rebelde. Bogotá: Ediciones Tercer Mundo, 1970.

Triángulo. In *Gestus* (Bogotá), no. 5 (December 1993), pp.56-65.

COL 011

MARTÍNEZ A., GILBERTO (MARTÍNEZ ARANGO) (1942-) was born in Antioquía, Colombia where he founded the group "El Prende." He later worked at the Teatro Libre de Medellín and was also director and editor of the journal *El Teatro* which began publication in the 1970's.

Plays

El grito de los ahorcados. Medellín, Colombia: s.n., 1966. In *Antología colombiana del teatro de vanguardia.* Bogota: Instituto Colombiano de Cultura, 1975.

El proceso al señor gobernador. In *Conjunto* no. 29, (July-Sept. 1976), pp.45-79.

El Zarpazo. Medellín, Colombia: Editorial Lealón, 1974.

COL 012

NAVAJAS CORTÉS, ESTEBÁN (1947-) was born in Bogotá and studied at the Taller de Dramaturgia del Teatro Libre de Bogotá. He is an anthropologist at the Universidad de los Andes in Bogotá. He began his theater career in the 1970's, cofounding the Teatro Libre de Bogotá. He won the premio Casa de las Américas in 1977. His plays have been translated into English, Portuguese, French, and German. He won the Premio Nacional de Cultura in 1994.

Plays

La agonía del difunto (1977). Havana: Casa de las Américas, 1976. Bogotá: Ministerio de Cultura, 1997. In *Teatro colombiano contemporáneo.* Bogotá: Tres Culturas, 1985.

Canto triste a una sombra de boxeo. Medellin, Colombia: Ediciones Literatura, Arte y Ciencia, Universidad de Antioquia, 1983.

Fantasmas de amor que rondaron el veintiocho. Bogotá: Colcultura, 1995.

COL 013

NIÑO, JAIRO ANÍBAL (1941-) was born in Moniguera, Colombia and has directed the Teatro Arte in Cartagena, the Grupo de Teatro de la

Universidad Nacional (Medellín), and the Grupo de Teatro del Politécnico Colombiano. He has been a professor of theater and literature at the Universidad Pedagógica Nacional and is currently director of the Escuela Superior de Teatro in Bogotá. He won the Premio Nacional de Teatro Universitario and first prize at the Fifth World Theater Festival in Nancy, France. His plays have been translated into English, French, German, Portuguese, Finnish and Chinese.

Plays

Los inquilinos de la ira. Bogota: Punto y Coma, 1975.

El sol subterráneo. Bogota: Carlos Valencia Editores, 1978. In *Teatro colombiano contemporáneo*. Bogota: Tres Culturas, 1985.

La madriguera. In *Conjunto*, no. 52 (April -June 1982), pp.39-58.

El Monte Calvo. In *Teatro: Revista de la Escuela de Teatro, Universidad de Medellín*. no. 1 (1969), pp.28-48; *Antología colombiana del teatro de vanguardia*. Bogota: Instituto Colombiano de Cultura, 1975.

COL 014

PEÑUELA, FERNANDO (1952-   ) was born in Bogotá and has worked as an actor and director in addition to writing plays. He developed his work with the Teatro La Candelaría. He won first prize in the Concurso Nacional de Dramaturgia de la Caja Agraria in 1981.

Plays

La tras-escena

La vacante.

COL 015

REYES, CARLOS JOSÉ (1941-   ) worked as a theater director, university professor and theater historian in addition to being a dramatist. He is Director of the Escuela de Teatro de Bogotá. He won the premio Casa de las Américas in 1975 for his children's plays.

Plays

La antesala. In *Dentro y fuera*. Medellín, Colombia: Editorial Universidad de Antioquia, Departamento de Publicaciones, Universidad de Antioquia, 1992.

El carnaval de la muerte alegre. Madrid: El Público, 1992; Santafé de Bogota: Panamericana Editorial, 1996.

Dulcita y el burrito. In *Teatro; Revista. de la Escuela. De Teatro de Medellin*, no. 4, (1970-71), pp.65-85.

La fiesta de los muñecos. In *Teatro para niños*. Bogota: Instituto Colombiano de Cultura, 1972; *Conjunto*, no. 24 (April-June 1975). pp.37-52.

Función nocturna. In *Dentro y fuera*. Medellín, Colombia: Editorial Universidad de Antioquia, Departamento de Publicaciones, Universidad de Antioquia, 1992.

Globito manual. Havana: Casa de las Américas, 1977.

El hombre que escondió el sol y la luna. Havana: Casa de las Américas, 1977.

La mudez. In *Dentro y fuera*. Medellín, Colombia: Editorial Universidad de Antioquia, Departamento de Publicaciones, Universidad de Antioquia, 1992.

La piedra de la felicidad. In *Teatro para niños*. Bogota: Instituto Colombiano de Cultura, 1972.

Recorrido en redondo. In *Dentro y fuera*. Medellín, Colombia: Editorial Universidad de Antioquia, Departamento de Publicaciones, Universidad de Antioquia, 1992.

El redentor. In *Dentro y fuera*. Medellín, Colombia: Editorial Universidad de Antioquia, Departamento de Publicaciones, Universidad de Antioquia, 1992.

Satíricos y festivos. In *Gestus* (Bogotá), no. 6 (Aug. 1995), pp.79-84.

Soldados. Bogota: Ediciones de Marcha Colombia, 1971. In French as *Soldats*. Paris: F. Maspero, 1972.

Los viejos baules empolvados que nuestros padres nos prohibieron abrir. Bogotá: Instituto Colombiano de Cultura, 1973. In *Dentro y fuera*. Medellín, Colombia: Editorial Universidad de Antioquia, Departamento de Publicaciones, Universidad de Antioquia, 1992.

La voz. In *Dentro y fuera*. Medellín, Colombia: Editorial Universidad de Antioquia, Departamento de Publicaciones, Universidad de Antioquia, 1992.

COL 016

TORRES, MISAEL (TORRES PÉREZ) (1952-   ) is a Colombian actor, director and dramatist. He has written primarily for children and directs an actors workshop with the group Ensamblaje Teatro. He is associated with the "teatro popular" movement.

Plays

Los diablos. In *Trilogía del diablo*. Bogota: Cooperativa Editorial Magisterio, 1998.

Foto de familia.

Lili Blue y sus hermanos. In *Gestus* (Bogotá), no. 7 (July 1996) pp.95-104.

Matadero año 2079.

Las tres preguntas del diablo enamorado.

COL 017

ZAPATA OLIVELLA, MANUEL (1922-   ) was born in Lórica, Colombia. He worked as a novelist and researcher of popular traditions in addition to wrting plays. He wrote an experimental play which used campesinos to perform their traditional roles.

Plays

Bolivar Descalzo y Rambão.

Caronte liberado. In *Teatro*. Bogota: Instituto Colombiano de Cultura, 1972.

Hotel de vagabundos. Bogota: Ediciones Espiral, 1955.

COSTA RICA

COS 001

ARROYO, JORGE was born in San José and began writing theater while quite young. He received the Premio Nacional de Costa Rica for best new author in 1984. In 1987 he was invited to participate in the International Writing Program in the U.S.A

Plays.

L'ánima sola de Chico Muñoz (1986)

Ayer cuando me decías que me querías (1986). In *Escena* (San José, Costa Rica), año 9, no. 16 (1987).

Azul Marlena (1997). In *Teatro par el teatro,* vol. 6, no. 2 (1997).

Con la honra en el alambre (1986). In *Dos obras y una más.* San José, Costa Rica: Editorial Costa Rica, 2000.

La chupeta electrónica (1986).

Mata Hari: Sentencia para una aurora. In *El teatro para el teatro*, vol. 3, no. 1 (1991); *Drama contemporáneo costarricense.* San José, Costa Rica: Editorial de la Universidad de Costa Rica, 2000.

El surco entre la flor y el labio. In *Dos obras y una más.* San José, Costa Rica: Editorial Costa Rica, 2000.

La tertulia de los espantos. In *Dos obras y una más.* San José, Costa Rica: Editorial Costa Rica, 2000.

COS 002

CAMPOS, ROXANNA was born in Costa Rica and studied at the Conservatorio Castella in the 1960's and 1970's. She was a member of the Círculo de Poetas Costarricenses. In 1997 she received the Premio de Dramaturgia de la Compañía Nacional de Teatro.

Plays
Buenos días servidumbre (1988).
El cristal de mi infancia (1997). In *Drama contemporáneo costarricense.*
San José, Costa Rica: Editorial de la Universidad de Costa Rica, 2000.
Pablo José (1988).

COS 003
CAÑAS, ALBERTO F. (1921-   ) was born into a distinguished Costa
Rican family in San José. He studied law at the Universidad de Costa
Rico, and worked as a lawyer, journalist, critic, diplomat and in various
government posts. He served as Costa Rica's representative to UNESCO,
and is a member of the Academia Costarricense de La Lengua and holds
a chair in theater at the Universidad de Costa Rica. He is the director and
founder of the Escuela del Periodismo at the Universidad de Costa Rica.
He won the Premio Nacional de Teatro in 1962. He has written poetry,
theater, and essays.

Plays
Algo más que dos sueños (1963). In *Revista Pórtico*, no. 1 (1963), pp.108-
128; *Teatro breve hispánoamericano.* Mexico City: Aguilar, 1970;
Teatro de hoy en Costa Rica. San José, Costa Rica: Editorial Costa Rica,
1973; *La sequa y otras piezas.* San José, Costa Rica: Editorial
Universitaria Centroamericana, 1974.
Una bruja en el río.
Eficaz plan para resolver la desnutrición infantil. In *La sequa y otras piezas.*
San José, Costa Rica: Editorial Universitaria Centroamericana, 1974.
En agosto hizo dos años (1995). San José, Costa Rica: Editorial Costa Rica,
1968. In *La sequa y otras piezas.* San José, Costa Rica: Editorial
Universitaria Centroamericana, 1974.
El héroe (1956). In *La sequa y otras piezas.* San José, Costa Rica: Editorial
Universitaria Centroamericana, 1974.
El luto robado (1959). San José: Editorial Costa Rica, 1963. In *La sequa y
otras piezas.* San José, Costa Rica: Editorial Universitaria
Centroamericana, 1974.
Oldemar y los coroneles.
La parábola de la hija pródiga.
Los pocos sabios (1959).
La sequa. In *La sequa y otras piezas.* San José, Costa Rica: Editorial
Universitaria Centroamericana, 1974.
La solterona.
La zegua.

COS 004
CAVALLINI, LEDA is a contemporary Costa Rican playwright who
teaches in the Escuela de Artes Dramáticas at the Universidad de Costa
Rica. She is active in promoting the arts in Costa Rica and has written a
number of plays.

Plays

Aguirre: yo rebelde hasta la muerte. San José, Costa Rica: Ediciones Guayacán, 1992.

Ellas en la maquila. San José, Costa Rica: Editorial Costa Rica, Centro Nacional para el Desarrollo de la Mujer y la Familia, 1989; San José, Costa Rica: ABC Ediciones, 1995.

Lo coronada de claveles. In *Tarde de granizo y musgo y otras obras.* San José, Costa Rica: Ediciones Guayacán, 1998.

Magnolia con almanaques. In *Tarde de granizo y musgo y otras obras.* San José, Costa Rica: Ediciones Guayacán, 1998.

Ocho azucenas para nosotras mismas. San José, Costa Rica: Colectiva Feminista Pancha Carrasco, 1998.

Pancha Carrasco reclama. San José, Costa Rica: Ediciones Guayacán, 1993.

Pinocho: teatro para niños. San José, Costa Rica: Ediciones Guayacán, 1989.

Tarde de granizo y musgo. In *Tarde de granizo y musgo y otras obras.* San José, Costa Rica: Ediciones Guayacán, 1998; *Drama contemporáneo costarricense.* San José, Costa Rica: Editorial de la Universidad de Costa Rica, 2000.

COS 005

FERNÁNDEZ, WALTER (1975-　　) is one of Costa Rica's promising young playwrights. He was born and grew up in the Calle Blancos neighborhood of San José. His plays often deal with issues related to urbanization such as homosexuality and violence. He also writes for movies and for television.

Plays

El bostezo (1986).

El cafetal (1986).

¿Cómo es que's? (1986).

Cuando las sirenas cantan (1986).

La entrevista (1986).

Gajes del oficio (1986).

Sobre chapulines y otras langostas. In *Drama contemporáneo costarricense.* San José, Costa Rica: Editorial de la Universidad de Costa Rica, 2000.

Trifulcas de cuatrufia.

La vida íntima de Paco y Lola.

COS 006

GALLEGOS, DANIEL (1930-　　) was born in San José, studied in Los Angeles and received a law degree from the Universidad de Costa Rica. He later did postgraduate work at Columbia University, Yale University, and at the New York Actors Studio. He also worked with the Royal Shakespeare Company in Britain and the French radio and television in Paris. His work has been widely performed in Mexico and has been awarded numerous prizes included the Premio Nacional de Bellas Artes de Guatemala and the Premio Aquileo J. Echeverría de Teatro in Costa Rica. He has been a director of the Department of Dramatic Arts at the Universidad de Costa Rica Rica since its founding and is a member of the Real Academia de la Lengua in Costa Rica.

Plays

Una areola para Cristobal. In *Teatro para teatro*, vol. 2, no. 2 (1990).

La casa (1964)

La colina. (1968). San José, Costa Rica: Editorial Costa Rica, 1969. *In Tres obras de teatro.* San José, Costa Rica: Editorial Costa Rica, 1999.

Ese algo de Dávalos (1964) San Jose: Editorial Costa Rica, 1967. *In Tres obras de teatro.* San José, Costa Rica: Editorial Costa Rica, 1999.

El hacha de plata.

Los profanos (1959). In *Repertorio centroamericano*, no. 14 (June 1969), pp.75-101.

Punto de referencia. In *Tres obras de teatro.* San José, Costa Rica: Editorial Costa Rica, 1999.

COS 007

GUTIÉRREZ, JOAQUÍN is a Costa Rican novelist, short story writer, and playright. He received the Premio de Novela Casa de las Américas in 1978.

Plays

Puerto Limón. In *Conjunto* no. 36 (April-June 1978), pp.4-47.

COS 008

ISTARÚ, ANA (1960-   ) was born in San José. She is primarily known for her poetry and works as an actress. She has received critical acclaim for the characterization of women in her plays. She won the Premio María Teresa León for women playwrights in Spain in 1995.

PLAYS

Baby Boom en el paraíso (1995). Madrid: Publicaciones de la Asociación de Directores de Escena de España, 1996. In *Escena* (San José, Costa Rica), no. 45 (2000), pp.91-109.

Hombres en escabeche.

Madre nuestra que estás en la tierra (1991). In *Escena* (San José, Costa Rica), no. 20/21 (1991), pp.23-45; In *Dramaturgas latinoamericanas contemporáneas.* Madrid: Editorial Verbum, 1991; *Drama contemporáneo costarricense.* San José, Costa Rica: Editorial de la Universidad de Costa Rica, 2000.

El vuelo de la grulla (1984). In *Escena* (San José, Costa Rica), no. 11 (1984).

COS 009

MÉNDEZ, MELVIN (1958-   ) was born in San José, and studied acting at the Escuela de Teatro de la Universidad de Costa Rica. He has worked for the Ministry of Culture and in cinema, radio, and television. He has also written poetry and short stories. In 1980 he received the Premio Nacional as best actor and in 1999 won the Concurso Nacional de Dramaturgia.

Plays

Adiós candidato (1991).

Con alfiler en las alas. In *Escena* (San Jose) (1987).

Eva sol y sombra. In *Teatro para el teatro* (San José, Costa Rica), v. 1, no. 1 (1989), pp.1-56; *Drama contemporáneo costarricense.* San José, Costa Rica: Editorial de la Universidad de Costa Rica, 2000.

El hombre de la barca (1991).

Méteme el hombro (1993).

El resucitado (1988).

San Zapatero (1991).

Terminal de sueño. San José, Costa Rica: TN, 2000.

Villa Nueva de la Boca del Monte.

COS 010

NARANJO, CARMEN (1928-   ) was born in Cártago, Costa Rica and received a degree in language from the Universidad de Costa Rica. She also also studied at the Writing Program at the University of Iowa. She has held a number of government and diplomatic posts, including Minister of Culture, Youth and Sports, UNICEF representative, Costa Rican ambassador to Israel, and director of the Costa Rican Museum of Art. She received the Premio Nacional de Cultura in 1986.

Plays

Adivínema usted (1981).

Astucia femina (1965).

La cáballa de un signo (1978).

Como mi mujer, ninguna (1985).

Ellas en la maquila (1988).

Eso y su circunstancia (1972).

Manuela siempre (1984).

Nadie sabe para quién trabaja (1965).

No corra la cortina (1974).

Las voces (1971).

COS 011

RAMOS, ARNOLDO was born into a large family in San José, Costa Rica and studied drama at the Lyceo de Costa Rica. He later studied with playwright Bélgica Castro.

Plays

Parada por favor (1991).

Reflejos de sombra (1992). In *Drama contemporáneo costarricense.* San José, Costa Rica: Editorial de la Universidad de Costa Rica, 2000.

COS 012
REUBEN, WILLIAM (1947-   ) studied at the Colegio La Salle de San
José and later in Germany and Italy. Upon returning to Costa Rica he
studied anthropology at the Universidad de Costa Rica, later teaching in
Honduras.
Plays
Teófilo Amadeo: una biografía (1970). In Teatro de hoy en Costa Rica. San
Jose: Editorial Costa Rica, 1973.

COS 013
ROJAS, MIGUEL (1952-) was born in Curridabat, Costa Rica and studied
dramatic art at the Universidad de Costa Rica where he is a professor of
of theater . He has written children's plays in addition to those for adults.
Plays
El anillo del pavo real. San José, Costa Rica: Ediciones Guayacán, 1988;
San José, Costa Rica: Editorial Alma Mater, 1995; San José, Costa Rica:
Editorial Costa Rica, 1997.
Armas tomar. San José, Costa Rica: Editorial Costa Rica, 1999.
Cacho de luna.
De tiempo en tiempo sin importancia. In Teatro para el teatro, v.1, no.1,
(1989), pp.60-83.
Donde canta el mar .
Duendes y zanganadas. In Obras teatrales. San José, Costa Rica: Editorial
de la Universidad de Costa Rica, 1988.
En un lugar del bosque. In Obras teatrales. San José, Costa Rica: Editorial
de la Universidad de Costa Rica, 1988.
Eva, sol y sombra. San José, Costa Rica : Teatro Nacional, 1989.
Fantasía tropical. San José, Costa Rica : Editorial Costa Rica, 1995.
Las flores de la amistad. In Obras teatrales. San José, Costa Rica: Editorial
de la Universidad de Costa Rica, 1988.
Granada real.
Hogar dulce hogar. San José, Costa Rica: Editorial Alma Mater, 2000.
Madriguera de ilusiones (1998). San José, Costa Rica: Editorial Guayacán,
1998. In Drama contemporáneo costarricense. San José, Costa Rica:
Editorial de la Universidad de Costa Rica, 2000.
Max, el oso que vino del mar. In Obras teatrales. San José, Costa Rica:
Editorial de la Universidad de Costa Rica, 1988.
Los nublados del día (1985). San José, Costa Rica: Editorial Costa Rica,
1985.
El pan nuestro. San José, Costa Rica: Teatro Nacional, 1998.
Piel de ángel.
Ridículo y sublime amor. San José, Costa Rica: Teatro Nacional, 1998.
La tropa de Pepe Candela. In Escena (San José, Costa Rica), no.18 (1987)
pp.29-35; Obras teatrales. San José, Costa Rica: Editorial de la
Universidad de Costa Rica, 1988.

Zapatero a tus zapatos. In *Obras teatrales.* San José, Costa Rica: Editorial de la Universidad de Costa Rica, 1988.

COS 014
ROVINSKI, SAMUEL (1932-) was born in San José and studied civil engineering at the Universidad Nacional Autónoma de México. He is founder and and director of a large construction firm in Costa Rica. He won the Premio Nacional de Costa Rica in 1975. He has also written narrative and for film.

Plays
Los agitadores (1964).
La Atlántida (1960)
Gobierno de alcoba (1967). San José: Editorial Costa Rica, 1970.
Gulliver dormido (1985).
Los intereses compuestos (1981).
El laberinto (1967).
El martirio del pastor (1982).
Un modelo para Rosaura (1974).
Los pregoneros (1978). In *Teatro para el teatro,* vo.l. 2, no. 3 (1990).
Tendrás tren que no tendrás.
La víspera del sábado (1986).

COS 015
SANCHO, ALFREDO (1924-) is primarily known for his poetry. He directed an experimental theater in Costa Rica, and worked as a travel agent and librarian in addition to writing theater.

Plays
Las alcmeónidas (1961). San Salvador, El Salvador: Ministerio de Educación, Departamento Editorial, 1961.
Débora (1955). San José, Costa Rica: Impr. Nacional, 1955.
Taller de reparaciones (se reparan seres humanos) (1965).

COS 016
VALDELOMAR, VÍCTOR was born in Costa Rica and received a bachelors degree in drama from the Universidad de Costa Rica. He also studied acting and directing at the Taller Nacional de Teatro del Ministerio de Cultura. He has worked as a dramatist, screen writer for both radio and television, actor, and a professor of theater.

Plays
Alicia en el laberinto (1998).
El ángel de la tormenta. San José, Costa Rica: Oficina de Publicaciones, Universidad de Costa Rica, 1990.
Los comediantes (1991).
Como semilla e' coyol. San José, Costa Rica: Ministerio de Cultura, Juventud y Deportes, 1986.
El espíritu del fuego. In *Teatro para el teatro,* vol. 4, no. 2 (1993).

Game over (1995).
Macedonio el viejo (1983).
El trepasolo. In *Teatro para el teatro,* vol. 4, no. 2 (1993).
Zárate (1997).

COS 017
VLÁDICH, STOYAN is a professor in the School of Dramatic Art, Universidad de Costa Rica.

Plays
La caída del Tahuantinsuyo. In *Escena* (San José, Costa Rica), no. 38 (1996), pp.109-153.
De lo que aconteció desde Cariaí hasta el Guarco. In *Escena* (San José, Costa Rica), nos. 39-40 (1997), pp.93-117.

COS 018
YGLESIAS, ANTONIO (1943-   ) was born in San José and later studied architecture in Germany and Italy. While in Italy he became interested in theater and the cinema. Upon returning to Costa Rica he became director of an experimental theater group known as "Teatro Grupo". He is chair of the film department at the Universidad de Costa Rica.

Plays
Historia de una vida.
Las hormigas (1969). In *Teatro de hoy en Costa Rica.* San Jose: Editorial Costa Rica, 1973.

CUBA

CUB 001

ARRUFAT, ANTÓN (1935-) was born in Santiago, Cuba and at age twelve he went to Havana where he finished high school. In 1957 he moved to the United States but returned to Cuba in 1959 when Fidel Castro came to power. He worked on the weekly magazine *Lunes de Revolución* and began written short stories and essays as well as drama. He has won a number of awards including the José Antonio Ramos award of the Unión Nacional de Escritores y Artistas de Cuba. His drama uses a combination of the avant garde, surrealism, and the "theater of cruelty."

Plays

La caja está cerrada. Havana: Letras Cubanas, 1984.

El caso se investiga. In *Teatro.* Havana: Unión de Escritores y Artistas de Cuba, 1963; *Teatro Cubano en un acto; antología.* Havana: Ediciones Revolución, 1963.

La divina Fanny. Havana: Ediciones UNION, Unión de Escritores y Artistas de Cuba, 1995.

La repetición. Havana: Unión de Escritores y Artistas de Cuba, 1963.

Los siete contra Tebas. Havana: Unión de Escritores y Artistas de Cuba, 1968.

La tierra permanente. Havana: Editorial Letras Cubanas, 1987.

Todos los domingos. Havana: Ediciones Revolución, 1965.

El último tren. In *Teatro.* Havana: Unión de Escritores y Artistas de Cuba, 1963.

El vivo al pollo. In *Teatro Cubano.* Havana: Casa de las Américas, 1961; *Teatro.* Havana: Unión de Escritores y Artistas de Cuba, 1963.

La zona cero. In *Teatro.* Havana: Unión de Escritores y Artistas de Cuba, 1963.

CUB 002

ARTILES, FREDDY (1946-) was born in Santa Clara, Cuba and studied biology at the Universidad de la Habana. He began presenting plays in the early 1960's with the Teatro Universitario. He has also written children's plays as well as books on theater history. He teaches at the Instituto Superior de Arte in Cuba.

Plays

Adriana en dos tiempos (1971). Havana: Unión de Escritores y Artistas de Cuba, 1972; Havana: Editorial Letras Cubanas, 1979. In *Teatro.* Havana: Editorial Letras Cubanas, 1984; *La verdad de Adriana con broncas y fechas.* Havana: Editorial Letras Cubanas, 1994.

Al final de la sangre (1977). In *Teatro.* Havana: Editorial Letras Cubanas, 1984.

La bandera (1977).

Camino al hombre (1979). In *Teatro.* Havana: Editorial Letras Cubanas, 1984.

El círculo de cuatro puntas (1967).

De dos en dos. Havana: Unión de Escritores y Artistas de Cuba, 1978. In *Teatro.* Havana: Editorial Letras Cubanas, 1984.

En la estacion (1977).

El esquema. In *Repertorio teatral.* Havana: Letras Cubanas, 1990.

Estudio de sentimientos (1967).

Teatro para niños. Havana: Editorial Letras Cubanas, 1981.

Temas para broncas con posibles fechas. In *La verdad de Adriana con broncas y fechas.* Havana: Editorial Letras Cubanas, 1994.

Toda la verdad (1986). In *La verdad de Adriana con broncas y fechas.* Havana: Editorial Letras Cubanas, 1994.

Vivimos en la ciudad (1981). In *Teatro.* Havana: Editorial Letras Cubanas, 1984.

CUB 003

BARALT, LUIS ALEJANDRO (1892-1969) was born in New York City but grew up in Cuba. He was a profesor of history at the Universidad de la Habana from 1914 until 1960 when he left for exile in the United States where he taught at Southern Illinois University. He had a distinguished career in Cuba, serving as Secretary of Public Instruction and Fine Arts. He cofounded the Teatro de Arte de la Cueba. He was decorated as a knight of the Legion of Honor of France and a knight of the Order of the Sun in Peru. He was known as a great promoter of theater in Cuba.

Plays

La luna en el pantano. Havana: Úcar, García y cia. 1936.

La luna en el río. Santa Clara de las Villas, Cuba: Universidad Central de las Villas, 1959.

Tragedia indiana. In *Teatro Cubano contemporáneo.* Madrid: Aguilar, 1959.

CUB 004
   BRENE, JOSÉ R. (1927-   ) was born in Cárdenas, Cuba and studied in
   Matanzas. He later studied philosophy and literature in the United States
   and Mexico. Eventually he came to live in New Orleans where he held a
   number of jobs, including working on a freighter. He attended the
   Seminario de Dramaturgia del Teatro Nacional where he studied with
   Argentine playwright Griselda Gámbaro. His plays are generally social
   realist plays, often with a political message in support of the Cuban
   revolution. He is best known for his use of rich dialogue. Since 1970's he
   has primarily written for television.

Plays
   El corsario y la abadesa. In *Teatro*. Havana: Editorial Letras Cubanas, 1982.
   *Los demonios de Remedios.*In *Teatro*. Havana: Unión de Escritores y
       Artistas de Cuba, 1965; *Pasado a la criolla y otras obras*. Havana:
       Editorial Letras Cubanas, 1984.
   La fiebre negra. In *Teatro*. Havana: Unión de Escritores y Artistas de Cuba,
       1965.
   Fray Sabino. Havana: Unión de Escritores y Artistas de Cuba, 1971. In
       Pasado a la criolla y otras obras. Havana: Editorial Letras Cubanas,
       1984.
   El gallo de San Isidro. In *Teatro*. Havana: Editorial Letras Cubanas, 1982.
   El ingenioso criollo don Matías Pérez. In *Teatro*. Havana: Unión de
       Escritores y Artistas de Cuba, 1965; Havana: *Pasado a la criolla y otras
       obras*. Havana: Editorial Letras Cubanas, 1984.
   Miss Candonga. In *Teatro*. Havana: Editorial Letras Cubanas, 1982.
   Pasado a la criolla. In *Pasado a la criolla y otras obras*. Havana: Editorial
       Letras Cubanas, 1984.
   Santa Camila de la Habana Vieja. In *Teatro*. Havana: Editorial Letras
       Cubanas, 1982.

CUB 005
   CANO, JOEL (1966-   ) was born in Santa Clara and studied theater at the
   Instituto Superior de Arte. He directs Teatro de la Villa in the central
   region of Cuba.

Plays
   Fábula de un país de cera. In *Tablas,* no. 1 (January-March 1989), pp.1-23.
   Se vende. Mérida, Spain: Editora Regional de Extremadura, 1997.
   Timeball, o, El juego de perder el tiempo. Havana: Editorial Letras Cubanas,
       1994.

CUB 006
   DÍAZ, JESÚS (1941-) was born in Havana. He became a strong supporter
   of Fidel Castro during the Cuban revolution. Beginning in 1965, he
   directed the cultural page of *Juventud Rebelde* and became a spokesman
   for militant writers during the Revolution. He is best known for his stort

stories which won him the Premio Casa de las Américas in 1966. He has also worked with the Cuban Institute of Cinematography as a screen writer and producer of documentaries.

Plays

Unos hombres y otros. In Conjunto, no. 39 (January-March 1979), pp.53-78.

CUB 007

DORR, NICOLÁS (1946-) was born in Santa Fe, Cuba and studied Spanish language and literature at the Universidad de la Habana and drama at the Teatro Nacional. He currently teaches at the Escuela Nacional de Arte and the Instituto Superior de Arte. He won the Premio Teatro de la Unión Nacional de Escritores y Artistas de Cuba in 1972.

Plays

El agitado pleito entre un autor y un ángel. Havana: Unión de Escritores y Artistas de Cuba, 1973.

Una casa colonia. Havana: Editorial Letras Cubanas, 1984.

La chacota. Havana: Editorial Letras Cubanas, 1989. In *Cinco farsas y dos comedias.* Havana: Unión de Escritores y Artistas de Cuba, 1978.

Clave de sol. In *Cinco farsas y dos comedias.* Havana: Unión de Escritores y Artistas de Cuba, 1978.

Confesión en el barrio chino. Havana: Editorial Letras Cubanas, 1989.

Confrontación. In *Teatro.* Havana: Ediciones Unión, 1998; *Tablas,* no. 4 (October-December 1989), pp.1-16.

La esquina de los concejales. In *Cinco farsas y dos comedias.* Havana: Unión de Escritores y Artistas de Cuba, 1978.

Los excéntricos de la noche. In *Teatro insólito.* Havana: Ediciones Unión, 2001.

Juegos sucios en el sótano. In *Teatro.* Havana: Ediciones Unión, 1998.

El palacio de los cartones. In *Cinco farsas y dos comedias.* Havana: Unión de Escritores y Artistas de Cuba, 1978.

Maravillosa inercia. In *Cinco farsas y dos comedias.* Havana: Unión de Escritores y Artistas de Cuba, 1978.

Un muro en La Habana. In *Teatro.* Havana: Ediciones Unión, 1998.

Nenúfares en el techo del mundo. In *Teatro insólito.* Havana: Ediciones Unión, 2001.

Las pericas. In *Cinco farsas y dos comedias.* Havana: Unión de Escritores y Artistas de Cuba, 1978; *Teatro insólito.* Havana: Ediciones Unión, 2001.

Un viaje entretenido. Havana: Editorial Letras Cubanas, 1989. In *Cinco farsas y dos comedias.* Havana: Unión de Escritores y Artistas de Cuba, 1978.

Vivir en Santa Fe. Havana: Editorial Letras Cubanas, 1989.

CUB 0008

ESTÉVEZ, ABILIO (1954-) was born in Havana and graduated in language and literature from the Universidad de la Habana. He writes for *Granma, La Gaceta de Cuba,* and other periodicals. He has also written novels, short stories and poetry. In 1984, he won the Premio de Teatro from the Unión Nacional de Escritores y Artistas de Cuba.

Plays

Hoy tuve un sueño feliz. In *Tablas*, no. 2 (April-June 1989), pp.1-32.

La noche: misterio herético en treinta episodios y tres finales posibles. Madrid: Ediciones de Cultura Hispánica, Agencia Española de Cooperación Internacional, 1995.

La verdadera culpa de Juan Clemente Zenea. Havana: Unión de Escritores y Artistas de Cuba, 1987. In *Conjunto* no. 71 (January-March 1987), pp.81-124.

CUB 009

ESTORINO, ABELARDO (1925-   ) was born in Unión de Reyes, Matanzas. He studied and practiced dentistry and also worked in advertising. While at university he became interested in theater. After the 1959 Revolution he left dentistry and studied directing and began writing plays. His plays have been published in Europe and Latin America and have been performed in the Mexico, the United States and Chile. He is considered one of the most important post-Revolutionary Cuban playwrights.

Plays

La casa vieja. In *Teatro.* Havana: Letras Cubanas, 1984.

La dolorosa historia del amor secreto de Don José Jacinto Milanés (1974). In *Teatro.* Havana: Letras Cubanas, 1984.

Hay un muerto en la calle.

Los mangos de Caín. In *Casa de las Américas* 4, no. 27 (December 1964), pp.46-64; *Vagos rumores y otras obras.* Havana: Editorial Letras Cubanas, 1997. In English as *Cain's mangos* in *Writers in the new Cuba.* Baltimore: Penguin Books, 1967.

Morir del cuento (1984). In *Teatro.* Havana: Letras Cubanas, 1984. In *Tablas,* no. 1 (January/March 1984); *Vagos rumores y otras obras.* Havana: Editorial Letras Cubanas, 1997.

Ni un sí ni un otro (1979). In *Teatro.* Havana: Letras Cubanas, 1984.

Parece blanca. Vagos rumores y otras obras. Havana: Editorial Letras Cubanas, 1997.

El peine y el espejo. In *Teatro Cubano en un acto.* Havana: Ediciones Revolución, 1963; *Teatro.* Havana: Letras Cubanas, 1984.

Las penas saben nadar. In *Tablas*, no. 3 (July-September 1989), pp.1-8; *Vagos rumores y otras obras.* Havana: Editorial Letras Cubanas, 1997.

Que el diablo te acompañe (1987). In *Vagos rumores y otras obras.* Havana: Editorial Letras Cubanas, 1997.

El robo del cochino. In *Teatro.* Havana: Letras Cubanas, 1984.

Vagos rumores. Vagos rumores y otras obras. Havana: Editorial Letras Cubanas, 1997.

CUB 010
   FELIPE, CARLOS (1911-1975) was born in Havana. As a young man
   he worked in a number of menial jobs and eventually worked for the
   Cuban Customs office. He became involved in theater through
   amateur groups. He was self-educated for the most part. In 1961 he
   was named theatrical advisor to the national dramatic group of the
   Departmento de la Cultura and occupied that position until his death.
   He won the Premio Nacional de Teatro in 1939.
Plays
   La bruja en el obenque (1957). In *Teatro*. Boulder, CO: Society of Spanish
   and Spanish-American Studies, 1988.
   Capricho en rojo (1948). La Habana: Editorial Pagrán, 1959. In *Teatro*.
   Boulder, CO: Society of Spanish and Spanish-American Studies, 1988.
   El chino (1947). In *Teatro*. Santa Clara, Cuba: Departamento de Relaciones
   Culturales, Universidad Central de Las Villas, 1959; *Teatro*. Havana:
   Contemporáneos, 1967; *Teatro*. Havana: Editorial Letras Cubanas, 1979;
   Teatro. Boulder, CO: Society of Spanish and Spanish-American Studies,
   1988.In English as *The Chinaman* in *3 masterpieces of Cuban drama*.
   Los Angeles: Green Integer, 2000.
   Los compadres (1964). In *Teatro*. Havana: Contemporáneos, 1967. In
   Teatro. Boulder, CO: Society of Spanish and Spanish-American Studies,
   1988.
   De película (1963). In *Teatro*. Havana: Editorial Letras Cubanas, 1979. In
   Teatro. Boulder, CO: Society of Spanish and Spanish-American Studies,
   1988.
   Esta noche en el bosque (1939). In *Trevista nacional de teatro*. Vol. 1, no. 1
   (1961), pp.26-27. In *Teatro*. Boulder, CO: Society of Spanish and
   Spanish-American Studies, 1988.
   Ibrahim (1963). In *Unión*, Vol. 2, nos. 5-6 (1963), pp.19-40. In *Teatro*.
   Boulder, CO: Society of Spanish and Spanish-American Studies, 1988.
   Ladrillos de plata (1956). In *Teatro*. Santa Clara, Cuba: Departamento de
   Relaciones Culturales, Universidad Central de Las Villas, 1959; *Teatro*.
   Boulder, CO: Society of Spanish and Spanish-American Studies, 1988.
   Réquiem por Yarini (1960). Miami: Ediciones "Calesa", 1978. In *Teatro*.
   Santa Clara, Cuba: Universidad Central de las Villas, Dirección de
   Publicaciones, 1960; *Teatro*. Havana: Contemporáneos, 1967; *Teatro*.
   Havana: Editorial Letras Cubanas, 1979; *Teatro*. Boulder, CO: Society of
   Spanish and Spanish-American Studies, 1988.
   Tambores (1943). In *Teatro*. Boulder, CO: Society of Spanish and Spanish
   American Studies, 1988.
   El travieso Jimmy (1949). In *Teatro*. Santa Clara, Cuba: Departamento de
   Relaciones Culturales, Universidad Central de Las Villas, 1959; *Teatro
   Cubano contemporáneo*. Madrid: Aguilar, 1959; *Teatro*. Havana,
   Contemporáneos, 1967; *Teatro*. Havana: Editorial Letras Cubanas, 1979;
   Teatro. Boulder, CO: Society of Spanish and Spanish-American Studies,
   1988.

CUB 011

FERNÁNDEZ, GERARDO (1941-   ) was born in Matanzas, Cuba and studied at the Escuela Profesional de Comercio de La Habana. He became involved with theater as a student and began writing short radio programs. He obtained the Premio de Teatro de la Unión de Escritores y Artistas de Cuba and the Distinción por la Cultura Cubana in 1983.

Plays

A nivel de cuadra. Havana: Unión de Escritores y Artistas de Cuba, 1979.

Aquí del G-s soy yo. Havana: Unión de Escritores y Artistas de Cuba, 1981.

Ernesto. Havana: Editorial Letras Cubanas, 1979.

La familia de Benjamin García.

Ha muerto una mujer. Havana: Editorial Letras Cubanas, 1979.

Monica. In *Repertorio teatral.* Havana: Editorial Letras Cubanas, 1990.

La perra.

CUB 012

FULLEDA LEÓN, GERARDO (1942-   ) was born in Santiago de Cuba and graduated from the Seminario de Dramaturgia of the Centro Nacional de Cultura. He also has a degree in history from the Universidad de la Habana. He received an honorable mention at the Concurso La Edad de Oro in Cuba in 1978.

Plays

Aquel verano.

Azogue. In *Algunos dramas de la colonia.* Havana: Editorial Letras Cubanas, 1984.

Cal en las tumbas.

Chago de guisa. Havana: Casa de las Américas, 1989.

Las flores.guille cazador.

Guille trotamundos.

Plácido. In *Algunos dramas de la colonia.* Havana: Editorial Letras Cubanas, 1984.

Los profanadores. In *Algunos dramas de la colonia.* Havana: Editorial Letras Cubanas, 1984.

Proviniciana. Havana: Editorial Gente Nueva, 1989.

Ruandi.

CUB 013

GARZÓN CÉSPEDES, FRANCISCO (1947-   ) was born in Camaguey, Cuba and studied journalism. He began working as an actor in 1962. He has written extensively on theater research, as well as poetry and prose. From 1973 to 1981 he was editor of the theater journal *Conjunto*. He has presented plays throughout Latin America and eastern Europe and has received a number of awards from Cuban theater organizations.

Plays

Gaviota de la noche. In *Tablas,* no. 4 (Oct.-Dec. 1986), pp.1-15.

El pequeño buscador de nidos.

El pequeño jugador de pelota. In *Conjunto*, no. 32 (April-June 1977), pp.90-104.

El pequeño recogedor de caracoles. In *Conjunto*, no. 35 (January-March 1978), pp.61-76.

Redoblante y cundiamor. In *Conjunto* no. 66 (Oct.-Dec. 1985), pp.98-110.

Redoblante y meñique. In *Conjunto*, no 42 (Oct.-Dec. 1979), pp.21-32.

CUB 014

GONZÁLEZ, RAFAEL(1950-   ) was born in Ranchuelo Villa Clara, Cuba. He studied Latin American literature at the Universidad de la Habana. In 1971 he became involved in cultural activities in Escambrey and helped organize the Teatro Escambrey. He has also written prose and children's literature.

Plays

Molinos de viento. In *Tablas,* no. 1/85 (Jan.-March 1984), pp.3-28.

CUB 015

GONZÁLEZ, TOMÁS (1938-   ) was born in Santa Clara, Cuba and studied at the Escuela Normal para Maestros de Las Villas and at the Seminario de Dramaturgia del Centro Nacional de Cultura. He also studied acting and directing at the Universidad Central. He has worked as a singer, actor, director, screenwiter, and dramatist. He won the Premio de Teatro José Antonio Ramos in 1987. He is currently general director at the Teatro Mella in Havana.

Plays

La artista desconocida (1988).

El bello arte de ser o La otra tarde (1986).

Buenas noches, José Milián (1986).

El camarada (1962).

Delirios y visisiones de José Jacinto Milanés (1987). Havana: Unión de Escritores y Artistas de Cuba, 1988.

Eclipse y tu los sabes (1961).

Escambray 61 (1963).

El monstruo (1960).

Shangó Bangoshé (1984).

El trapo sobre el muro (1960).

Hay solución (1972).

Y el trabajo creó a la mujer (1967).

Yago tiene feeling (1962).

CUB 016

GUTIÉRREZ, IGNACIO (1929-   ) was born in Havana and worked in a number of jobs before becoming interested in theater. After the Cuban revolution he went to study directing in Czechoslovakia. Some of his plays were written for children.

Plays
Aventuas del Alquimito (1976).
La casa del marinero (1964). In *Teatro.* Havana: Editorial Arte y Literatura, 1978.
Los chapuzones (1973). In *Teatro.* Havana: Editorial Arte y Literatura, 1978.
La historia del soldado desconocido de Nueva York. In *Tablas*, no.3 (July-September 1986), pp.1-16.
Kunene (1982).
Llévame a la pelota (1970). In *Teatro.* Havana: Editorial Arte y Literatura, 1978.
Puertas abiertas. Havana: Ediciones Unión, 1997.
Viaje a las galzias (1964).

CUB 017
HERNÁNDEZ ESPINOSA, EUGENIO (1936-) was born and did his studies in Havana. His theater is characterized by strong lyricism, the use of popular language and for his attention to the Afro-Cuban culture. In 1977 he won the Premio Teatro de Casa de las Américas. He has also directed and written screenplays.

Plays
Emelina Cundiamor. In *Tablas,* no. 3 (July-Sept. 1989), pp.10-13.
La machuca
María Antonia. Havana: Editorial Letras Cubanas, 1979. In *Teatro.* Havana: Letras Cubanas, 1989.
Mi socio Manolo. In *Teatro.* Havana: Letras Cubanas, 1989.
Oba y Shangó.
Obedi el cazador in Tablas no. 4 (Oct. – Dec.. 1984), pp.2-19.
Patakín.
Los peces en la red.
La Simona. Havana: Casa de las Américas, 1977. In *Teatro.* Havana: Letras Cubanas, 1989.
El sacrificio (1962). In *Teatro.* Havana: Letras Cubanas, 1989.

CUB 018
LAUTEN, FLORA is an actress, director and playwright. She is associated with the Teatro Estudio and Teatro Escambray. She directs the Teatro la Yaya.

Plays
Los hermanos. In *Conjunto*, no. 27 (January-March 1976), pp.19-38.
Otra tempestad. Havana: Ediciones Alarcos, 2000.
Teatro la Yaya. Havana: Editorial Letras Cubanas, 1981.

CUB 019
LEMIS, SALVADOR (1962-) was born in Holguín and graduated from the Instituto de Arte in drama and theater history. He won a number of

literary prizes in his province and has won an award in the concurso Edad de Oro in Cuba in 1985 for his drama.

Plays

Galápagos. In *Tablas*, no. 1 (Jan.-March 1986), pp.A1-A19.

Siete manzanas por Navidad. Guadalajara, Mexico: Editorial Conexión Gráfica, 2000.

CUB 020

LOREDO ALONSO, RÓMULO is a poet and dramatist. He is director of literature and publications of the Delegación Provincial de Cultura de Camaguey.

Plays

Cantar por Tilín García. In *Teatro popular.* Havana: Editorial Arte y Literatura, 1978.

Cruzar el puente. In *Teatro popular.* Havana: Editorial Arte y Literatura, 1978.

La guarandinga de arroyo blanco. In *Conjunto,* no. 24 (April-June 1975), pp.110-123; *Teatro popular.* Havana: Editorial Arte y Literatura, 1978.

Las malangas. In *Teatro popular.* Havana: Editorial Arte y Literatura, 1978.

Matrimonio por decreto. In *Teatro popular.* Havana: Editorial Arte y Literatura, 1978.

Pedro Manso. In *Teatro popular.* Havana: Editorial Arte y Literatura, 1978.

Seide de la montaña. In *Teatro popular.* Havana: Editorial Arte y Literatura, 1978.

Tumba Antonio, dale que dale o El tesoro del pirata. In *Teatro popular.* Havana: Editorial Arte y Literatura, 1978.

CUB 021

MANET, EDUARDO (1927-   ) was born in Havana where he studied philosophy and literature. He later went to study in France and Italy and upon returning to Cuba worked as a theater critic, television writer, director and screenwriter. Much of his work has been written in French and published in France where he has lived for many years. He has also recently written novels.

Plays

Un balcón sur les Andes. In *Théâtre.* Paris: Gallimard, 1985.

La infanta que quiso tener los ojos verdes

Le jour où Marie Shelley rencontra Charlotte Brontë. Paris: L'Avant Scène, 1979.

Lady Strass. Paris: L'Avant-scène, 1977.

Ma'Déa. In *Théâtre.* Paris: Gallimard, 1985.

Mendoza, en Argentine. In *Théâtre.* Paris: Gallimard, 1985.

Les nonnes; parabole en deux actes. Paris: Gallimard, 1969.

Presagio y scherzo.

CUB 022

MATAS, JULIO (1931-) was born in Havana and studied at the Escuela de Arte Dramática at the Universidad de la Habana. He also pursued a degree in law, but never worked as an attorney. He founded a literary magazine, *Laberinto* and was a director and actor at the Teatro Nacional de Cuba. In 1965 he left Cuba to teach at the University of Pittsburgh. He is well known for his narrative and poetry as well as his theater.

Plays

Aquí cruza el ciervo. Miami: Ediciones Universal, 1990.

La crónica y el suceso. Havana: Ediciones R, 1964; Miami: Ediciones Universal, 1990.

El extravío. Miami: Ediciones Universal, 1990. In English as *Deviations* in *3 masterpieces of Cuban drama*. Los Angeles: Green Integer, 2000.

Juegos y rejuegos. Miami: Ediciones Universal, 199

Ladies at play. In *Selected Latin American one-act plays*. Pittsburgh: University of Pittsburgh Press, 1973.

Transiciones, migraciones. Miami: Ediciones Universal, 1993.

CUB 023

MONTERO, REINALDO (1952-) was born in Ciego Montero, Cuba and studied philology at the Universidad de la Habana. He wrote poetry and short stories in addition to plays. He is associated with the Grupo Teatro Estudio and has won the Premio David de Teatro in Cuba.

Plays

Alquiles y la tortuga. In *Tablas*, no. 3 (July-Sept. 1988), pp.1-23.

Con tus palabras (1984). Havana: Ediciones Unión, 1987.

Historia de caracol. Havana: Editorial Letras Cubanas, 1994.

Memoria de las lluvias. Havana: Unión de Escritores y Artistas de Cuba, 1989.

CUB 024

MONTES HUIDOBRO, MATÍAS (1931-) was born in Sagua la Grande Cuba, studied in Havana, and worked as a secondary school teacher, professor of journalism, and theater critic. He began writing plays in the early 1960's. In 1961 he emigrated to the United States where he teaches at the University of Hawaii. He has also written short stories and novels.

Plays

Los acosados (1960). In *Lunes de Revolucion,* no. 4 (May 1959), pp.101-104; In *Obras en un acto.* Honolulu: Editorial Persona, 1991.

La botija (1960). In *Casa de las Américas,* vol. 1, no. 1 (1959), pp.4-19; In *Obras en un acto.* Honolulu: Editorial Persona, 1991.

Exilio. Honolulu: Editorial Persona, 1988.

Fetos. In *Obras en un acto.* Honolulu: Editorial Persona, 1991.

Funeral en Teruel. Honolulu: Editorial Persona, 1990.

La garganta del diablo. In *Obras en un acto.* Honolulu: Editorial Persona, 1991.

Gas en los poros (1961). In *Teatro Cubano en un acto*. Havana: Ediciones R, 1963; In *Obras en un acto*. Honolulu: Editorial Persona, 1991.

Hablando en chino. In *Obras en un acto*. Honolulu: Editorial Persona, 1991.

Lección de historia. In *Obras en un acto*. Honolulu: Editorial Persona, 1991.

La madre y la guillotina (1961). In *Selected Latin American one-act plays*. Pittsburgh, PA: University of Pittsburgh Press, 1973; In *Obras en un acto*. Honolulu: Editorial Persona, 1991.

La navaja de Oloffe. In *Obras en un acto*. Honolulu: Editorial Persona, 1991.

Ojos para no ver (1979). Miami: Ediciones Universal, 1979.

La sal de los muertos (1971). In *Teatro selecto contemporáneo hispanoamericano*. Madrid: Escelicer, 1971.

Sobre las mismas rocas. In *Obras en un acto*. Honolulu: Editorial Persona, 1991.

La soga. In *Obras en un acto*. Honolulu: Editorial Persona, 1991.

El tiro por la culata (1950). In *Teatro Cubano revolucionario*. Marianao, Cuba: Ediciones del Municipio de Marianao, 1961; In *Obras en un acto*. Honolulu: Editorial Persona, 1991.

Las vacas (1960).

CUB 025
MUÑOZ, CARAVACA, RICARDO (1964-   ) was born in Cienfuegos and studied at the Instituto Superior de Arte. He works in theater in Camaguey province.

Plays

A la vuela; año mil novecientos tanto. In *Nostalgias de escenario*. Havana: Editorial Letras Cubanas, 1994.

Concierto para violines: fuga al sol sostenido.

La gran temporada. In *Tablas*, no. 4 (Oct.-Dec 1987), pp.1-11; In *Nostalgias de escenario*. Havana: Editorial Letras Cubanas, 1994.

Las rosas de María Fonseca. In *Nostalgias de escenario*. Havana: Editorial Letras Cubanas, 1994.

CUB 026
ORIHUELA, ROBERTO (1950-   ) was born in Cienfuegos and studied drama and set design at the Instituto Superior de Arte. He has worked with Grupo Teatro Escambray since 1972. He has received numerous prizes from the Unión de Escritores y Artistas de Cuba as well as the Cuba's Premio La Edad de Oro.

Plays

A las armas, valientes. In *La edad de oro: Concurso La Edad de Oro 1977*. Havana: Gente Nueva, 1978.

Accidente. s.l.: s.n., 1986.

Días de primavera. In *Conjunto*, no. 35 (Jan.-March 1978), pp.77-85.

La emboscada (1979). Havana: Unión de Escritores y Artistas de Cuba, 1981. In *Lucha contra bandidos*. Havana: Editorial Letras Cubanas, 1983.

El juicio. In *Lucha contra bandidos.* Havana: Editorial Letras Cubanas, 1983.

Nosotros los campesinos.

Los novios. Havana: Editorial Letras Cubanas, 1980.

Ramona. In *Un pelo en plena juventud.* Havana: Unión de Escritores y Artistas de Cuba, 1978.

Siete dias en la vida de un hombre. In *Tablas,* no. 4 (Oct.-Dec. 1988), pp 1-23.

Unos hombres y otros. In *Lucha contra bandidos.* Havana: Editorial Letras Cubanas, 1983.

CUB 027

PARRADO, GLORIA (1927-1986) was born in Camaguey. She began writing at a young age and dedicated herself to becoming an actress, playwright, critic, and professor of theater. She won the Premio Casa de las Américas. Her work has been translated into English, French, and German.

Plays

Bembeta y Santa Rita. In *Tríptico.* Havana: Ediciones Unión, 1984.

La brújula. In *Teatro.* Havana: Editorial Letras Cubanas, 1984; *Dramaturgas latinoamericanas contemporáneas.* Madrid: Editorial Verbum, 1991.

El mago. In *Teatro.* Havana: Editorial Letras Cubanas, 1984.

Mil novecientos cinco. In *Tríptico.* Havana: Ediciones Unión, 1984.

Muerte en el muelle. In *Tríptico.* Havana: Ediciones Unión, 1984.

La paz en el sombrero. In *Teatro.* Havana: Editorial Letras Cubanas, 1984.

CUB 028

PEDRO, ALBERTO (1954-   ) was born in Havana and studied at the Escuela Nacional de Arte. He is a member of the Grupo Cubana de Acero and is associated with the Teatro Político Bertolt Brecht. He has also acted on television and has written poetry in addition to plays.

Plays

Comunicado.

El que sube.

Finita pantalones.

Tema para Verónica.

Weekend in Bahia. In *Tablas,* no. 2 (April–June 1987), pp.1-37; *Repertorio teatral.* Havana: Letras Cubanas, 1990.

CUB 029

PIÑERA, VIRGILI0 (1912-1979) was born in Cárdenas, Cuba and studied philosophy and literature at the Universidad de la Habana. At age 30 he became associated with famed Cuban writer José Lezama Lima and began to writte poetry, novels, and theater. He lived in Argentina and Spain for a number of years, before returning to Cuba after the Revolution. He was persecuted under the Revolution for his homosexuality and his intellectual idea. Some of his work was confiscated upon his death. He was awarded the Premio Casa de las Américas in 1968. He is considered one of the best Cuban writers of his generation.

Plays

Aire frío (1958). Havana: Editorial Pagrán, 1959. In *Teatro completo.* Havana: Ediciones R, 1961. In English as *Cold air.* New York: Theater Communications Group, 1985.

El album (1964). In *Conjunto*, nos. 61-62, (July-Dec. 1984), pp.61-71.

Un arropamiento sartorial en la caverna platómica. In *Tablas*, no. 1 (Jan.-March 1988), pp.1-16.

La boda (1957). In *Teatro completo.* Havana: Ediciones R, 1961.

Una caja de zapatos vacía. Miami: Ediciones Universal, 1986. In *Teatro inédito.* Havana: Editorial Letras Cubanas, 1993. In English as *An empty shoe box* in *3 masterpieces of Cuban drama.* Los Angeles: Green Integer 2000.

Dos viejos pánicos. Havana: Casa de las Américas, 1968.

Ejercicio de estilo. In *Teatro inédito.* Havana: Editorial Letras Cubanas, 1993.

Electra Garrigó (1941). In *Teatro completo.* Havana: Ediciones R, 1961.

Estudio in blanco y negro. In *Teatro breve hispanoamericano contemporaneo.* Madrid: Aguilar, 1960.

Falsa alarma (1948). In *Teatro completo.* Havana: Ediciones R, 1961.

El filántropo (1960). In *Teatro completo.* Havana: Ediciones R, 1961.

El flaco y el gordo. In *Teatro completo.* Havana: Ediciones R, 1961.

Intermes. In *Teatro* inconcluso. Havana: Contemporáneas, 1990.

Jesús (1948). In *Teatro completo.* Havana: Ediciones R, 1961.

Milanés. In *Teatro inconcluso.* Havana: Contemporáneas, 1990.

La niñita querida (1966). In *Teatro inédito.* Havana: Editorial Letras Cubanas, 1993.

El no. Mexico City: Vuelta/Heliópolis, 1994. In *Teatro inédito.* Havana: Editorial Letras Cubanas, 1993.

¿Un pico, o una pala? In *Teatro inconcluso.* Havana: Contemporáneas, 1990.

Pompas de jabón. In *Teatro* inconcluso. Havana: Contemporáneas, 1990.

El ring. In *Teatro inconcluso.* Havana: Contemporáneas, 1990.

Siempre se olvida algo (1964).

Los siameses. In *Teatro inconcluso.* Havana: Contemporáneas, 1990.

La sorpresa (1960).

El trac. In *Teatro inédito.* Havana: Editorial Letras Cubanas, 1993.

El viaje. In *Teatro inconcluso.* Havana: Contemporáneas, 1990.

CUB 030
PINO, AMADO DEL (1960-   ) is a poet and dramatist. He studied theater at the Instituto Superior de Arte and worked with the Conjunto

Dramático de Camaguey and for the Cuban theater magazine *Tablas*. He has won various national prizes for his poetry and theater.

Plays

Novena inning

Tren hacia la dicha. Havana. Editorial Letras Cubanas, 1994. In *Tablas*, no. 3 (Jan.-March 1987), pp.1-32.

CUB 031

QUINTERO, HÉCTOR (1942-   ) was born in Havana and wrote his first play at age 14. He studied business at the Universidad de la Habana and worked as an actor in the Liceo de la Habana. He has won numerous prizes including the Premio del Instituto Latinaoamericano del Teatro and the Premio del Instituto Internacional del Teatro in Paris. He is artistic director of Teatro Musical in Havana and works for the Unión de Escritores y Artistas de Cuba.

Plays

El abrigo. In *Diez cuentos teatralizados*. Havana: Editorial Letras Cubanas, 1985.

Algo muy serio (1976).

El caballero de Pogolotti (1983). Havana: In *Teatro*. Havana: Editorial Arte y Literatura, 1978.

Chorrito de gentess.

Contigo pan y cebolla (1963). In *Teatro*. Havana: Editorial Arte y Literatura, 1978.

Cuentos del Decamerón. In *Diez cuentos teatralizados*. Havana: Editorial Letras Cubanas, 1985.

La dama de pique.

Declaración de principios. In *Tablas*, no .3 (July-Sept. 1989), p 15.

Habitación 406 (1961).

La habladora (1956).

Mambrú se fue a la guerra (1970). In *Teatro*. Havana: Editorial Arte y Literatura, 1978.

La obra de arte. In *Diez cuentos teatralizados*. Havana: Editorial Letras Cubanas, 1985.

Ojos azules (1960).

Paisaje blanco. In *Diez cuentos teatralizados*. Havana: Editorial Letras Cubanas, 1985.

El premio flaco (1964). Havana: Casa de las Américas, 1966. In *Teatro*. Havana: Editorial Arte y Literatura, 1978.

El ruiseñor y la rosa. In *Diez cuentos teatralizados*. Havana: Editorial Letras Cubanas, 1985.

Sábado corto. In *Tablas*, no. 3 (July-September 1986), pp.1-32; *Repertorio teatral*. Havana: Letras Cubanas, 1990.

Los siete pecados capitales.

Si llueve te mojas como los demás. In *Teatro*. Havana: Editorial Arte y Literatura, 1978.

Te sigo esperando. Madrid: Publicaciones de la Asociación de Directores de Escena de España, 1998; Havana: Editorial Letras Cubanas, 2000.
La ultima carta de la baraja (1979).

CUB 032
RODRÍGUEZ, JACINTO (1945-   ) was born in Havana and became involved in revolutionary groups at a young age. He has written poems, plays, and short stories as well as for Cuban television.

Plays
La barbacoa.
El brete.
El escache.
El sudor o las cosas de la verdad. In *Tablas*, no.1 (Jan.-March 1987), pp.1-32.

CUB 033
SÁNCHEZ, HERMINIA (1927-   ) is an actress and dramatist who was active in the Grupo Teatro Escambray. She later was associated with the Teatro de Participación Popular, a Marxist theater group that often wrote collective pieces to be performed in public spaces.

Plays
Audiencia en la Jacoba.
Amante y Penol. In *Conjunto*, no. 39 (Jan.-March 1979), pp.82-129.
Cacha Basilia de Cabanao.

CUB 034
TRIANA, JOSÉ (1931-   ) was born in Hatuey, Cuba. After studying at the Universidad del Oriente in Santiago de Cuba he went to live in Spain where he became interested in theater. There he wrote poetry and his first theatrical works. After the Revolution, he returned to Cuba and began to produce plays. He is one of the best known Cuban playwrights of the 1960's and he won the Premio Casa de las Américas in 1966. His plays have been translated into English, French, Czech, Hebrew, and Portuguese and performed in Europe and Asia as well as in Latin America.

Plays
La casa ardiendo (1962)
Ceremonial de guerra. Honolulu: Editorial Persona, 1990.
El incidente cotidano (1963)
Medea en el espejo (1960). Madrid: Editorial Verbum, 1991.
El mayor general hablará de teogonía (1957).
La muerte del ñeque. Havana: Ediciones R, 1964.
La noche del los asesinos (1965). Havana: Casa de las Américas, 1965; Madrid: Ediciones Cátedra, 2001; Madrid: Editorial Verbum, 1991. In *Teatro Cubano*. Madrid: Primer Acto,1969. In English as *The criminals* in *The modern stage in Latin America: six plays*. New York: E.P. Dutton,

1971. In French as *La nuit des assassins*. Paris: Gallimard, 1969. In
Portuguese as *A noite dos assassinos*. Lisbon: Jornal do Fundão, 1972. In
Czech as *Noc vrahu*. Prague: Dilia, 1970. In Hebrew as *Lel ha-rotshim*.
Tel Aviv: s.n., 1960?

Palabras comunes. Madrid: Editorial Verbum, 1991.

El parque de la Fraternidad (1962). Havana: Unión de Escritores y Artistas
de Cuba, 1962.

CUB 035

VALDÉS VIVO, RAÚL (1929-   ) was a war correspondent for Cuba
during the Vietnam war. Although he worked primarily a journalist, he
also wrote short stories and drama. He later served as Cuban ambassador
to Vietnam.

Plays

Naranjas en Saigon. Havana: Editorial Arte y Literatura, 1977. In *Conjunto*,
nos. 11-12 (Jan.-Feb. 1972), pp.26-56.

DOMINICAN REPUBLIC

DOM 001

AVILÉS BLONDA, MÁXIMO (1931-1988) was born in Santo Domingo and studied at the Escuela de Bellas Artes. He wrote for magazines and newspapers for a number of years. He received his doctorate at the Universidad de Santo Domingo in 1953 where he later taught and served as director of the Teatro Universitario. In 1978, he was awarded the Premio Nacional de Poesía.

Plays

Las manos vacías, pieza ensayo. Ciudad Trujillo, Dominican Republic: Arqueo, 1959.

La otra estrella en el cielo. In *Teatro.* Santo Domingo: Ediciones de la Sociedad de Autores y Compositores Dramáticos de la República Dominicana, 1968.

Pirámide 179. In *Teatro.* Santo Domingo: Ediciones de la Sociedad de Autores y Compositores Dramáticos de la República Dominicana, 1968.

Yo, Bertolt Brecht. In *Teatro.* Santo Domingo: Ediciones de la Sociedad de Autores y Compositores Dramáticos de la República Dominicana, 1968.

DOM 002

CHAPUSEAUX, MANUEL was born in Puerto Plata, and has been director of the Grupo de Teatro Guayumba since 1976. This group has participated in international theater festivals. Many of his plays are based on plays from the Spanish Golden age

Plays

Cuentos de Pedro Urdemales.

Don Quijote y Sancho Panza.

Lazarillo.

Pin, Pan, Pon: que gracioso es Calderón.

DOM 003

CRUZ, GIOVANNY is an actor and director in addition to writing plays. He is co-producer of the Dominican weekly television program "El Gordo de la Semana." He was nominated for the Premio El Casandra for theater direction in 1990.

Plays

Amanda. Santo Domingo: Taller, 1993.

En un acto. Santo Domingo: Editora de Colores, 1985.

La virgen de los narcisos. Santo Domingo: Taller, 1993.

DOM 004

DEIVE, CARLOS ESTEBAN (1935-   ) was born in Spain but grew up in Sarria, Dominican Republic. He holds a doctorate in history and civilization from the Universidad Autónoma de Santo Domingo, where he is Dean of Humanities and Education. He also works for the Museo del Hombre Domincano. In addition to theater, he also writes novels, short stories, essays, and history. He won the Premio Nacional de Literatura in 1963 and the Premio Nacional de Ensayo in 1975.

Plays

El hombre que nunca llegaba. Santo Domingo: Editora del Caribe, 1971.

El líder máximo.

Los señores impertinentes.

DOM 005

DISLA, REYNALDO (1956-   ) was born in Cotuí, Dominican Republic and has written short stories as well as plays. He won second place in the Concurso de Cuentos de la Casa de Teatro in 1989 and the Premio Casa de las Américas in 1985.

Plays

Bolo Francisco. Havana: Casa de las Américas, 1985; Santo Domingo: Biblioteca Nacional, 2000.

La cárcel encantada. In *Función de hastío y otras piezas.* Santo Domingo: Biblioteca Nacional, 1993.

Un commercial para Máximo Gómez. In *Función de hastío y otras piezas.* Santo Domingo: Biblioteca Nacional, 1993.

Detrás de la puerta. In *Función de hastío y otras piezas.* Santo Domingo: Biblioteca Nacional, 1993.

Dos pasos de paz, dos pasos de guerra. In *Función de hastío y otras piezas.* Santo Domingo: Biblioteca Nacional, 1993.

Función de hastío. In *Función de hastío y otras piezas.* Santo Domingo: Biblioteca Nacional, 1993.

La muerte aplaudida. In *Premios Teatro 1989.* Santo Domingo: Casa de Teatro, 1991.

Sinopsis del hombre se enguyó (1989).

El tacto y la sierpe (1983).

Via intestinal (1980)

DOM 006
  DOMÍNGUEZ, FRANKLIN (1931-   ) was born in Santiago, Dominican
  Republic. He holds a law degree from the Universidad Autónoma de
  Santo Domingo. He also studied theater in the United States. He is
  regarded as a founder of experimental theater in the Dominican Republic.
  He has written all types of drama, including musicals and screenplays,
  and has also worked as an actor. In politics he was nominated for the
  Vice Presidency of the Dominican Republic by the Partido Popular
  Cristiano in 1990. Several of his works have been translated into French
  and English as well as Russian and Chinese. He won the Premio
  Nacional de Teatro in 1978. He was also decorated with the Orden
  Heráldica de Cristobál Colon in 1989 for his work at the Teatro de Bellas
  Artes, where he has served as director since 1992.

Plays
  Un amigo desconocido nos aguarda. Ciudad Trujillo, Dominican Republic:
    G. Domínguez, 1958.
  Antígona-humor. Santo Domingo: Sociedad de Autores y Compositores
    Dramáticos, 1968.
  Las aventuras de Chacalaca y Pelón.
  Bailemos ese tango.
  Bienvenido a Casa, Johnny.
  Los borrachos. In *Obras premiadas.* Santo Domingo: Biblioteca Nacional,
    1993.
  La broma del Senado.
  Drogas. In *Obras premiadas.* Santo Domingo: Biblioteca Nacional, 1993.
  El encuentro. Santo Domingo: Sociedad de Autores y Compositores
    Dramáticos, 1968.
  La espera. Ciudad Trujillo, Dominican Republic: Editora Arte y Cine, 1959.
  Espigas maduras. Santo Domingo: Sociedad de Autores y Compositores
    Dramáticos, 1968.
  El éxodo.
  Las extrañas presencias. Santo Domingo: Secretaría de Estado de
    Educación, Bellas Artes y Cultos, 1993.
  Hombres y relojes.
  Lisístrata odia la política. Santo Domingo, Dominican Reublic: Secretaría
    de Estado de Educación, Bellas Artes y Cultos, 1981. In *Obras
    premiadas.* Santo Domingo: Biblioteca Nacional, 1993.
  La niña que quería ser princesa. In *Marionetas.* Ciudad Trujillo, Dominican
    Republic: Editora Librería Dominicana, 1958.
  Omar y los demas. In *Obras premiadas.* Santo Domingo: Biblioteca
    Nacional, 1993.
  El primer voluntario de junio. In *Obras premiadas.* Santo Domingo:
    Biblioteca Nacional, 1993.
  Que buena amiga es mi suegra.
  Se busca un hombre honesto. Santo Domingo: s.n., 1965.

El vuelo de la Paloma.

DOM 007

GARCÍA GUERRA, IVÁN (1938-   ) was born in Macorís He is a technical director at the Instituto de Cultura of Radio Dominicano. He has worked in journalism, advertising, and public relations for various companies and served as Director of the Teatro de Bellas Artes. He has also been a professor at the State University of New York and at Pontifical Universidad Católica Madre y Maestra. He has won three Premios Talía as well as as the Premio Nacional de Teatro Cristóbal de Llerena.

Plays

Andrómaca.

Don Quijote de todo el mundo. In *Teatro, 1963-1981.* Santiago, Dominican Republic: Universidad Católica Madre y Maestra, Departamento de Publicaciones, 1982.

Fábula de los cinco caminantes. In *Teatro, 1963-1981.* Santiago, Dominican Republic: Universidad Católica Madre y Maestra, Departamento de Publicaciones, 1982.

Un héroe más para la mitología. In *Teatro, 1963-1981.* Santiago, Dominican Republic: Universidad Católica Madre y Maestra, Departamento de Publicaciones, 1982.

Los hijos del fenix. In *Teatro, 1963-1981.* Santiago, Dominican Republic: Universidad Católica Madre y Maestra, Departamento de Publicaciones, 1982.

Interioridades. In *Teatro, 1963-1981.* Santiago, Dominican Republic: Universidad Católica Madre y Maestra, Departamento de Publicaciones, 1982.

Más allá de la búsqueda. Santiago, Dominican Republic: Universidad Católica Madre y Maestra, 1967. In *Teatro, 1963-1981.* Santiago, Dominican Republic: Universidad Católica Madre y Maestra, Departamento de Publicaciones, 1982.

Muerte del héroe. In *Teatro, 1963-1981.* Santiago, Dominican Republic: Universidad Católica Madre y Maestra, Departamento de Publicaciones, 1982.

Solitud. In *Premios teatro 1993.* Santo Domingo: Casa de Teatro, 1995.

Los tiranos. In *Teatro, 1963-1981.* Santiago, Dominican Republic: Universidad Católica Madre y Maestra, Departamento de Publicaciones, 1982.

DOM 008

INCHÁUSTEGUI CABRAL, HÉCTOR (1912-1979) graduated from the Universidad de Santo Domingo with a degree in literature. He worked as an editor for the newspapers *Listín Diario* and *La Nación* as well as director of the newspaper *La Opinión.* He also worked in government as an undersecretary in Education, Fine Arts and Culture as well as in

Foreign Relations. He is a member of Real Academia de la Lengua and received the Premio Nacional de Poesía Henríquez Ureña in 1952. He is best known as a poet and member of the "Poesía Sorprendida" movement. His plays are primarily based on Greek models that reflect the strong repression of the Trujillo dictatorship.

Plays

Filoctetes. In *Miedo de un puñado de polvo.* Buenos Aires: Americalee, 1964.

Hipólito.

Promoteo.

DOM 009

JIMÉNEZ, MIGUEL ANGEL (1901-   ) was born Santiago, Dominican Republic. He occupied important posts in the regimes of Dominican leaders Rafael Trujillo and Joaquin Balaguer. He wrote numerous articles and poems for magazines and newspapers as well as short stories and a novel.

Plays

La hija de una cualquiera.

Mi traje nuevo.

DOM 010

JULIÁN, AQUILES (1953-   ) was born in El Seibo, Dominican Republic and has written short stories, poetry and theater. He won the Primer Premio del Consurso de Cuentos de Casa de Teatro in 1982.

Plays

El milagro.

La mujer que llamó Laura.

DOM 011

MEJÍA CASTILLO, WILLIAM DARÍO (1950-   ) was born in San José de Ocoa, Dominican Republic. He won the Primer Premio in the Concurso de Cuentos de Casa de Teatro as well as numerous other prizes. He has also written short stories and a novel.

Plays

Batallando. In *Premios Teatro 1989.* Santo Domingo: Casa de Teatro, 1991.

Encuentro en la astronave. In *Premios Teatro 1991.* Santo Domingo: Casa de Teatro, 1993.

Entre mar y sol (1986).

Reflexiones (1981).

La visión de Paladín. In *Premios Teatro 1993.* Santo Domingo, Casa de Teatro, 1995.

DOM 012
QUIDIELLO DE BOSCH, CARMEN was born in Cuba and was married to former Domincan President Juan Bosch. She wrote for various newspapers in addition to her plays.

Plays
Alguien espera junto al puente.
La eterna Eva y el insoportable Adán: sketch subversivo. Santo Domingo: Alfa y Omega, 1995.
El Peregrino o, La historia de la capa tornasolada. Santo Domingo: Alfa y Omega, 1983.

DOM 013
RODRÍGUEZ FERNÁNDEZ, ARTURO (1948-   ) was born in Santo Domingo. He has worked as a lawyer, journalist, movie critic, professor and movie producer as well as playwright. He graduated from the Universidad Nacional Pedro Henríquez Ureña and did post graduate work at the Université Louis Pasteur in France and the Università Gabriele D'Annunzio in Italy. He has won numerous prizes including the Premios Casa de Teatro, Premio de la *Revista Hispamérica* and Premio de la Universidad de San Marcos (Guatemala).

Plays
Cordón umbilical. In *Concurso* de Teatro 1983. Santo Domingo, Casa de Teatro, 1985; *Dramas y comedias en ocho obras teatrales.* Santo Domingo: Banco de Reservas de la República Dominicana, 1996.
Espectador de la nada.
Hoy no toca la pianista gorda.
Las mujeres de enfrente. In *Dramas y comedias en ocho obras teatrales.* Santo Domingo, Banco de Reservas de la República Dominicana, 1996.
Palmeras al viento. In *Dramas y comedias en ocho obras teatrales.* Santo Domingo:Banco de Reservas de la República Dominicana, 1996.
Para que lo escriba otro.
Parecedo a Sebastián. In *Premios Teatro 1989.* Santo Domingo, Casa de Teatro, 1991; *Dramas y comedias en ocho obras teatrales.* Santo Domingo: Banco de Reservas de la República Dominicana, 1996.
Refugio para cobardes. In *Premios Teatro 1989.* Santo Domingo: Casa de Teatro, 1991; *Dramas y comedias en ocho obras teatrales.* Santo Domingo: Banco de Reservas de la República Dominicana, 1996.
Todos menos Elizabeth. In *Premios Teatro 1991.* Santo Domingo, Casa de Teatro, 1993; In *Dramas y comedias en ocho obras teatrales.* Santo Domingo: Banco de Reservas de la República Dominicana, 1996.
El viaje chino. In *Dramas y comedias en ocho obras teatrales.* Santo Domingo: Banco de Reservas de la República Dominicana, 1996

DOM 014
RUEDA, MANUEL (1921-   ) was born in Monte Cristi, Dominican Republic. He studied music at the Liceo Musical and in Santiago, Chile,

where he lived for fourteen years. He served as director of the Conservatorio Nacional de Música for over twenty years. He also wrote poetry and was creater of the movement known as "Pluralismo." He won the Premio Nacional de Literatura and is member of the Academia Dominicana de la Lengua. He has been the director for the Instituto de Investigaciones Folklóricas de la Universidad Nacional Pedro Henríquez Ureña and is currently the Executive Director of the Fundación Corripio. He was given an award from the Dominican government in 1989 for his contributions to Dominican culture.

Plays

Entre alambradas. In *Teatro.* Santo Domingo: Ediciones de la Sociedad de Autores y Compositores Dramáticos de la República Dominicana, 1968.

Retablo de la pasión y muerte de Juana la Loca. Madrid: Ediciones de Cultura Hispánica, 1996.

El Rey Clinejas. Santo Domingo: Alfa y Omega, 1979.

La tía Beatriz hace un milagro. In *Teatro.* Santo Domingo: Ediciones de la Sociedad de Autores y Compositores Dramáticos de la República Dominicana, 1968.

La Trinitaria blanca (1957). Ciudad Trujillo, Dominican Republic: Librería Dominicana, 1957; Santo Domingo: Librería la Trinitaria, 1992. In *Teatro.* Santo Domingo: Ediciones de la Sociedad de Autores y Compositores Dramáticos de la República Dominicana, 1968.

Vacaciones en le cielo. In *Teatro.* Santo Domingo: Ediciones de la Sociedad de Autores y Compositores Dramáticos de la República Dominicana, 1968.

DOM 015

SERULLE, HAFFE (1947-   ) is a writer, painter novelist, director, and professor. He directs the theater at the Universidad Autónoma de Santo Domingo.

Plays

Bianto y su sueño. Santo Domingo: Ediciones Gramil, 1984.

El gran carnaval. Santo Domingo: Fundación Ciencia y Arte, 2001.

Mambrú de Manabao; en defensa del planeta. Santo Domingo: Fundación Ciencia y Arte, 2000.

DOM 016

SIERRA, JIMMY (1944-   ) was born in Najayo Arriba, Dominican Republic and studied law there. He has been a director of television and theater for over 30 years and introduced musical theater and street theater to the Dominican Republic. He has been active in cinema organizations and has won prizes for his short stories, films, and television work, both in the Dominican Republic and abroad.

Plays

La fábula de los ratones que se unieron contra el gato.

Juris Tantum.

DOM 017

TAVERAS UREÑA, JOSÉ DANILO (1935-) was born in Santiago, Dominican Republic and is a theater director, actor, and television broadcaster. He directs the group "Los Comediantes" and was founder of the Teatro Escuela de Santiago in 1952. He won the Premio El Casandra in 1991 for his directing.

Plays

Los comediantes.

Consuelo y Rafael.

DOM 018

VALLEJO DE PAREDES, AÍDA (1913-   ) was born in Santiago de los Caballeros, Dominican Republic. She was educated in the Dominican Republic and taught in Venezuela. She is known primarly as a writer of textbooks.

Plays

Historia de caracoles (1957).

DOM 019

VELOZ MAGGIOLO, MARCIO (1936-   ) was born in Santo Domingo. He has worked as a poet, novelist, and critic and has published numerous journal articles on literary and anthropological topics He is a professor at the Universidad Autónoma de Santo Domingo.

Plays

Creonte. Santo Domingo: Arquero, 1963.

ECUADOR

ECU 001
ADOUM, JORGE (1923-   ) was born in Ambato, Ecuador, of parents of
Lebanese descent. He directed the literary magazine *Letras del Ecuador*
and was editor of the *UNESCO Review*. He lived in Europe for a number
of years, working in various United Nations' capacities. He won the
Primer Premio Continental de Poesía from Casa de las Américas in 1961.
He is primarily known for his poetry, narrative, and essays.

Plays

El sol bajo las patas de los caballos. In *Conjunto*, no. 14 (September-
    December 1972), pp.48-85.

Subida a los infiernos. Quito: Casa de la Cultura Ecuatoriana, 1981.

ECU 002
AGUILERA MALTA, DEMETRIO (1909-   ) was born in Guayaquil, and
was part of a group of Ecuadorian intellectuals known as "Cinco como
un Paño." He also worked as a journalist and later went to live in
Mexico. He served as Undersecretary of Education for Ecuador in the
1940's and as director of the Museo de Bellas Artes in Quito.

Plays

Amor y vino. In *Revista* (Casa de la Cultura Ecuatoriana) año 2, no. 3 (Jan.-
    Dec. 1946), pp.292-311.

Carbón, Sangre azul (1946).

Dientes blancos. Quito: Casa de la Cultura Ecuatoriana, 1955. In *Trilogía
    ecuatoriana; teatro breve*. Mexico City: Ediciones De Andrea, 1959;
    Teatro completo. Mexico City: Finisterre, 1970.

España leal. Quito: Talleres Gráficos de Educación, 1938. In *Teatro
    completo*. Mexico City: Finisterre, 1970.

Fantoche. In *Teatro completo*. Mexico City: Finisterre, 1970.

Honorarios. In *Trilogía ecuatoriana; teatro breve.* Mexico City: Ediciones De Andrea, 1959; *Teatro completo.* Mexico City: Finisterre, 1970.

Infierno negro. Xalapa, Mexico: Universidad Veracruzana, 1967. In *Teatro ecuatoriano.* Guayaquil: Publicaciones Educativas Ariel, 1974; *Teatro completo.* Mexico City: Finisterre, 1970.

Lázaro (1940) In *Revista del Colegio Nacional Vicente Rocafuerte,* no. 53 (January-Sept. 1953), pp.15-42; *Teatro completo.* Mexico City: Finisterre, 1970.

Muerte, S.A. In *Teatro completo.* Mexico City: Finisterre, 1970.

No bastan los átomos. Quito: Casa de la Cultura Ecuatoriana, 1955. In *Teatro completo.* Mexico City: Finisterre, 1970.

El pirata fantasma. In *Dos comedias fáciles.* Boston: Houghton Mifflin, 1950.

Sangre azul. In *Dos comedias fáciles.* Boston: Houghton Mifflin, 1950. In English as *Blue blood.* Washington, DC: Pan American Union, 1948.

El tigre (1956). Quito: Editorial Casa de la Cultura Ecuatoriana, 1956. In *Trilogía ecuatoriana; teatro breve.* Mexico City: Ediciones De Andrea, 1959; *Teatro completo.* Mexico City: Finisterre, 1970; *Teatro ecuatoriano.* Guayaquil: Publicaciones Educativas Ariel, 1974; *Teatro hispánico: three contemporary plays for intermediate students of Spanish.* Lincolnwood, IL.: National Textbook, 1985.

ECU 003

ALBÁN GÓMEZ, ERNESTO (1937-　　　) was the son of prominent Ecuadorian actors. He studied law at the Universidad Católica del Ecuador. For a time he worked as an editor for *El Tiempo,* Dean of the Law Faculty at the Universidad Católica, and also served as Ecuadorian Minister of Education until 1984. He has written short stories and law books in addition to his plays.

Plays

Jueves. In *Teatro.* Quito: Ediciones Ateneo Ecuatoriano, 1963.

El pasaporte. In *Teatro.* Quito: Ediciones Ateneo Ecuatoriano, 1963.

La verdadera historia de Notre-Dame. In *Teatro.* Quito: Ediciones Ateneo Ecuatoriano, 1963.

ECU 004

DESCALZI, CÉSAR RICARDO (1912-　　　) was born in Riobamba, Ecuador. He first studied law and later medicine at the Universidad Central del Ecuador. He founded the literary reviews *Surcos* and *Riscos* and directed the Biblioteca Nacional for a while. He won the Premio de la Universidad Central, Premio Casa de la Cultura, and the Premio Tobar. He also wrote short stories in addition to theater.

Plays

Anfiteatro. Quito: s.n., 1950.

En el horizonte se alzó la niebla.

Portovelo. Quito: Casa de la cultura Ecuatoriana, 1951.

ECU 005
ESTRELLA, ULISES (1939-   ) was born in Tabacundo, Ecuador. He studied law at the Universidad Central del Ecuador. In 1960, along with Fernando Tinajero, he founded the movement of "Tzánzicos," a cultural vanguard movement which had its roots in the Cuban Revolution. Throughout the 1960's he mostly wrote poety, but produced one play. Since the 1970s he has focused on cinema and founded the cinema department at the Universidad Central del Ecuador along with the Cinemateca de la Casa de Cultura del Ecuador.

Plays

Sobre la dominación petrolera y la guerra de 1941. In *Conjunto*, no. 22 (Oct.-Dec. 1974).

ECU 006
GIL GILBERT, ENRIQUE (1912-1973) was born in Guayaquil and studied law and accounting at the Universidad de Guayaquil. A leftist, he was imprisoned at various times throughout the 1950's and 1960's for his activism in the Communist Party. He is best known for his poetry.

Plays

La sangre, las velas, el asfalta; alusión trágica en un acto. Lima, Peru: Servicio de Publicaciones del Teatro Universitario de San Marcos, 1974.

ECU 007
MARTÍNEZ QUEIROLO, JOSÉ (1931-   ) was born in Guayaquil. He studied engineering and later became interested in theater. He attended the Curso de Teatro at the Casa de la Cultura and formed the theater group "Agoa." He also wrote for television .

Plays

El baratillo de la sinceridad. In *Teatro*. Guayaquil, Ecuador: Editorial Casa de la Cultura Ecuatoriana, 1974.

La casa del que dirán. In *Teatro ecuatoriano; cuatro piezas en un acto*. Quito: Editorial del Ministerio de Educación, 1962; *Teatro*. Guayaquil, Ecuador: Oro, 1965; *Teatro*. Guayaquil, Ecuador: Editorial Casa de la Cultura Ecuatoriana, 1974.

Cuestión de vida o muerte. In *Teatro*. Guayaquil, Ecuador: Editorial Casa de la Cultura Ecuatoriana, 1974.

En alta mar. In *Teatro*. Guayaquil, Ecuador: Editorial Casa de la Cultura Ecuatoriana, 1974.

Las faltas justificadas. In *Teatro ecuatoriano; cuatro piezas en un acto*. Quito: Editorial del Ministerio de Educación, 1962; *Teatro*. Guayaquil, Ecuador: Editorial Casa de la Cultura Ecuatoriana, 1974.

Goteras. In *Teatro*. Guayaquil, Ecuador: Oro, 1965; *Teatro*. Guayaquil, Ecuador: Editorial Casa de la Cultura Ecuatoriana, 1974.

Los habladores. In *Teatro.* Guayaquil, Ecuador: Editorial Casa de la Cultura Ecuatoriana, 1974.

Montesco y su señora. In *Teatro.* Guayaquil, Ecuador: Oro, 1965; *Teatro.* Guayaquil, Ecuador: Editorial Casa de la Cultura Ecuatoriana, 1974.

Q.E.P.D. Caracas: CELCIT, 1987. In *Teatro.* Guayaquil, Ecuador: Editorial Casa de la Cultura Ecuatoriana, 1974; *Teatro contemporáneo.* Guayaquil, Ecuador: Publicaciones Educativas Ariel, 1974.

Requiem por la lluvia. Philadelphia, PA: Center for Curriculum Development, 1971. In *Teatro.* Guayaquil, Ecuador: Oro, 1965; *Teatro.* Guayaquil, Ecuador: Editorial Casa de la Cultura Ecuatoriana, 1974.

ECU 008

MOSCOSO VEGA, LUIS A. (1909-   ) was born in Cuenca, Ecuador and studied linguistics in Ecuador and Spain. He worked as a professor, Director of the Academia de Bellas Artes, Governor of Azuay, and served as a deputy in the national congress. He wrote extensively in linguistics along with poetry, narrative, essays, and biography. He was a columnist for *El Comercio* (Quito) and *El Universo* (Guayaquil).

Plays

Anselmo el boticario. Cuenca, Ecuador: Talleres Gráficos de la Municipalidad, 1957.

Ataud de cristal. Cuenca, Ecuador: Editorial Amazonas, 1952.

Conscripción. Cuenca, Ecuador: Editorial El Mercurio, 1941.

Corazones de propulsión a chorro. Cuenca, Ecuador: Núcleo del Azuay de la Casa de la Cultura Ecuatoriana, 1963.

Los mellizos de Doña Amada. Cuenca, Ecuador: Editorial El Mercurio, 1945.

El reclamo del barro. Cuenca, Ecuador: Editorial El Mercurio, 1945.

Reloj de plata. Cuenca, Ecuador: Talleres Gráficos de la Municipalidad, 1957.

El segundo sello. Cuenca, Ecuador: Editorial El Mercurio, 1945.

ECU 009

RODRÍGUEZ CASTELO, HERNÁN (1933-   ) was born in Quito and graduated from the Universidad Católica de Quito. He joined the Jesuit order and taught literature at the Colegio San Gabriel. In the early 1960's he went to study theology at the Pontifica Universidad de Comillas in Spain. While there, he began writing for various Spanish literary periodicals. In 1966 he asked to leave the Jesuit order and began writing for theater. He continued to work as a literary critic, poet, and writer throughout the 1980's. He has written extensively in literary periodicals and children's literature.

Plays

Casandra, el payaso y el vagabundo. In *Teatro contemporáneo.* Guayaquil, Ecuador: Publicaciones Educativas Ariel, 1974.

La fiesta. In *Teatro.* Quito: Editorial Casa de la Cultural Ecuatorians, 1967.

El hijo. In *Teatro*. Quito: Editorial Casa de la Cultural Ecuatorians, 1967.

El pobre hombrecillo. In *Teatro*. Quito: Editorial Casa de la Cultural Ecuatorians, 1967.

ECU 010

SAAD, PEDRO (1940-   ) was born in Guayaquil. In addition to theater he wrote short stories, novels, and was a journalist. He was active in the Teatro Obrero Estudiantil in Guayaquil. A leftist, he has written a number of books on land reform and unionization in Ecuador.

Plays

Emergencia.

Haciendo cola. In *Conjunto*, no. 42 (Oct.-Dec. 1979), pp.51-79.

La historia de la papa.

La loca de Estrella.

Veintinueve de mayo.

ECU 011

SOLA FRANCO, EDUARDO (1915-   ) was born in Guayaquil and studied art in New York. He traveled in Europe for a number of years and later studied ballet in New York with Robert Joffrey of the New York City Ballet. He later served as Artistic Director for that company. One of the great Ecuadorian artistic creators of the twentieth century, he has worked in nearly all art forms: dance, painting, sculpture, film, theater, novel, short stories, and autobiography. He often uses mythological and symbolist themes in his work.

Plays

El apocalipsis. In *Teatro*. Guayaquil, Ecuador: Editorial de la Casa de la Cultura Ecuatoriana, Núcleo del Guayas, 1969.

El arbol de tamarindo. In *Teatro*. Guayaquil, Ecuador: Editorial de la Casa de la Cultura Ecuatoriana, Núcleo del Guayas, 1969.

La habitación en sombras. In *Teatro*. Guayaquil, Ecuador: Editorial de la Casa de la Cultura Ecuatoriana, Núcleo del Guayas, 1969.

Lucha con el angel. In *Teatro*. Guayaquil, Ecuador: Editorial de la Casa de la Cultura Ecuatoriana, Núcleo del Guayas, 1969.

Mermelada de auto. In *Teatro*. Guayaquil, Ecuador: Editorial de la Casa de la Cultura Ecuatoriana, Núcleo del Guayas, 1969.

La mujer enclaustrade en el Ritz. In *Teatro*. Guayaquil, Ecuador: Editorial de la Casa de la Cultura Ecuatoriana, Núcleo del Guayas, 1969.

Trampas al inocente. In *Teatro*. Guayaquil, Ecuador: Editorial de la Casa de la Cultura Ecuatoriana, Núcleo del Guayas, 1969.

ECU 012

TOBAR GARCÍA, FRANCISCO (1928-   ) was born in Quito the son of prominent Ecuadorian historian and politician Julio Tobar. He grew up in Villamil. He studied law at the Universidad Católica del Ecuador and in

Europe. He began writing plays in 1953 working the with group "Teatro El Independiente." He founded and directed the Teatro Independiente de Quito, and was chair of literature at the Universidad Católica de Quito. He directed the literary review *Letras del Ecuador*. In addition to writing and directing theater, he also wrote poetry and literrrary criticism and held diplomatic and government positions.

Plays

El amargo misterio. In *Teatro*. Quito: Editorial Voluntad, 1970.

Ares y mares. In *Teatro*. Quito: Editorial Casa de la Cultura Ecuatoriana, 1962.

Atados de pies y manos. In *Teatro*. Quito: Editorial Casa de la Cultura Ecuatoriana, 1962.

El ave muere en la orilla. In *Teatro: trilogía del mar*. Quito: Libresa, 1991.

Balada para un ímbecil. In *Grandes comedias*. Quito: Editorial Casa de la Cultura Ecuatoriana, 1981.

El buho tiene miedo a las tinieblas. In *Teatro*. Quito: Editorial Voluntad, 1970.

El César ha bostezado. In *Grandes comedias*. Quito: Editorial Casa de la Cultura Ecuatoriana, 1981.

Cuando el mar no exista. In *Tres piezas de teatro*. Quito: Casa de la Cultura Ecuatoriana, 1967.

La dama ciega. In *Tres piezas de teatro*. Quito: Casa de la Cultura Ecuatoriana, 1967.

Los dioses y el caballo. In *Teatro*. Quito: Editorial Casa de la Cultura Ecuatoriana, 1962.

En los ojos vacíos de la gente. In *Teatro*. Quito: Editorial Voluntad, 1970; *Teatro contemporáneo*. Guayaquil, Ecuador: Publicaciones Educativas Ariel, 1974.

En una sola carne. In *Teatro*. Quito: Editorial Casa de la Cultura Ecuatoriana, 1962.

Extraña ocupación. In *Tres piezas de teatro*. Quito: Casa de la Cultura Ecuatoriana, 1967.

Una gota de lluvia en la arena. In *Teatro: trilogía del mar*. Quito: Libresa, 1991.

Un hombre de provecho. In *Grandes comedias*. Quito: Edit. Casa de la Cultura Ecuatoriana, 1981.

El limbo. In *Teatro*. Quito: Editorial Casa de la Cultura Ecuatoriana, 1962.

La llave del abismo. In *Teatro*. Quito: Editorial Casa de la Cultura Ecuatoriana, 1962.

Las mariposas. In *Teatro*. Quito: Editorial Casa de la Cultura Ecuatoriana, 1962.

El miedo. In *Teatro*. Quito: Editorial Casa de la Cultura Ecuatoriana, 1962.

Parábola. In *Teatro*. Quito: Editorial Casa de la Cultura Ecuatoriana, 1962.

Las ramas desnudas. In *Teatro: trilogía del mar*. Quito: Libresa, 1991.

La res. In *Teatro*. Quito: Editorial Casa de la Cultura Ecuatoriana, 1962.

El silencio. In *Teatro*. Quito: Editorial Casa de la Cultura Ecuatoriana, 1962.
Transmigración del avaro. In *Teatro*. Quito: Editorial Casa de la Cultura Ecuatoriana, 1962.

ECU 013
VERA, PEDRO JORGE (1914-   ) was born in Guayaquil and studied law at the Universidad Central de Quito. He also wrote for newspapers such as *El Universo* and wrote plays. A leftist, he was often criticized by the authoritarian regimes in place in Ecuador. He traveled to Cuba and the Soviet Union and met with Mao Tse-Tung and Che Guevara. He also taught at the Universidad Central.

Plays
Los ardientes caminos (1956). Quito: Casa de la Cultura Ecuatoriana, 1956.
El Dios de la selva . Quito: Impr. de la Universidad, 1943; Quito: Editorial Casa de la Cultura Ecuatoriana, 1956.
Estampas quitenas (1954).
Hamlet resuelve su duda (1952). Quito: Casa de la Cultura Ecuatoriana, 1952.
Luto eterno. Quito: Editorial Casa de la Cultura Ecuatoriana, 1956.
La mano de Dios. Quito: Casa de la Cultura Ecuatoriana, 1956.
La otra mano de Dios. Quito: Editorial Casa de la Cultura Ecuatoriana, 1956.

ECU 014
VILLASÍS ENDARA, CARLOS (1930-) was born in Caraquez, Ecuador. He has written poetry, novels, short stories, and theater. He worked for the Casa de la Cultura Ecuatoriana and was active in the literary groups "Galaxia" and "Caminos." He founded the Museo de Arte Latinoamericano in Quito and has won literary prizes in Ecuador and elsewhere.

Plays
Los caminos oscuros de la gloria. Quito: Casa de la Cultura Ecuatoriana, 1978.
El hombre en la máscara. In *Teatro: cuatro piezas*. Quito: Casa de la Cultura Ecuatoriana, 1967.
En cualquier lugar del mundo. In *Teatro: cuatro piezas*. Quito: Casa de la Cultura Ecuatoriana, 1967.
El hombre que cambió su sombra. In *Teatro: cuatro piezas*. Quito: Casa de la Cultura Ecuatoriana, 1967.
San Juan de las Manzanas. In *Teatro: cuatro piezas*. Quito: Casa de la Cultura Ecuatoriana, 1967.

EL SALVADOR

ELS 001
   ARMIJO, ROBERTO 1937- 1997) was born in Calatenango, El Salvador, and studied law in San Salvador. He was a member of the Frente Democrática Revolucionario. He wrote poetry, essays, novels and drama. He won various prizes including the Premio República de El Salvador and the Premio Rubén Darío. In 1997 he was declared Poeta Meritísimo by the National Assembly of El Salvador.

Plays
   Absalón.
   La celda de Jonás. In *Teatro inédito.* Nanterre, France: Ed. Erasme, 1989.
   Los escarabajos.
   El hombre más viejo del mundo. In *Teatro inédito.* Nanterre, France : Ed. Erasme, 1989.
   Jugando a la gallina ciega. San Salvador, El Salvador: Ministerio de Educacion, Dirección de Publicaciones, 1970.
   El príncipe no debe morir.
   Los rapaces. In *Conjunto,* no. 47 (Oct.-Dec. 1980), pp.40-54; *Teatro inédito.* Nanterre, France: Ed. Erasme, 1989.
   Requiem por un violento.
   Temas negras.
   Una trocha en la noche. In *Teatro inédito.* Nanterre, France : Ed. Erasme, 1989.

ELS 002
   BÉNEKE, WALTER (1930-1980) pursued a diplomatic career before taking up theater. He was active in the existensialist and avant garde movements. He won prizes in the Juegos Florales de San Salvador I in 1955 and the Premio del Certamen Nacional de Cultura in 1958. He

served as El Salvador's Minister of Education in 1969. In 1980 he was killed in the civil war in El Salvador.

Plays

Funeral home (1958). San Salvador, El Salvador: Ministerio de Cultura, Departamento Editorial, 1959; Santa Tecla, El Salvador: Clásicos Roxsil, 1990.

El paraíso de los imprudentes. San Salvador, El Salvador: Ministerio de Cultura, Departmento Editorial, 1956

ELS 003

CHÁVEZ VELASCO, WALDO (1932-   ) studied in various European countries, served as a diplomat, and worked for the Teatro de Bellas Artes in San Salvador.

Plays

La corrupción y otras yerbas. San Salvador, El Salvador: EDICA, 1988.

Fábrica de sueños. San Salvador, El Salvador: Ministerio de Cultura, Dirección General de Bellas Artes, 1957; Santa Tecla, El Salvador: Editorial Clásicos Roxsil, 1990.

Ruth de Moab. San Salvador, El Salvador: UDESA, 2000.

El sombrero de otoño. San Salvador, El Salvador: Dirección de Publicaciones e Impresos, 1997.

El zipitín.

ELS 004

ESCOBAR GALINDO, DAVID (1943-   ) born in San Salvador where he received a law degree. He has written poetry, short stories, novels, and children's literature. He has received numerous awards, including the Premio Pedro Bargueño in Granada, Spain for his drama. He also received the Premio Único de Teatro in el Certamen Centroamericano in 1984.

Plays

Despues de medianoche (1980). Santa Tecla, El Salvador: Impr. y Offset Ricaldone, 1988.

El espejo en llamas.

Las hogueras de Itaca (1984). San Salvador, El Salvador: Ediciones Thau, 1987.

Volver a casa (1979).

ELS 005

LINDO, HUGO (1917-   ) has occupied a number of promient diplomatic and government positions in El Salvador, including Minister of Education and ambassador to Chile, Colombia, and Spain. He has written essays, novels, short stories and poetry as well as drama.

Plays

Una pieza francamente celestial (1966).

ELS 006
MÉNDEZ, JOSÉ MARÍA (1916-) was a judge in El Salvador. He often wrote under the pseudonum "Flit" in newspapers. He was editor of the *Diario Patria Nueva.* In addition to drama, he also wrote short stories.

Plays
Disparatario. San Salvador: Ministerio de Educación, Dirección de Publicaciones, 1977.
Este era un rey.
Tres mujeres al cuadrado.

ELS 007
MENÉN DESLEAL, ÁLVARO (1931-2000) studied diplomacy in Spain and lived in Europe and Africa. He also taught Latin American literature in the U.S. and Europe. He wrote short stories, poetry, essays and narrative in addition to theater and was a pioneer in television journalism in El Salvador. He served as the Director of the Teatro Nacional from 1977-1979 and was also a cultural affairs officer in Guatemala and Mexico. He was exiled twice for his political beliefs. He won the Primer Premio Hispanoamericano de Teatro and the Salvadoran National Assembly declared him "Escritor Meritísimo.

Plays
La bicicleta al pie de la muralla. San Salvador, El Salvador: Dirección de Publicaciones e Impresos, Consejo Nacional para la Cultura y el Arte, 2000.
Luz Negra (1967). San Salvador, El Salvador: Ministerio de Educación, Dirección General de Publicaciones, 1967; San Salvador, El Salvador: Editorial Tercer Mundo, 1978; San Salvador, El Salvador: Editorial Abril Uno, 1987; San Salvador, El Salvador: Ministerio de Cultura y Comunicaciones, Viceministerio de Comunicaciones, Dirección de Publicaciones e Impresos, 1989.

ELS 008
MENÉNDEZ, ROBERTO ARTURO won the Primer Premio República de El Salvador in 1958.

Plays
La ira del cordero. San Salvador, El Salvador: Ministria de Cultura Departamento Editorial, 1959.
Nuevamente Edipo. San Salvador, El Salvador: Ministerio de Educación, Dirección General de Publicaciones, 1967.

ELS 009
RODRÍGUEZ RUIZ, JOSÉ NAPOLEÓN was dean of the faculty at the Universidad Nacional de Costa Rica. He studied a number of years in Italy and in Mexico where he was friends with Spanish/Mexican cinematographer Luis Buñuel. He has won a number of prizes, including the Juegos Florales de Zeuzaltenango in Guatemala in 1968.

Plays

Anastasio Rey. San Salvador, El Salvador: Editorial Universitaria de El Salvador, 1970.

Los ataudes.

Los helicópteros.

Rambó.

GUATEMALA

GUA 001

ARCE, MANUEL JOSÉ (1936-1985) was born in Guatemala City and worked as a poet, essayist, journalist, and writer of narrative. He partipated in the literary group "Moira" and directed the literary journal *Desvelo, trino y cimiento*. During the 1944-54 period he was active in the Communist Youth League and was tortured and jaild by the coup leaders of Carlos Castillo Armas. He worked as an assistant to writer Miguel Angel Asturias. After living in exile in Colombia, he returned to Guatemala in 1970 and was named a member of the Academia de la Lengua Española and director of the Editorial Universitaria. In 1978 he was named a counselor in the Revolutionary leadership and under threat of death he fled to France where he died.

Plays

Conpermiso. In *Delito, condena y ejecución de una gallina y otras piezas de teatro grotesco*. San José, Costa Rica: Editorial Universitaria Centroamericana, 1971.

De compras. In *Delito, condena y ejecución de una gallina y otras piezas de teatro grotesco*. San José, Costa Rica: Editorial Universitaria Centroamericana, 1971.

Delito, condena y ejecución de una gallina. In *Delito, condena y ejecución de una gallina y otras piezas de teatro grotesco*. San José, Costa Rica: Editorial Universitaria Centroamericana, 1971.

GUA 002

ARÉVALO MARTÍNEZ, RAFAEL (1884-1975) was born in Guatemala City and studied at the Colegio de Infantes. He wrote poetry, drama, essays and narative. He served as Ambassador of Guatemala to the United States and to the Pan American Union., as well as director of the

Biblioteca Nacional for more than twenty years. He was made a member of the Academia Real de la Lengua Española.

Plays

Los duques de Endor. Guatemala, City: Talleres de Imprenta del Centro editorial, 1940.

El hijo pródigo. Guatemala City: Talleres de la Tipografía Nacional de Guatemala, 1956.

GUA 003

ASTURIAS, MIGUEL ANGEL (1899-1974) was born in Guatemala City and studied in France, London and Paris. He worked as a lawyer and served as a diplomat for the Jacobo Arbenz government. After the fall of Arbenz, he lived in Buenos Aires from 1954-1965, and spent his last years in Italy, France, and Spain. He won the Nobel Prize for literature in 1967. Primarily a writer of narrative, he is considered Guatemala's foremost writer.

Plays

Andanza. In *Letras nacionales,* no. 24 (May-June 1974).

La audiencia de los confines (1957). In *Teatro.* Buenos Aires: Editorial Losada, 1964.

Chantaje (1964). In *Teatro.* Buenos Aires: Editorial Losada, 1964.

Dique seco (1964). In *Teatro.* Buenos Aires: Editorial Losada, 1964.

Juárez. Mexico City: Comisión Nacional para la Conmemoración del Centenario del Fallecimiento de don Benito Juárez, 1972.

El rey de la altanería (1964).

Soluna (1957).

GUA 004

CARRILLO, HUGO is a dramatist and theater director and belongs to Guatemala's Generation of 1950. He was actor and founder of the Teatro de Arte Univeristario de la Universidad de San Carlos.

Plays

Autopsia para un teléfono (1972). Guatemala City: Ediciones Teatro-Club, 1973.

La caja de fotografías (1965)

La calle del sexo verde (1959)

El corazón del espantapájaros (1962)

La herencia de la Tula (1964). Guatemala City: Editorial José de Pineda Ibarra, 1974..

Juegos de cascaritas y cascarones

Juegos de micos, pericos, y meolicos.

Juegos de pregoneos. In *Teatro para estudiantes de secundaria.* Guatemala City: Editorial José de Pineda Ibarra, 1978.

El Lazarillo de Tormes..

María. Guatemala City: Teatro Club, 1974.

El ruedo de la mortaja (1972). Guatemala City: Ediciones Teatro-Club, 1973.

El señor presidente. In *Conjunto*, no. 33 (July-Sept. 1977); pp.24- 81.

Un sueño profundo y vacio (1972). Guatemala City: Ediciones Teatro-Club, 1973.

GUA 005

GALICH, MANUEL (1913-1991) was born in Guatemala City and received a degree in education from the Instituto Nacional Central de Varones. He later served as a professor of pedagogy and literature at the Universidad Nacional. He also served as President of the Guatemalan Congress in 1945 and Minister of Public Education and Minister of Foreign Relations under the Arbenz Government. He went into political exile in 1954 and was Jefe del Frente Popular Libertador in the revolution against Ponce Valdés. He fled to Cuba and served as the first director of the Department of Theater of the Casa de las Américas in Havana. He died in Havana in 1991.

Plays

Belém, 1813.

El campanólogo. In *Conjunto*, no. 43 (Jan.-March 1980), pp.106-125.

El canciller Cadejo. Guatemala City: Ministerio de Educación Pública, 1945.

La capilla de Ponciano Corral.

Una carta a Su Ilustrísima.

El ciervo y la ovjea, siendo juez el lobo. In *Obra dramatica de Manuel Galich.* Guatemala City: Universidad de San Carlos de Guatemala, 1989.

Los conspiradores.

Correveidile. In *Obra dramatica de Manuel Galich.* Guatemala City: Universidad de San Carlos de Guatemala, 1989.

De lo vivo a lo pintado. In *Obras de teatro.* Guatemala City: Ministerio de Educación Pública, 1953.

El desgraciado incidente del reloj. In *Obra dramatica de Manuel Galich.* Guatemala City: Universidad de San Carlos de Guatemala, 1989.

Entre cuatro paredes. In *Teatro guatemalteco contemporáneo.* Madrid: Aguilar, 1964; *Conjunto*, no. 63 (Jan.-March 1985), pp.84-131.

Entremes de los cinco pescaditos y el río revuelo. In *Teatrinos.* Havana: Editorial Gente Nueva, 1983.

Gente decente. In *Obra dramatica de Manuel Galich.* Guatemala City: Universidad de San Carlos de Guatemala, 1989.

Gulliver Junior. In *Conjunto*, no. 35 (Jan.-March 1978), pp.86-115.

Hacía abajo. In *Obra dramatica de Manuel Galich.* Guatemala City: Universidad de San Carlos de Guatemala, 1989.

La historia a escena. Guatemala City: Editorial del Miniserio de Educación Pública, 1949.

Ida y vuelta. Guatemala. Talleres de la Tipografía Nacional, 1949.

M'hijo el bachiller. In *Obras de teatro*. Guatemala City: Ministerio de Educación Pública, 1953.

El miedo.

Miel amarga o El oso colmenero. In *Conjunto,* no. 24 (April-June 1975).

Mister John Ténor y yo. Havana: Editorial Letras Cubanas, 1978. In *Conjunto*, no. 28 (April-June 1976), pp.27-111.

The moustic'sa King Dom.

La muerte de Benjamín Zeledón.

La mugre. In *Obras de teatro*. Guatemala City: Editorial del Ministerio de Educación Pública, 1953; Havana: Editorial Letras Cubanas, 1979.

Los natas. In *El tren amarillo y otras obras*. Havana: Editorial Letras Cubanas, 1979.

Los necios.

Operacíon perico. In *Conjunto*, no. 36 (April-June 1978), pp.65-107.

Los paises. In *Obra dramatica de Manuel Galich*. Guatemala City: Universidad de San Carlos de Guatemala, 1989.

Papá Natas. In *Obras de teatro*. Guatemala City: Ministerio de Educación Pública, 1949.

Pasajes de la cuestión de Belice. In *Obra dramatica de Manuel Galich*. Guatemala City: Universidad de San Carlos de Guatemala, 1989.

Pascual Abah. In *Conjunto*, no.6 (1968), pp.36-67; *El tren amarillo y otras obras*. Havana: Editorial Letras Cubanas, 1979.

Un percance en el Brassiere.

El pescado indigesto. Havana: Casa de las Américas,1961; Guatemala City: Ediciones Revista de Guatemala, 1962. In *Conjunto*, no. 15 (Jan.-March 1973); pp.19-58; *El tren amarillo y otras obras*. Havana: Editorial Letras Cubanas, 1979.

Un primo en segundo grado.

Prohibida para menores. In *Conjunto*, nos. 61-62 (July-December 1984), pp.128-145.

Puedelotodo vencido o el gran gukup-cakish. In *Conjunto* no. 29, (July-Sept. 1976), pp.25-43.

El quince de septiembre.

El recurso de Amparo.

El retorno. Guatemala City: Editorial Mínima, 1938. In *Obra dramatica de Manuel Galich*. Guatemala City: Universidad de San Carlos de Guatemala, 1989.

La risa. In *Obra dramatica de Manuel Galich*. Guatemala City: Universidad de San Carlos de Guatemala, 1989.

Ropa de teatro o Para leer al revés. In *Conjunto,* no. 27 (Jan.-March 1976).

San Nicolás y un pastro de barro. In *Obra dramatica de Manuel Galich*. Guatemala City: Universidad de San Carlos de Guatemala, 1989.

La sangre de Valdiviezo.

El señor Gukup-Cakix. Guatemala City: Tip. Nacional, 1939.

El temblor. In *Obra dramatica de Manuel Galich*. Guatemala City: Universidad de San Carlos de Guatemala, 1989.

La trata.

El tren amarillo. Buenos Aires: Ediciones Transición, 1955; Havana: Editorial Tierra Nueva, 1961. *In El tren amarillo y otras obras.* Havana: Editorial Letras Cubanas, 1979.

El último cargo. Havana: Editorial Letras Cubanas, 1979. In *Conjunto*, no.20 (April-June 1974), pp.83-102.

GUA 006

LEMUS, WILLIAM (1950-) was born in Monjas, Guatemala and studied medicine at the Universidad de San Carlos. In addition to theater, he also did medical research, wrote poetry, a novel, and children's plays. He received various literary awards in Central America and was elected Director of the Communidad de Escritores de Guatemala in 1989.

Plays

El gran Titi.

Haciendo llorar al cómico (1980).

Pánico en la cocina. In *Escena* (San José, Costa Rica), no. 26, (1990), pp.87-100.

HONDURAS

HON 001

AGURCIA MEMBREÑO, MERCEDES (1903-1980) was known as a director, dramatist, and founder of the Radio Teatro Infantil de Honduras. Much of her work written for children

Plays

Bajo el mismo alero.
En el teatro como en la vida.
Historia olvidada.
La india bonita.
La espera.
Tirantes azules (1968). Tegucigalpa, Honduras: s.n., 1968.

HON 002

ESTRADA, TITO (1953-   ) won the Premio Nacional de Teatro José Trinidad Reyes.

Plays

Aguirre (1989). Tegucigalpa, Honduras: Departamento del Libro, Dirección General de Cultura, Secretaría de Cultura y Turismo, 1989.

HON 003

MEJÍA, MEDARDO (1907-1981) was born in Manto, Honduras, and was known as a poet, historian, editor of the journal *Ariel*, and playwright. He was named a member of the Academia Hondureña de la Lengua and in 1971 was awarded the Premio Nacional de Literatura Ramón Rosa.

Plays

La ahoracancina. Tegucigalpa, Honduras: Publicaciones de la Revista Ariel, 1971. In *Los diezmos de Olancho.* Tegucigalpa, Honduras: s.n., 1976.
Los chapetones (1946).

Cinchonero. Tegucigalpa, Honduras: Publicaciones de la Revista Ariel, 1965. In *Los diezmos de Olancho.* Tegucigalpa: s.n., 1976.
Medinón. In *Los diezmos de Olancho.* Tegucigalpa: s.n., 1976.

HON 004

MORRIS, ANDRÉS (1928-1987) was born in Valencia, Spain, where he studied law and came to Honduras in 1961. Much of his dramatic production was written in Honduras while serving as head of the Escuela Superior del Profesorado "Francisco Morazán." While living in Spain, he belonged to the cultural group "Vidanueva" and was associated with the Spanish Generation of 1950. He began the Teatro Nacional de Honduras and also worked as a literary critic and researcher. Many of his themes include national issues such as social differences and the abuses of urban property owners agsinst people from the countryside.

Plays

Alteraciones de la paz y el orden. Valencia, Spain: Institució Alfons el Magnànim, 2001.
En un cajón de maderas preciosas. Tegucigalpa, Honduras: Universidad Nacional Autónoma de Honduras, Editorial Universitaria, 1990.
El guarizama. Tegucigalpa, Honduras: s.n., 1966. In *Trilogía ístmica.* Tegucigalpa, Honduras: Universidad Nacional Autónoma de Honduras, 1969.
La miel del abejorro. In *Trilogía ístmica.* Tegucigalpa, Honduras: Universidad Nacional Autónoma de Hondruas, 1969.
Oficio de hombres. In *Trilogía ístmica.* Tegucigalpa, Honduras: Universidad Nacional Autónoma de Honduras, 1969; T*eatro contemporáneo hispanoamericano.* Madrid: Escelicer, 1971.
La tortilla con frijoles (1966).

HON 005

MURILLO SELVA, RAFAEL (1936-   ) was a director of the Teatro Nacional de Honduras. He was the first Honduran director to introduce collective dramatic creation to Honduran theater. Many of these plays dealt with social issues and the problem of indigenous peoples.

Plays

Louvabagu (1980).

HON 006

REYES, CANDELARIO (1958-   ) wrote most of his plays in the northeastern region of Honduras. His plays often deal with the images, language, and history of peasants in that region.

Plays

A raz del suelo (1984).
El acta.
Adiós mis flores.
Bahareque (1985).

Busca mi nombre (1981).
La decisión.
El hombre de tusa (1991).
Novena.
El rufián.
Siete muecas. Santa Bárbara, Honduras: Ediciones Centro Cultural Hibueras, 1991.
Trompo rumbador.
La vuelta.

HON 007

SALVADOR, FRANCISCO (1934-   ) produced many of his works at the Teatro Nacional de Honduras. He received the Premio Nacional de Teatro de Honduras in 1967.

Plays

La chunga (1982).
Maisará o el Soplo (1979).
Muera la inteligencia (1986).
Regina Fischer no muere (1987).
El sueño de Matías Carpio (1967). Tegucigalpa, Honduras: Talleres Tipo-Litográficos Nacionales Aristón, 1968.

HON 008

SOTO ROBELO, ROBERTO (1930-   ) is an actor, and former member of the Teatro Universitario de Honduras. Some of his plays deal with corruption in Honduran elections or with other historical events in Honduras. His plays are characterised by black humor, jokes, and spontaneity. Most of his work remains unpublished.

Plays

Buenas tardes, señor ministro (1964).
La Ciz.
Historia de cuatro caminos.
El jardín de Italia.
El misionero (1965).
El pequeño señor.

MEXICO

MEX 001

AGUSTÍN, JOSÉ (1944-   ) was born in Guadalajara and studied at the Universidad Nacional Autónoma de México. He worked as a journalist and is known for his narrative as well as writing for movies and plays. He is a member of "La Onda," a group of writers in the mid 1960's that marked a new period in Mexican literature.

Plays

Abolición de la propriedad (1968). Mexico City: Joaquín Mortiz, 1969.

Amor del bueno, juego de los puntos de vista (1986). Toluca, Mexico: Gobiernos del Estado de México, 1986.

Los atardeceres priveligiados de la Prepa 6 (*Nos estamos viendo las caras*) (1968). In *Teatro jóven de México*. Mexico City: Novaro, 1980.

Círculo vicioso (1972). Mexico City: Joaquín Moritz, 1974.

Inventado del sueño. Mexico City: Joaquín Moritz, 1968.

MEX 002

ALANÍS, GUILLERMO (1953-1996) was born in Monterrey and studied architecture at the Universidad Autónoma de Nuevo León where he later studied set design and drama. He taught art history and theater in both Nuevo León and Guanajuato.

Plays

El agohado más hermoso del mundo (1988).

El caso de Juanito y sus libros (1984).

La clínica (1980).

De acá, de este lado (1985). In *Tres de la frontera tres*. Mexico City: Secretaria de Educación Pública, 1986.

Diablicia, la pícara seductora (1991).

Diablos contra pastorcillos (1988).

*Entre convivos te veas (*1987).
La gran pastorela mexicana (1991).
Hagan cola (1991).
El jefe invita (1990).
Luto, flores y tamales (1991).
La mala leche (1986).
Mata Hari vestida para espiar (1988).
Mi marido en crisis (1992).
Una pastorela en apuros (1990).
Pastorelas (1978).
La sirenita (1992).
Titanio (1979).
Vámanos al circo (1991).
Ya viene la guerra (1985).

MEX 003
ARAUZ, ÁLVARO (1911-   ) was born in Madrid and has lived in Mexico since 1942. He translated the works of Sartre, Gide, Beauvoir, and others into Spanish. In addition to writing plays, he also edited a major history of World War II.

Plays

La carroza del virrey. Madrid: Ediciones Alfil, 1962.
Castilla vuelve a Castilla. Mexico City: B. Costa-Amic, 1958. In *Sota, caballo y rey.* Madrid: Ediciones Alfil, 1960.
Doscientas veinte madrugadas. Mexico City: Ecuador 000, 1966.
Medias palabras. Mexico City: Ecuador 000, 1966.
Morir de pie. Mexico City: Ecuador 000, 1966.
Proceso a don Juan. Mexico City: Colección Teatro Español, 1957.
La reina sin sueño (1958). Mexico City: s.n., 1958. In *Sota, caballo y rey.* Madrid: Ediciones Alfil, 1960. In French as *La reine sans repos.* Paris: Abexpress, 1962.
Una tarde del 1588. Mexico City: Colección Teatro Español, 1957. In *Sota, caballo y rey.* Madrid: Ediciones Alfil, 1960.

MEX 004
ARGÜELLES, HUGO (1932-   ) was born in Veracruz and studied medicine at the Universidad Nacional Autónoma de México but became interesting in playwriting. His plays often use native themes and black humor to deal with issues facing modern Mexico. He has won the Premio Juan Ruiz de Alarcón and the Premio Nacional de Teatro.

Plays

Aguila real (Isabel Moctezuma). In *Trilogía colonial.* Mexico City: Plaza y Valdés, 1992; *Obras.* Mexico City: Grupo Editorial Gaceta, 1994; *Teatro vario.* Mexico City: Fondo de Cultura Económica, 1995.

Alfa del alba. In *Teatro de Hugo Argüelles*. Mexico City: Federación Editorial Mexicana, 1971; *Obras*. Mexico City: Grupo Editorial Gaceta, 1994.

Los amores criminales de las vampiras morales (1986). Mexico City: Editores Mexicanos Unidos, 1986; In *Obras*. Mexico City: Grupo Editorial Gaceta, 1994; *Obras premiadas*. Mexico City: Coordinación de Difusión Cultural, Dirección de Literatura, UNAM, 1995; *Teatro vario*. Mexico City: Fondo de Cultura Económica, 1995.

La boda negra de las alacranas. Mexico City: Plaza y Valdés, 1994. In *Obras*. Mexico City: Grupo Editorial Gaceta, 1994; *Obras premiadas*. Mexico City: Coordinación de Difusión Cultural, Dirección de Literatura, UNAM, 1995; *Teatro vario*. Mexico City: Fondo de Cultura Económica, 1995.

Los caracoles amorosos. In *Trilogía mestiza*. Mexico City: Plaza y Valdés Editores, 1994; *Obras premiadas*. Mexico City: Coordinación de Difusión Cultural, Dirección de Literatura, UNAM, 1995; *Teatro vario*. Mexico City: Fondo de Cultura Económica, 1995.

El cerco de la cabra dorada. Mexico City: Universidad Autónoma Metropolitana, 1991; Mexico City: Grupo Editorial, 1994. In *Las protagonistas veracruzanas*. Jalapa, Mexico: Gobierno del Estado de Veracruz-Llave, 1994; *Obras*. Mexico City: Grupo Editorial Gaceta, 1994; *Teatro vario*. Mexico City: Fondo de Cultura Económica, 1995.

El cocodrilo solitario del panteón rococó (1982). Mexico City: Universidad Autónoma Metropolitana, 1991. In *Trilogía mestiza*. Mexico City: Plaza y Valdés Editores, 1994; *Obras*. Mexico City: Grupo Editorial Gaceta, 1994; *Obras premiadas*. Mexico City: Coordinación de Difusión Cultural, Dirección de Literatura, UNAM, 1995; *Teatro vario*. Mexico City: Fondo de Cultura Económica, 1995.

Concierto para guillotina y cuarenta cabezas (1981). In *Teatro de Hugo Argüelles*. Mexico City: Federación Editorial Mexicana, 1971; *Obras*. Mexico City: Grupo Editorial Gaceta, 1994; *Obras premiadas*. Mexico City: Coordinación de Difusión Cultural, Dirección de Literatura, UNAM, 1995.

Los cuervos están de luto (1960). Mexico City: Organización Editorial Novaro, 1973; Mexico City: Editorial Agata, 1993; Mexico City: Editores Mexicanos Unidos, 1985. In *Teatro*. Mexico City: Ediciones Oasis 1961; *Las protagonistas veracruzanas*. Jalapa, Mexico: Gobierno del Estado de Veracruz-Llave, 1994; *Trilogía rural*. Mexico City: Plaza y Valdés, 1994; *Obras*. Mexico City: Grupo Editorial Gaceta, 1994; *Obras premiadas*. Mexico City: Coordinación de Difusión Cultural, Dirección de Literatura, UNAM, 1995; *Teatro vario*. Mexico City: Fondo de Cultura Económica, 1995.

La dama de la luna roja (1970). In *Trilogía colonial*. Mexico City: Plaza y Valdés, 1992; *Obras*. Mexico City: Grupo Editorial Gaceta, 1994.

Doña Macabra (1963). In *Obras*. Mexico City: Grupo Editorial Gaceta, 1994.

Escarabajos (1992). Guadalajara, Mexico: Editorial Agata, 1992. In *Las protagonistas veracruzanas*. Jalapa, Mexico: Gobierno del Estado de Veracruz-Llave, 1994; *Obras Premiadas*. Mexico City: Coordinación de Difusión Cultural, Dirección de Literatura, UNAM, 1995; *Teatro vario*. Mexico City: Fondo de Cultura Económica, 1995; In *Trilogía de los ritos*. Mexico City: Plaza y Valdés, 1997.

La esfinge de las maravillas. In *Las protagonistas veracruzanas*. Jalapa, Mexico: Gobierno del Estado de Veracruz-Llave, 1994. In *Obras*. Mexico City: Grupo Editorial Gaceta, 1994; *Teatro vario*. Mexico City: Fondo de Cultura Económica, 1995.

Fábula de la mantarraya quinceañera. In *Las protagonistas veracruzanas*. Jalapa, Mexico: Gobierno del Estado de Veracruz-Llave, 1994. In *Obras*. Mexico City: Grupo Editorial Gaceta, 1994.

La galería del silencio (1967). In *Trilogía de los ritos*. Mexico City: Plaza y Valdés, 1997; *Obras*. Mexico City: Grupo Editorial Gaceta, 1994.

Los gallos salvajes (1986). Mexico City: Editores Mexicanos Unidos, 1986; In *Trilogía mestiza*. Mexico City: Plaza y Valdés Editores, 1994; *Obras*. Mexico City: Grupo Editorial Gaceta, 1994; *Teatro vario*. Mexico City: Fondo de Cultura Económica, 1995.

El gran inquisidor (1973). In *Teatro mexicano*, 1973. Mexico City: Aguilar, 1977. *Obras*. Mexico City: Grupo Editorial Gaceta, 1994.

Las hienas se mueren de risa. In *Trilogía musical*. Mexico City: Grupo Editorial Gaceta, 1994; *Teatro vario*. Mexico City: Fondo de Cultura Económica, 1995.

Los huesos del amor y la muerte. In *Obras*. Mexico City: Grupo Editorial Gaceta, 1994.

Medea y los visitantes del sueño (1970). In *Obras*. Mexico City: Grupo Editorial Gaceta, 1994.

La noche de las aves cabalísticas. Mexico City: Centro Deportivo Israelita, 1994. In *Obras*. Mexico City: Grupo Editorial Gaceta, 1994.

Nuestra Señora del hueso (Calaca). In *Trilogía musical*. Mexico City: Grupo Editorial Gaceta, 1994; *Obras*. Mexico City: Grupo Editorial Gaceta, 1994.

Las pirañas aman en cuaresma. In *Las protagonistas veracruzanas*. Jalapa, Mexico: Gobierno del Estado de Veracruz-Llave, 1994.

Los prodigiosos (1961). Mexico City: Edición "Estaciones", 1957; Mexico City: Editorial Agata, 1991; In *Teatro*. Mexico City: Ediciones Oasis 1961; Mexico City: Editorial Agata, 1991; *Trilogía rural*. Mexico City: Plaza y Valdés, 1994.; Mexico City: Grupo Editorial Gaceta, 1994. *Obras premiadas*. Mexico City: Coordinación de Difusión Cultural, Dirección de Literatura, UNAM, 1995.

Retablo del gran relajo. In *Trilogía musical*. Mexico City: Grupo Editorial Gaceta, 1994; *Obras*. Mexico City: Grupo Editorial Gaceta, 1994.

El ritual de la salamandra (1981). Mexico City: Editores Mexicanos Unidos, 1985. In *Las protagonistas veracruzanas*. Jalapa, Mexico: Gobierno del Estado de Veracruz-Llave, 1994; *Obras*. Mexico City: Grupo Editorial

Gaceta, 1994; *Obras premiadas*. Mexico City: Coordinación de Difusión Cultural, Dirección de Literatura, UNAM, 1995; *Teatro vario*. Mexico City: Fondo de Cultura Económica, 1995; *Trilogía de los ritos*. Mexico City: Plaza y Valdés, 1997.

La ronda de la hechizada (1973). Mexico City: Editores Mexicanos Unidos, 1985. In *Trilogía colonial*. Mexico City: Plaza y Valdés, 1992; *Obras*. Mexico City: Grupo Editorial Gaceta, 1994; *Obras Premiadas*. Mexico City: Coordinación de Difusión Cultural, Dirección de Literatura, UNAM,1995; *Teatro vario*. Mexico City: Fondo de Cultura Económica, 1995.

La tarántula art noveau de la calle del oro. Mexico City: Universidad Autónoma Metropolitana, 1991. In *Las protagonistas veracruzanas*. Jalapa, Mexico: Gobierno del Estado de Veracruz-Llave, 1994; *Obras*. Mexico City: Grupo Editorial Gaceta, 1994.; *Teatro vario*. Mexico City: Fondo de Cultura Económica, 1995.

El tejedor de milagros (1961). In *Teatro*. Mexico City: Ediciones Oasis 1961; *Trilogía rural*. Mexico City: Plaza y Valdés, 1994; *Obras*. Mexico City: Grupo Editorial Gaceta, 1994; *Obras premiadas*. Mexico City: Coordinación de Difusión Cultural, Dirección de Literatura, UNAM, 1995.

Valerio Rostro, traficante en sombras. In *Teatro de Hugo Argüelles*. Mexico City: Federación Editorial Mexicana, 1971; *Obras*. Mexico City: Grupo Editorial Gaceta, 1994; *Obras premiadas*. Mexico City: Coordinación de Difusión Cultural, Dirección de Literatura, UNAM, 1995.

El vals de los buitres. In *Obras*. Mexico City: Grupo Editorial Gaceta, 1994; *Teatro vario*. Mexico City: Fondo de Cultura Económica, 1995.

MEX 005

AURA, ALEJANDRO (1944-   ) was born in Mexico City and is a poet, television and screen writer, actor, and director, and dramatist. From 1989 until 1993 he was director of theater and dance at the Universidad Nacional Autónoma de México. He has won numerous prizes for his work both in Mexico and abroad.

Plays

¡Bang! (1995). Mexico City: Océano, 1986.

Bululú [with Carmen Boullosa] (1983).

Garzas en desliz (1991).

La hora íntima de Agustín Lara (1984).

Margarita, sinfonía tropical (1991).

Noche de damas.

Salón calavera (1981). Mexico City: Océano, 1986.

Vacilaria (1988).

Las visitas (1979). Mexico City: Océano, 1986.

MEX 006
AURA, MARÍA ELENA (1940-   ) was born in Mexico City and has written narrative, poetry, and plays as well as for radio and cinema. She graduated from the Escuela de Escritores of the Sociedad General de Escritores de México and received the Premio Internacional Plural in 1992.

Plays
Amores obligados (1993).
Aquí levanto mi voz (1991).
Atrás de catedral (1991).
Doble filo (1992).
El hogar de la serpiente (1991).
La mujer dormida (1994).
La nueva Penélope (1989).
Nuevo lado oscuro (1990).
El pasajero del sueño (1990). In *Repertorio*, no. 18 (1991).
Los pasos lentos (1992). In *Plural,* no. 259 (1993), pp.26-39.
Una primavera más cruel (1994).

MEX 007
AZAR, HECTOR (1932-   ) was born in Mexico City and studied at the Universidad Nacional Autónoma de Mexico, where he is currently a professor and theater director. He has also chaired the theater department of the Instituto Nacional de Bellas Artes and organized the Compañía Nacional de Teatro. He received the Premio Xavier Villaurrutia.

Plays
Las alas sin sombra, o La historia de Víctor Rey. In *Obras.* Mexico City: Fondo de Cultura Económica, 1998.
El alfarero (1959). Mexico City: Impr. Universitaria, 1959. In *Teatro breve.* Mexico City: Editorial Jus, 1975; *Obras.* Mexico City: Fondo de Cultura Económica, 1998.
La appasionata (1959). Mexico City: El Unicornio, 1958. In *Teatro breve.* Mexico City: Editorial Jus, 1975; *Obras.* Mexico City: Fondo de Cultura Económica, 1998.
Aprendiende a morir. In *Obras.* Mexico City: Fondo de Cultura Económica, 1998.
La cabeza de Apolo. In *Obras.* Mexico City: Fondo de Cultura Económica, 1998.
La cantata de los emigrantes (1972).
La copa de plata. In *Obras.* Mexico City: Fondo de Cultura Económica, 1998.
El corrido de Pablo Damián (1960). In *Teatro breve.* Mexico City: Editorial Jus, 1975; *Obras.* Mexico City: Fondo de Cultura Económica, 1998.
Diálogos de la clase médium. Azcapotzalco, Mexico: Universidad Autónoma Metropolitana-Azcapotzalco, 1985. In *Obras.* Mexico City: Fondo de Cultura Económica, 1998.

Doña Belarda de Francia. In *Obras*. Mexico City: Fondo de Cultura Económica, 1998.

Higiene de los placeres y los dolores (1967). Mexico City: Instituto Nacional de Bellas Artes, Departamento de Teatro, 1968. In *Obras*. Mexico City: Fondo de Cultura Económica, 1998.

Inmaculada. Naucalpan de Juárez, Mexico: Organización Editorial Novaro, 1972; Mexico City: SEP Cultura, 1986. In *Obras*. Mexico City: Fondo de Cultura Económica, 1998.

Juan de Dios, o, La divina tragedia de amar o ser amado. Mexico City: Instituto de Seguridad y Servicios Sociales de los Trabajadores del Estado, 1998.

Los juegos de Azar (1973). Mexico City: Secretaría de Educación Pública, 1973.

El milagro y su retablo, o La venganza del compadre. In *Teatro breve*. Mexico City: Editorial Jus, 1975.

Los muros vacíos. In *Obras*. Mexico City: Fondo de Cultura Económica, 1998.

Olímpica (1964). Mexico City: Fondo de Cultura Económica, 1962; Mexico City: Editorial Samo, 1972; Mexico City: SEP Cultura, 1986. In *Obras*. Mexico City: Fondo de Cultura Económica, 1998.

Pasos de la Pasión según san Mateo. In *Obras*. Mexico City: Fondo de Cultura Económica, 1998.

La pícara Justina (1973).

Picaresca (1958).

El premio de excelencia. In *Teatro breve*. Mexico City: Editorial Jus, 1975; *Obras*. Mexico City: Fondo de Cultura Económica, 1998.

La seda mágica. In *Obras*. Mexico City: Fondo de Cultura Económica, 1998.

Las vacas flacas. In *Obras*. Mexico City: Fondo de Cultura Económica, 1998.

MEX 008

AZCÁRATE, LEONOR (1955-   ) was born in Mexico City and has worked as a journalist and has written for radio, television, and the stage. She studied literature at the Universidad Nacional Autónoma de Mexico and drama at the Centro de Arte Teatral. She has received various prizes for her work, including the Premio Nacional de Teatro Infantil.

Plays

Las alas del poder (1994).

Aniversario (1993).

La coincidencia (1990).

Un día de dos (1982). In *Repertorio*, no. 1 (1985), pp.13-32; *Obras en un acto de Leonor Azcárate*. Mexico: Secretaría de Educación Pública, 1985; *La pareja*. Puebla, Mexico: Universidad Autónoma de Puebla, 1986.

Fauna rock (1985). In *Obras en un acto de Leonor Azcárate*. Mexico: Secretaria de Educación Pública, 1985.

Margarita resucitó (1987). Mexico City: Grupo Editorial Gaceta/DDF, 1994. In English as *Margarita came back to life*. Potsdam, New York: State University of New York, 1994.

Una nariz muy larga y un ojo muy saltón (1990).

Pasajero de media noche (1993).

El sueño de los peces (1976). In *El Buscón*, no. 3 (1983); *Obras en un acto de Leonor Azcárate*. Mexico: Secretaria de Educación Pública, 1985.

Tierra caliente (1988). Mexico City: Grupo Editorial Gaceta/DDF, 1994. In *Repertorio*, nos. 4-5 (1988), pp.108-120.

Trabajo sucio (1993).

MEX 009

BÁEZ, EDMUNDO (1914-   ) was born in Aguascalientes and studied at the Universidad de Monterrey. He wrote poetry and also studied screenwriting in Hollywood. In addition to plays he also wrote poetry.

Plays

Un alfiler en los ojos (1952). In *Revista mexicana de cultura* (October 5, 1952), p.11; *Teatro mexicano del siglo XX*. Mexico City: Fondo de Cultura Económica, 1956.

Ausentes (1942).

¡Un macho! (1959).

El rencor de la tierra (1943). In *Cuatro siglos de literatura mexicana*. Mexico City: Editorial Leyenda, 1946.

MEX 010

BALLESTÉ, ENRIQUE (1946-   ) was born in Mexico City and studied literature and theater at the Universidad Nacional Autónoma de México. He helped found the Centro Libre de Experimentación Teatral and has toured the U.S. and Latin America with this group.

Plays

Alguna parte, algún tiempo (1967).

Cara fama (1985).

Carpa nacional (1989).

Un cuarto (1983). In *Conjunto*, no. 73, (July-September 1987), pp.50-81.

Una familia de gorilas en su ambiente natural (1970).

Los flores guerra (1983). In *Repertorio,* no. 11-12, (June-September 1983), pp.3-96.

Las frutas (1993).

Lotería de pasiones (1987).

Mínimo quiere saber (1968).

El papá de las conchitas (1978).

Perico y Marranilla (1993).

Puente alto (1988). In *Tramoya*, v. 3 (1991), pp.91-138.

Vida y obra de Dalomismo (1969).

MEX 011
   BARREIRO, JUAN JOSÉ (1945-   ) was born in Mexico City and studied
   philosophy at the Universidad Iberoamericana but became interested in
   design and puppetry. He has worked as an actor and set designer but
   much of his work has been with puppets. His work has been performed in
   Latin America and in Spain.
Plays
   De humani corpori fabrica (1990).
   La feria de Juan Rulfo (1993).
   La leyenda de los volcanes (1992).
   Rana (Anphibia ahura ranidae) (1990).
   Todo sucede en una noche (1987).
   Variaciones Judith y Holofernes (1985).

MEX 012
   BASURTO, LUIS G. (1921-1990) was born in Mexico City and studied
   law, philosophy, and literature before writing theater. He served as
   director of the Compañía de Drama y Comedia of the Unión Nacional de
   Autores de México. In addition to writing plays, he worked as a critic,
   director, screenwriter and movie actor. He was known as one of the great
   writers of Mexican comedy and was awarded the Premio Nacional de
   Teatro Juan Ruiz de Alarcón in 1950.
Plays
   El anticristo (1942).
   Asesinato de una conciencia (1960). In *Teatro de Luis G. Basurto*. Mexico
      City: Editores Mexicanos Unidos, 1986.
   Bodas de plata (1943).
   Cada quién su vida (1955). Mexico City: Editorial Katún, 1983. In *Teatro
      mexicano del siglo XX*. Mexico City: Fondo de Cultura Económica,
      1956.
   Cadena perpetua (1965).
   Con la frente en el polvo (1967). In *Teatro de Luis G. Basurto*. Mexico City:
      Editores Mexicanos Unidos, 1986.
   Los diálogos de Suzette (1940).
   El escándalo de la verdad (1960). Mexico City: s.n., 1960.
   Frente a la muerte (1952). Mexico City: Unión Nacional de Autores, 1952.
   La gobernadora (1963).
   Íntimas enemigas (1962).
   La que se fue (1946).
   Laberinto (1941).
   La locura de los ángeles (1957).
   Mañana será otro día (1968).
   Miércoles de ceniza (1956). Mexico City: Costa-Amic, 1956. In *Teatro de
      Luis G. Basurto*. Mexico City: Editores Mexicanos Unidos, 1986.
   Olor de santidad (1961). Veracruz, Mexico: s.n., 1961.

Piedra de escándalo (1977).
Los reyes del mundo (1959). Mexico City: Halio-México, 1959.
Toda una dama (1954). Mexico City: s.n., 1954. In *Panorama del Teatro en México* (February 7, 1955).
La vida difícil de una mujer fácil (1970).
Voz como sangre (1942).
Y todos terminaron ladrando (1964).

MEX 013
BAUCHE, VIRGINIA (1941-   ) was born in Mexico City and graduated from the Universidad Panamericana and the Escuela de Escritores of the Sociedad General de Escritores de México. She has worked as an actress and set and costume designer in addition to writing plays.
Plays
Al lobo.. al lobo pastores (1981).
Los amilocos (1981).
Hacía un mundo mejor (1981).
Te voy a regalar un arcoiris (1982).

MEX 014
BERMAN, SABINA (1953-   ) was born in Mexico City and is a known as a poet, screenwriter, prose writer and film and stage director as well as a dramatist. She has received the Premio Nacional de Teatro as well as other prizes from the Instituto Nacional de Bellas Artes. Her plays have been translated into French and English.
Plays
Un actor se repara o Ésta no es una obra de teatro (1984).
Aguila o sol (1984). In *Teatro de Sabina Berman*. Mexico City: Editores Mexicanos Unidos, 1984.
Araux (1994).
Árbol de humo (1993).
Bill [also titled *Yanqee*] (1979). In *Más teatro joven*. Mexico City: Editores Mexicanos Unidos, 1982; *Teatro de Sabina Berman*. Mexico City: Editores Mexicanos Unidos, 1984.
Un buen trabajo de piolet (1981).
Caracol y colibrí (1990).
En el nobre de Dios (1993). Mexico City: Escenenología, 1997.
Entre Villa y una mujer desnuda (1993). Mexico City: Ediciones El Milagro, 1994; Mexico City: Grupo Editorial Gaceta /DDF, 1994. In French *as Entre Pancho Villa e une femme nue* in *Le théâtre mexicain 1999, une anthologie*. Xalapa: Tramoya, 1993.
Ésta no es una obra de teatro [later titled *Un actor se repara*] (1975). In *Teatro de Sabina Berman*. Mexico City: Editores Mexicanos Unidos, 1984.
Feliz nuevo siglo, Doktor Freud. Mexico City: Ediciones El Milagro, 2001.
La grieta (1995).

Herejía (1984) [originally titled *Anatema*, later titled *Los Carvajales*] (1983). In *Teatro de Sabina Berman*. Mexico City: Editores Mexicanos Unidos, 1984.

El jardin de las delicias o El suplicio del placer (1979). In *Teatro de Sabina Berman*. Mexico City: Editores Mexicanos Unidos, 1984.

Los ladrones del tiempo (1991).

La maravillos historia del chiquito pingüica (1983). In *Jardin con animales*. Mexico City: Editores Mexicanos Unidos, 1985.

Mariposa (1974)

Muerte súbita (1988). Mexico City: Editorial Katún, 1988.

Ocho dividido por cuatro (8/4=2 humores) (1976).

El pecado de tu madre (1988). [later titled *El amor existe*.]

El polvo del tiempo. In *Tramoya* no. 9 (1987), pp.98-113.

Rompecabezas (1982). Mexico City: Editorial Oasis, 1983. In *Teatro de Sabina Berman*. Mexico City: Editores Mexicanos Unidos, 1984.

La víspera del alba (1988).

MEX 015

BERNAL, RAFAEL (1915- 1972) was born in Mexico City, studied at the Instituto de Ciencia y Letras and worked as a diplomat as well as journalist for the daily newspaper *Excelsior*. In addition to writing plays in the 1950's, and he was one of the early television writers in Mexico. He also wrote poetry, short stories, and a number of novels.

Plays

Antonia (1950). Mexico City: Editorial Jus, 1960. *In Panorama del Teatro en México*, vol. 1, no. 4 (October-November 1954), pp.31-58.

El cadáver del señor García. In *Cuit Poulet* (1947).

El ídolo (1952).

El maiz en la casa. Mexico City: Editorial Jus, 1960.

La paz contigo o El martirio del Padre Pro. (1955). Mexico City: Editorial Jus, 1960.

Soledad.

MEX 016

BETANCOURT, IGNACIO (1948-   ) was born in San Luis Potosí and studied educational psychology at the Escuela Normal Superior. In addition to drama, he has written poetry, narrative and essays, and has worked as a director, drama coach, and editor. He helped found the Grupo Zopilote, which performed many of his works. His work has been performed in Guatemala and in the United States by Spanish language theater companies.

Plays

Las aventuras de Nico (1971).

Los buenos propósitos (1973).

Los compadres (1971).

Las desventuras de Juan Diego (1992).

Filantropofagia (1969).
Los gatos valerosos (1983).
El gran circo de los hermanos Gandalla I y II (1974).
Impaciente Job (1975).
Lapsus linguae (1971).
Luchas y mitotes en el nuevo mundo. In *Conjunto*, no. 43 (1980), pp.58-85; *Cuadernos para los Trabajadores del Teatro*, nos. 2-3 (1980). [Performed in English in the United States as *Myths, dreams, and encounters.*]
Manual de urbanidad (1972).
Salomón (1972).
Triciclo despintado (1972).

MEX 017
   BOHÓRQUEZ, ABIGAEL (1937-1995) was born in Caborca, Sonora and studied at the Escuela de Artes Teatrales. She also taught at the Universidad de Sonora and wrote poetry in addition to drama..
Plays
   Caín en el espejo (1968).
   El círculo hacia Narciso (1964).
   Hoguera en el pañuelo (1968).
   La madrugada del Centauro (1967).
   Nocturno del alquilado (1966).
   La tórtola (1966).

MEX 018
   BOULLOSA, CARMEN (1954-   ) was born in Mexico City and has written narrative, poetry, and drama. She is an actress and director and was a founder of the avant garde Coyoacán dinner theater. She received the Premio Xavier Villaurrutia and a Guggenheim fellowship. Her narrative has been translated into German, Dutch, English, and Greek.
Plays
   Aura y las once mil vírgenes. (1984). In *Teatro herético*. Puebla, Mexico: Universidad Autónoma de Puebla, 1987.
   Bulululú [with Aljandro Aura] (1983).
   Cocinar hombres (1983). Mexico City: La Flor de Otro Día. In *Teatro herético*. Puebla, Mexico: Universidad Autónoma de Puebla, 1987.
   El hijo gráfico (1988).
   Mi versión de los hechos (1987). Mexico City: Arte y Cultura Ediciones, 1987.
   El muerto vivo (1988).
   Novelaria (1988).
   Propusieron a María (1987). In *Teatro herético*. Puebla, Mexico: Universidad Autónoma de Puebla, 1987.
   Roja doméstica (1988).
   Los totoles (1983).

El tour del corzón (1989).
Trece señoritas (1983).
Vacío (1970).

MEX 019
CAMPESINO, PILAR (1945-   ) was born in Mexico City and is a poet, screen and television writer, and dramatist. She studied psychology at the Universidad Iberoamericana. Her plays have been performed in the United States.

Plays
Del corazón a la palabra (1989).
Flor y canto de un pueblo (1983).
Incoherencias (1989).
La madeja o Esto es nostros (1992).
Mi pequeño Tristán, tú eres el amo (1989).
Mujeres [also known as *Las tres, siempre seremos las tres*] (1989).
Los objetos malos (1967). In *Teatro I*. Mexico City: Cihuacóatl Editoras, 1980.
Octubre terminó hace mucho tiempo (1970). In *Más teatro joven*. Mexico City: Editores Mexicanos Unidos, 1985.
La partida (1989). In *Doce a las doce*. Mexico City: Obra Citada, 1989.
Superocho (1980). In *Tramoya*, no. 20 (1980), pp.71-104.
El tinglado (1994).
Verano negro (1968). In *Teatro joven de México*. Mexico City: Editores Mexicanos Unidos, 1979.

MEX 020
CANTÓN, WILBERTO L. (1925-1979) was born in Mérida, Yucatán and received a law degree from the Universidad Nacional Autónoma de México. He held various positions at the Instituto Nacional de Bellas Artes and also was head of the publishing body of the Universidad Nacional Autónoma de México. In addition to plays he also wrote poetry and essays. He is considered one of Mexico's best playwrights of the twentieth century and his work has been performed throughout Latin America and in Europe.

Plays
Cuando zarbe el barco (1946).
Escuela de cortesanos (1954). In *Panomrama del teatro en México*, vol. 1, no. 3 (September 1954), pp.35-46.
Inolvidable (1961).
El jardín de las Gorgonas (1960). In *Tercera antología de obras en un acto*. Mexico City: Colección Teatro Mexicano, 1960.
El juego sagrado (1973).
Malditos (1966). Mexico City: Ediciones Novaro, 1971.
Unas migajas de felicidad (1970).
Murió por la patria (1963).

Nocturno a Rosario (1955). Mexico City: Editorial Los Presentes, 1956.

Nosotros somos Dios (1962).

Nota roja (1963).

Pecado mortal (1957). Mexico City: Ediciones Novaro, 1971. In *Teatro mexicano 1958*. Mexico City: Colección Teatro Mexicano, 1959.

Retrato de mi padre (1978). Mexico City: Editorial Popular de los Trabajadores, 1978.

Saber morir (1950). In *Cuadernos americanos,* (May-June 1950), pp.233-288.

Tan cerca del cielo (1961).

Todos somos hermanos (1962).

MEX 021

CARBALLIDO, EMILIO (1925-   ) was born in Córdoba, Veracruz and studied at the Universidad Nacional Autónoma de México. He travelled throughout Asia and Europe and taught in the United States. He founded *Tramoya*, a theater journal with original plays and won the Premio de Teatro Casa de Las Américas in 1961. He is considered Mexico's premier playwright of the twentieth century and one of the most influential teachers of a generation of playwrights. His plays have been translated into French and English.

Plays

A la epopeya, un gajo. Toluca, Mexicao: Universidad Autónoma del Estado de Mexico, 1983.

Acapulco, los lunes (1970). Monterrey, Mexico: Ediciones Sierra Madre, 1969. In *Tres obras*. Mexico City: Extemporáneos, 1978.

Algunos cantos del infierno. Mexico City: s.n., 1994; Xalapa, Mexico: Universidad Veracruzana, Dirección Editorial, 2000.

Almanaque de Júarez (1969). Monterrey, Mexico: Ediciones Sierra Madre, 1972.

Apolonio y Bodoconio. In *Teatro para obreros*. Mexico City: Editores Mexicanos Unidos, 1985.

Auto de la triple porfía (1948).

Las cartas de Mozart (1974). Mexico City: Editores Mexicanos Unidos, 1985. Mexico City: Grupo Editorial Gaceta, 1994.

El censo. Mexico City: Secretaria de Educación Pública, 1980. In *Doce obras en un acto*. Mexico City: Finisterre, 1967.

Ceremonía en el tiempo del tigre. Mexico City: Editores Mexicanos Unidos, 1986; Mexico City: Plaza y Valdés, 1994.

Cinco pasos al cielo (1959).

Un cuento de Navidad. Mexico City: Secretaria de Educación Pública, 1980.

D.F.: obras en un acto (1957). Mexico City: Colección Teatro Mexicano, 1957.

La danza que sueña la tortuga (1955) [also titled *Las palabras cruzadas*]. In *Teatro mexicano del siglo XX*. Mexico City: Fondo de Cultura

Económica, 1956; *Tres comedias*. Mexico City: Excontemporáneos, 1981; *Teatro 2*. Mexico City: Fondo de Cultura Económica, 1988.

El día que se soltaron los leones (1960). Mexico City: Secretaría de Educación Pública, 1965. In *Teatro*. Mexico City: Fondo de Cultura Económica, 1960.

Los dos catrines. In *Teatro para adolescentes*. Mexico City: Editores Mexicanos Unidos, 1985.

La educastradora (1977).

Escribir por ejemplo (1950). Mexico City: Unión Nacional de Autores, 1951.

Las estatuas de marfil (1960). Xalapa, Mexico: Universidad Veracruzana, 1960. In *Teatro 2*. Mexico City: Fondo de Cultura Económica, 1988.

Felicidad (1955). Jalapa, Mexico: Universidad Veracruzana, 1960; Mexico City: Editores Mexicanos Unidos, 1985; Potsdam, NY: Danzón Press , 1999. In *Concurso Nacional de Teatro*; obras premiadas 1954-1955. Mexico City: Instituto Nacional de Bellas Artes, 1956.

Las flores del recuerdo. Xalapa, Mexico: Universidad Veracruzana, Dirección Editorial, 2000.

La fonda de las siete cabrillas. In *Teatro para adolescentes*. Mexico City: Editores Mexicanos Unidos, 1985.

Fotografía en la playa (1979). Mexico City: Editores Mexicanos Unidos, 1979; Mexico City: Grupo Editorial Gaceta, 1994.

Guillermo y el nahual (1960). In *El arca de Noé*. Mexico City: Editores Mexicanos Unidos, 1984

La hebra de oro (1956). Mexico City: Editorial Universitaria, 1957. In English as the *The golden thread*. Austin, TX: University of Texas Press, 1970.

La historia de Chucho el roto (1985). Mexico City: Grijalbo, 1983

Los hijos del Capitán Grant (1964). In *Cinco obras para teatro escolar*. Mexico City: Instituto Nacional de Bellas Artes, 1972.

El jardinero y los pájaros (1960).

Las lámparas del cielo y de la tierra (1961). In *El arca de Noé*. Mexico City: Editores Mexicanos Unidos, 1984.

La lente maravillosa (1960). In *El arca de Noé*. Mexico City: Editores Mexicanos Unidos, 1984.

El lugar y la hora (1957). Mexico City: Universidad Nacional Autónoma de México, 1957.

Luminaria. Xalapa, Mexico: Universidad Veracruzana, Dirección Editorial, 2000.

Medusa (1968). Englewood Cliffs, NJ.: Prentice-Hall, 1972. In *Teatro*. Mexico City: Fondo de Cultura Económica, 1960; *Teatro mexicano 1968*. Mexico City: Aguilar, 1974.

Nahui Ollin. In *Teatro para obreros*. Mexico City: Editores Mexicanos Unidos, 1985.

Nora. In *Teatro para obreros*. Mexico City: Editores Mexicanos Unidos, 1985.

Las noticias del día (1968). Mexico City: Colección Teatro del Bolsillo, 1968; Mexico City: Aguilar, 1974.

Ocho y media.

Orinoco (1982). Mexico City: Editores Mexicanos Unidos, 1985. Mexico City: Fondo de Cultura Económica, 1994.

Un pequeño día de ira (1962). Havana: Casa de las Américas, 1962. Mexico City: Universidad Nacional Autónoma de México, 1972. In *Felicidad/Un pequeño día de ira.* Mexico City: UNAM, Dirección de Difusión Cultural, 1972.; *Conjunto* no.15 (January - March 1973), pp.61-121; *Tres obras.* Mexico City: Extemporáneos, 1978; *Teatro de la revolución mexicana.* Mexico City: Aguilar, 1982.

El pozo (1953).

La prisionera. Xalapa, Mexico: Universidad Veracruzana, Dirección Editorial, 2000.

Querétaro imperial. Mexico City: Grijalbo, 1988.

El relojero de Córdoba. (1960). Mexico City: Secretaría de Educación Pública, 1965. In *Teatro.* Mexico City: Fondo de Cultura Económica, 1960; *Tres novelas, 3 novelas cortas, 3 piezas teatrales.* New York: Holt, Rinehart and Winston, 1970.

Rosalba y los llaveros (1950).). Mexico City: Secretaría de Educación Pública, 1965. In *Teatro.* Mexico City: Fondo de Cultura Económica, 1960; *Teatro hispanoamericano.* New York: Harcourt, Brace, and World, 1965.

Rosas de dos aromas. Mexico City: Editores Mexicanos Unidos, 1986. Mexico City: Fondo de Cultura Económica, 1994.

Sainetes y mojigangas. In *Teatro para adolescentes.* Mexico City: Editores Mexicanos Unidos, 1985.

Selaginela (1959). In *Revista prometeus*, vol. 1, no. 2 (1951), pp.61-65.

Silencio, pollos pelones, ya les van echar a su maíz (1963). Mexico City: Editores Mexicanos Unidos, 1985; Mexico City: Instituto Seguridad y Servicios Sociales Trabajadores Estado, 1999. In *Teatro mexicano 1963.* Mexico City: Aguilar, 1965; *Tres obras.* Mexico City: Extemporáneos, 1978.

La sinfonía doméstica (1953).

Soñar la noche. Mexico City: Grupo Editorial Gaceta, 1994.

Sucedido de ranos y sapos. In *Jardín con animales; antología de teatro infantil.* Mexico City: Editores Mexicanos Unidos, 1985.

El suplicante (1950). In *Antologías de obras en un acto.* Mexico City: Colección de Teatro, 1950.

Te juro Juano que tengo ganas (1967). Mexico City: Novaro, 1971; Mexico City: Editores Mexicanos Unidos, 1979.

Tejer la ronda. Mexico City: Grijalbo, 1988.

Teseo. In *Palabra y hombre*, no. 24 (1962), pp.651-673.

Tiempo de ladrones (1985). Mexico City: Grijalbo, 1983.

Trece veces el D.F. Mexico City: Editores Mexicanos Unidos, 1985.

Un vals sin fin sobre el planeta (1970). In *Tres comedias.* Mexico City: Excontemporáneos, 1981; *Teatro 2.* Mexico City: Fondo de Cultura Económica : CREA, 1988.

El viaje de Nocresida (1953).

Vicente y Ramona. Xalapa, Mexico: Universidad Veracruzana, 2000.

Yo también hablo de la rosa (1966). Mexico City: Instituto Nacional de Bellas Artes, 1966; Mexico City: Novaro, 1971; Mexico City: Editores Mexicanos Unidos, 1979. In *9 dramaturgos hispanoamericanos.* Ottawa, Canada: Girol Books, 1970; *Three contemporary Latin-American plays.* Waltham, Massachusetts: Xerox College Publishing, 1971. In French as *Et moi aussi je parle de la rose.* Paris: Oswald, 1973.

La zona intermedia; auto sacramental. Mexico City: Unión Nacional de Autores, 1951

Zorros chinos. Xalapa, Mexico: Universidad Veracruzana, Dirección Editorial, 2000.

MEX 022

CÁRDENAS, NANCY (1934-1994) was born in Parras, Coahuila and studied drama at the Universidad Nacional Autónoma de México, Princeton University, and in Prague. She worked first as an actress and director and later wrote plays.

Plays

El cántaro seco. Mexico City: Universidad Nacional Autónoma de México, 1960.

El día que pisamos la luna.

Ella estuvo en el tapanco.

La vida privada del profesor Kabela.

MEX 023

CARRASCO, MARIBEL (1964-   ) was born in Cuautla, Morelos and is known as an actress, set and costume designer, and a dramatist. She cofounded the theater group "Mito."

Plays

Cuando el tecolote canta (1987).

¿Dónde quedó la bolita? (1990).

En vías de extinción (1993).

La legión de los enamos (1995).

Manuscrito encontrado en una ballena.

Mare tenebrosum (1991).

Mitologías en la vitrina (1988).

El pozo de los mil demonios (1992). Mexico City: Corunda, 1994.

La venganza del gato Micifuz (1995).

MEX 024

CARRILLO, ROCÍO (1963-   ) was born in Mexico City and studied theater and dramatic literature at the Universidad Nacional Autónoma de

Mexico. She was a founding member of the theater group "La Rendija" in 1988.

Plays

Estrategias fatales: asesino personal (1993).
Infinitamente disponible (1988).
La sangre del silencio (1986).

MEX 025

CASTILLO, DANTE DE (1946-) was born in Orizaba, Veracruz and studied at the Escuela de Artes Teatrales and with playwright Emilio Caraballido.

Plays

Adán, Eva y la otra
La caja misteriosa
El desempleo
El gerente
Luzca part ti la luz perpetua
Mulata con magia y plata. Mexico City: Instituto Politécnico Nacional, 1987.
Las muñecas. Mexico City: Instituto Politécnico Nacional, 1987.
El pollito fanfarrón
Riesgo, vidrio
Se vistió de novia
La zorra ventajosa y alevosa.

MEX 026

CEBALLOS, EDGAR (1949-) was born in Mérida, Yucatán and is known as a researcher, editor, and director in addition to being a playwright.

Plays

A la vuelta de la esquina (1995).
Balada para buitres sentimentales (1994).
Edipo Reyes (1976).
¡Mírame, soy actriz! Mexico City: Escenelogía, 2000.
Los muchachos terribles (1993).
La puerta. Santiago de Querétaro, Mexico: Fondo Editorial Q, 2000; Mexico City: Escenelogía, 2000.
El traje (1975).
Vieja crónica contada de nuevo (1976).

MEX 027

CELAYA, JORGE (1960-) was born in Alta Sonora and studied dramatic art at the Escuela de Artes Teatrales of the Instituto Nacional de Bellas Artes. He won the Premio Plural Internacional for theater in 1988.

Plays

Bar y desierto (1995).

Cercados (1991). Hermosillo, Mexico: Gobierno del Estado, 1992.
Cubrir los huecos (1989).
Entre los mismos (1994).
Lobo. Hermosillo, Mexico: Gobierno del Estado, 1992.
El níno y la virgen (1990). In *Repertorio,* no. 19, (September 1991), pp.40-51.
Voces (1988) in *Plural,* no. 209 (1989), pp.15-31.

MEX 028
CHAUBAUD, JAIME (1966-   ) was born in Mexico City and studied literature at the Universidad Nacional Autónoma de México. He has written poetry, drama, and narrative and directed theater workshops throughout Mexico. He was awarded the Premio Nacional de Dramaturgia Fernando Calderón in 1990.

Plays
El ajedrecista (1993).
¡Baje la voz! (1991). In *Antología Premio Nacional de Dramaturgia.* Monterrey, Mexico: Universidad Nacional Autónoma de Nuevo León, 1991.
El cordoncillo gesticulatorio (1987).
De piedra ardiendo, de sangre helado (1990).
En la boca del fuego (1993).
Un grillo entre las piernas (1990).
Noche de brujas (1989).
Perder la cabeza (1995).
¡Que viva Cristo Rey! (1993). In *Repertorio,* no. 32 (December 1994), pp.49-63.
Tempranito y en ayunas (1988). In *Dramaturgia.* Monterrey, Mexico: Universidad Nacional Autónoma de Nuevo León, 1989; *Repertorio,* no. 13, (January-March 1990), pp.45-54.

MEX 029
CISNEROS, ENRIQUE (1948-   ) was born in Mexico City and is known as an actor, director and dramatist. He founded the Centro Libre de Experimentación Teatral y Artística. His work has been performed at numerous international theater festivals.

Plays
Buscando al pueblo.
El campeón.
El chocolate.
La fábrica de los billetes.
Nazionalismo revolucionario.
Pinches estudiantes.
La represión infantil.

MEX 030
  DALLAL, ALBERTO (1936-   ) was born in Mexico City and studied
  architecture at the Universidad Nacional Autónoma de México. He has
  also taught and worked as an actor and has edited and contributed to a
  number of literary journals.

Plays
  El capitán queda inmóvil. In *La Palabra y el Hombre,* no. 17 (January-
  March 1961), pp.149-160.
  El hombre debajo del agua.

MEX 031
  DÍAZMUÑOZ, RICARDO (1942-   ) was born in Mexico City and taught
  set design and drama theory for a number of years at the Universidad
  Nacional Mayor de San Marcos in Peru. He has directed a number of
  plays and has received awards for his work.

Plays
  Imágenes. Lima, Peru: Editorialuz, 1967.
  Sinfonía en loco menor. Lima, Peru: Editorialuz, 1967.

MEX 032
  DIMAYUGA, JOSÉ (1960-   ) was born in Tierra Colorado, Guerrero and
  studied at the Universidad Nacional Autónoma de México and with
  playwright Hugo Argüelles. He won the Premio Nacional de
  Dramaturgia from the Universidad Autónoma de Nuevo León.

Plays
  Afecuosamente, su comadre (1993). Chimalistac, Mexico: Consejo Nacional
  para la Cultura y las Artes, 1993.
  Arcángel (1993).
  Me duele que te vayas.
  Una mujer de tantas.
  País de sensibles.
  Por amor al arte.

MEX 033
  ENRÍQUEZ, JOSÉ RAMÓN (1945-   ) was born in Mexico City and
  studied drama and Spanish literature at the Universidad Iberoamericana
  and the Universidad Nacional Autónoma de México. He studied drama in
  Spain at the Real Escuela Superior de Arte Dramático de Madrid. He has
  also written a book on Mexican theater history.

Plays
  Alicia. In *Tres ceremonias.* Mexico City: Universidad Nacional Autónoma
  de México, 1991.
  La ardilla vuela. San Rafael, Mexico: Consejo Nacional para la Cultura y las
  Artes, 1995.
  Ciudad sin sueño (1982). In *Tres piezas.* Puebla, Mexico: Universidad
  Autónoma de Puebla, 1985.

El fuego. In *Tres piezas.* Puebla, Mexico: Universidad Autónoma de Puebla, 1985.

Héctor y Aquiles (1982). Mexico City: Editorial Latitudes, 1979.

Jubileo (1993). In *Tres ceremonias.* Mexico City: Universidad Nacional Autónoma de México, 1991.

Madre Juana. Mérida, Mexico: Consejo Editorial de Yucatán, 1986.

La manta que nos cobija (1995).

La otra. In *Nuestro viaje.* Mexico City: Universidad Metropolitana, 1985.

La pasarela (1989) In *Tres ceremonias.* Mexico City: Universidad Nacional Autónoma de México, 1991.

Ritual de estío (1972). Mexico City: Oasis, 1970.

La tercera dinastía (1973).

MEX 034

ESPINOSA, TOMÁS (1947-1992) was born in Mexico City and studied literature at the Universidad Nacional Autónoma de México. He later studied dramaturgy with well-known Mexican dramatist Emilio Carballido and did research on Mexican theater history. His plays are characterized as absurdist and he often writes in the style of the surreal grosteque.

Plays

Angélica y Araceli (1979). In *Tramoya,* vol 16 (1979).

¡Bety, bájate de mi nube! (1985).In *Antología de teatro.* Mexico City: Instituto Mexicano del Seguro Social, 1993; *Tramayo,* vol. 31, (1985), pp.3-31.

Cacos (1989). In *Doce a las doce.* Mexico City: Obra Citada, 1989.

El casacanueces versus el rey de los ratones (1979). In *Tramoya,* vol 16 (1979).

Cocuyo de Lima (1993). In *Antología de teatro.* Mexico City: Instituto Mexicano del Seguro Social, 1993.

La checada (1991).

El escritor más popular del mundo (1979). In *Tramoya,* vol 16 (1979).

Enexemplos (1979). In *Tramoya,* vol 16 (1979).

Hacer la calle (1979). In *Tramoya,* vol 16 (1979); *9 obras jóvenes.* Mexico City: Editorial Mexicanos Unidos, 1985; *Más teatro joven.* Mexico City: Editorial Mexicanos Unidos, 1983.

María o la sumisión (1983). Mexico City: Obra Citada, 1989.

¡Miren el sol, es gratis! (1982). Mexico City: Obra Citada, 1989.

Las nictálopes (1985). In *Tramoya,* vol. 22 (1985), pp.127-179; *Antología de teatro.* Mexico City: Instituto Mexicano del Seguro Social, 1993.

No me cortes con cuchillo (1984). In *ABC de títeres.* Mexico City: Insitituto Mexicano de Seguro Social, 1984.

Pasacalles con perros (1989). Mexico City: Obra Citada, 1989.

La puerca, tunca y marrana vida.

La rata (1979). In *Tramoya,* vol. 16 (1979).

Los ríos ocultos (1979). In *Danza y teatro*, vol. 7, no. 36 (1982-1983), pp.58-61.
Santísima la nauyaca (1980). In *Tramoya*, vol. 20 (1980), pp.5-33; *Antología de teatro*. Mexico City: Instituto Mexicano del Seguro Social, 1993.
El teléfono (1979). In *Tramoya*, vol. 16 (1979).
La televisión enterrada (1980). In *Tramoya*, vol. 18, (1980), pp.91-99; *Galería de teatro para niños*. Mexico City: Instituto Mexicano del Seguro Social, 1988.
Las tribulaciones de un lagartijo (1980). In *Detrás de una margarita*. Mexico City: Instituto Mexicano de Seguro Social, 1983.

MEX 035
FALCÓ, RAÚL (1951-   ) was born in Mexico City and studied literature at the Université de Paris. Since 1991 he has taught flute and chamber music at the Escuela Superior de Música of the Instituto de Bellas Artes. He has written and directed theater and dance in both Mexico and Peru.

Plays
Espejos (1986). Mexico City: Árbol, 1986.
Las leyes de la hospitalidad (1992).
Presas de salón (1993).
La rosa del tiempo (1987).

MEX 036
FERNÁNDEZ, ADELA (1942-   ) was born in Mexico City and is the daughter of film director Emilio "El Indio" Fernández. She studied acting with her father. She is also known as an actress, director, and researcher on Aztec culture and Mexican cooking as well as a dramatist.

Plays
Actuarmántina (1969).
Alzaduras (1987).
Candil de la calle.
Ciborea, madre de Judas (1969).
Claro oscuro (1968).
Cosas de hilos (1988).
Feliz a quemarropa (1975).
Frente al público, ante la multitud (1968).
El miedo y sus aliados.
Monja cornada (1989).
La prodigiosa (1980).
Retorna de Africa.
Sarah Bernhard (1974).
El sepulturero (1968).
Sin sol.. ¿hacia dónde mirarán los girasoles? (1972).
La tercera soledad (1987).

MEX 037

FUENTES, CARLOS (1928-   ) was born in Panama, the son a Mexican diplomat. He lived in the United States, Chile and Argentina. He studied at the Universidad Nacional Autónoma de México and in Switzerland. One of Mexico's most distinguished novelists, he has also written essays, screen plays and short stories and has been a diplomat and professor at Princeton University. He has won a number of literary prizes including the Premio Rómulo Gallegos.

Plays

Orquídeas a la luz de la luna (1985). Barcelona: Seix Barral, 1982.

Todos los gatos son pardos (1970). Mexico City: Siglo XXI, 1970. In *Los reinos originarios: teatro hispano-mexicano*. Madrid: Barral, 1971.

El tuerto es rey (1970). Mexico City: Joaquín Moritz, 1970. In *Los reinos originarios: teatro hispano-mexicano*. Barcelona: Barral, 1971.

MEX 038

GALINDO, HERNÁN (1960-   ) was born in Monterrey and studied broadcasting. He is known as a set designer, television producer, and professor as well as dramatist.

Plays

Acorazados. In *Espectros del amarillo papel*. Monterrey, Mexico: Instituto Cultural del Nuevo León, 1991.

Ansia de duraznos (1989). In *Concurso Nacional de Dramaturgia UANL - 89*. Monterrey, Mexico: Universidad Nacional Autónoma de Nuevo León., 1989; *Teatro*. Monterrey, Mexico: Gobierno del Estado de Nuevo León, 1993.

Las bestias escondidas (1991). In *Teatro*. Monterrey, Mexico: Gobierno del Estado de Nuevo León, 1993; *Repertorio*, no. 24 (December 1992), pp.60-73.

El búcaro azul (1994).

El caballito del diablo (1994).

Los cabellos de Sansón. In *Espectros del amarillo papel*. Monterrey, Mexico: Instituto Cultural del Nuevo León, 1991

Cuando el gallo ya no canta (1993).

Déjame que te cuente (1994).

Diálogos sin clímax. In *Coloquio*, no. 13 (1993).

Las divinas liviandades (1994).

Dos lunares negros. In *Deslinde*, nos. 41-42 (1993), pp.74-78.

Los ejotes son judías (1993). In *Siete fársicos encuentros*. Monterrey, Mexico: Fondo Editorial Monterrey, 1994.

Filosofía en el baño turco (1993). In *Siete fársicos encuentros*. Monterrey, Mexico: Fondo Editorial Monterrey, 1994.

Gélidas caricias (1994).

Genesio, de cómico a santo (1993).

Habitantes de las sombras (1994).

El hombre más degraciado (1992). In *Siete fársicos encuentros.* Monterrey, Mexico: Fondo Editorial Monterrey, 1994.

Lecciones particulares. In *Espectros del amarillo papel.* Monterrey, Mexico: Instituto Cultural del Nuevo León, 1991; *En Guardia*, no. 2, supplement (1993).

Una llorona más. In *Espectros del amarillo papel.* Monterrey, Mexico: Instituto Cultural del Nuevo León, 1991.

Mamá calabaza (1990).

El marasmo. In *Teatro.* Monterrey, Mexico: Gobierno del Estado de Nuevo León, 1993.

El mejor de los mundos imposibles (1994).

Los niños de sal (1994).

Rojos zapatos de mi corazón.

Romeo y Gertrudis (1991). In *Siete fársicos encuentros.* Monterrey, Mexico: Fondo Editorial Monterrey, 1994.

Sábado sin fin (1989).

Su estrellita navideña (1993). In *Siete fársicos encuentros.* Monterrey, Mexico: Fondo Editorial Monterrey, 1994.

Tallas extras para corazones grandes (1991). In *Siete fársicos encuentros.* Monterrey, Mexico: Fondo Editorial Monterrey, 1994.

Tilín clarín (1993).

Todo queda en familia (1988). In *Tramoya*, vol. 25b (1990), pp.80-124.

¡Uníos, camaradas! (1991). In *Siete fársicos encuentros.* Monterrey, Mexico: Fondo Editorial Monterrey, 1994.

Utopía "Q" (1994).

MEX 039

GALVÁN, FELIPE (1949-   ) was born in Mexico City and studied bacteriology and parasitology at the Instituto Politécnio National. He studied drama with Emilio Carballido. He is known as a professor, director, editor, and researcher as well as a dramatist. He founded a number of theater companies throught the country and received the Premio Nacional de Teatro Infantil from the the Instituto Nacional de Bellas Artes in 1983.

Plays

La antesala (1990).

Camino al pueblo del saber (1990).

Los cazadores de cuentos (1985).

¿Chicles, joven? (1987). In *Tramoya*, no. 36 (1993), pp.101-122.

Claroscuro (1992).

Los cofrades (1984).

Colorín, colorado..este cuento no se ha acabado (1993). Tlaxcala, Mexico: Universidad Autónoma de Tlaxcala, 1984.

Comedia, por ejemplo (1993).

Con el corazón en la picana (1978). Culiacán, Mexico: Universidad Autónoma de Sinaloa, 1980.

El coronel Julio (1994).
El diablo en el infierno (1994).
El diablo y el smog (1987).
El equívoco (1995).
Érase una vez Ernesto (1990).
El hijo de la Cuauhute (1993).
Guillermo y Jacobo (1994).
Había una vez un pequeño libro rojo (1982).
La historia de Miguel (1980). In *Conjunto*, no. 43 (January - March.1980) pp.86-105; In *Tramoya*, no. 20 (1982), pp.37-56; *Avanzada, más teatro joven de México*: Mexico City:Editores Mexicanas Unidas, 1985.
La identidad (1988).
Ikaro twenty century. In *Diálogos dramatúrgicos México-Argentina*. Puebla, Mexico: Tablado IberoAmericano, 2000.
La imprescindible Miravale (1981).
Las loperas (1990).
Melodrama de un billete de lotería (1995).
El mesías hollywoodense (1985).
Paisajes de amor y desamor (1988).
Polizón del Darien (1994).
Los riesgos del gutembro (1981).
Salud, papá (1987).
Un solo de teléfono (1981). In *Diorama de la cultura*. Mexico City: Excélsior, 1980.
Sonata a dos lunas (1995).
Tu voz (1991). In *Repertorio*, no. 20 (December 1991), pp.72-86.

MEX 040
GALVÁN, JORGE (1935-   ) was born in Mexico City and is known as an actor, critic, teacher, director and dramatist. He received the Premio Nacional de Literatura (Teatro) in 1990.

Plays
Los años sin cuenta.
Clase a medias (1984) in *Conjunto*, no. 65 (July-September 1984), pp.59-100.
La cuadrilla (1985). Aguascalientes, Mexico: Patronato Estatal de Promotores Voluntarios, 1986.
El cuchara de oro (1994). Aguascalientes, Mexico: Instituto de Cultura de Aguascalientes, 1994; Mexico City: Universidad Autónoma Metropolitana, 2000.
Mi hermana la viuda (1958).
Mil novecientos veinte y nueve [i.e 1929] (1994). Aguascalientes, Mexico: Gobierno del Estado, Aguascalientes, Instituto de Cultura de Aguascalientes, 1994.
Para burlar el tiempo (1988). Aguascalientes, Mexico: TA, 1988.
Requiem por una esperanza (1979).Mexico City: Tierra Adentro, 1982.

Te quiero lo mismo (1990). Aguascalientes, Mexico: Compañía de Teatristas de Aguascalientes, 1992.

MEX 041

GARCÍA, ARMANDO (1952-   ) was born in Trancosos, Zacatecas and studied at the Universidad Nacional Autónoma de México and with dramatist Juan Tovar. He has been active in organizing indigenous and peasant theater groups.

Plays
Alicia (1992).
Antígona, la mita (1989).
El coyote (1972).
Dónde quedó la revolución (1979).
María Santisima (1986).
Vamos cuentiando (1990).

MEX 042

GARCÍA PONCE, JUAN (1932-   ) was born in Mérida, Yucatán and studied drama at the Universidad Nacional Autónoma de Mexico. He worked briefly as an actor then received a Rockefeller Foundation grant and began writing drama.

Plays:
Alrededor de las anémonas (1965).
Catálogo razonado (1989). San Rafael, Mexico: Plaza y Valdés, 1995.
El canto de los grillos (1958). Mexico City: Imprenta Universitaria, 1958.
El día más feliz (1956).
Doce y una trece (1964).
La feria distante (1957).
La noche transfigurada (1955).
El otoño y las hojas (1965).
Sombras, Tajimara y Amelia (1965).

MEX 043

GARMENDIA, ARTURO (1944-   ) was born Mexico City and studied at the Universidad Nacional Autónoma de México. He worked in a number of government positions as well as directed and wrote several plays.

Plays
Cinco voces de mujer.
Historia portentosa, insólita y prodigiosa de la antigua California.
Nostaligia de la muerte.
Pincho sandía.
Los siete pecados capitales (1991).

MEX 044

GARRO, ELENA (1922-   ) was born in Puebla and lived for many years in Spain, the U.S., France and Japan. She attended the Universidad

Nacional Autónoma de México. She married Mexican writer Octavio Paz in 1937. She won the Premio Villarrutia in 1963. After divorcing Octavio Paz, she became active in championing the rights of the poor and went to live in France. She returned to Mexico in 1993.

Plays

Andarse por las ramas (1956). In *Un hogar sólido, y otras piezas en un acto*. Xalapa, Mexico: Universidad Vercruzana, 1958.

El árbol (1963). Mexico City: Rafael Peregrina Editor, 1967. In *Un hogar sólido, y otras piezas en un acto*. Xalapa, Mexico: Universidad Vercruzana, 1958.

Benito Fernández. In *Un hogar sólido, y otras piezas en un acto*. Xalapa, Mexico: Universidad Vercruzana, 1958.

La dama boba (1964). In *Un hogar sólido, y otras piezas en un acto*. Xalapa, Mexico: Universidad Vercruzana, 1958.

El encanto, Tendajón Mixto. In *Un hogar sólido, y otras piezas en un acto*. Xalapa, Mexico: Universidad Vercruzana, 1958.

Felipe Angeles (1969). Mexico City: Universidad Nacional Autónoma de México, 1979. In Coátl (Guadalajara, Mexico), no. 8 (Autumn 1967), pp.1-35.

Un hogar sólido (1956). In *Un hogar sólido, y otras piezas en un acto*. Xalapa, Mexico: Universidad Vercruzana, 1958. In English as *A solid home* in *Selected Latin American one act plays*. Pittsburgh, PA: University of Pittsburgh Press, 1973.

La mudanza (1959). In *Un hogar sólido, y otras piezas en un acto*. Xalapa, Mexico: Universidad Vercruzana, 1958.

Los perros. In *Un hogar sólido, y otras piezas en un acto*. Xalapa, Mexico: Universidad Vercruzana, 1958; *Doce obras en un acto*. Mexico City: Educador, 1967.

Los pilares de doña Blanca (1956) In *Un hogar sólido, y otras piezas en un acto*. Xalapa, Mexico: Universidad Vercruzana, 1958.

El rastro. In *Un hogar sólido, y otras piezas en un acto*. Xalapa, Mexico: Universidad Vercruzana, 1958.

El rey mago (1960). In *Un hogar sólido, y otras piezas en un acto*. Xalapa, Mexico: Universidad Vercruzana, 1958.

La señora en su balcón (1963). In *Tercera antología de obras en un acto*. Mexico City: Colección Teatro Mexicano, 1960; *Teatro mexicano del siglo XX*. Mexico City: Fondo de Cultura Económica, 1970; *Teatro breve hispanoamericano*. Rio Piedras, Puerto Rico: Editorial Edil, 1980. In English as *A different reality*. Lewisburg, PA: Bucknell University Press, 1990.

Ventura Allende. In *Un hogar sólido, y otras piezas en un acto*. Xalapa, Mexico: Universidad Vercruzana, 1958.

MEX 045

GONZÁLEZ DÁVILA, JESÚS (1942-   ) was born in Mexico City and is considered one of the most important dramatists of the late twentieth century. He studied theater at the Escuela de Artes Teatrales of the Instituto Nacional de Bellas Artes. He has also written film scripts and taught extensively. He has won a number of prizes including the prestigious Premio Nacional Rodolfo Usigli.

Plays

Amsterdam Bulevar (1987). Puebla, Mexico: Teatro Iberoamericana, 1994.

El camino (1969) [also known as *En la colina*] (1979).

Crónica de un desayuno (1986). In *Artes escénicas*, no. 1 (1987), supplement 1-16.

De la calle (1983). San Rafael, Mexico: Plaza Consejo Nacional para la Cultura y las Artes, 1995; Mexico City: Ediciones El Milagro, 2001.

Los desadventurados (1985). Guadalajara, Mexico: Editorial Agata, 1990.

La fábrica de juguetes (1970).

Los gatos (1972). In *Teatro joven de Mexico; 15 obras seleccionadas*. Mexico City: Editorial Novaro, 1973.

Una isla llamada California (1992). Mexicali, Mexico: Universidad Autónoma de Baja California, 1994.

El jardín de las delicias (1984). In *Teatro mexicano contemporáneo*. Madrid: Fondo de Cultura Económica, 1991; *Trilogía*. Mexico City: Consejo Nacional para la Cultura y las Artes, 1997.

Luna negra (1994).

El mismo día, por la noche (1991).

Muchacha del alma (1983). In *Trilogía*. Mexico City: Consejo Nacional para la Cultura y las Artes, 1997.

Los niños prohibidos (1981).

La noche de los bandidos (1983).

Pájaro Caripocápote [also known as *El verdadero pájaro Caripocápote*] (1979).

Pastel de zarzamoras (1982). In *Trilogía*. Mexico City: Consejo Nacional para la Cultura y las Artes, 1997.

Las perlas de la virgen (1993).

Polo pelota amarilla (1978). In *Jardín con animales*. Mexico City: Editores Mexicanos Unidos, 1985.

Siesocide dos (1982).

Siesocidne (1968).

Sótanos (1988). In *Repertorio*, no. 22 (June 1992), pp.70-80.

Talón del diablo (1994).

Tiempos furiosos (1989).

La venturina (1968).

La vida es una (1990).

MEX 046

GOROSTIZA, CELESTINO (1904-1967) was born in Villahermosa and studied in Aguascalienes and in Mexico City. His older brother José was a distinguished member of the poetic movement "Contemporáneos." In 1927, Celistino, along with other young playwrights, founded the Teatro de Ulises, and the Teatro de Orientación. He translated a number of American and European playwrights into Spanish. He founded and directed the Academia Cinematográfica de Mexico and served as Director General of the Instituto Nacional de Bellas Artes. He won the prestigious Premio Juan Ruiz de Alarcón in 1956.

Plays:

El color de nuestra piel (1952). Mexico City: Talleres linotipigráficos "Toledo", 1953; New York: Macmillan, 1966; Englewood Cliffs, NJ: Prentice Hall, 1992. In English as the *Color of our skin* in *Drama and theater*, vol. 9, no.3 (Spring 1971).

Columna social (1955). Mexico City: B. Costa-Amic, 1956?

Escombros del sueño (1938). Mexico City: Letras de México, 1939.

La escuela del amor (1933). Mexico City: Artes Gráficas, 1935.

La leña esá verde (1957) [published as *Malinche* in 1958]. In *Teatro mexicano del siglo XX*. Mexico City: Fondo de Cultura Económica, 1956.

La malinche. In *Teatro mexicano del siglo XX*. Mexico City: Fondo de Cultura Económica, 1957.

El nuevo paraíso (1930). Mexico City: Ediciones de la Revista Contemporáneos, 1930.

La reina de nieve (1942).

Ser o no ser (1934). Mexico City: Artes Gráficas, 1935.

MEX 047

GUIOCHÍNS, ELENA (1960-) was born in Veracruz and graduated from the Universidad de Veracruz and the Escuela de Escritores de la Sociedad General de los Escritores de México. She has also studied dramaturgy with Sabina Berman and other important Mexican playwrights.

Plays

Dos en su papel (1995). Chimalistac, Mexico: Consejo Nacional para la Cultura y las Artes, 1995.

Hagan olas.

Mutis. Mexico City: Universidad Autónoma Metropolitana, 1996.

Permanencia involutaria. Chimalistac, Mexico: Consejo Nacional para la Cultura y las Artes, 1995.

Y retiemble en su centro la tierra.

MEX 048

GURROLA, JUAN JOSÉ (1935-) was born in Mexico City and has worked as an architect, actor and director in addition to writing plays. He founded the repertory group "Poesía de la Casa del Lago"and later the Teatro Repertorio de la Universidad Nacional Autónoma de México.

Plays

Los buenos estragos (1970).

Nietzche in the kitchen.

Tema y variación (1969).

MEX 049
GUTIÉRREZ, ZAIDE SILVIA (1959-   ) was born in Mexico City and studied at the Universidad Nacional Autónoma de Mexico and the Instituto Andrés Soler. She also did postgraduate work at at Columbia University. She worked as an actress in number of plays and in the film "El Norte," which was shown in the United States.

Plays

El concorde. In *Carpintería dramática: antología de un taller.* Mexico City: Universidad Autónoma Metropolitana, 1979.

Una llave para Clara. In *Carpintería dramática: antología de un taller.* Mexico City: Universidad Autónoma Metropolitana, 1979.

¿Qué es el teatro? (1979).

Tenoch (1981).

MEX 050
HARMONY, OLGA (1928-   ) was born in Mexico City and studied at the Universidad Nacional Autónoma de México. She has taught theater in both Cuba and Mexico and has appeared on television and has written for the newspaper *La Jornada.*

Plays

El cuento de Manolo (1962).

El lado humano.

La ley de Creón (1984).

Nuevo día (1952).

Rueleando (El día del maestro).

MEX 051
HERNÁNDEZ, LUISA JOSEFINA (1928-   ) graduated in literature from the Universidad Nacional Autónoma de México and studied theater and dramatic composition under Rodolfo Usigli. She received a Rockefeller Foundation grant to study at Columbia University and has been a professor of theater at the Universidad Nacional Autónoma de Mexico and the Instituto Nacional de Bellas Artes. She has won a number of prizes including the Premio Xavier Villaurrutia.

Plays

Agonía. Mexico City: América, 1951.

Aguardiente de caña (1951).

La amante. Xalapa, Mexico: Universidad Veracruzana, 2000.

El ambiente jurídico (1950). Mexico City: América, 1950.

Apostosía. In *Autos sacramentales.* Mexico City: Editorial Jus, 1994.

Auto del comulgar muriendo. In *Autos sacramentales.* Mexico City: Editorial Jus, 1994

Auto del divino preso. Guanajuato, Mexico: s.n., 1975. In *Autos sacramentales.* Mexico City: Editorial Jus, 1994.

La calle de la gran ocasión (1962). Xalapa, Mexico: Universidad Veracruzana, 1962. Mexico City: Editores Mexicanos Unidos, 1985.

Cinco monólogos. Tijuana, Mexico: CAEN Editores, 1997.

La corona del ángel (1951*).*

Danza del urogallo múltiple In *Teatro mexicano 1971.* Mexico City: Aguilar, 1974; *Dramaturgas latinoamericanas contemporáneas.* Madrid: Editorial Verbum, 1991.

Los duendes (1963). In *Teatro mexicano 1963.* Mexico City: Aguilar, 1965.

En una noche como esta. Mexico City: Plaza y Valdés, 1994. In *Tramoya,* nos. 12-13 (October-December 1987), pp.98-148.

Escándalo en Puerto Santo (1962).

Fermente y sueño. Xalapa, Mexico: Universidad Veracruzana, 2000.

La fiesta del mulato. Mexico City: Grupo Editorial Gaceta, 1994.; *Antología Tramoya.* Xalapa, Veracruz: Revista Tramoya, 2000.

Los frutos caídos (1955). In *Teatro mexicano contemporáneo.* Madrid: Aguilar, 1965.

Galán de ultramar. Xalapa, Mexico: Universidad Veracruzana, 2000.

Hécuba. In *Antología Tramoya.* Xalapa, Veracruz: Revista Tramoya, 2000.

La hija del rey. In *Cuarta antología de obras en un acto.* Mexico City: Colección de Teatro Mexicano, 1965.

Los huéspedes reales. Xalapa, Mexico: Universidad Veracruzana, 1958. In *Teatro mexicano del siglo XX.* Mexico City: Fondo de Cultura Económica, 1970.

La llave del cielo (1954).

El orden de los factores (1983). In *Tramoya,* nos. 12-13 (October-December 1987), pp.6-39.

Oriflama. In *Tramoya,* nos. 12-13 (October-December 1987), pp.43-96.

Pavana de Aranzazú. In *Tramoya,* vol. 1 (October-December 1975), pp.13-37; *Autos sacramentales.* Mexico City: Editorial Jus, 1994; *Antología Tramoya.* Xalapa, Veracruz: Revista Tramoya, 2000.

La paz ficticia (1974). Mexico City: Editorial Novaro, 1974; Mexico City: Grupo Editorial Gaceta, 1994.

Popol-Vuh (1974). Mexico City: Eidtorial Novaro, 1974; Mexico City: Grupo Editorial Gaceta, 1994. In *La palabra y el hombre* (Xalapa, Mexico: Universidad Veracruzana), vol. 10, no. 40 (1966), pp.699-734.

Quetzalcóatl. Mexico City: Secretaría de Educación, 1968. Mexico City: Grupo Editorial Gaceta, 1994. In *Revista de bellas artes,* no. 20 (March-April 1968), pp.38-58.

Los sordomudos. Mexico City: América, 1954.

Tres perros y un gato. Xalapa, Mexico: Universidad Veracruzana, 2000.

Vida y pasión de los úfaros. In *Autos sacramentales.* Mexico City: Editorial Jus, 1994.

MEX 052
HIRIART, BERTA (1950-   ) was born in Mexico City and studied at the Escuela de Autores de la Sociedad General de los Escritores de México.. In addition to writing plays she has also acted and directed.

Plays
A trabajar.
El cuerpo humano.
El deseo de Tomás. Mexico City: Ediciones El Milagro, 2001.
Ensayo de luces (1994).
Fiona y el orlo (1995).
Iguales y diferentes.. una casa para todos (1995).
El niño.
Pst, pst, aquí estoy.
Tu vida es tu vida.
Yo puedo solo.

MEX 053
HIRIART, HUGO (1942-   ) was born in Mexico City and studied at the Universidad Nacional Autónoma de Mexico and at the Escuela de Pintura y Escultura "La Esmeralda." He is known as a journalist, director, television writer and author of narrative, essays, and drama. Several of his works have been performed abroad.

Plays
Ambar (1986).
Camille o Historia de la escultura de Rodin a nuestros días (1987). In *Escénica*, no. 1 (1987), pp.1-12.
Casandra (1979).
Ciento veinte leguas de viaje submarino (1991).
Descripción de un animal dormido (1993).
La ginecomaquia (1972). In *Tres indagaciones teatrales.* Mexico City: J. Boldó i Climent, 1987.
Hécuba, la perra (1981).
Intimidad (1984). In *Tres indagaciones teatrales.* Mexico City: J. Boldó i Climent, 1987.
Mintastasio y su familia (1980). Mexico City: Cal y Arena, (1980); Ediciones El Milagro, 1999.
Las palabras de la tribu (1988).
El progreso fugitivo o el portentoso, alarmante, ciertísimo viaje en ferrocarril por el universo de José Guadalupe Posada (1981).
La representación o Los peligros del juego (1993).
Las repugnantes aventuras de Clotario Demoniax (1993).
Simulacros (1983). In *Vuelta*, no. 81 (1983), pp.19-27; *Tres indagaciones teatrales.* Mexico City: J. Boldó i Climent, 1987.
Tablero de pasiones de juguete (1984).
Vivir y beber (1990). Mexico City: Océano, 1987; Mexico City: Cal y Arena, 1988.

MEX 054
IBARGÜENGOITIA, JORGE (1928-1983) was born in Guanajuato and
studied civil engineering in Mexico City. In 1949 he left engineering to
study drama with Rodolfo Usigli. He wrote novels, essays, and history as
well as drama. He received the Premio Casa de las Américas in 1963. He
died in a plane crash in Madrid in 1983.

Plays
Ante varias esfinges. In *La Palabra y el Hombre,* no. 15 (July-September
1960), pp.131-171; *Teatro.* Mexico City: Joaquín Mortiz, 1989-1990.
El atentado (1963) [with Osvaldo Dragún]. Mexico City: J. Mortiz, 1978. In
Revista mexicana de literatura, nos. 11-12 (November-December 1964);
Teatro. Mexico City: Joaquín Mortiz, 1989-1990.
Los buenos manejos (1983). In *Teatro.* Mexico City: Joaquín Mortiz, 1989-
1990.
Cacahuetes japoneses.
Clotilde en su casa (1955) [performed as *Un adulterio exquisito*]. Xalapa,
Mexico: Universidad Veracruzana, 1964. In *Teatro mexicano del siglo
XX.* Mexico City: Fondo de Cultura Económica, 1956; *Teatro.* Mexico
City: Joaquín Mortiz, 1989-1990.
La consipiración vendida (1960). In *Revista de bellas artes,* no. 3 (May-June
1965), pp.29-60; *Teatro.* Mexico City: Joaquín Mortiz, 1989-1990.
Dos crímenes. In *Teatro.* Madrid: Mondadori, 1988; Mexico City: Joaquín
Mortiz, 1989-1990.
Llegó Margó. Mexico City: Plaza y Valdés, 1995. In *Teatro.* Mexico City:
Joaquín Mortiz, 1989-1990.
El loco amor viene. In *Teatro.* Mexico City: Joaquín Mortiz, 1989-1990.
La lucha con el ángel (1955). In *Teatro.* Mexico City: Joaquín Mortiz, 1989-
1990.
Pájaro en mano. Xalapa, Mexico: Universidad Veracruzana, 1964.
El peluquero del rey (1956).
El rey tiene cuernos (1954).
Susana y los jóvenes (1954). In *Teatro mexicano contemporáneo.* Mexico
City: Aguilar, 1958; *Teatro.* Mexico City: Joaquín Mortiz, 1989-1990.
El tesoro perdido. In *Teatro.* Mexico City: Joaquín Mortiz, 1989-1990.
El viaje superficial. Xalapa, Mexico: Universidad Veracruzana, 1964. In
Teatro. Mexico City: Joaquín Mortiz, 1989-1990.

MEX 055
INCLÁN, FEDERICO SCHROEDER (1910-1981) was born in Mexico
City and studied mechanical and electrical engineering at the University
of California. He has worked as a miner, farmer, salesman, and streetcar
worker in addition to writing drama. He has won a number of awards
including the Premio Juan Ruiz de Alarcón.

Plays
Cada noche muere Julieta (1960).

El caso de Pedro Ventura (1959).

Un caso para la policía.

Cuando mueren los dioses (1980).

Cuartelazo. Mexico City: s.n., 1954.

Deborah (1960).

Derecho de asilo (1966).

El deseo llega al anochecer (1956).

Detrás de esa puerta (1959). In *Teatro mexicano 1959*. Mexico City: Aguilar, 1962.

Don Quijote murió del corazón. Mexico City: Universidad Autónoma Metropolitana Xochimilco, 1985.

Doroteo Arango (1960).

Los dos Juez.

Dos mujeres y un cadáver.

El duelo. Mexico City: s.n., 1951.

El enemigo. In *Cuadernos de Bellas Artes* no. 1 (August 1960).

Una esfine llamada Cordelia. In *Teatro mexicano 1958*. Mexico City: Aguilar, 1959.

Espaldas mojadas cruzan el Bravo. Mexico City: s.n., 1951.

Frida Kahlo; viva la vida (1967). Mexico City: Instituto Nacional de Bellas Artes, Departamento de Teatro, 1970.

Hidalgo. Mexico City: Editorial Intercontinental, 1953.

Hoy invita la güera (1955). In *Teatro mexicano del siglo XX*. Mexico City: Fondo de Cultura Económica, 1970.

Una mujer para los sábdos. Mexico City: s.n., 1957.

Luces de carburo. Mexico City: s.n., 1951.

Malintzín (1961).

Moctezuma, Cuauhtémoc y Malinal.

Una mujer para los sábdos (1965). Mexico City: s.n., 1957.

Una noche con Casanova (1964).

Pueblo sin hombres (1957).

El seminarista de los ojos negros (1958).

Trágico amanecer (1957).

Turco para señoritas (1965).

La última noche con Laura (1956).

La ventana. In *Antología de obras en un acto*, vol. 2. Mexico City: s.n., 196?

La vida oculta de Jesús.

Las voces (1973).

Y aun hay flores. In *América*, no. 65, (April 1951).

MEX 056

INCLÁN, GABRIELA (1948-   ) was born in Mexico City and studied at the Escuela Normal Superior and at the Escuela de Escritores of the Sociedad General de Escritores Mexicanos with Hugo Argüelles.

Plays
Coreografía [also performed as *Cuarteto con disfraz y serpentinas*] (1993).
   Mexico City: Sociedad General de Escritores Mexicanos, 1992.
Escaleno (1995).
Los ladrones del tiempo.
Nomás que salgamos (1988).
Te ama Rama. In *Primera Llamada*, no. 1 (1995), pp.72-75.

MEX 057
   LAGE, MARIO (1951-   ) was born in Mexico City and studied at the
   Universidad Nacional Autónoma de México and began his career as an
   actor in the 1960's and 1970's. He also founded the theater workshop "El
   Taller" in 1990.
Plays
¿A qué hora sales por el pan? (1992).
Estoy en el rincón de una cantina (1986).
Mefisto (1981).

MEX 058
   LEÑERO, ESTELA (1960-   ) is the daughter of playwright Vicente
   Leñero and was bornin Mexico City and studied theater in Mexico and at
   the Centro Nacional de Nuevas Tendencias Escénicas in Madrid. She is
   known as an anthropologist, actress, researcher, director and dramatist.
   She has won the Premio Punto de Partida.
Plays
Caída horizontal (1991).
Casa llena (1981). Puebla, Mexico: Universidad Autónama de Puebla, 1986.
Día de muertos (1983).
Habitación en blanco (1987).
Instantáneas (1988). In *Litoral* no. 21 (1991).
Los invitados (1991).
Jueves santo.
Las máquinas de coser. Mexico City: Universidad Autónoma Metropolitana,
   1990.
Paisaje interior (1995).
Te toca a ti. In *Sábado*, no. 570 (1988), p. 15.
Tiempo muerto (Insomnio). In *El Nacional* (1991).
Toooodos los dias (1982).
Los volcanes. In *Tierra Adentro*, no. 67 (1993).

MEX 059
   LEÑERO, VICENTE (1933-   ) was born in Guadalajara and studied civil
   engineering and journalism. He has been an editor for a number of
   periodicals and is well known as a writer for radio, television and
   cinema, as well as a dramatist. He has been awarded the Premio Nacional
   de Dramaturgia Juan Ruiz de Alarcón along with other national literary

prizes. His work has been translated into English, German, and Polish and performed in the United States and in Europe.

Plays

Los albañiles (1969). Mexico City: Joaquín Moritz, 1970. In *Teatro mexicano del siglo XX.* Mexico City: Fondo de Cultura, 1970; *Teatro mexicano 1969.* Mexico City: Aguilar, 1972; *Teatro completo II.* Mexico City: Universidad Nacional Autónoma de México, 1992.

Alicia, tal vez (1979). In *Teatro completo II.* Mexico City: Universidad Nacional Autónoma de México, 1992.

Avaricia. In *Dramaturgia terminal.* Mexico City: Editorial Colibrí, 1999.

La carpa (1971). Mexico City: Aguilar, 1974. In *Teatro mexicano 1971.* Mexico City: Aguilar, 1974. *Teatro completo II.* Mexico City: Universidad Nacional Autónoma de México, 1992.

Los compañeros (1970). Mexico City: V Siglos, 1981; Guadalajara: Agata, 1993. In *Diálogos*, vol. 6, no. 2 (March- April 1970), 14-27; *Teatro mexicano 1970.* Mexico City: Aguilar, 1973; *Teatro completo I.* Mexico City: Universidad Nacional Autónoma de México, 1982.

Don Juan en Chapultepec. In *Dramaturgia terminal.* Mexico City: Editorial Colibrí, 1999.

Hace ya tanto tiempo (1990). In *Dramaturgia terminal.* Mexico City: Editorial Colibrí, 1999.

Los hijos de Sánchez (1972). In *Teatro completo II.* Mexico City: Universidad Nacional Autónoma de México, 1992; *Obras.* Mexico City: Grupo Editorial Gaceta, 1994.

Jesucristo Gómez (1987). Mexico City: Océano, 1986.

El juicio (El jurado de León Toral y la madre Conchita) (1971). Mexico City: Joaquín Moritz, 1972; Guadalajara: Agata, 1993. In *Teatro completo I.* Mexico City: Universidad Nacional Autónoma de México, 1982.

El martirio de Morelos (1983). Mexico City: Editorial Ariel y Seix Barral, 1981; Mexico City: Cal y Arena, 1984. In *Teatro completo.* Mexico City: Universidad Nacional Autónoma de México, 1982

La mudanza (1976). Mexico City: Joaquín Mortiz, 1980; Madrid: Fondo de Cultura Económica, 1991. In *Teatro completo II.* Mexico City: Universidad Nacional Autónoma de México, 1992.

Nadie sabe nada (1988). Mexico City: Grupo Editorial Gaceta, 1994.

La noche de Hernán Cortés (1992). Madrid: El Público, Centro de Documentación Teatral, 1992; Mexico City: Ediciones El Milagro, 1994.

Las noches blancas (1988). Mexico City: Universidad Nacional Autónoma de México, 1980. In *Teatro completo II.* Mexico City: Universidad Nacional Autónoma de México, 1992.

Pueblo rechazado (1968). Mexico City: Cuadernos de Mortiz, 1969; Monterrey, Mexico: Sierra Madres, 1969; Guadalajara: Agata, 1993. *In Revista de la Universidad*, vol. 9 (1968), pp.1-16; *Teatro mexicanoo 1968.* Mexico City: Aguilar, 1974; *Teatro completo.* Mexico City: Universidad Nacional Autónoma de México, 1982; In French *as Les exclus* In *Le théâtre mexicain 1999, une antologie.* Xalapa, Mexico: Tramoya, 1993.

Señora (1990).

Todos somos Marcos (1995). In *Dramaturgia terminal.* Mexico City: Editorial Colibrí, 1999.

La visita del ángel (1981). In *Teatro completo II.* Mexico City: Universidad Nacional Autónoma de México, 1992.

MEX 060

LEÓN FELIPE (1884-1968) was born in Tábala, Spain and came to live in Mexico after the Spanish Civil War. He was known as poet and dramatist.

Plays

Alas y jorobas o El rey bufón.

La manzana (1955).

La mordida. In *Dos obras.* Mexico City: Colección Teatro de Bolsillo, 1958.

El pañuelo encantado (1968).

Tristán e Isolda. In *Dos obras.* Mexico City: Colección Teatro de Bolsillo, 1958.

MEX 061

LICONA, ALEJANDRO (1953-) was born in Mexico City and studied chemical engineering at the Instituto Politécnico Nacional. Since 1990 he has been a professor of screenwriting at the Escuela de Escritores of the Sociedad General de los Escritores de Mexico. He is known as a screen and television writer and dramatist.

Plays

Los abajo firmantes (1994).

Abuelita de Batman (1990). Mexico City: Obra Citada, 1989.

Agarró a hachazos a la casquivana (1987).

La amenaza roja (1984.). In *Teatro para jóvenes.* Mexico City: Editores Mexicanos Unidos, 1986.

El bien perdido (1985).

El buqe de más potencia (1990).

Cancionero popular (1981).

El capiro (1985).

Castigo ejemplar a infractores de la ley (1987). Mexico City: Obra Citada, 1989. In *Algunas obras de teatro mexicano contemporáneo.*Mexico City: Instituto Nacional para la Educación de los Adultos, 1994.

Corajín, corajón, corajote (1990).

Cuentas por cobrar (1982). In *Más teatro joven.* Mexico City: Editores Mexicanos Unidos, 1982; *Avanzada, más teatro joven de México.* Mexico City: Editores Mexicanos Unidos, 1985.

El día de mañana (1987). Mexico City: Instituto Politécnico Nacional, 1987.

El día que la señora Cooper fue raptada por los salvajes y perversos indios (1988).

El diablo en el jardín (1976).

En la madre (Haz de cuenta que fuimos basura) (1988). Mexico City: Obra Citada, 1989.

Ésos fuimos tú y yo (1987). Mexico City: Instituto Politécnico Nacional, 1987.

Ésta es tu casa (1982). Mexico City: Instituto Politécnico Nacional, 1987.

La fundación de Tenochtitlán (1987). Mexico City: Instituto Politécnico Nacional, 1987.

¡Guau!... Vida de perros (1982).

Horrendo crimen pasional (1990).

Huélum o Cómo pasar matemáticas sin problemas (1972). In *Teatro joven de México*. Mexico City: Editores Mexicanos Unidos, 1979; *Teatro para jóvenes*. Mexico City: Editores Mexicanos Unidos, 1986.

Humo en tus ojos (1982).

Inagada la vida (1993).

Josefo el magnífico (1994). Mexico City: Teatro Iberoamericano, 1994.

Me lleva el diablo (1992).

Me quieres a pesar de lo que dices (1992). In *Algunas obras de teatro mexicano contemporáneo*. Mexico City: Instituto Nacional para la Educación de los Adultos, 1994.; *Sólo para ardidos y otras obras de teatro*. Mexico City: Sociedad General de los Escritores de México, 1996.

La millonaria (1984).

La mujer loba estaba sola (1994).

Las negras intenciones (1990).

No me mata el rayo sino la raya (1991).

Para decir adiós (1987). In *Teatro para jóvenes*. Mexico City: Editores Mexicanos Unidos, 1986.

Por si alguna vez morimos (1993).

Raptóla, violóla y matóla (1987). Mexico City: Instituto Politécnico Nacional, 1987.

Señoritas egoístas; X-43 prisionero del mar (1991).

Serenidad y paciencia (1994).

Si yo tuviera el corazón (1984). In *Teatro para jóvenes*. Mexico City: Editores Mexicanos Unidos, 1986.

Solamente una vez (1983).

Sólo para ardidos (1990).

La tamalera diabólica (1990).

Todos los negros tomamos café (1990).

La torre acribillada (1977).

Las tres heridas (1985). In *Teatro para jóvenes*. Mexico City: Editores Mexicanos Unidos, 1986.

Usted abusó (1986). In *Teatro para jóvenes*. Mexico City: Editores Mexicanos Unidos, 1986.

Verdad de Dios (1990). Mexico City: Obra Citada, 1989.

MEX 062
LIERA, ÓSCAR (1946-1990) was born in Novalato, Sinaloa. He studied in Paris at the Sorbonne as well as the Universidad Nacional Autónoma de Mexico and in Italy. He worked as an actor, dramatist, essayist, theater critic, and dramatist. He was a major promoter of regional theater in the northeast of Mexico. He won the Premio Nacional de Teatro in 1984.

Plays

Al pie de la letra (1990). In *Teatro completo*. Culiacán, Mexico: Gobierno del Estado de Sinaloa, 1996.

Aquí no pasa nada (1980). In *Teatro completo*. Culiacán, Mexico: Gobierno del Estado de Sinaloa, 1996.

Los axiomas y la ley (1975). In *Teatro completo*. Culiacán, Mexico: Gobierno del Estado de Sinaloa, 1996.

Bajo el silencio (1987). In *Teatro completo*. Culiacán, Mexico: Gobierno del Estado de Sinaloa, 1996.

Los camaleones (1980). In *Teatro completo*. Culiacán, Mexico: Gobierno del Estado de Sinaloa, 1996.

El camino de los locos (1973). In *Teatro completo*. Culiacán, Mexico: Gobierno del Estado de Sinaloa, 1996.

El camino rojo a Sabaiba (1987). In *Teatro mexicano contemporáneo*. Madrid: Fondo de Cultura Economica, 1991; In *México en el arte*, nos. 19-20 (1988), pp.33-63; *Teatro completo*. Culiacán, Mexico: Gobierno del Estado de Sinaloa, 1996.

Los caminos solos (1989). In *Teatro completo*. Culiacán, Mexico: Gobierno del Estado de Sinaloa, 1996.

El crescencio. In *Teatro completo*. Culiacán, Mexico: Gobierno del Estado de Sinaloa, 1996.

Cúcara y Mácara (1981). In *La Cabra*, nos. 28-29 (1981), supplement.

La cultura popular (1981).

Etcétera (1979). In *Repertorio*, no. 7 (1982), pp.1-14.

Las fábulas perversas (1986). In *Artes Escénicas*, no. 5 (1988), pp.1-19; *Teatro completo*. Culiacán, Mexico: Gobierno del Estado de Sinaloa, 1996.

Los fantasmas de la libertad (1982). In *Teatro completo*. Culiacán, Mexico: Gobierno del Estado de Sinaloa, 1996.

La fuerza del hombre (1984). In *Teatro joven de México*. Mexico City: Editores Mexicanos Unidos, 1979; *Teatro breve*. Mexico City: Árbol, 1984; *Más teatro joven de México*. Mexico City: Editores Mexicanos Unidos, 1982. *Algunas obras del teatro mexicano contemporáneo*. Mexico City: Instituto Nacional para la Educación de los Adultos, 1994; *Teatro completo*. Culiacán, Mexico: Gobierno del Estado de Sinaloa, 1996.

Gente de teatro: gente horrible. In *Teatro completo*. Culiacán, Mexico: Gobierno del Estado de Sinaloa, 1996.

El gordo (1980). In *Siete obras en un acto*. Mexico City: Universidad Nacional Autónoma de Mexico, 1982; *Teatro completo*. Culiacán, Mexico: Gobierno del Estado de Sinaloa, 1996.

La gudógoda (1980). In *Tramoya*, no. 18 (1980), pp.77-81; *Teatro completo*. Culiacán, Mexico: Gobierno del Estado de Sinaloa, 1996.

La infamia (1991).In *Teatro completo*. Culiacán, Mexico: Gobierno del Estado de Sinaloa, 1996.

El jinete de la Divina Providencia (1984). Culiacán, Mexico: Universidad Autónoma de Sinaloa, 1987.

Juego de damas (1982). In *Teatro completo*. Culiacán, Mexico: Gobierno del Estado de Sinaloa, 1996.

Las juramentaciones (1983). In *Teatro completo*. Culiacán, Mexico: Gobierno del Estado de Sinaloa, 1996.

El Lazarillo (1979). Mexico City: Universidad Autónoma Metropolitana, 1983; *Teatro completo*. Culiacán, Mexico: Gobierno del Estado de Sinaloa, 1996.

Martha (1972). In *Teatro completo*. Culiacán, Mexico: Gobierno del Estado de Sinaloa, 1996.

Un misterioso (1987). In *Teatro completo*. Culiacán, Mexico: Gobierno del Estado de Sinaloa, 1996.

Los negros pájaros del adios (1986). *In Tramoya*, no. 29 (October-December, 1991), pp.92-143. In *Teatro completo*. Culiacán, Mexico: Gobierno del Estado de Sinaloa, 1996. In French as *Les oiseaux noirs de l'adieu* in *Le théâtre mexicain 1999, une anthologie*. Xalapa, Mexico: Tramoya, 1993.

El níspero y la alcachofa [later titled *La piña y la manzana*]. In *Punto de Partida* (1978), pp.42-48.

La ñonga (1981). In *Teatro completo*. Culiacán, Mexico: Gobierno del Estado de Sinaloa, 1996.

El oro de la Revolución Mexicana (1984). In *Teatro completo*. Culiacán, Mexico: Gobierno del Estado de Sinaloa, 1996.

La pesadilla de una noche de verano (1979). *Teatro completo*. Culiacán, Mexico: Gobierno del Estado de Sinaloa, 1996.

La piña y la manzana (1988). In *Siete obras en un acto*. Mexico City: Universidad Nacional Autónoma de Mexico, 1982; *Tramoya* no. 14 (1979), pp.4-72; *Teatro completo*. Culiacán, Mexico: Gobierno del Estado de Sinaloa, 1996.

No me hables en cuarto menguante (1980).

Prepara la guerra. In *Teatro completo*. Culiacán, Mexico: Gobierno del Estado de Sinaloa, 1996.

Repaso de indulgencias (1984). In *Teatro completo*. Culiacán, Mexico: Gobierno del Estado de Sinaloa, 1996.

El séptimo ángel. In *Teatro completo*. Culiacán, Mexico: Gobierno del Estado de Sinaloa, 1996.

Soy el hombre. In *Teatro completo*. Culiacán, Mexico: Gobierno del Estado de Sinaloa, 1996.

Los tres pies del gato. In *Teatro completo.* Culiacán, Mexico: Gobierno del Estado de Sinaloa, 1996.

Trópico de acuario. In *Teatro completo.* Culiacán, Mexico: Gobierno del Estado de Sinaloa, 1996.

Las Ubarry (1978). In *Lecturas de Sinaloa.* Culiacán: Mexico: Instituto Nacional para la Educación de los Adultos, 1988; *Teatro completo.* Culiacán, Mexico: Gobierno del Estado de Sinaloa, 1996.

La verdadera revolución (1984). In *Teatro completo.* Culiacán, Mexico: Gobierno del Estado de Sinaloa, 1996.

MEX 063

LÓPEZ GUZMÁN, WILLEBALDO (1944-) was born in Queréndaro, Michoacán and studied theater at the Escuela de Artes Teatrales. He also studied acting and dramaturgy with several prominent dramatists and acting coaches. He received a number of prizes in Mexico, Argentina, and Spain. His work has been performed in various countries and translated into several languages.

Plays

Los arrieros con sus burros por la hermosa capital (1967). In *Teatro joven de México.* Mexico City: Editores Mexicanos Unidos, 1979. Mexico City: Sindicato de Trabajadores del INFONAVIT, 1978.

El cerro rabón.

Císcale, císcale, diablo panzón (1968). Mexico City: Sindicato de Trabajadores del INFONAVIT, 1980.

Comenzón de las dos. In *Doce a las doce.* Mexico City: Obra Citada, 1989.

Cosas de muchachos (1968). Mexico City: Sindicato de Trabajadores del INFONAVIT, 1980; Mexico: Editorial Mexicanos Unidos, 1982. In *Tramoya*, nos. 1-2 (1975), pp.39-60; *Más teatro joven.* Mexico City: Editores Mexicanos Unidos, 1982.

Los engañados (Alias los güyes) (1969).

Felipe la vida (1985).

El final del lobo.

Malinche Show (1977). Mexico City: Sindicato de Trabajadores del INFONAVIT, 1980.

El paletero del sol.

Pilo Tamirano Luca (1975). Mexico City: Instituto Mexicano del Seguro Social, 1973.

La primera dama ; o, la inutilidad del poder. Mexico City: Escenologia, 1999.

Las propiedades del cerdo.

Sonata en travesti siii (1977).

Tereso y Leopoldina (1989).

Vine, vi y mejor me fui (1975). Mexico City: Obra Citada, 1988.

Y Daniel dijo no.

Yo soy Juárez (1972). Mexico City: Instituto Mexicano del Seguro Social, 1973.

MEX 064
LUNA, GERARDO (1964-) was born in Mexico City and studied at the Escuela de Escritores of the Sociedad General de los Escritores de México with Hugo Argüelles. He has won a number of prizes at the state and national level.
Plays
El cielo de los monstruos (1993).
Corazón de melón (1993).
Las pasiones del gusano Gus Gus (1994).
Tres rostros (1991).

MEX 065
MAGAÑA, SERGIO (1924-1990) was born in Tepalcatepec, Michoacán and studied sciences at the Universidad Nacional Autónoma de México. He studied dramaturgy with playwrights Rodolfo Usigli and Emilio Carballido, among others. He wrote dramas, tragedies and comedies in addition to short stories and novels. He also worked as a theater critic.
Plays
Ana la americana. Mexico City: Plaza y Valdés, 1995.
El anillo de oro (1960).
Los argonautas (1965). Mexico City: Instituto Nacional de Bellas Artes, Departamento de Teatro, 1967. In *Ovaciones*, no. 189 (August 22, 1965), pp.4-5.
Como las estrellas y todas las cosas (1945).
Los enemigos (1987).
Ensayando a Molière (1966). In *El teatro trashumante: las obras.* Mexico City: Instituto Nacional de Bellas Artes, 1966; *Doce obras en un acto.* Mexico City: Ecuador, 1967
Entre bastidores (1965).
Medea (1965).
Meneando el bote (1954).
Moctezuma II (1954). Mexico City: Editores Mexicanos Unidos, 1985. In *Panorama del teatro en México,* vol. 1, no. 1 (July 1954), pp.35-82; *Cuadernos de Bellas Artes,* vol. 4, no. 9 (September 1963), pp.69-108, vol. 4, no. 10 (October 1963), pp.73-112; and vol. 4 no. 11 (November 1963), pp.57-104.
El mundo que tú heredas (1970).
La noche transfigurada (1947).
El pequeño caso de Jorge Lívido (1958). In *Teatro mexicano 1958.* Mexico City: Editorial Aguilar, 1959.
El reloj y la cuna (1952).
Rentas congeladas (1960).
Santísima (1980). In *Tranoya,* no. 26 (1991), pp.5-55.
Los signos del zodíaco (1951). Mexico City: Colección Teatro Mexicano, 1953; Mexico City: Fondo de Cultura Económica, 1984. In *Teatro*

mexicano del siglo XX. Mexico City: Fondo de Cultura Económica, 1956.

El suplicante (1950). Mexico City: Fondo de Cultura Económica, 1984. In *Antología de obras en un acto*. Mexico City: Colección Teatro Mexicano, 1960.

El viaje de Nocresida (1953).

MEX 066

MAGAÑA ESQUIVEL, ANTONIO (1909-1987) was born in Mérida and studied law at the Universidad Nacional Autónoma de Mexico. He also taught theater and literature and held positions in government ministries. He won the Premio Nacional Ciudad de México and the Premio El Nacional. He is best known as novelist and for his critical anthologies of Mexican theater.

Plays

Contrapunto (1970).

El que vino a hacer la guerra o Western navideño en un solo tiro (1980).

Semilla del aire (1956).

El sitio y la hora (1961).

La undécidma musa (1968).

MEX 067

MEJIA, SYLVIA (1948-   ) was born in Mexico City and studied at the Universidad Veracruzana. She later went on to study acting and directing in London. She appeared in a number of plays in the 1970's and early 1980's before she began writing theater.

Plays

A punto de turrón. Mexico City: Sociedad General de Escritores Mexicanos, 1992.

Mamá, mamá (1995).

Novia de trapo (1986). Puebla, Mexico: J. Ruiz Mercado, 1996.

MEX 068

MENDOZA, HÉCTOR (1932-1987) was born in Apaseo, Guanajuato and studied at the Escuela de Arte Teatral, the Universidad Nacional Autónoma de México, and at Yale University. He worked as an actor and director, and later as a dramatist. In the 1960's and 1970's he was a profesor of acting and chair of the theater department at the Universidad Nacional Autónoma de México. He won the Premio José Ruiz de Alarcón in 1954.

Plays

¡A la Beocia! Mexico City: Ediciones El Milagro, 1996.

Actuar o no. Mexico City: Ediciones el Milagro, 1999.

Ahogados (1952).

Anna Karenina (1978).

Bolero. Mexico City: Ediciones El Milagro, 1997.

El burlador de Tirso. Mexico City: Ediciones el Milagro, 1999.

La camelia. In *Universidad de México*, vol. 13, no. 10 (June 1959), pp.13-15.

Las cosas simples (1953). Mexico: Coleccion Studium, Taller Toledo, 1954; Mexico City: Ediciones El Milagro, 1997. In *Teatro mexicano del siglo XX*. Mexico City: Fondo de Cultura Económica, 1956.

Creator principium. Mexico City: Ediciones el Milagro, 1999.

Del día que murió el señor Bernal dejándonos desamparados. Mexico City: Ediciones El Milagro, 1994.

Las desconfianza (1990). Mexico City: Gaceta, 1994.

Dos intentos de suicidio. Mexico City: Plaza y Valdés, 1994.

Las entretelas del corazón. Mexico City: Ediciones El Milagro, 1997.

Fedra. Mexico City: Ediciones El Milagro, 1996.

Hamlet, por ejemplo (1983). Mexico City: Ediciones El Milagro, 1992.

La historia de la aviación (1979). Mexico City: Gaceta, 1994.

In memoriam (1975). Mexico City: Gaceta, 1994

Juicio suspendido. Mexico City: Ediciones El Milagro, 1994.

Noche decisiva en la vida sentimental de Eva Iriarte. Mexico City: Ediciones El Milagro, 1994.

Noches islámicas (1982).

Reso (1974). Mexico City: Ediciones El Milagro, 1996.

Salpícame del amor. In *Ovaciones*, no. 163 (February 7, 1965), pp.1-5.

Secretos de familia (1991). Mexico City: Ediciones El Milagro, 1996.

Tobogán (1955).

La verdad sospchosa (1984).

MEX 069

MERINO LANZILOTTI, IGNACIO (1942-   ) was born in Mexico City and studied literature at the Universidad Nacional Autónoma de México, where he is a professor. He has been active in cinema and theater studies in the U.S., Asia, and Africa, and has been recognized as an important historian and playwright of Mexican popular theater.

Plays

Aguas cristalinas. In *Relatos de un estudiante*. Mexico City: Porrúa, 1961.

El brillante negro.

La caza de maridos.

Columna rota. In *Relatos de un estudiante*. Mexico City: Porrúa, 1961.

Como las lianas.

Desilusión. In *Relatos de un estudiante*. Mexico City: Porrúa, 1961.

Historias del teatro del club X. In *Cuentos para la escena*. Mexico City: M. Porrua, 1961.

Instantes contados.

La moneda. In *Relatos de un estudiante*. Mexico City: Porrúa, 1961.

Lucky millones. In *Cuentos para la escena*. Mexico City: M. Porrua, 1961.

Maquinas. In *Relatos de un estudiante*. Mexico City: Porrúa, 1961.

Mi primera comedia. In *Cuentos para la escena.* Mexico City: M. Porrua, 1961.

Presagio. In *Relatos de un estudiante.* Mexico City: Porrúa, 1961.

Un problema más. In *Relatos de un estudiante.* Mexico City: Porrúa, 1961.

¿Qué esperas para salirte, vecina? In *Cuentos para la escena.* Mexico City: M. Porrua, 1961.

Los quince años de Lulú. In *Cuentos para la escena.* Mexico City: M. Porrua, 1961.

Robo. In *Relatos de un estudiante.* Mexico City: Porrúa, 1961.

Sol del medio día. In *Relatos de un estudiante.* Mexico City: Porrúa, 1961.

Suicidio-romance (1960).

Las tandas del Tlancualejo (1975). In *Conjunto,* no. 41, (July-Sept. 1979), pp.31-90.

El tercer cuento. In *Cuentos para la escena.* Mexico City: M. Porrua, 1961.

Últimos hechos. In *Cuentos para la escena.* Mexico City: M. Porrua, 1961.

MEX 070

MINERA, OTTO (1948-   ) was born in Monterrey and studied acting at the Lee Strassberg Theatrical Institute in New York. He is known as an actor, screenwriter, set designer, producer and dramatist. He won the Premio Casa de las Américas in 1983.

Plays

Canal cero (1986).

Escuela de payasos (1991).

Los niñitos de San Juan (1983). Mexico City: Consejo Nacional para la Cultura y las Artes, 1994.

Siete pecados en la capital. Havana: Casa de las Américas, 1983. Mexico City: Martín Casillas Editores, 1983.

¿Y después y después y después? (1987).

MEX 071

MONCADO, LUIS MARIO (1963-   ) was born in Hermosillo and studied theater and dramatic arts at the Universidad Nacional Autónoma de México and dramaturgy with Vicente Leñero. He has written extensive theater criticism and has worked as an actor, screenwriter, and dramatist. He won the Premio del Certamen Dramaturgos de Fin de Siglo in 1989 and 1990. He has worked as director the Centro de Investigación Teatral Rodolfo Usigli.

Plays

Alicia detrás de la pantalla (1989). In *Repertorio,* no. 15 (July-September 1990), pp.63-80.

Alienación (1993). In *Tierra adentro,* no. 67 (1993), pp.56-58.

Carta al artista adolescente (1994).

Cuando la soga aprieta (1984).

El destino (1983).

ExhiVisión (1990). In *Tramyoa,* no. 39 (1994), pp.89-122.

Invasión térmica (1995).
El más negro de todos los teatros (1993).
El motel de los destinos cruzados (1992). Chimalistac, Mexico: Consejo Nacional para la Cultura y las Artes, 1993.
Muerte en segundo B (1987).
Pesadilla inconclusa (1984).
Poesía en voz muda (1984).
Los superhéroes en la aldea global (1995).
Una de vaqueros (1993).

MEX 072
MONTIEL, MIGUEL ANGEL (1960-   ) was born in Mexico City and began his career as an actor and director before beginning to write plays. He was a cofounder of the the theater project "El Rubicón."

Plays
Baldomero (1992).

MEX 073
MORA, JUAN MIGUEL DE (1921-) was born in Mexico City and and studied theater in New York and holds a doctorate in literature from the Universidad Nacional Autónoma de México. He began his career as a director and he also worked in set design and as a theater ciritic. He has also written a number of books on Mexican politics, history, and theater. He is currently a professor at UNAM.

Plays
Ariel y Calibán (1952).
Una cruz para cada hombre.
Emiliano Zapata.
Espártaco (1961).
Los héroes no van al frente (1957).
Un hombre del otro mundo (1956).
Juana de Anjou.
Numancia.
Plaza de las tres culturas (Tlatelolco). Mexico City: Editores Asociados Mexicanos, 1978.
Primero es la luz. Mexico City: Colección Teatro Mexicano, 1955.
Los vencedores.

MEX 074
MORENO, LUIS (1935-) was born in Dos Estrellas, Michoacán. He was a disciple of playwright Luisa Josefina Hernández. He won the Premio José Ruiz de Alarcón in 1958. He abandaned drama to dedicate himself to writing for radio and television.

Plays
Cuatro sonrisas de mujer (1959).

Los sueños encendidos (1958). In *Teatro mexicano 1958*. Mexico City: Aguilar, 1959.

MEX 075

MUÑOZ CASTILLO, FERNANDO (1951-   ) was born in Mérida and has produced and directed films and plays and written essays and narrative in addition to theater. He has won various national prizes for his work, including the Premio Jomar de Arte y Literatura.

Plays

Baúl de sueños (1982).

Clamoros silencio. In *Cultura sur*, no. 6 (1990), pp.21-24.

Dada, performance a John Lennon (1981).

El dragón de los ojos verdes (1985).

Estridentismo. In *Repertorio*, no. 14 (April-June 1990), pp.64-74.

Eugenio (1971).

Fábrica de sueños (1978).

Las fantásticas aventuras de Agapo Agapito Agapón (1976).

La fiesta de las calaveras (1974).

Historia de amor (1971).

Kafavis (1970).

Mutación de un solsticio de verano (1972).

Las niñas grandes no lloran. Mérida, Mexico: Instituto Cultural de Yucatán, 1993.

Obsénikus (1990).

El palacio rojo (1986).

La pequeña rebelión (1974).

Poesía americana (1977).

El silencio de Dios (1982).

Sin tierra prometida (1971).

Soy Jasón, tengo 28 años. Mérida, Mexico: Instituto Cultural de Yucatán, 1993.

Una temporada en el infierno (1977).

Tríptico minihistérico: La función debe comenzar, Terapia ocupacional, Kiki de Montparnasse. Mérida, Mexico: Instituto Cultural de Yucatán, 1993.

Vampiros jóvenes (1990).

Variaciónes sobre el tema de amor (1971).

Viví sin conocerte, puedo vivir sin ti. Mérida, Mexico: Instituto Cultural de Yucatán, 1993.

Yucatán es maya (1985).

MEX 076

MURO, MARÍA (1948-   ) was born in Mexico City and studied dramaturgy with Vicente Leñero and Sergio Magaña. She also studied at the British Theatre Association in London. She began her career as an actress and has also directed a number of plays.

Plays
Antonieta en la ausencia (1990).
Aztlán (1989).
Erase una vez un museo (1986).
Mujeres al calor de Lorca (1988). In *Repertorio*, no. 12 (October-December 1989), pp.67-73.

MEX 077
NORZAGARAY, ANGEL (1961-) was born in La Jacaranda, Sinaloa and studied theater at the Universidad Veracruzana. He is known as a director, actor, and theater researcher in addition to writing plays. He has directed a number of plays that have been performed in national and international festivals.

Plays
El álamo santo.
Una isla llamada California [with Jesús González Dávila].
Mexicali a secas.
Tú también Macbeth.
El velorio de los mangos. Mexicali, Mexico: Instituto de Cultura de Baja California, 1993.

MEX 078
NOVO, SALVADOR (1904-1974) was born in Mexico City and grew up in Torreón during the Mexican Revolution. He attended school with a number of prominent Mexican literary figurers and with them founded the literary magazine *Contemporáneo*s. He is known as a poet, journalist, and playwright.

Plays
A ocho columnas. Mexico City: s.n., 1956; Mexico City: Los Textos de la Capilla, 1961; Mexico City: Editores Mexicanos Unidos, 1985.
Adán y Eva. In *Diálogos.* Mexico City: Organización Editorial Novaro, 1970.
El coronel Astucia. Mexico City: Instituto Nacional de Bellas Artes, 1948. In *Teatro escolar* . Mexico City: Insittuto Nacional de Bellas Artes, 1971.
Cuauhtémoc. Mexico City: Librería Madero, 1962. In *Teatro mexicano 1963.* Madrid: Aguilar, 1965; *Teatro mexicano del siglo XX.* Mexico City: Fondo de Cultura, 1970.
Cuauhtémoc y Eulalia. In *Diálogos.* Mexico City: Organización Editorial Novaro, 1970.
La culta dama. Mexico City: Impresora Veracruz, 1951; Mexico City: Editores Mexicanos Unidos, 1985. In *Teatro mexicana del siglo XX.* Mexico City: Fondo de Cultura Económica, 1956.
Diálogo de ilustres en la rotonda. In *Ticitezcatl o El espejo encantado.* Xalapa, Mexico: Universidad Veracruzana, 1966.
Diego y Betty. In *Diálogos.* Mexico City: Organización Editorial Novaro, 1970.

Divorcio. In *El Universal ilustrado* (April 30, 1924), pp.1-6, 47-48.

Don Quijote. Mexico City: Instituto Nacional de Bellas Artes, 1948.

La güera y la estrella. In *Diálogos*. Mexico City: Organización Editorial Novaro, 1970.

La guerra de las gordas. Mexico City: Fondo de Cultura Económica, 1963; Mexico City: Editores Mexicanos Unidos, 1985.

Ha vuelto Ulises. Mexico City: Alacena, 1962.

El Joven II. Mexico City: Impresora Muñoz (1951). In *Díalogos*. Mexico City: Organización Editorial Novaro, 1970..

Malinche y Carlota. In *Diálogos*. Mexico City: Organización Editorial Novaro, 1970.

La señorita remington. In *El Universal ilustrado* (May 15, 1924), pp.27-61.

El sofá. In *Cuadernos de Bellas Artes*, vol. 4, no. 8 (August 1963), pp.53-70l; *Ticitezcatl o El espejo encantado*. Xalapa, Mexico: Universidad Veracruzana, 1966; *Antología*. Mexico City: Porrua, 1955.

Sor Juana y Pita. In *Diálogos*. Mexico City: Organización Editorial Novaro, 1970.

El tercer Fausto. In *Diálogos*. Mexico City: Organización Editorial Novaro, 1970. In French as *Le troisième Faust*. Paris: Editions Soixante Neuf, 1934.

Ticitezcatl o el espejo encantado. In *Teatro mexicano 1972*. Mexico City: Aguilar, 1975..

Yocasta o casi. Mexico City: Teatro de la Capilla, 1960; Mexico City: Editores Mexicanos Unidos, 1985.

MEX 079

OCERANSKY, ABRAHAM (1943-   ) was born in Mexico City and graduated from the Escuela de Arte Teatral. He began his career as a rock musician. In addition to writing plays, he also taught acting and founded the Escuela y Foro Teatro T in Mexico City.

Plays

Acto de amor.

Deux machina.

Frankenstein.

Muñecas de seda. Veracruz, Mexico: Instituto Veracruzano de Cultura, 1997.

Simio.

MEX 080

OLGUÍN, DAVID (1963-   ) was born in Mexico City and received a degree in Spanish language and literature from the Universidad Nacional Autónoma de México. He studied drama with playwright Juan Tovar and also studied in London. He has received numerous grants and is associated with the Centro Universitario de Teatro.

Plays
Bajo tierra (1992). Mexico City: Coordinación de Difusión Cultural, Dirección de Literatura/UNAM, 1992.
Cartas a mamá (1987). In *El Faro*, no. 2 (1990).
Conozco el abismo (1991).
Despertar al sueño (1994).
Dolores o la felicidad (1995).
Lucha Reyes (1987).
La puerta del fondo (1993). México City: El Milagro, 1992.
El regreso (1993).
La representación (1985). Mexico City: Plaza y Valdés, 1984; Mexico City: El Milagro, 1992. In *La Orquesta*, no. 6 (1985), pp.3-12.

MEX 081
OLMOS, CARLOS (1947-   ) was born in Tapachula, Chiapas and studied acting at the Escuela de Artes Teatrales. In addition to writing drama, he has also written for radio and television.
Plays
Los años luz (1970).
El brillo de la ausencia (1983). In *Teatro*. Xalapa, Mexico: Universidad Veracruzana, 1983.
El dandy del hotel Savoy (1990). Mexico City: Katún, 1989; San Rafael, Mexico: Plaza y Valdés, 1995.
El eclipse (1990). Mexico City: Coordinación de Difusión Cultural, Dirección de Literatura, Universidad Nacional Autónoma de Mexico, 1990. In *Olmos*. Mexico City: Grupo Editorial Gaceta, 1994.
Final de viernes (1993).
Juegos fatuos (la gloria) (1971). In *Teatro mexicano 1972*. Mexico City: Aguilar, 1975; *Tríptico de juegos: juegos*. Mexico City: Instituto Nacional de Bellas Artes, Departmento de Teatro, 1975
Juegos impuros (El purgatorio) (1974). In *Tríptico de juegos*. Mexico City: Instituto Nacional de Bellas Artes, Departmento de Teatro, 1975.
Juegos profanos (El infierno) (1976). *Tríptico de juegos*. Mexico City: Instituto Nacional de Bellas Artes, Departmento de Teatro, 1975.
Lenguas muertas (1974). Mexico City: Instituto Nacional de Juventud; 1972; Mexico City: Grupo Editorial Gaceta, 1994. In *Teatro*. Xalapa: Universidad Veracruzana, 1983.
El presente perfecto (1982). In *Teatro*. Xalapa, Mexico: Universidad Veracruzana, 1983.
La rosa de oro (1981). Mexico City: Grupo Editorial Gaceta, 1994. In *Tramoya*, nos. 24-25 (1982), pp.55-91.

MEX 082
OROZCO R. EFRÉN (OROZCO ROSALES) (1903-   ) was born in Tulancingo, Hidalgo and worked for the government before beginning a

career as dramatist and director. Many of his plays are based on historical themes and he has won various national prizes.

Plays

Clarín de campaña. S.l.: s.n., 1962.

Creación del quinto sol. Mexico City: s.n., 1935.

Cuauhtémoc (1950).

La hora de la libertad (1961).

El mensajero del sol. Mexico City: Talleres Gráficos Nacionales, 1941.

El niño artillero (1960).

Redención del indio (1949).

El sacrificio gladiatorio.

Tierra y libertad (1936). Mexico City: Departamento del Distrito Federal, Dirección General de Acción Cívica, 1933.

Xochihuitl o Fiesta de las flores (1959).

MEX 083

ORTEGA, HÉCTOR (1939-   ) was born in Mexico City and studied theater with a number of actors and playwrights. He helped formed the first mime group in Mexico and also founded the Sociedad de Actores Independentes.

Plays

¡Ay Cuauhtémoc, no te rajes! (1987).

Cinco locos en un uno [with Alexandro Jodorowsky] (1968).

El cómico proceso de José K. Mexicali, Mexico: Universidad Autónoma de Baja California, 1994. In English as *The Comic trial of Joseph K.* San Diego, CA: San Diego State University Press, 1994.

El huevo de Colón.

MEX 084

OSTOA, ALEJANDRO (1961-   ) was born in Mexico City and studied at the Escuela de Autores of the Socieded General de Escritores de México. He began his career as an actor and puppeteer, and later worked as a director and dramatist. He has also edited and published in a number of literary journals.

Plays

Alma en duela (1987).

En duermevela (1989).

Lupilla Tomatino o Martín (1980).

El mensaje de huitzin (1989).

Noche de tentaciones irresistibles (1989).

Sucesos inéditos entre Isabel la Católica y San Antonio Abad.

MEX 085

PELÁEZ, SILVIA (1959-   ) was born in Cuernavaca and studied communication studies at the Universidad Nacional Autónoma de México. She later studied acting at the Instituto Virginia Fábregas and dramaturgy with Jaime Chabaud and other playwrights. She won the Premio Rodolfo Usigli in 1994.

Plays

La Bolivariada (1990).

Deseos ocultos (1993).

El día que volvió el sol (1990).

Las dos hermanas (1991). In *El Hechicero*, no. 9 (1992), p.81.

Erzébet (1994).

La espera (1989).

Fascinación por lo verde (1990).

El guayabo peludo. In R*epertorio*, nos. 30-31 (June-September 1994), pp.80-88.

Luna de sangre (1991).

Las panaderas (1992).

Una soledad demasiado ruidosa (1994).

Sueño (1990).

Tú no sabes, yo no lo sé (1994).

El vampiro de Londres (1994).

Velorio (1990).

La vida comienza mañana (1990). In *Repertorio*, no. 17 (March 1991) pp.60-71.

MEX 086

PENICHE VALLADO, LEOPOLDO (1908-   ) was born in Mérida, Yucatán and is known as an essayist and dramatist. He has also written extensively on Yucatecan history.

Plays

La alcaldesa. In *Teatro.* Mérida, Mexico: Taller Gráfico y Editorial Zamna, 1974.

La batalla perdida. Mérida, Mexico: Ediciones de Escritores y Artistas de Yucatán, 1962.

Cecilio Magno.

El doctor está en consulta. In *Teatro.* Mérida, Mexico: Taller Gráfico y Editorial Zamna, 1974.

En Mérida y en una casa.

Henequén (1960). Mérida, Mexico: Ediciones de la Universidad de Yucatán, 1961.

La que salió al camino. Mérida, Mexico: Editorial Zamna, 1949.

Memoria de uno de tantos. In *Teatro.* Mérida, Mexico: Taller Gráfico y Editorial Zamna, 1974.

Las molineras de Chiebul.

¿Qué haría usted en mi lugar?

El telfonema.

Venados y hombres.

MEX 087
PÉREZ DEL ANGEL, ARCELIA (1955-   ) was born in Mexico City and studied literature at the Universidad Nacional Autónoma de México. She was a co-founder of the Grupo CIDA and studied dramaturgy with Hugo Argüelles.
Plays
María Lacandona (1995).
Su bienestar es Cosa Nostra.
La última noche de los prófugos (1993).

MEX 088
PÉREZ QUITT, RICARDO (1958-   ) was born in Atilxco, Puebla and studied set design at the Escuela de Artes Teatrales and in Spain. He is known as a set desginer, researcher, lecturer, and dramatist. He currently teaches at the Universidad Autónoma de Puebla and publishes extensively in theater journals.
Plays
Auto de fe (1988). In *El tribunal del demonio.* Puebla: Universidad Autónoma de Puebla, 1988; *Obras.* Mexico City: Escenología, 1996.
El canto del cencuate (1988). In *El tribunal del demonio.* Puebla: Universidad Autónoma de Puebla, 1988; *Síntesis*, no. 80 (1993), p.15; *Teatro poular III.* Mexico City: Secretara de Educación Pública, 1994; *Encuentro* (1994), pp.11-13; *Obras.* Mexico City: Escenología, 1996.
Cortés y Pizarro. In *Obras.* Mexico City: Escenología, 1996.
Cristobal Colón en el confesionario (1993). Puebla, Mexico: Secretaría de Cultura, 1992. [Also titled *Confesiones de Cristóbal Colón*]. In *Obras.* Mexico City: Escenología, 1996.
Cuando las aves se acercan al sol (1974). In *Dramaturgos de Puebla en un acto.* Puebla, Mexico: Comisión V Centenario Puebla, 1992.
Deseos- deseos escombros y herbolaria. Mexico City: Fondo Editorial Tierra Adentro, 1992. In *Obras.* Mexico City: Escenología, 1996.
Los frutos de la redención (1986). In *Obras.* Mexico City: Escenología, 1996.
Fuera de lugar. In *El Centavo*, no. 179 (1994), pp.19-25.
Los hierros del hereje. In *Obras.* Mexico City: Escenología, 1996.
Más sabe el diablo que viejo. In *Obras.* Mexico City: Escenología, 1996.
Noviembre principia con llanto (1986). In *El tribunal del demonio.* Puebla: Universidad Autónoma de Puebla, 1988; *Tramoya*, nos.3-4 (1984), pp.55-63; *Obras.* Mexico City: Escenología, 1996.
El otro perfil de Judas (1986).
San Agustín Pro. In *Obras.* Mexico City: Escenología, 1996.
Sangre de coyote. In *Teatro popular III.* Mexico City: Secretaría de Educación Pública, 1992; *El Centavo*, no. 176 (1993), pp.32-34; *Obras.* Mexico City: Escenología, 1996.
El tribunal del demonio. In *Obras.* Mexico City: Escenología, 1996.

MEX 089
  PONIATOWSKA, ELENA (1933-   ) was born in Paris of Polish and Mexican ancestry and came to Mexico at age nine. She began her career as a journalist, interviewing promient Mexican artists and intellectuals. She is considered one of Mexico's most important writers of narrative. She also acted for a brief time and some of her works have been adapted for the stage.

Plays
  Compresencias (1994).
  Un edad feliz (Lilus Kikus) (1967). Mexico City: Los Presentes, 1954.
  Melés y Teléo. In *Panoramas*, no. 2 (Summer 1956), pp.135-299.
  Querido Diego, te abraza Quiela [adaptation of her novel] (1988).

MEX 090
  PRIETO, CARLOS (1922-   ) was born in Mexico City and graduated from the Universidad Nacional Autónoma de México and the Université de Notre Dame in Paris. Several of his plays were censored by the government.

Plays
  A media camino.
  Ashes for bread.
  Atentado al pudor (1953).
  El gato encerrado (1956).
  El jugo de la tierra (1959).
  El lépero. In *Dos obras.* Mexico City: A. Mijares, 1957.
  El pregón de las gallinas.
  Por el ojo de una agua (1944).
  La rebelión de los tephuanes.

MEX 091
  QUINO, JOSUÉ (1958-   ) was born in Veracruz and studied at a theater workshop there. He worked as an actor and director in the 1970's and 1980's and founded the theater group "Jormofas."

Plays
  Pastorela Moderna '84 (1984).

MEX 092
  QUIROGA, TOMÁS (1934-   ) was born in Mexico City and graduated from the Escuela de Arte Teatral. He worked as an actor in the 1950's and later as a director in addition to writing several plays.

Plays
  La calle sin ventanas (1984).
  Historia de tres (1975).
  Juegos peligrosos (1983).
  La noche que balearon al tigre (1979).
  ¿Quién mató a Cucaracho? (1978).

Tradición mexicana (1979).

MEX 093
   RAMÍREZ, ARMANDO (1951-   ) was born in Mexico City and is known
      primarily for his narrative dealing with Mexico City neighborhoods,
      some of which have been adapted for the stage.
Plays
   Chin chin, el teorocho.
   Noche de califas (1992).
   Quinceñera (1995).
   Ratero.
   Rubera (1987).
   Sucedió entre changos.

MEX 094
   RAMÍREZ HEREDIA, RAFAEL (1942-   ) was born in Tampico,
      Tamaulipas and graduated from the workshop of Vicente Leñero at the
      Centro de Arte Dramático. He has also written a number of novels and
      short stories.
Plays
   Dentro de estos ocho muros (1988).
   Final de domingo (1987).
   Los piojos.

MEX 095
   RASCÓN BANDA, VÍCTOR HUGO (1948-   ) was born in Uruáchic,
      Chihuahua and received his doctorate in constitutional law from the
      Universidad Nacional Autónoma de México. He has worked as an
      attorney, public official, and writer of narrative, screenplays, and drama.
      He has won a number of prizes at the national level and was a finalist for
      the Spain's Premio Tirso de Molina in 1979.
Plays
   El abrecartas (1982). In *Las armas blancas* Mexico City: Universidad
      Nacional Autónoma de México, 1990; *Repertorio*, no. 1 (1981), pp.1-44.
   ¡Ah, la ciencia! (1994).
   Alucinada (1991).
   El baile de los montañeses (1982). Toluca, Mexico: Universidad Autónoma
      del Estado de México, 1982.
   La banca (1989). Mexico City: Obra Citada, 1989; Mexico City: Grupo
      Editorial Gaceta , 1994.
   Cada quién su vida (1995).
   La casa del español (1992).
   El caso Santos (1993).
   ¡ Cierren las puertas--! (1988).Mexico City: Obra Citada, 1988.
   Contrabando (1991). Mexico City: Ediciones El Milagro, 1993.
   El criminal de Tacuba (1992).

La daga (1982). In *Las armas blancas.* Mexico City: Universidad Nacional Autónoma de México, 1990; In *Repertorio,* no. 1 (1981), pp.1-44.; *La Cabra,* no. 36 (1981), pp.1-13.; *El gallo ilustrado,* no. 985 (1981), pp.7-12; *Más teatro joven de México.* Mexico City: Editores Mexicanos Unidos, 1982.

De lo acanteció a Litgonio y su esposa Prudeniciana con Fraudonio (1976).

El edificio (1989). In *Mexico en el arte,* no. 21 (1989), p.49-81.

Elena, mil veces (1990).

La fiera del ajusco (1985). In *Teatro del delito.* Mexico City: Editores Mexicanos Unidos, 1985.

Fugitivos (1992).

Guerrero negro (1988). Mexico City: Obra Citada, 1988.

Homicidio calificado (1994).

Las fuentes del derecho (1974).

Los ilegales (1979). Mexico City: Universidad Autónoma Metropolitana, Dirección de Difusión Cultural, Departamento Editorial, 1979.

Luces de Thermidor (1990).

El machete.

La maestra Teresa (1979).

La malinche. Mexico City: Plaza y Janés, 2000.

Manos arriba (1984). In *Teatro del delito.* Mexico City: Editores Mexicanos Unidos, 1985; Mexico City: Grupo Editorial Gaceta , 1994.

Máscara vs. cabellera (1985). In *Teatro del delito.* Mexico City: Editores Mexicanos Unidos, 1985.

La mujer que cayó del cielo. Mexico City: Escenología, A.C., 2000.

La navaja (1982). In *Las armas blancas* Mexico City: Universidad Nacional Autónoma de México, 1990; *Repertorio,* no. 1 (1981), pp.1-44.

Nolens volens (1974).

Playa azul (1982). Mexico City: Secretaría de Educación Pública, 1986. In *Teatro mexicano contemporáneo.* Madrid: Fondo de Cultura Económica, 1991.

Querido Diego, te abraza Quiela (1988).

Sabor de engaño (1993). Mexico City: Sociedad General de Escritores de Mexico, 1992; Mexico City: Grupo Editorial Gaceta , 1994.

Salón Plaza (1981).

Sazón de mujer; table dance. Tijuana, Mexico: CAEN Editores, 2001.

El sismo.

Tina Modotti (1981). Mexico City: Secretaría de Educación Pública, 1986.

La víbora.

La víspera.

Voces en el umbral (1977). Mexico City: Universidad Autónoma Metropolitana, Dirección de Difusión Cultural, 1983; Mexico City: Secretaría de Educación Pública, 1986. In *Repertorio,* nos. 5-6 (1982), pp.39-69.

MEX 096

RENDÓN, ALEJANDRO CÉSSAR (1936-   ) was born in Mexico City and began his career as an actor in the 1950's. He also directed a number of plays in the 1960's and wrote screenplays and stage adaptions. He is founding director of the Escuela de Escritores of the Sociedad General de Escritores de México.

Plays

La botella (1959).
Un desnivel en el piso (1958).
Diorama poético de México (1960).
¡Güera!
El hombre que estaba vacío (1959).
Marisa (1960).
Pastorela de dos mundos.
La sorpresa.
Tarifa $50000.00 (1959).
Los tuzos.

MEX 097

RETES, IGNACIO (1918-   ) was born in Mexico City and studied with Rodolfo Usigli at the Universidad Nacional Autónoma de México. In 1937 he founded the Teatro Universitario de San Luis Potosí. He worked as a director throughout the the 1940's, 1950's and 1960's. He has also been an acting teacher at the Instituto Cinematográfico de México. He has written numerous documentaries and theatrical series for television.

Plays

El día de mañana. San Rafael, Mexico: Plaza y Valdés, 1995. In *Revista Letras de México*, vol. 5, no. 113 (July 1, 1945), pp.103-106.
Una ciudad para vivir (1954). In *Teatro mexicano del siglo XX.* Mexico City: Fondo de Cultura Económica, 1956.
Los hombres del cielo: crónica dramática sobre Bartolomé de las Casas. Monterrey, Mexico: Instituto Tecnológico y de Estudios Superiores de Monterrey, 1966.
Viento sur; fragmentos de un tiempo inolvidable: los últimos días de Emiliano Zapata. Monterrey, Mexico: Ediciones Sierra Madre, 1968.

MEX 098

REVUELTAS, JOSE (1914-1976) was born in Durango to family of artistis. He came to Mexico City while young and worked as a journalist. During this sixties, he became a leader of the student movement in Mexico. He was jailed for his political activities until 1971. He is known as a member of the group "La Lanterna Mágica."

Plays

La acusación y la soledad (1959).
La caída (1959).

El cuadrante de la soledad (1950). Mexico City: Organización Editorial Novaro, 1971. In *Obras completas*. Mexico City: Ediciones Era, 1984.

Israel (1948). Mexico City: Sociedad General de Autores de Mexico, 1947. In *Obras completas*. Mexico City: Ediciones Era, 1984.

Nos esperan en abril. In *Obras completas..* Mexico City: Ediciones Era, 1984.

Pito Pérez en la hoguera (1975). In *Obras completas*. Mexico City: Ediciones Era, 1984.

MEX 099

REYES, ALFONSO (1889-1959) was born in Monterrey, Nuevo León, and was one of the founders of the Ateneo de la Juventud. He held several diplomatic posts and was a major promoter of Mexican theater. He is known particularly for his essays and poetry and is considered one of Mexico's most distinguished literary figures.

Plays

Egogla de los ciegos. In *La cultura en México*, no. 108 (March 1964), pp.2-4.

Ifigenia cruel (1934). Madrid: Editorial Saturnino Calleja, 1924; Mexico City: Ediciones La Cigarra,1945; Monterrey Mexico: Ediciones Sierra Madre, 1974. In *Teatro mexicano del siglo XX*. Mexico City: Fondo de Cultura Económica, 1956; *Antología de Alfonso Reyes*. Mexico City: Fondo de Cultura Económica, 1963.

Landrú, opereta (1964). In *Cuarta antología de obras en un acto*. Mexico City: Fondo de Cultura Econónmica, 1965.

MEX 100

REYES, LUIS EDUARDO (1958-   ) was born in Guadalajara and studied information science and political science at the Universidad Iberoamericana and dramaturgy with Hugo Argüelles. He received the Premio de Dramaturgia from the Sociedad de Escritores Mexicanos in 1987.

Plays

Alegría (1987). In *Tramoya*, no. 18 (1989), pp.55-81.

¿De interés social? (1986). Mexico City: Gaceta, 1994.In *Alrededor de la rutina*. San Angel, Mexico: Consejo Nacional para la Cultura y las Artes, 1991; *Tramoya*, no. 24 (1990).

Dudas o Te mato, me matas (1993).

El hombre orquesta (1984).

La mil traumas (1995). Mexico City: Grupo Editorial Gaceta, 1994.

La monja (1984).

Nos gustábamos tanto (1984).

Los prudentes (1994).

El robo de los juguetes (1993)

Se solicita lector (1984).

La subasta (1984).

La vida secreta de dos cualquieras (1987).). Mexico City: Grupo Editorial Gaceta, 1994. In *Alrededor de la rutina*. San Angel, Mexico: Consejo Nacional para la Cultura y las Artes, 1991. In *Punto de Partida* (1990). *El viejo de la Condesa* (1994).

MEX 101

REYES PALACIOS, FELIPE (1945-   ) was born in Mexico City and worked on the editorial board of the theater journal *Tramoya*. He works in the Centro de Estudios Literarios del Instituto de Investigaciones Filológicas at UNAM.

Plays

Los colmillos de la ballena o con napalm las consas son much más fáciles.
Diálogo entre el enterrador y un zapatero (1987).

MEX 102

RIVERA, VIRGILIO ANGEL (1939-   ) was born in San Luis Potosí and studied dramatic composition with José Luis Hernández and Hugo Argüelles. He wrote a number of plays for children in addition to those for adult audiences.

Plays

Angeles y espantapájaros (1993).
Aquel domingo en el club (El enemigo esá en casa). Mexico City: Punto por Punto Editores, 1987.
Con un clavo en la cien (1965).
De Ciudad Neza a tepito : pastorela en un acto. Mexico City: s.n., 1997.
En un reino dormido.
Era una lámpara maravillosa.
Fusiles y muñecas.
Mater admirabilis.
Por las colonias del defe.
La ronda de un niño emplumado.
Temple y orgullo del tercer sexo.

MEX 103

ROBLES, CARLOS (1956-   ) is a director, set designer, composer and playwright. He studied at the University of Minnesota and has taught at the Universidad de las Américas.

Plays

Cuento de navidad (1984).
La flor de la fantasía (1985).
La velada (1990).

MEX 104

ROBLES, J. HUMBERTO (1921-1984) was born in Mexico City and studied dramatic art at Mexico City College. He founded the Companía Cómicos de la Legua in Veracruz.

Plays

Los desarraigados (1956). Mexico City: Instituto de Bellas Artes. Departamento de Literatura, 1962.

Los desorientados (Raíces muertos) (1959).

Dos boletos para México (1954). Mexico City: Ed. Mundiales, 1952.

Esferas sin eje (1955).

El forastero (1960).

Muñeca de paja (1963).

Perfiles de ausencia (1981).

Provincia (1955).

Romance de Epigmenio Zarsos o del ladino timado por su proprio desatino (1980).

La voz de la tierra (1976).

MEX 105

RODRÍGUEZ SOLIS, EDUARDO (1938-   ) was born in Mexico City and founded the theater company "La Comedia Nuestra." He has also written theater criticism for the weekly *La Onda* and the newspaper *Novedades*.

Plays

Actos de magia. Mexico City: Universidad Autónoma Metropolitana, Dirección de Difusión Cultural, Departamento Editorial, 1987.

Agua y jabón para nuestras ventantas (1973).

Banderitas de papel picado.

Black jack. Mexico City: Instituto Nacional de la Juventud Mexicana, 1968.

Corrido de Pepe el enamorado

El encuentro de los agentes secretos. Mexico City: Universidad Autónoma Metropolitana, Dirección de Difusión Cultural, Departamento Editorial, 1982.

Ese viejo no es un viejo es la esperanza. Mexico City: Instituto Nacional de la Juventud Mexicana, 1968.

Guadalupe.

Helicóptero de miércoles. In *Teatro para ser leído y representado cuando los aviones no vuelen sobre la ciudad.* Mexico City: Ediciones la Rosa de Papel, 1972

Ladelos Kintos. In *Teatro para ser leído y representado cuando los aviones no vuelen sobre la ciudad.* Mexico City: Ediciones la Rosa de Papel, 1972.

No es la soledad. Mexico City: J. Moritz, 1969.

Un soldado es un soldado. In *Teatro para ser leído y representado cuando los aviones no vuelen sobre la ciudad.* Mexico City: Ediciones la Rosa de Papel, 1972.

Las ondas de la catrina. Mexico City: Universidad Autónoma Metropolitana, 1986.

Una relación cercana al éxtasis.

Las ruedas ruedan (1965).

El señor que vestía pulgas.
Sobre los orígenes del hombre (1967).

MEX 106
  ROJAS PALACIOS, JAIME (1926-   ) was born in Mexico City and founded a children's theater company and has participated in numerous theater competitions throughout Mexico.
Plays:
  A ritmo de juventud (1958).
  Alegre celebración (1952).
  El amor nació en la hacienda (1953).
  El amor no paga impuestos (1992).
  Autopsia de un joven triste (1986). Mexico City: Universidad Autónoma Metropolitana, Unidad Xochimilco,1986.
  Celos (1951).
  Champaña, sexo y vivir (1971).
  Cristo 67 (1967).
  Ensayo en technicolor (1955).
  El espejo de plata.
  Gratos recuerdos (1954).
  Lluvia de estrellas (1953).
  Los olvidados (1955).
  Pasión musical (1953).
  Pobres maridos con tales mujeres (1953).
  ¿Quién manda en casa? (1953).
  Y quisieron ser toreros (1960). Mexico City: s.n., 1965.

MEX 107
  ROMÁN CALVO, NORMA ELENA (1924-   ) was born in Mexico City and is a professor of literature and drama at the Universidad Nacional Autónoma de México. She studied dramaturgy with Hugo Argüelles. She has also work as a concert pianist and writer of narrative, poetry, essays, screenplays and drama.
Plays
  A partir de las once (1989). In *Doce a las doce*. Mexico City: Obra Citada, 1989.
  Campañas de vuelo (1989).
  ¿Cómo te quedó el ojo, Lucifer? (1974).
  Los compadres (1968). In *Los trashumantes II*. Mexico City: Instituto Nacional de Bellas Artes, 1970.
  Delgadina (1994).
  El demontre (1968). In *Los trashumantes*. Mexico City: Instituto Nacional de Bellas Artes, 1970.
  ¿Dónde vas, Román Castillo? (1991). Mexico City: Gaceta, 1991.
  Dos tragedias de amor (1990).

Las enaguas coloradas (1968). In *Los trashumantes*. Mexico City: Instituto Nacional de Bellas Artes, 1970; *Primer Acto*, no. 1 (1995), pp.25-28.

Los encantos del relajo (1968). Mexico City: Letras Contemporáneas, 1983.

En un lugar de la mancha (1983). Mexio City: Letras Contemporáneas, 1983.

Entre azul y colorado (1971).

Escándolo en el paraíso (1984). Mexico City: Editores Mexicanos Unidos, 1984.

Éste es el juego (1971). Mexico City: Obra Citada, 1988.

La fiesta de las yuntas (1968). In *Los trashumantes*. Mexico City: Instituto Nacional de Bellas Artes, 1970.

Junípero, juglar (1975).

Médico, poeta y loco (1975).

Los mimos parlantes (1983). Mexico City: Obra Citada, 1990.

Ni tanto que queme al santo (1956). Mexico City: IIPSE, 1960.

Las patas de Hilo (1971).

Pollo mitote y casorio (1967). In *Los trashumantes*. Mexico City: Instituto Nacional de Bellas Artes, 1970.

Que me entierren com pompa (1983). Mexico City: Letras Contemporáneas, 1983.

Retablos mexicanos (1973).

Se visten niños Dios (1989). *In Primer Acto*, no. 1 (1995), pp.66-73.

El secreto (1988). In *Galería de teatro para niños*. Mexico City: Instituto Mexicano de Seguros Sociales, 1988.

Trilogía de los compadres (1985). In *Teatro para adolescentes*. Mexico City: Editores Mexicanos Unidos, 1985.

MEX 108
> **ROUSTAND, PACO (1951-   )** was born in La Defensa, Veracruz and graduated from the Escuela de Arte Teatral. He began his career as an actor in the 1980's and 1990's.and is curently a professor at the Centro de Arte del Teatro of the Instituto Nacional de Bellas Artes.

Plays
Arboles a mí.
Los contaminantes... ¡huy qué miedo! (1985).
La única salida... el camino equivocado.

MEX 109
> **RUIZ DE VELAZCO, RAFAEL (1942-   )** was born in Mexico City and graduated from the Escuela de Arte Teatral. He has worked as an actor and director.

Plays
Angel o la ciudad de los agonizantes (1978).
El funeral (1980).
Improvisaciones (1980).
La leyenda del nuevo lugar (1989).

La llamada (1980).
Pastorela universal (1968).

MEX 110
 SABIDO, MIGUEL (1938-) was born in Mexico City and studied at the
 Universidad Nacional Autónoma de México. He also worked with
 Salvador Novo at Teatro La Capilla and studied dramaturgy with Emilio
 Carballido and Luisa Josefina Hernández. He acted in and directed a
 number of plays in addition to writing.
Plays
Coloquios de gente decente.
Falsa crónica de Juana la loca (1985). Mexico City: Editorial Katún, 1985.
El libro de las pastorelas. Mexico City: Escenologia, 2000
Las mujeres de Troya (1988).
Pastorela de la esperanza. Mexico City: Comisión Nacional de Derechos
 Humanos, 1992.
Teatro: tres retratos femininos. Mexico City: Escenologia, 2000.
Las tentaciones de María egipciaca (1968). Mexico City: Premia, 1981.

MEX 111
 SALAZAR, DANIEL (1941-) was born in Ciudad Guzmán, Jalisco and
 grew up in Mexico City. He studied with Emilio Carballido, Hugo
 Argüelles and others. He has taught acting at the Instituto Andrés Soler
 since 1980 and has held various administrative positions in the Instituto
 Mexicano de Seguro Social.
Plays
Serpientes y y escalersas, el jugo de la oca y tú (1994).

MEX 112
 SALCEDO, HUGO (1964-) was born in Ciudad Guzmán, Jalisco and
 educated at the Universidad de Guadalajara. He also studied theater at the
 Universidad Autónoma de Barcelona and received a doctorate in Latin
 American literature from the Universidad Complutense de Madrid. In
 addition to writing plays, he is an actor, director, and producer of theater
 in Tijuana, Mexico. He has won the Premio Nacional de Dramaturgia
 from the Instituto Nacional de Bellas Artes.
Plays
Arde el desierto con los vientos que vienen del sur (1990). Mexico City:
 Consejo Nacional para la Cultura y las Artes, 1990. Mexicali, Mexico:
 Instituto de Cultura de Baja California, 1991.
Bárbara Gandiaga. In *Tramoya*, no. 43 (1995).
La bufadora. In *Primera llamada*, vol. 2, no. 2 (1995), pp.95-101.
Bulevar. In *Gestos*, vol. 10, no. 20 (1995), pp.107-132.
La cajita rosada.
Cocinar el amor. In *Repertorio*, no.28 (December 1993), pp.58-62; *El
 Centavo*, no. 144 (1995).

Cumbia (hasta las tres de la mañana) (1987). In *Teatro*. Guadalajara, Mexico: Editorial Universidad de Guadalajara, 1990.

Descubiertos (1990). In *Repertorio*, no. 14 (1990), pp.59-63.

Días terribles. In *Tramoya*, no. 45 (1995).

Diez obras en un acto. Tijuana, Mexico: CAEN, 1996.

Dos a uno (1989). In *Teatro*: Guadalajara, Mexico: Editorial Universidad de Guadalajara, 1990; *Punto de Partida* no. 86 (1989); *Tramoya*, no. 25b (1990), pp.127-139.

El que la hace la paga.

En la obscuridad del laberinto (1982).

Endless love.

Juanete y Picadillo (1989).

La llorona.

Luz intermitente.

Misericordia (1985).

Poe. In *Ulula*, nos. 5-6 (1989).

Primero de mayo.

Puñaladitas traperas. Guadalajara, Mexico: Ediciones Ínfima, 1991.

Quetzalcóatl o La búsqueda de la sabiduría.

Rosario.

San Juan de Dios (1986).

Selena, la reina del Tex-Mex. Monterrey, México: Facultad de Artes Escénicas de la Universidad Autónoma de Nuevo León, 1999.

Si escuchas una rana croar (1990).

Sinfonía en una botella (1990). Mexico City: Consejo Nacional para la Cultura y las Artes, 1990; Madrid: Ediciones de Cultura Hispánica, Instituto de Cooperación Iberoamericana, 1990.

Sobre las olas del mar (1988).

Vapor (1990). In *Teatro*.Guadalajara, Mexico: Editorial Universidad de Guadalajara, 1990.

El viaje de los cantores (1990). Mexico City: Consejo Nacional para la Cultura y las Artes,1990; In *Primero Acto*, no. 235 (1990); *Punto de Partida*, no. 87 (1989). In German as *Die Reise der Sänger* in *Theaterstücke aus Mexico*. St. Gallen, Switzerland: Edition Día, 1993.

Vuelve el pájaro a su nido. In *¡Esquina!* Tijuana, Mexico: Universidad Autónoma de Baja California, 1991.

MEX 113
SALINAS, GILDA (1949-   ) was born in Mexico City and studied with Hugo Argüelles. She received an honorable mention for the Premio Internacional Emilio Carballido in 1995. She has written short stories in addition to theater.

Plays

La agonía de Manuela Sáenz.

Patriota y amante de usted (1995).

Tan buena la ingenua como la adivina (1995).

MEX 114

SALINAS PÉREZ, PABLO (1926-1991) was born in Mexico City and studied with a number playwright including Enrique Ruelas. He has taught at the Theater Workshop of the Instituto Politécnico Nacional and has edited the manuscripts of theater critic Armando de María y Campos and has written one novel.

Plays

A caza del amor (1965). Mexico City: Obra Citada, 1988.

El ángel de oro.

Las bellas imágenes. Mexico City: Obra Citada, 1988.

El cordón de San Benito (1956).

Cuento de una estrella (1957).

Entre ratas.

Una extraña relación erótica (1974).

El gigante y el enano.

Los hombrecillos de gris (1958).

La hora de las locas (1985).

La hora de los hombres.

La ira de Dios (1969).

La madre y el muro.

El mundo de los Morales.

Río Blanco (1960).

Los sueños de papel (1958).

Sonata en miau menor para gato indiferente (1973).

Tizoc emperador. Mexico City: Universidad Autónoma Metropolitana-Xochimilco, 1985.

Las urracas.

Verano en la muerte.

MEX 115

SANABRIA GUZMÁN, ARACELI (1944-   ) is an actress, puppeteer, researcher and dramatist. She has been active in promoting children's theater throughout Mexico and Latin America and has written a number of puppet plays as well as plays for adults.

Plays

Un cuento de color para niños.

La fiesta del tigre rayitas.

El niño y el robot

Un regalo (1982).

Titiritero en el mar (1990).

Tollan o un canto a la vida.

Y en los libros también puedes volar.

MEX 116
SÁNCHEZ MAYANS, FERNANDO (1924-   ) was born in Campeche and grew up in Tijuana. He graduated from the Universidad Nacional Autónoma de México and began his career as a theater critic. He has won the Premio Ruiz de Alarcón and the Premio Nacional and his plays have been performed in Italy. He has served as director of the Escuela de Arte Teatral and has also written several collections of poems.

Plays
Las alas del pez (1963). Mexico City: Ediciones de Andrea, 1963. In Tres obras de teatro. Mexico City: CONACULTA, 2000.
La bronca (1963). Mexico City: Grupo Editorial Gaceta, 1995. In Tres obras de teatro. Mexico City: CONACULTA, 2000.
Cuarteto deshonesto (1961).
Un extraño laberinto (1976). Mexico City: Grupo Editorial Gaceta, 1995. In Tres obras de teatro. Mexico City: CONACULTA, 2000.
El jardinero de las damas (1973).
Joven drama (1966). Mexico City: Grupo Editorial Gaceta, 1995.
El pequeño juicio (1969).
La violenta visita (1976). Mexico City: Plaza y Valdés, 1994.

MEX 117
SANDOVAL, FILADELFO (1954-   ) was born in Alotepec, Oaxaca and studied literature at the Universidad Nacional Autónoma de México with Hugo Argüelles and Luisa Josefina Hernández. He has worked as an actor, drama teacher , and playwright.

Plays
Banderillas de fuego (1994).
El cazador (1981).
Dos corazones.
El festín de los manchados.
Los inquilinos de satán (1994).
El rastro clandestino de los pajaros bobos.
Reflejos condicionados sobre la balanza (1981).
Los trucos piadosos (1979).
El unigénito (1989).

MEX 118
SANTANDER, FELIPE (1934-2002) was born in Monterrey and studied agricultural engineering in Italy and in the former Soviet Union. He left that career to study drama at the Escuela de Arte Teatral and in Europe. He worked as an actor and director in addition to writing plays.

Plays
A propósito de Ramona (1982). In El teatro campesino de Felipe Santander. Mexico City: Consejo Nacional de Recursos para la Atención de la Juventud, 1985.

El corrido de los dos hermanos (1983). In *El teatro campesino de Felipe Santander*. Mexico City: Consejo Nacional de Recursos para la Atención de la Juventud, 1985.

El extensionista (1978). Havana: Casa de las Américas, 1980. In *El teatro campesino de Felipe Santander*. Mexico City: Consejo Nacional de Recursos para la Atención de la Juventud, 1985. In English *as The Agronomist* in *Three plays*. Hanover, NH: Smith and Krauss, 2002.

Las fascinadoras (1961).

El hombre del traje verde. In *De los perjuicios que ocasiona el narcotráfico*. Mexico City: Escenología, AC, 1996.

La ley no escrita. In *De los perjuicios que ocasiona el narcotráfico*. Mexico City: Escenología, AC, 1996. In English as *The Unwritten law* in *Three plays*. Hanover, NH: Smith and Krauss, 2002.

Luna de miel para diez (1959).

México USA (1990). In *El teatro campesino de Felipe Santander*. Mexico City: Consejo Nacional de Recursos para la Atención de la Juventud, 1985. In English in *Three plays*. Hanover, NH: Smith and Krauss, 2002.

Una noche toda la noche (1970).

La orden. In *Tres piezas en un acto*. Mexico City: Universidad de México, 196?; *De los perjuicios que ocasiona el narcotráfico*. Mexico City: Escenología, AC, 1996.

La otra opción. In *De los perjuicios que ocasiona el narcotráfico*. Mexico City: Escenología, AC, 1996.

Y el milagro (1985). In *El teatro campesino de Felipe Santander*. Mexico City: Consejo Nacional de Recursos para la Atención de la Juventud, 1985.

MEX 119
SASTRÉ BLANCO, ARTURO (1957-   ) was born in Mexico City and studied with Hugo Argüelles at the Foro Eón. He directed a number of plays and has written two plays.

Plays
Casa de comedias (1990). Mexico City: Escenologia, c1996. In *Repertorio* no. 23 (September 1992), pp.46-68.

¿Quién es ese que anda ahí? (1989).

MEX 120
SCHMIDHUBER DE LA MORA, GUILLERMO (1943-   ) was born in Mexico City and studied chemical engineering before continuing to pursue a doctorate in Spanish and Latin American literature from the University of Cincinnati. He has been a profesor of Spanish at several universities in the United States. He has received a numer of awards for his work, including the Premio Nacional de Letras Ramón López Velarde and the Premio Andrés Bello in Venezuela. He is a well known researcher and theater critic, and his works have been published in Latin America, the U.S.,and in Europe.

Plays

El armario de las abuelitas (1990). In *Los entes teatrales*. Guadalajara, Mexico: Universidad de Guadalajara, 1994; In *Obra dramática de Gulliermo Schmidhuber de la Mora*. Colima, Mexico: Gobierno del Estado de Colima, 1999; *Trece apuestas al teatro*. Colima, Mexico: CONACULTA, 1999.

La catedral humana (1974).

El Cíclope (1987).

El día que Monalisa dejo de sonreir (1987). Mexico City: Oásis, 1987. In English as *The Day Mona Lisa stopped smiling*. In *Modern International Drama*, vol. 23, no. 2 (1991), pp.77-105.

Dramasutra, o farsa del diablo dramaturgo. In *Obra dramática de Gulliermo Schmidhuber de la Mora*. Colima, Mexico: Gobierno del Estado de Colima, 1999; *Trece apuestas al teatro*. Colima, Mexico: CONACULTA, 1999.

Felicidad instatánea/Instant happiness (1985). Monterrey, Mexico: Impresos Cerda, 1983.

Fuegos truncos (1985). In *Cuarteto de mi gentedad*. Mexico City: Editorial Oasis, 1985; In *Fuegos; valores contemporáneos*. Mexico City: Cerillera La Central, 1984; *Obra dramática de Gulliermo Schmidhuber de la Mora*. Colima, Mexico: Gobierno del Estado de Colima, 1999. *Trece apuestas al teatro*. Colima, Mexico: CONACULTA, 1999.

Los herederos de Segismundo (1980). In *Obra dramática de Gulliermo Schmidhuber de la Mora*. Colima, Mexico: Gobierno del Estado de Colima, 1999; *Trece apuestas al teatro*. Colima, Mexico: CONACULTA, 1999.

Los heroes inutiles. In *La Cabra*, nos. 30-32 (1981), pp.1-16; *Teatro de Guillermo Schmidhuber*. Mexico City: Cerda, 1982. In *Los entes teatrales*. Guadalajara: Universidad de Guadalajara, 1994; *Obra dramática de Gulliermo Schmidhuber de la Mora*. Colima, Mexico: Gobierno del Estado de Colima, 1999; *Trece apuestas al teatro*. Colima, Mexico: CONACULTA, 1999.

Juegos centrífugos (1985). In *Repertorio*, no. 2 (1982), pp.35-66.

Lancandonia (1982). In *Obra dramática de Gulliermo Schmidhuber de la Mora*. Colima, Mexico: Gobierno del Estado de Colima, 1999; *Trece apuestas al teatro*. Colima, Mexico: CONACULTA, 1999.

La mano del hombre.

María Terrones (1985). In *Estaciones*, vol. 1, no. 1 (Summer 1984). *Cuarteto de mi gentedad*. Mexico City: Oasis, 1985.

Never say adiós to Christopher Columbus (1992).

Nuestro Señor Quetzalcóatl (1979). Mexico City: Sierra Madre, 1979. In *Obra dramática de Gulliermo Schmidhuber de la Mora*. Colima, Mexico: Gobierno del Estado de Colima, 1999; *Trece apuestas al teatro*. Colima, Mexico: CONACULTA, 1999.

Obituario (1992). Mexico City: Plaza y Valdés, 1999. In *Los entes teatrales*.Guadalajara: Universidad de Guadalajara, 1994; *Gestos*, vol. 8, no. 15 (1993), pp.111-136; In *Obra dramática de Gulliermo Schmidhuber de la Mora*. Colima, Mexico: Gobierno del Estado de Colima, 1999; *Trece apuestas al teatro*. Colima, Mexico: CONACULTA, 1999.

La parábola de la mala posada (1968).

Perros bravos o El avance del ladrido (1985). In *Repertorio*, no. 2 (1982), pp.23-34.; *Cuarteto de mi gentedad*. Mexico City: Editorial Oasis, 1985

Por las tierras de Colón (1986). Barcelona: Salvat, 1987; Concepción, Chile: Ediciones LAR, 1988; In *Obra dramática de Gulliermo Schmidhuber de la Mora*. Colima, Mexico: Gobierno del Estado de Colima, 1999; *Trece apuestas al teatro*. Colima, Mexico: CONACULTA, 1999.

El quinto viaje de Colón (1988). In *Los entes teatrales*. Guadalajara: Universidad de Guadalajara, 1994; *Obra dramática de Gulliermo Schmidhuber de la Mora*. Colima, Mexico: Gobierno del Estado de Colima, 1999. In English as *The Fifth voyage of Chrisopher Columbus* in *Modern International Drama*, vol. 22, no. 1 (1992), pp.59-79.

El robo del penacho de Moctezuma (1985). Caracas: Cuadernos de Dramaturgia, 1987. In *Repertorio*, no. 4 (1982), pp.42-75; *Obra dramática de Gulliermo Schmidhuber de la Mora*. Colima, Mexico: Gobierno del Estado de Colima, 1999; *Trece apuestas al teatro*. Colima, Mexico: CONACULTA, 1999.

La secreta amistad de Juana y Dorotea. Mexico City: Frente de Afirmación Hispanista, 1998. In *Obra dramática de Gulliermo Schmidhuber de la Mora*. Colima, Mexico: Gobierno del Estado de Colima, 1999; *Trece apuestas al teatro*. Colima, Mexico: CONACULTA, 1999.

Teatro en un baúl.

Todos somos el rey Lear (1982). In *Teatro de Guillermo Schmidhuber*. Mexico City: Cerda, 1982; In *Obra dramática de Gulliermo Schmidhuber de la Mora*. Colima, Mexico: Gobierno del Estado de Colima, 1999; *Trece apuestas al teatro*. Colima, Mexico: CONACULTA, 1999.

La ventana (1985). In *Cuarteto de mi gentedad*. Mexico City: Editorial Oasis, 1985.

Video-Marriage (1991).

MEX 121

SOLANA, RAFAEL (1915-1992) was born in Veracruz and studied law and philosophy a the Universidad Nacional Autónoma de México. He has worked for a number of years in journalism. He was a member of the literary group associated with the journal *Taller* and wrote poetry, essays, narrative as well as theater.

Plays

A su imagen y semejanza (1957). México City: Conaculta, 1999.

El arca de Noé (1955).

Camerino de segundas. Mexico City: Universidad Autónoma Metropolitana-
Unidad Xochimilco, 1987.

La casa de la Santísima (1960). Mexico City: Colección Teatro Mexicano,
1960.

Cruzan como botellas alambradas. México City: Conaculta, 1999.

Debiera haber obsipas (1954). Mexico City: Edciones Oasis, 1970; México
City: Conaculta, 1999. In *Teatro mexicano del siglo XX.* Mexico City:
Fondo de Cultura Económica, 1963.

El día del juicio. Mexico City: s.n., 1967.

La edad media (1955) [also entitled *El Plan de Iguala*].

Ensalada de Nochebuena (1963) [also titled *Una vez al año.*] Mexico City:
Coleccion Teatro Mexicano, 1964. In *Teatro mexicano* 1963. Mexico
City: Aguilar 1965.

Espada en mano (1960).

Estrella que se apaga (1953). Mexico City: Colección Teatro Mexicano,
1953.

La ilustre cuna (1954). In *Panorama del Teatro en México*, vol. 1, no. 6
(January 1955).

Las islas de oro (1952). Mexico City: Colección Teatro Mexicano, 1954;
Mexico City: Ediciones Alfa,1955; Mexico City: Conaculta, 1999.

Lázaro ha vuelto (1955).

Los lunes, salchichas. Mexico City: R. Peregrina, 1967.

Ni lo mande Dios (1958). Mexico City: Teatro de Bolsillo, 1958. In
Antología de obras en un acto. Mexico City: Colección Teatro
Mexicano, 1959.

Pudo haber sucedo en Verona. México City: Conaculta, 1999.

Solo quedaban las plumas (1953). Mexico City: Gráficas Menhir, 1961.

Vestida y alborotada. Mexico City: Ediciones Finisterre, 1965; Mexico City:
Ecuador O O O, 1966.

MEX 122
SOLARES, IGNACIO (1945-   ) was born in Ciudad Júarez and studied
Spanish literature at the Universidad Nacional Autónoma de México. He
has written novels, short stories, essays, and drama, and has also worked
as a journalist and professor both in Mexico and abroad. He received the
Premio Tomás Valles de Chihuahua for his work. He is currently director
of the artistic supplement of the magazine *¡Siempre!.*

Plays
Delirium tremens (1973). Mexico City: Compañía General de Ediciones,
1979. In English as *Delirium tremens: stories of suffering and
transcendence.* Center City, MN: Hazelden Information & Educational
Services, 2000.

Desenlace (1980). Toluca, Mexico: Universidad Autónoma del Estado de
Mexico, 1983.

La flor amenazada.

El gran elector (1993).

Infidencias (1994).
El jefe máximo (1990). Mexico City: Difusión Cultural, Universidad Nacional Autónoma de México.
El problema es otro (1969). Mexico City: Latitudes, 1978; Toluca, Mexico: Universidad Autónoma del Estado de Mexico, 1983.
Tríptico (1994).

MEX 123
SOLÓRZANO, CARLOS was born in San Marcos, Guatemala and came to Mexico in 1939. He studied theater at the Sorbonne and at the Paris Conservatory. Upon returning to Mexico he founded the Teatro Universitario in 1952. He worked for a number of years as a theater critic and director and taught at the Universidad Nacional Autónoma de México. He received a number of awards including the Premio Nacional de Literatura and has taught at a number of universities in the United States.

Plays
Cruce de vías (1959). In *Tres actos*. Mexico City: El Unicórnio, 1959; *Teatro breve*. Mexico City: J. Moritz, 1977. In English as *Crossroads* in *Crossroads and other plays*. Rutherford NJ: Fairleigh Dickinson University Press, Associated University Presses, 1993.
El crucificado (1958). In *Tres actos*. Mexico City: El Unicórnio, 1959; *Teatro*. San José, Costa Rica: Editorial Universitaria Centroamericana, 1972; *Teatro breve*. Mexico City: J. Moritz, 1977. In English as *Crucified* in *Crossroads and other plays*. Rutherford NJ: Fairleigh Dickinson University Press, Associated University Presses, 1993.
Doña Beatriz (1952).
Los fantoches (1958). In *Tres actos*. Mexico City: El Unicórnio, 1959; *Teatro*. San José, Costa Rica: Editorial Universitaria Centroamericana, 1972; *Teatro breve*. Mexico City: J. Moritz, 1977. In English as *The puppets* in *Crossroads and other plays*. Rutherford NJ: Fairleigh Dickinson University Press, Associated University Presses, 1993.
El hechicero (1954).
Las manos de Dios (1956). In *Teatro*. San José, Costa Rica: Editorial Universitaria Centroamericana, 1972. In English as *The hand of God* in *Crucified* in *Crossroads and other plays*. Rutherford NJ: Fairleigh Dickinson University Press, Associated University Presses, 1993.
Mea culpa (1958). In *Teatro breve*. Mexico City: J. Moritz, 1977. In English in *Crossroads and other plays*. Rutherford NJ: Fairleigh Dickinson University Press, Associated University Presses, 1993.
El sueño del ángel (1972). In *Teatro*. San José, Costa Rica: Editorial Universitaria Centroamericana, 1972; *Teatro breve*. Mexico City: J. Moritz, 1977. In English as the *The Angel's forty winks* in *Crossroads and other plays*. Rutherford NJ: Fairleigh Dickinson University Press, Associated University Presses, 1993.
Sueños de culpa (1992).

El zapato (1970). In *Teatro breve*. Mexico City: J. Moritz, 1977. In English as *The Shoe* in *Crossroads and other plays*. Rutherford NJ: Fairleigh Dickinson University Press, Associated University Presses, 1993.

MEX 124
SOTELO INCLÁN, JESÚS (1913-1989) was born in Mexico City and studied at the Escuela Nacional de Maestros. He founded the Ateneo Ignacio Manuel Altamirante with many distinguished alumni. He also wrote an important biography of revolutionary hero Emliano Zapata.

Plays
Antonio o un primer amor (1988). Chilpancingo de los Bravos, Mexico: Gobierno del Estado de Guerrero, Secretaría de Desarrollo Social, Instituto Guerrerense de la Cultura, 1988.
La batraco-mio-maquia.
El madrigal de los ojos claros.
Malintzin (Medea americana) (1957). Mexico City: Tiras de Colores, 1957.
Una navidad en las montañas (1988).
La primera escuela (Episodio altmairanista) (1988).
Sigue la vida.
Sueños y pesadillas de Altamirano.
El tesoro de Tlaloc.
Las viudas del norte.

MEX 125
SOTOMAYOR, ADRIÁN graduated from the Escuela de Artes Teatrales where he acted in a number of plays. He has also worked as a director and has won prizes at the national level.

Plays
Duende (1990).
Frida, rostro y sueño (1993).
Mexipale (1989).
Quinto sol (1991).
Una de cal (o de cómo la pared se cuarteó). In *Repertorio*, no. 29 (March 1994), pp.65-79.
La vela de la luna loca (1994).

MEX 126
TAIBO, PACO IGNACIO (1924-   ) was born in Gijón, Spain and came to Mexico in 1958. He worked as a writer for the cultural section of the daily newspaper *El Universal* in addition to writing plays and fiction.

Plays
Los cazadores (1965).
El juglar y la cama. Mexico City: Equador, 1967.
Morir del todo.
La quinta parte de un arcángel.

MEX 127

TENORIO, MIGUEL ÁNGEL (1954-   ) was born in Mexico City and studied drama at the Universidad Nacional Autónoma de México. He was founder and director of the journal *Primera Llamada*. In addition to drama, he has written essays, television and screenplays, and has worked as a radio commentator for Radio Educación. He has recived a number of awards for his work including the Premio Dramaturgos Fin de Siglo XX. His worked has been performed throughout Latin America and translated into English.

Plays

A romper el alba (1988). In *Doce a las doce*. Mexico City: Obra Citada *Que sí, que no, que todo se acabó* (1993). Mexico City: CIDCLI-LIMUSA, 1985.

¡Adiós, Malena! (1970).

Un banana split (1985). In *El Búho*, supplement to Excélsior (1986).

La botana (1971). In *Juego de palabras*, no. 2 (1971).

Cambio de valencia o El espíritu de la lucha (1975). In *Teatro joven de México*. Mexico City: Editores Mexicanos Unidos, 1979; *Punto de Partida*, nos. 49-50 (1975), pp.137-151.

La casa imperfecta (1989).

El cielo nuestro a caer (1984).

Colgar la vida. In *Era sólo rock'n roll*. Mexico City: Instituto Politécnico Nacional, 1987.

Como los hombres.

El conferencista (1991). In *Primera llamada*, no. 2 (1992); *El Búho*. supplement to Excelsior (1991).

Cosa del oficio.

De hombre a hombre (1993). In *Primera llamada*, no. 7 (1993).

De naufragios y otras miserias. In *Era sólo rock'n roll*. Mexico City: Instituto Politécnico Nacional, 1987.

Detrás de una margarita (1983). Mexico City: Instituto Mexicano de Seguro Social, 1983.

El día que Javier se puso águila (1978). In *Tramoya*, no. 10 (1978), pp.13-48.

Dormía soñándose bella ... porque era de la clase media (1980). Mexico City: Obra Citada, 1988.

En español se dice abismo (1975). In *Punto de Partida*, nos 61-62 (1978); *Más teatro joven de México*. Mexico City: Editores Mexicanos Unidos, 1982.

Fe (1972). In *Abuelo de pájaro*. Mexico City: Instituto Politécnico Nacional, 1972.

Feliz día de los novios (1975).

El hombre del sureste (1988). In *Tramoya*, no. 27 (1991). In French as *L'homme du sudeste* in *Le théâtre mexicain 1999, une anthologie*. Xalapa, Mexico: Tramoya, 1993.

Instantáneas de la ciudad. In *Primera llamada*, no. 2 (1995), pp.50-59.

Naufragio (1973).

No me acuerdo de ti (1991). In *Primera llamada*, no. 1 (1991); *El Búho*, supplement to Excelsior (1992).

Nos vemos en el ángel.

El paletero tenía la razón (1971). In *Teatro joven de México*. Mexico City: Novaro, 1973.

Para jugar con un sombrero (1980).

¿Para qué saber? (1992). In *Primera llamada*, no. 4 (1993).

¿Pues qué pasó? (1985). In *El Búho*, supplement to Excélsior (1986).

¿Quién paga? (1985). In *El Búho*, supplement to Excélsior (1986).

Quema de batas (1986).

Redambaramba (1991).

Una señora en su casa.

¿Será la contaminación? (1992). In *Primera llamada*, no. 5 (1993).

Sin respuesta (1975).

Las sirvientes y las tentaciones (1975). Mexico City: Obra Citada, 1988

El tiempo perdido (1992). In *Primera llamada*, no. 8 (1993).

Vamos con el burro baturo.

El voto es secreto (1992). In *Primera llamada*, no. 6 (1993).

Y allá en el otro mundo.

Y en el principio era sólo rock'n roll o De naufragios y...

Y seré tu serafín.

MEX 128

TOSCANO, CARMEN (1910-1988) was born in Aguascalientes, the daughter of filmmaker Salvador Toscano, and graduated from the Universidad Nacional Autónoma de México. In 1941 she founded the literary review *Rueca* and has written for a number of literary journals.

Plays

El amor de la tía Cristina.

Cierto día. In *America,* no. 62 (January 1950), pp.231-262.

El huésped (1955).

Leyendas de México colonial; terre-relatos. Mexico City: Libros-Mex, 1955.

La llorona (1959). Mexico City: Tezontle, 1959; Mexico City: Fondo de Cultura Económica, 1959.

Las senadoras suelen guisar.

MEX 129

TOVAR, JUAN (1941-) was born in Puebla and studied dramatic theory and composition at the Escuela de Artes Teatrales and the Centro Universitario Teatro of UNAM. In addition to theater, he has written novels, short stories, and numerous screen plays. He has translated the plays of several authors into Spanish and has received various prizes for his work. He has also been translated into English and performed in the United States.

Plays

Las adoraciones (1983). Mexico City: Universidad Autónoma Metropolitana, Dirección de Difusión Cultural, 1981.

Cura y locura (1992).

De paso. San Rafael, Mexico: Plaza y Valdés, 1995.

El destierro (1982). Mexico City: Universidad Autónoma Metropolitana, Dirección de Difusión Cultural, 1981.

Los encuentros (1992).

Fort Bliss (1994). In *Repertorio*, no. 26 (June 1993), pp.64-77.

La madrugada (1979). Mexico City: Editorial Latitudes, 1979; Mexico City: Universidad Autónoma Metropolitana, Dirección de Difusión Cultural, 1981.

Manga de clavo. (1985). Mexico City: J. Mortiz, 1989.

Manuscrito encontrado en Zaragoza (1984). Mexico City: Joan Boldó i Climent, Fundación Enrique Gutman, 1986.

El monje (1991). Mexico City: Joan Boldó i Climent, Fundación Enrique Gutman, 1986.

MEX 130

URTUSÁSTEGUI, TOMÁS (1933-) was born in Mexico City, and studied medicine at the Universidad Nacional Autónoma de México. He worked as a surgeon, screenwriter, and director in addition to writing many plays. He has received numerous awards at the national level and his work has been performed throughout Latin America, Europe, Japan and the United States. His work has been translated into English, French, and Dutch.

Plays

Adán y eva (1982).

Agua clara (1987). Puebla, Mexico; Universidad Autónoma de Puebla, 1987. In English as *Water.* Corpus Christi,TX: Siete Cerros Books, 1990.

Águilas que vienen del cielo (991).

Ah, Romeo (1987).

Ajúa, un güerco va nacer (1986).

Al fin niños (1980). Mexico City: Obra Citada, 1988.

¡Apague la luz, escuche y... sueñe! (1994).

Apenas son las cuatro. Mexico City: Obra Citada, 1989.

Apendicitis (1983).

El árbol del tiempo (1984). Mexico City: Obra Citada, 1988.

El atascadero (1982). In *El Gallo Ilustrado*, supplement to *El Día* (1984).

El automóvil (1982).

Ayer y hoy, mujer (1991).

Baldomero, verdadero (1981).

La canción el spito Cro Cro (1984).

Carretera del norte (1990).

El caso de la bailarina (1992).

Celos familiares (1993).

Los codiciosos burlados (1982).
Concierto para órgano (1994).
La cosecha (1989).
Cuando veas la cola de tu vecino arrancar (1983). Mexico City: Colección Teatro Iberoamericano, 1994.
Cuatro cirios par mi cadáver (1983). In *El Gallo Ilustrado*, supplement to *El Día* (1984).
Cupo limitado. In *Repertorio*, no. 6 (1988), pp.71-79.
Danza con la vida (1994).
Danzón dedicado a... (1992).
Despierta, oigo ruido (1991).
Dichos, albures y proverbios (1987).
Discoteque (1992).
Do re mi fa sol la si (1983).
¿Dónde diablos está el niño? (1993).
Dos testamentos (1990).
Drácula gay (1990). In *La cultura en Mexico*, supplement to *Siempre*, no. 2144 (1994).
La duda (1991).
Elogio de la locura (1989).
En esta esquina, de peso completo: mi madre (1982). In *El Gallo Ilustrado*, supplement to *El Día* (1984).
Entren santos peregrinos (1989).
Eternidad (1994).
El fabricante de nubes (1987).
Fandango (1988).
El fantasma de Canterville (1982).
La gloria eres tú (1993).
El gran cohete (1982).
Historia de una familia (1987).
La hoguera (1982). In *El Gallo Ilustrado*, supplement to *El Día* (1984).
Hombre y mujer (1990).
Honras fúnebres (1993). Mexico City Grupo Editorial Gaceta, 1994
Hoy estreno (1987). Mexico City: Grupo Editorial Gaceta, 1994
¿Huele a gas? (1982). Puebla, Mexico: Universidad Autónoma de Puebla, 1987. In English as *Do you smell gas?* in *Contemporary Mexican drama in Translation*. Potsdam, New York: Danzon Press, 1994.
Informe sobre ciegos (1993).
Inseminación artificial (1984).
Juego de manos (1986).
Kalid contra Desma (1993).
El lápiz rojo (1984).
La leyenda de los volcanes (1992).
Luz del día (1994). Mexico City: Grupo Editorial Gaceta , 1994.
La magnífica bode de la princesa Su (1989).
Más allá (1986).

Me lleva el tren (1990).
México de fin de signo (1992).
El molino encantado (1982).
Modernidad (1991).
El monólogo (1991).
La muerte me pela los dientes (1992).
El niño que podía leer el futuro (1984).
El poder de los hombres (1981). Puebla, Mexico; Universidad Autónoma de Puebla, 1987.
No fornicarás (1991). In *La Cultura en México*, supplement to *¡Siempre!* no. 2053 (1992).
No seas cruel (1987).
La nueva arca de Noé (1981). Mexico City: Obra Citada, 1988
Ofrenda de muertos (1982).
Ora pro nobis (1982).
Plataforma marítima (1990).
Ponte en mi lugar (1981).
Profanación (1983). In *Escándalo en paraíso y cuatro obras ganadoras del Primer Concurso de Teatro Salvador Novo*. Mexico City: Editores Mexicanos Unidos, 1984.
Quince de septiembre (1989).
Robustiano (1990).
¿Sabes? ... voy a tener un hijo (1982). In *Algunas obras del teatro mexicano contemporáneo*. Mexico City: Instituto Nacional para la Educación de los Adultos, 1994;
Sangre de mi sangre (1990).
Sólo para hombres (1987).
¿Soy yo la culpable? (1993).
El teatro de payasos (1990).
Tiempo de heroísmo (1986).
Tierra de héroes (1990).
Todas las calles son estrechas (1989).
Venado de las siete rosas (1992).
Venado sol, coyote luna (1987).
Una ventana abierta (1992).
Vida, estamos en paz (1986).
Virginidad (1991).
La visita (1982). In *El Gallo Ilustrado*, supplement to *El Día* (1984).
Volver (1992).
Volveremos, volveremos, volveremos a empezar (1985).
Y retiemble en sus centros la tierra (1984).
Y vivir en el fondo del mar (1987).
Yo sólo sé que te vas, yo sólo sé que me quedo (1987).
Yo te quiero, tú me quieres, eso está muy bien (1984).

MEX 131

URUETA, MARGARITA (1913-   ) was born in Mexico City and was the daughter of well-known writer and politician Jesús Urueta. In 1945 she became president of the Teatro de México and later traveled extensively in Europe. She founded the Teatro Jesús Urueta.

Plays

Angel de justicia. In *Teatro nuevo.* Mexico City: Moritz, 1963.

Ave de sacrificio. Mexico: Letras de México, 1945.

El candidote. In *Teatro.* Mexico City: Porrúa, 1992.

Duda infinita (1959).

El hombre y su máscara (1964).

Una hora de vida y Mansión para turistas. Mexico City: Ediciones Quetzal 1943.

Grajú. In *Teatro nuevo.* Mexico City: Moritz, 1963.

Juanito Membrillo (1964).

Malinche. In *Teatro.* Mexico City: Porrúa, 1992.

Las máquinas devoran a una Señorita llamada Rivela. In *Teatro nuevo.* Mexico City: Moritz, 1963.

La muerte de un soltero (1966). In *Teatro.* Mexico City: Porrúa, 1992.

La mujer transparente (1964). In *Teatro nuevo.* Mexico City: Moritz, 1963.

La pastorela de las tres Marias (1964).

Poderosos caballero es don dinero (1965).

El ruido. In *Teatro.* Mexico City: Porrúa, 1992.

San Lunes. Mexico City: Ediciones Quetzal, 1943.

El silencio. In *Teatro.* Mexico City: Porrúa, 1992.

MEX 132

USIGLI, RODOLFO. (1905-1979) was born in Mexico City of parents of Italian-Austrian origin. and by age twelve was an actor. He studied at Yale University. He taught at UNAM and in 1938 became head of the Seccción de Teatro of the Instituto de las Bellas Artes. In 1940 he founded the innovative Teatro de Media Noche. He also wrote numerous critical studies and translated the work of George Bernard Shaw, Maxwell Anderson and others into Spanish. In his later years, he served in the Mexican diplomatic corps in Norway and Libya. He also served as a Dean at the Universidad Nacional Autónoma de México. He won numerous awards for his work including Mexico's Premio Nacional de Literatura in 1972. A major literary prize for drama is named for him.

Plays

NOTE: In addition to other editions, all of his plays are contained in *Teatro completo de Rodolfo Usigli.* Mexico City: Fondo de Cultura Económica, 1963-.

Aguas estancadas (1939).

Alcestes (1936).

El apóstol (1930).

Buenos días señor Presidente (1972). Mexico City: J. Moritz, 1972.

Conversación desesperada.

Corona de fuego (1964). .Mexico City: Porrúa, 1973.

Corona de luz: la Virgen. (1963). Mexico City: Fondo de Cultura Económica, 1965; New York: Appleton-Century-Crofts, 1967. Mexico City: Porrúa, 1973. In English as *Crown of light* in *Two plays.* Carbondale, IL: Southern Illinois University Press, 1971.

Corona de sombra. Mexico: Ediciones Cuadernos Americanos, 1947; Mexico City: Porrúa, 1973; New York: Appleton-Century-Crofts, 1961. In English as *Crown of shadows; an anti-historical play.* London: A. Wingate, 1946.

Cuatro chemins 4 (1932).

Un día de éstos (1953). In *Comedias impolíticas.* Mexico City: Grupo Editorial Gaceta, 1994. In English as *One of these days* in *Two plays.* Carbondale, IL: Southern Illinois University Press, 1971.

La diadema (1960).

Dios, Batidillo y la mujer (1943).

Dueño de vida (1940)

El encuentro. In *Tres comedietas.* Mexico City: Ecuador 0-0 0, 1966.

La exposición (1955)

Estado de secreto (1935). In *Comedias impolíticas.* Mexico City: Grupo Editorial Gaceta, 1994.

Falso drama (1932).

La familia cena en casa (1942). Mexico City: Sociedad General de Autores de Mexico, 1942.

Los fugitivos (1950).

La función de despidida (1949). Mexico City: s.n., 1952.

El gesticulador (1937). Mexico City: Letras de México, 1944; Mexico City: Stylo, 1947; New York: Appleton-Century-Crofts, 1963; Mexico City: Editorial Novaro, 1973; Mexico City: Secretaría de Educación Pública, Cultura SEP, 1983; Mexico City: Editores Mexicanos Unidos, 1985.

Jano es una muchacha (1952). Mexico City: s.n., 1952; Mexico City: Secretaría de Educación Pública, Cultura SEP, 1983.

Las madres (1960).

Medio tono (1937). Mexico City: Editorial Dialéctica, 1938.

Mientras amemos (1937). Mexico City: Revista Panorama, 1956?

La mujer no hace milagros (1939). Mexico City: Departamento de Divulgación de la Secretaría de Educación Pública, 1949; Mexico City: Editores Mexicanos Unidos, 1985.

Un navío cargado de .. In *Tres comedietas.* Mexico City: Ecuador 0 0 0, 1966.

El niño y la niebla (1936). Mexico City: s.n., 1951; Boston: D.C. Heath, 1964; Mexico City: Secretaría de Educación Pública, Cultura SEP, 1983.

Noche de estío (1933). In *Comedias impolíticas.* Mexico City: Grupo Editorial Gaceta, 1994.

Otra primavera (1938). Mexico City: Sociedad General de Autores de México, 1947. In English as *Another springtime*. New York: Samuel French, 1961.
El presidente y el ideál (1935).
Sueña de día. In *América*, no. 59 (1949), pp.169-194.
El testamento y la viuda. In *Tres comedietas.* Mexico City: Ecuador 0 0 0, 1966.
La última puerta (1934)
El ursurpador.
Vacaciones (1940). In *América*, no. 56 (1940), pp.91-130.
Los viejos (1971). Mexico City: Finisterre, 1971.

MEX 133
VALDÉS MEDELLÍN, GONZALO (1963-   ) was born in Mexico City and studied at the Escuela de Arte Teatral and at the Universidad Nacional Autónoma de Mexico. He has been a theater critic, professor, and has written narrative, poetry, and essays as well as theater.
Plays
A tu intocable persona (1986). Mexico City: Daimon Mexicana, 1994.
Corazones apasionados en manos del buzón sentimental (1985).
Incabado amor o El tercer Novo (1990).
Ni a tontas ni a locas (1989).

MEX 134
VALENZUELA, TERESA (1951-   ) was born in Irapuato, Guanajuato and studied art and architecture at the Universidad Autónoma de Guanajuato. She later studied acting at the Escuela de Bellas Artes and dramatic composition with Emilio Carballido. She is highly regarded as an actress, set designer, and dramatic coach, in addition to to writing plays. She won a number of prizes, including the Premio Celestino Gorostiza de Teatro Infantil. Her work has been performed in a number of other countries.
Plays
Aguamiel. Mexico City: Instituto Politécnico Nacional, 2000.
Alegría la lotería (1986).
Astrakán (1988).
Chispas, rayos y centellas (1982). In *Tramoya* (August/December 1984-March 1985), pp.88-124.
El cumpleaños de Nico (1994).
Dulce niño de aguamiel (1991).
Entre todos sí se puede (1986).
Estela y la geografía política (1985).
Haremos el mar para navegar (1983).
El ingenioso conejo del prado (1994).
Mundo nocturno (1985).

MEX 135
VELÁSQUEZ, GERARDO (1949-) was born in San Luis Potosí and studied dramatic compoisition with Emilio Caraballido.
Plays:
Chana volante o la jaula de los canarios (1973).
En la tupida oscuridad (1976).
Juego de dados (1995).
Sobre las lunas (1979).
Tono basura. Retrato cubista (1977).

MEX 136
VILALTA, MARUXA (1932-) was born in Barcelona and came to Mexico at age seven during the Spanish Civil War. She studied at the Universidad Nacional Autónoma de México and at Cambridge University. She has written novels and short stories in addition to theater. She is also known as a director, professor of Spanish literature, and playwright and her works have been translated and performed in a number of countries.
Plays
El barco ebrio. Mexico City: Plaza y Valdés, 1995.
Cuestión de narices. Mexico City: Universidad Nacional Autónoma de México, 1967. In *Teatro.* Mexico City: Fondo de Cultura Económica, 1972.
Los desorientados (1960). Mexico City: Coleccion Teatro Mexicano, 1958; Mexico City: Libro-Mex, 1960; Mexico City: Ediciones Ecuador, 1965; In *Teatro.* Mexico City: Fondo de Cultura Económica, 1972.
Un día loco. Mexico City: Colección Teatro Mexicano, 1958. In *Cinco obras de Teatro.* Mexico City: s.n., 1970; *Teatro.* Mexico City: Fondo de Cultura Económica, 1972.
En blanco y negro: Ignacio y los Jesuitas. Mexico City: Fondo de Cultura Económica, 1997.
Esta noche juntos, amánadonos tanto. Mexico City: Organismo de Promoción Internacional de Cultura, 1970. In *Teatro.* Mexico City: Fondo de Cultura Económica, 1972.
Francisco de Asís. Mexico City: Fondo de Cultura Económica, 1993.
Historia de el. Mexico City: Segunda Epoca, Difusion Cultural, UNAM, Departmento de Teatro, 1979.
Jesucristo entre nosotros. Mexico City: Instituto de Seguridad y Servicios Sociales de los Trabajadores del Estado, 2000.
Una mujer, dos hombres y un balazo. Mexico City: Dirección General de Difusión Cultural, Dirección Editorial, UNAM, 1984. *In Dos obras de teatro.* Mexico City: Dirección General de Difusión Cultural, Dirección Editorial, UNAM, 1984.
Nada como el piso 16. Mexico City: Joaquín Moriz, 1984.
El nueve. In *Cinco obras de Teatro.* Mexico City: Ecuador, 1965. In *Teatro.* Mexico City: Fondo de Cultura Económica, 1972.

Un pais feliz (1963). Mexico:Ediciones Ecuador, 1964. In *Cinco obras de teatro*. Mexico City: s.n., 1970; *Teatro*. Mexico City: Fondo de Cultura Económica, 1972.

Pequeña historia de horror (y de amor desenfrenado). Mexico City: Dirección General de Difusión Cultural, Dirección Editorial, UNAM, 1984; Mexico City: Universidad Autónoma Metropolitana, Unidad Xochimilco, 1986. *In Dos obras de teatro*. Mexico City: Dirección General de Difusión Cultural, Dirección Editorial, UNAM, 1984.

Soliloquio del tiempo. Mexico City: Colección Teatro Mexicano, 1958; Mexico City: Ediciones Ecuador, 1964;. Mexico City: Fondo de Cultura Económica, 1972. In *Cinco obras de teatro*. Mexico City: s.n., 1970; In *Teatro*. Mexico City: Fondo de Cultura Económica, 1972.

La ultima letra. Mexico City: Colección Teatro Mexicano, 1958; Mexico City: Costa-Amic, 1960;. In *Cinco obras de teatro*. Mexico City: s.n., 1970; *Teatro*. Mexico City: Fondo de Cultura Económica, 1972.

MEX 137

VILLEGAS, OSCAR (1943-   ) was born in Ciudad de Maíz, San Luis Potosí, and studied drama at the Universidad Nacional Autónoma de México and set design at the Escuela de Artes Teatrales. In addition to drama, he has written narrative and he also works with ceramics. He has won the Premio Juan Ruiz de Alarcón and the Premio de la Secretaria de Educación Pública.

Plays

Acá entre dos. In *Tramoya* , no. 21 (1989).

Atlántida (1973). Toluca, Mexico: Universidad Autónoma del Estado de México, 1982; Mexico City: Editores Mexicanos Unidos, 1985. In *Tramoya*, no. 2 (1976), pp.28-86.

La Ciudad de México y sus salones de baile. Mexico City: Escenología, 1997.

De escándolo a escándalo (1973).

La eternidad acaba mañana (1994).

Marlon Brando es otro (1969).

Mucho gusto en conocerlo. Mexico City: Editores Mexicanos Unidos, 1985. In *Tramoya* , no. 1 (August 1984/May 1985), pp.7-56

Ninón de la vida diaria (1973). In *Tramoya*, no. 2 (1978).

La paz de la buena gente (1967). Mexico City: Universidad Autónoma Metropolitana, 1982; Mexico City: Editores Unidos Mexicanos, 1985. In *Revista de Bellas Artes*, no. 18 (1967), pp.49-64. In French as *La paix de braves gens* in *Le théâtre mexicain 1999, une anthologie*. Xalapa, Mexico: Tramoya, 1993.

La pira (1970). In *Tramoya*, no. 9 (1977), pp.4-21; In *Juego de palabras*, no. 3 (1972), pp.26-33.

Presentando a María Clara (1973).

El refugio de las zorras. In *Tramoya*, no. 25b, (1990).

El reino animal. In *Tramoya*, no. 23 (1982), pp.108-115.

El renacimiento (1967). In *La Palabra y el hombre,* no. 44 (1967), pp.795-835; *Teatro joven de México.* Mexico City: Editores Mexicanos Unidos, 1979.

El rey se muere...asesinado (1969).

Saludos a toda la flota.

Santa Catarina (1969).Toluca, Mexico: Universidad Autónoma del Estado de México, 1982; Mexico City: Editores Mexicanos Unidos, 1985. In *Premios Portea, 1976.* Mexico City: Extemporáneo, 1977.

El señor y la señora (1968). Mexico City: Instituto Nacional de la Juventud Mexicana, 1969.

Todos santos. In *Premios Portea, 1976.* Mexico City: Extemporáneo, 1977.

El turno de la juventud (1973).

Lo verde las hojas. In *Tramoya,* no. 25b (1990).

Y pensar que pudimos. In *Tramoya,* no. 23 (1990).

MEX 138

VILLEGAS, RAFAEL (1909-   ) was born in Mexico City and studied drama and set design. He founded the theater group Nuevo Teatro which was an important experimental theater group in the 1950's.

Plays

El nahual (1955).

MEX 139

WEINSTOCK, VÍCTOR (1963-   ) was born in Mexico City and graduted from the Centro Universitario del Teatro at UNAM. He also studied with Edward Albee when he was a visiting professor at the University of Houston.

Plays

Bajo tierra (1994).

*Fábula sombría (*1992).

Modigliani (1993).

MEX 140

WEISZ, GABRIEL (1946-   ) was born in Mexico City and is known as an a theater researcher, director and dramatist. He is the son of Mexican painter Leonora Carrington. He received his doctorate in anthropology and began writing drama in his twenties.

Plays

El circo mutante (1976).

Golem (1972).

Primer país de evolución.

Teoría de lo sucio (1966).

Los vortéfagos (1968).

MEX 141
  ZAPATA, LUIS (1951-   ) was born in Chilpancingo, Guerrero, and studied at the Universidad Nacional Autónoma de México, where he has also been a professor. He also received a scholarship to study in France. He is best known for his novels, many of which have gay themes. He has made three of his novels into plays.

Plays
  De pétalos perennes. Mexico City: Editorial Katún, 1981.
  La fuerza del amor (1983) [based on his novel *Melodrama*].
  Plastic surgery (1990).

MEX 142
  ZOREDA, CLAUDIA (1958-   ) was born in Mexico City and graduated from the Escuela de Escritores of the Sociedad General de Escritores de México. She studied dramatic composition with Hugo Argüelles and others.

Plays
  Armario de pasiones.
  Autorretrato.
  Félix María Calleja.
  El juicio de Martín Corés (1992).
  Noche de luna llena.

NICARAGUA

NIC 001

BOLT, ALAN (1951-   ) was active in the Nixtayolero university theater group of Nicaragua which was founded in 1971. His plays are highly critical of the Anastasio Somoza dictatorship in Nicaragua. Most of his plays were produced after the Sandinista regime came to power.

Plays

Adelaida. In *Conjunto*, no. 45 (July-Sept. 1980), pp. 21-32.
Banana Republic.
El castillo.
Evangelio de San Lucas.
Génesis (1972).
El juego que todos jugamos (1971).
El largo camino hacia el amanecer.
Morir es difícil. In *Conjunto*, no. 45 (July-Sept. 1980), pp.14-20
El obispo (1969).
Para subir al cielo se necesita.
Paraíso perdido siglo XX.
Popol Vuh (1972).
Los vivos en el reino de los muertos.

NIC 002

CORONEL URTECHO, JOSÉ (1906-   ) was born in Granada, Nicaragua and studied in the U.S. where he worked at translating North American poetry into Spanish. Upon returning to Nicaragua, he organized the Movimiento de Vanguardia and became active in the ultra right "Movimiento de las Camisas Azules." He served as a deputy to the Nicaraguan Congress and a diplomat for the Somoza regime in Spain and the U.S.

Plays

La chinfonía burguesa. In *3 obras de teatro nuevo.* Managua, Nicaragua: Academia Nicaragüense de la Lengua, 1957; *3 obras de teatro de vanguardia nicaragüense.* Managua, Nicaragua: Ediciones El Pez y la Serpiente, 1975; *Tres obras teatrales de Nicaragua.* Managua, Nicaragua: Ediciones Distribuidora Cultural, 1982.

La petenera.

NIC 003

CUADRA, PABLO ANTONIO (1912-   ) was born in Managua, Nicaragua and studied at the Universidad de Granada. He was a director of *La Prensa* newspaper and studied law, but decided to write poetry instead. He served as President of the Institutos Culturales de Iberoamérica and was named President of the Academia Nicaragüense de la Lengua. He is considered one of Nicaragua's best essayists and literary critics. He helped found the movimiento Vanguardia. An ardent Anastasio Somoza supporter, he was jailed for failing to support the Sandinista regime.

Plays

El arbol seco (195?).

El avaro.

La cegua.

Máscaras exige la vida (1951).

Por los caminos van los campesinos (1957). San José, Costa Rica: Libro Libre, 1986. In *3 obras de teatro nuevo.* Managua, Nicaragua: Academia Nicaragüense de la Lengua, 1957; *3 obras de teatro de vanguardia nicaragüense.* Managua, Nicaragua: Ediciones El Pez y la Serpiente, 1975.

Santanás entra en escena.

NIC 004

ORDÓÑEZ ARGUELLO, ALBERTO (1913-   ) was born in Rivas, Nicaragua and was a founder of the Movimiento Vanguardia. He wrote for *La Reacción*, the organ of the "Movimiento de las Camisas Azules" an anti-Somoza group. Since the 1950's he has lived in exile in Costa Rica.

Plays

La novia de Tola. In *Tres obras teatrales de Nicaragua.* Managua, Nicaragua: Ediciones Nacionales, 1977.

NIC 005

ROBLETO, OCTAVIO (1935-   ) is a Nicaraguan poet and dramatist. He was a member of the revolutionary literary movement "Ventana" and directed the prestigious journal *Cuadernos Universitarios.* He won the Premio Nacional de Poesía Rubén Darío and has also written two anthologies of plays for children.

Plays

Doña Ana no está aquí. In *Tres obras teatrales de Nicaragua.* Managua, Nicaragua: Ediciones Nacionales, 1977.

Por aquí pasó un soldado. In *Conjunto,* no. 31 (Jan.-March 1977), pp.37-43.

Que las paredes no oigan. In *Conjunto,* no. 47 (Oct-Dec. 1980) pp.57-61.

Rafaela Herrera. Managua, Nicaragua: Instituto Nicaragüense de Cultura, 1977.

Teatro para niños. Managua, Nicaragua: Ministerio de Cultura, Nicaragua, 1984.

Teatro para niños y natividad pinolera. Managua, Nicaragua: Programa Textos Escolares Nacionales, 1999.

NIC 006

STEINER, ROLANDO (1936-1987) worked as an actor, director, dramatist, and theater reviewer. His plays often deal with historial events such as the lives of Augusto Sandino and Ruben Darío.

Plays

La agonía del poeta.

El ángel extraviado.

Antígona en el infierno.

Un drama corriente (1962). Managua, Nicaragua: Nuevos Horizontes, 1963. In *Teatro contemporáneo hispanoamericano.* Madrid: Escelicer, 1971.

Judit (1957). In *Tres obras de teatro nuevo.* Managua, Nicaragua: Academia Nicaragüense de la Lengua, 1957; *Teatro contemporáneo hispanoamericano.* Madrid: Escelicer, 1971.

La mujer deshabitada.

La noche de Wiwili.

La pasión de Helena.

Primero acto (1961).

La puerta (1977). In *Teatro contemporáneo hispanoamericano.*Madrid: Escelicer, 1971.

NIC 007

YCAZA, ALBERTO (1945-　　) was born in León, Nicaragua, the son of artist Adela Vargas. In addition to being a dramatist, he is also an accomplished painter whose work is well known in Latin America. He has shown his work abroad and has lived in Costa Rica since the Sandinista Revolution.

Plays

Amcestral 66. In *Teatro.* León, Nicaragua: Universidad Nacional Autónoma de Nicaragua, 1970.

Aquí siempre hace calor. In *Conjunto,* no. 36 (April-June 1978), pp. 116-129.

Asesinato frustrado. In *Teatro.* León, Nicaragua: Universidad Nacional Autónoma de Nicaragua, 1970.

Escaleras para embrujar al tiempo. In *Teatro.* León, Nicaragua: Universidad Nacional Autónoma de Nicaragua, 1970.

PANAMA

PAN 001
   LEIS ROMERO, RAÚL ALBERTO (1947-   ) is a Panamanaian poet,
   sociologist, and social activist. He was director of the journal *Revista
   Diálogo Social* published by the Centro de Comunicación Popular.

Plays
   Viaje a la salvación y otros paises (1973).
   Viene el sol con su sombrero de combate puesto. In *Conjunto*, no. 30 (Oct.-
   Dec. 1976), pp. 3-34.

PAN 002
   MARTÍNEZ, JOSÉ DE JESÚS (1929-) was born in Managua, Nicaragua
   and went to live in Panama as a child. He studied in Chile, Mexico,
   Spain, France and Germany where he received his doctorate in
   philosophy. He is chair of the Philosophy and Logic Department at the
   Universidad de Panamá. He won the Premio Nacional de Teatro in 1952.

Plays
   Amanecer de Ulises (1966).
   Aurora y el mestizo. Panama City, Panama: Ediciones del Departamento de
   Bellas Artes, 1964.
   Caifás (1961). Panama City, Panama: Ediciones Tareas, 1961. In *Teatro.*
   San José, Costa Rica: Editorial Universitaria Centroamericana, 1971.
   Enemigos (1963). Madrid: Ediciones Alfil, 1958. In *Teatro.* San José, Costa
   Rica: Editorial Universitaria Centroamericana, 1971.
   El juicio final (1962).
   El mendigo y el ávaro (1965). In *Teatro.* San José, Costa Rica: Editorial
   Universitaria Centroamericana, 1971.
   La mentira (1954).
   La perrera (1957). Madrid: Ediciones Alfil, 1958.

La retreta (1963) Panama City: Ediciones de la Revista Tareas, 1964. In *Teatro*. San José, Costa Rica: Editorial Universitaria Centroamericana, 1971.

Santos en espera de un milagro (1963).

Segundo asalto (1968).

La venganza (1963). In *Teatro*. San José, Costa Rica: Editorial Universitaria Centroamericana, 1971.

PARAGUAY

PAR 001

ADLER, MARIELA DE was born in Europe but immigrated to Paraguay at a young age. She worked as a business executive in Asunción before writing theater. She also wrote short stories, fantasy, and love stories in addition to drama, sometimes under the name of Leo Leo.

Plays

Anoche hablé con Dios.

Farsa de farsa. In *Se hace teatro.* Asunción, Paraguay: Editorial C.N.N, 1972.

Preludio. In *Se hace teatro.* Asunción, Paraguay: Editorial C.N.N, 1972.

Los sobrevivientes.

PAR 002

ALSINA, ARTURO (1897-1974) was born in Tucumán, Paraguay. He was a poet and essayist as well as playwright. He was founder of the Sociedad Paraguaya de Autores and the Compañía Paraguaya de Dramas y Comedias and was active in the Post Modernist movement.

Plays

La conquista. In *Obras completas (inéditas).* Asunción, Paraguay: Editorial Indoamericana, 1952; *Obra teatral (1926-1974).* Asunción, Paraguay: Editorial Manuel Ortiz Guerrero, 1990.

El crimen de Tintalila. In *Obras completas (inéditas).* Asunción, Paraguay: Editorial Indoamericana, 1952.

Eireté. In *Obras completas (inéditas).* Asunción, Paraguay: Editorial Indoamericana, 1952.

La marca de fuego. Asunción, Paraguay: s.n., 1926. In *Teatro hispanoamericano.* New York: Odyssey Press, 1956.

La sombra del estátua. Asunción, Paraguay: s.n., 1976.

PAR 003

APPLEYARD, JOSÉ-LUIS (1927-   ) was born in Asunción and studied law there. He later took up journalism and creative writing. He is best known for his poetry. Most of his plays were unpublished. He received the Premio Municipal del Teatro in 1961.

Plays

Aquel 1811. Asunción, Paraguay, Paraguay : Ediciones Comuneros, 1971.
Cenizas de la vida. Asunción, Paraguay: Fernando Pistilli Miranda, 1997.
Los monólogos. Asunción, Paraguay: s.n., 1973.

PAR 004

AZUAGA, MONCHO (1953-   ) was born in Asunción. He worked as a lawyer and wrote poetry, narrative, and philosophy. He belongs to the "Generación de 1980." He won the Premio Universidad de Panamá in 1976.

Plays

Cuando los animales asaltaron la ciudad.
En moscas cerradas (1976).
Y no solo es cuestión de mariposas (1976).

PAR 005

DOMÍNGUEZ, RAMIRO (1930-   ) is known primarily as a poet and essayist. He studied law at the Universidad Nacional de Paraguay and is currently a professor at the Universidad Católica de Paraguay. He is a member of the "Generación de 1950."

PLAYS

Cantata heroíca a Pedro Juan Caballero. In *Teatro breve.* Asunción, Paraguay: Díalogo, 1969.
Fantasia coral.

PAR 006

FRUTOS PANE, J. MANUEL (JUAN MANUEL) (1906-   ) was born in Asunción and is known for his musical comedies and zarzuelas.

Plays

Una imagen en el espejo.
La lámpara encedida.
Pacholf.
Pai Ernesto.

PAR 007

GONZÁLEZ ALSINA, EZEQUIEL (1919-   ) was born San Lorenzo, Paraguay and is best known as a poet and essayist. He studied law in Asunción, worked as a lawyer, and was editor of the daily newspaper *La Unión*. He also served in the Paraguayan Congress.

Play

Bolí. In *Teatro reunido.* Asunción, Paraguay: Mediterráneo/Yrendagué, 1985.

El gran rival. Asunción, Paraguay: Ediciones Rigran, 1951.

Lejos de las casas altas. In *Teatro reunido.* Asunción, Paraguay: Mediterráneo/Yrendagué, 1985.

La Quijotesa rubia. In *Teatro reunido.* Asunción, Paraguay: Mediterráneo/Yrendagué, 1985.

PAR 008

GONZÁLEZ DELVALLE, ALCIBÍADES (1936-) was born in Memby, Paraguay. His plays are often inspired by Guaraní folk tales. He also wrote history and novels in addition to plays.

Plays

Elisa. Asunción, Paraguay: CID, 1986.

El grito de Luisón. Asunción, Paraguay: Ediciones del Pueblo, 1972; Asunción, Paraguay: El Lector, 1986.

Hay tiempo para llorar. Asunción, Paraguay : s.n., 1976

Nuestros años grises. Asunción, Paraguay: Editorial Araverá, 1985.

Peru Rima rembihasakue: teatro breve: versión guaraní de Los casos de Peru Rima. Asunción, Paraguay: Talleres de Industrial Gráfica Comuneros, 1987.

Procesados del 70. Asunción, Paraguay: El Lector, 1986.

San Fernando: drama. Asunción, Paraguay: Editorial Nuestro Tiempo, 1989.

PAR 009

HALLEY MORA, MARIO (1926-   ) was born in Coronel Onedo, Paraguay. He was chief editor of the daily newspaper *Patria* under President Alfredo Stroessner. He also wrote novels and short stories in addition to writing and directing plays.

Plays

¿A dónde iras, ña Romualda? [with Josefina Plá] (1940). In *Teatro paraguayo inédito.* Asunción, Paraguay: Mediterráneo, 1984.

¡Ah che memby cuera! [with Josefina Plá]. In *Teatro paraguayo inédito.* Asunción, Paraguay: Mediterráneo, 1984.

La comedia de la vida. In *Viruta: teatro breve de Mario Halley Mora.* Asunción, Paraguay: Mediterráneo, 1984.

El conejo es una mujer. Asunción, Paraguay: Editorial Comuneros, 1990.

Interrogante. In *Teatro de Mario Halley Mora.* Asunción, Paraguay: Editorial El País, 1970.

El juego del tiempo. Asunción, Paraguay: El Lector, 1986.

Magdalena Servin. Asunción, Paraguay: Editorial Comuneros, 1990. In *Teatro de Mario Halley Mora.* Asunción, Paraguay: Editorial El País, 1970.

La madama. Asunción, Paraguay: Editorial Comuneros, 1990. In *Teatro paraguayo inédito.* Asunción, Paraguay: Mediterráneo, 1984.

La mancha de rouge. In *Viruta: teatro breve de Mario Halley Mora.* Asunción, Paraguay: Mediterráneo, 1984.

La mano del hombre. Asunción, Paraguay: Editorial Comuneros, 1990. In *Teatro paraguayo inédito.* Asunción, Paraguay: Mediterráneo, 1984.

La mujer en el teléfono. Asunción, Paraguay: Mediterráneo, 1984.

La noticia. In *Teatro de Mario Halley Mora.* Asunción, Paraguay: Editorial El País, 1970.

Para el pequeño tinglado. Asunción, Paraguay: Mediterráneo, 1987.

El pretendiente inesperado [with Josefina Plá]. In *Teatro paraguayo inédito.* Asunción, Paraguay: Mediterráneo, 1984.

Un poco más acá del más allá. In *Un poco más acá del más allá y nuevos microcuentos.* Asunción, Paraguay: Mediterráneo, 1984.

Quince años. In *Viruta: teatro breve de Mario Halley Mora.* Asunción, Paraguay: Mediterráneo, 1984.

Un rostro para Ana. In *Teatro de Mario Halley Mora.* Asunción, Paraguay: Editorial El País, 1970.

El solterón. Asunción, Paraguay: Editorial Comuneros, 1990. *El solterón* [with Mario Halley Mora]. In *Teatro paraguayo inédito.* Asunción, Paraguay: Mediterráneo, 1984.

Testigo falso. Asunción, Paraguay, Paraguay : El Lector, 1986. In *Teatro de Mario Halley Mora.* Asunción, Paraguay: Editorial El País, 1970.

El último caudillo. In *Teatro de Mario Halley Mora.* Asunción, Paraguay: Editorial El País, 1970.

Un traje para Jesús. Asunción, Paraguay: Ediciones Juvi, 1958.

Viruta. In *Viruta: teatro breve de Mario Halley Mora.* Asunción, Paraguay: Mediterráneo, 1984.

PAR 010
MUÑOZ, GLORIA (1949-   ) was born in Asunción. She is a member of the Centro de Investigación y Divulgación Teatral and has won various awards for her theater and short stories.

Plays

Almirante de sueños y vigilia. In *Tragedia de la cárcel pública y otras piezas.* Asunción, Paraguay: Arandurã Editorial, 2000.

La confesión. In *Tragedia de la cárcel pública y otras piezas.* Asunción, Paraguay: Arandurã Editorial, 2000.

De como el Tío Emilio ganó la vida eterna. In *Tragedia de la cárcel pública y otras piezas.* Asunción, Paraguay: Arandurã Editorial, 2000.

Genio y figura. In *Tragedia de la cárcel pública y otras piezas.* Asunción, Paraguay: Arandurã Editorial, 2000.

Parecido a mi finado. In *Tragedia de la cárcel pública y otras piezas.* Asunción, Paraguay: Arandurã Editorial, 2000.

La prohibición de la niña Francia. Asunción, Paraguay: Editorial Arandurã, 1994.

Tragedia de la cárcel pública. In *Tragedia de la cárcel pública y otras piezas.* Asunción, Paraguay: Arandurã Editorial, 2000.

La visita. In *Tragedia de la cárcel pública y otras piezas.* Asunción, Paraguay: Arandurã Editorial, 2000.

PAR 011

O'LEARY, JUAN E. (JUAN EMILIANO) (1879-1969) was a well known Paraguayan politician, historian, and poet. He held numerous posts in the national government and also served as Paraguay's ambassador to the Holy See. He was made a Miembro Correspondiente de la Real Academia Española . He lived for many years in Spain.

Plays

Idelfonso A. Bermejo falsario, impostor y plagiario. Asunción, Paraguay: Impr. de las Fuerzas Armadas de la Nación, 1953.

PAR 012

PLÁ, JOSEFINA (1909-   ) was born in the Canary Islands but has lived in Paraguay since 1927. She is a poet, novelist, essayist, art critic, ceramics artist, and playwright. She won many awards, including Spain's "Dama de la Orden de Isabel la Católica" in 1972. She was also the winner of Premio en el Concurso Teatral de Radio Caritas in 1972. In 1987 she was made Miembro Correspondiente de la Real Academia Española de la Historia. She has also written important histories of theater in Paraguay.

PLAYS:

¿A dónde iras, ña Romualda? [with Mario Halley Mora] (1940). In *Teatro paraguayo inédito.* Asunción, Paraguay: Mediterráneo, 1984.

¡Ah che memby cuera! [with Mario Halley Mora]. Asunción, Paraguay: Mediterráneo, 1984; In *Teatro paraguayo inédito.* Asunción, Paraguay: Imprenta Nacional, 1945.

Desheredado (1944).

Don Quijote y los galeotes (1951).

El empleo.

Fiesta en el Rio. Asunción, Paraguay: Editorial Siglo Veintiuno, 1977.

Hermano Francisco: el revolucionario del amor. Asunción, Paraguay: s.n., 1976.

Historia de un número. In *Teatro breve.* Asunción, Paraguay: Díalogo, 1969; *Teatro contemporáneo hispanoamericano.* Madrid: Escelicer, 1971.

El pretendiente inesperado [with Mario Halley Mora]. In *Teatro paraguayo inédito.* Asunción, Paraguay: Mediterráneo, 1984.

PAR 013

RÍOS, EDDA DE LOS (1942-   ) was born in Asunción and studied dramatic art in Argentina, Uruguay, and Spain. She also worked in journalism and as a professor of dramatic art and an actress in addition to writing plays.

Plays
¿*Y ahora—qué?* Asunción, Paraguay: Intercontinental Editora, 1998.

PAR 014
   RIVAROLA MATTO, JOSÉ MARÍA(1917-   ) is a Paraguayan writer of
   narrative, essays, and drama. He won   the Radio Caritas Concurso
   Teatral.
Plays
   La cabra y la flor. Asunción, Paraguay: Banco de Obras Muestra Paraguaya
   de Teatro, 1976. In *Tres obras y una promesa.* Asunción, Paraguay:
   Ediciones NAPA, 1983.
   Encrucijada del Espíritu Santo. Asunción, Paraguay: Charitas, 1972.
   El fin de Chipí González. Asunción, Paraguay: Diálogo, 1965. In *Tres obras
   y una promesa.* Asunción, Paraguay: Ediciones NAPA, 1983. In English
   as *The fate of Chipi Gonzalez* in *Men and angels, three South American
   comedies.* Carbondale, Illinois: Southern Illinois University Press, 1970.
   Su señoria tiene miedo (1976). In *Tres obras y una promesa.* Asunción,
   Paraguay: Ediciones NAPA, 1983.

PAR 015
   TORCIDA DE ARRIOLA, TERESITA was born in Buenos Aires but
   moved to Paraguay at the age of two. She studied at the Colegio de la
   Providencia. She was active with the Ateneo Paraguayo and Grupo Gente
   de Teatro where she worked as a director and teacher of theater. She also
   has written short stories and essays in addition to drama.
Plays
   Farsa de un farsa (1971). In *Se hace teatro.* Asunción, Paraguay: Editorial
   C.N.N., 1972.

PAR 016
   VILLA, BENIGNO was born in Concepcíon, Paraguay. He began writing
   theater at a young age. He also wrote on Paraguayan politics.
Plays
   El amor rondaba cerca (1937).
   Ana María.
   Apajuái (1936).
   Casilda. Asunción, Paraguay: Ediciones Juvi, 1958.
   Chifladuras del día (1920).

PERU

PER 001
   ALEGRÍA, ALONSO (1940-   ) was born in Santiago, the son of famous
   Peruvian writer Ciro Alegría. He later went to study drama at Yale. In the
   late 1960's he returned to Peru and was named director of the Teatro
   Nacional Popular del Instituto Nacional de Cultura. He won the national
   theater prize in 1965 and the Premio Casa de las Américas de Cuba in
   1969. He has been translated into more than twenty languages and his
   work produced in more than fifty countries. He also also written for film
   and television.

Plays
   El cruce sobre el Níagara. Havana: Casa de las Américas, 1969;
   Philadelphia: Center for Curriculum Development, 1971; Lima: Instituto
   Nacional de Cultura, 1974. In English as *Crossing Niagara.* New York:
   Theater Communications Group, 1981. In German as *Die Überquerung
   des Niagara-Falls.* Berlin: Henschelverlag Kunst und Gesellschaft, 1976.
   In Czech as *Po lane nad Niagarou.* Prague: Dilia, 1975.
   El terno blanco. Lima: s.n., 1971.

PER 002
   DÍAZ, GREGOR (1933-   ) was born in Celendín and his family moved to
   Lima when he was two. He studied at the Escuela Nacional de Arte and
   at the Universidad de Chile. In the 1970's he was invited to take part in
   the Teatro Experimental de la Universidad de Chile. Upon returning to
   Peru, he brought together the Club de Teatro. His work was influenced
   by Maxim Gorky, Luigi Pirandello, and Tennessee Williams. He won
   numerous awards in Peru, including the Premio Nacional de Cultura en
   Teatro in 1988, and the Primer Premio CELIT Peru in 1989.

Plays

Ancoreta (1987).

Apuntes para un drama (1954)

El buzón y el aire (1985). In *Teatro peruano; quince oras.* Lima: Lluvia Editores, 1991.

Cercadores. In *Teatro peruano.* Lima: Ediciones Homero Teatro de Grillos, 1974-1985; *Teatro peruano; quince oras.* Lima: Lluvia Editores, 1991.

Cercados (1974). In *Teatro peruano.* Lima: Ediciones Homero Teatro de Grillos, 1974-1985; *Teatro peruano; quince oras.* Lima: Lluvia Editores, 1991.

El circulo de Barro (1970).

Clave 2, manan (1978). In *Teatro peruano; quince oras.* Lima: Lluvia Editores, 1991.

Con los pies en el agua (1971). In *Teatro peruano.* Lima: Ediciones Homero Teatro de Grillos, 1974-1985; *Teatro peruano; quince oras.* Lima: Lluvia Editores, 1991.

Cuento del hombre que vendía globos (1977). In *Teatro peruano.* Lima: Ediciones Homero Teatro de Grillos, 1974-1985; *Teatro peruano; quince oras.* Lima: Lluvia Editores, 1991.

El que espera en el balcón (1989). In *Teatro peruano; quince oras.* Lima: Lluvia Editores, 1991.

Electra (1988). In *Teatro peruano; quince oras.* Lima: Lluvia Editores, 1991.

Espumante en el sótano (1985). In *Teatro peruano; quince oras.* Lima: Lluvia Editores, 1991.

Gregor vs. Gregor (1988).

Harina Mundo (1991).

La huelga (1966). Lima: Editorial Causachun, 1972.

Los de 4 (1968). In *Teatro contemporáneo hispanoamericano.* Madrid : Escelicer, 1971.

Me quiero Casar (1989).

El mudo de la ventana (1984). In *Teatro peruano; quince oras.* Lima: Lluvia Editores, 1991.

Los ojos del mundo (1989). In *Teatro peruano; quince oras.* Lima: Lluvia Editores, 1991.

La pandorga (1986). In *Teatro peruano; quince oras.* Lima: Lluvia Editores, 1991.

Requeim para Sieta Plagas (1979). In *Teatro peruano.* Lima: Ediciones Homero Teatro de Grillos, 1974-1985.

Sin ton ni son (1972). In *Teatro peruano; quince oras.* Lima: Lluvia Editores, 1991.

Sitio al sitio (1978). In *Teatro peruano; quince oras.* Lima: Lluvia Editores, 1991.

Uno mas uno (1984).

Valsecito del 40 (1979). In *Teatro peruano; quince oras.* Lima: Lluvia Editores, 1991.

PER 003

    GIBSON PARRA, PERCY (1908-   ) is a Peruvian poet, essayist and dramatist. He studied at the Universidad de San Marcos in Lima and traveled abroad for many years. He later served as Secretario General of the Biblioteca Nacional. He won the Premio Nacional de Teatro in 1948 and founded the literary journal *Trilce.*

Plays

    Esa luna que empieza. In *Teatro peruano contemporáneo.* Lima: Ed.Huascaran, 1947; Madrid: Aguilar, 1959.

PER 004

    HABICH, EDGARDO DE (1930-   ) is a Peruvian novelist, poet, and playwright. He has won the Premio Nacional de Teatro.

Plays

    A la sombra del crepúsculo. In *Teatro.* Lima: Universidad Nacional Mayor de San Marcos, Fondo Editorial, 2000.

    Atrás de la vida.

    Él (Ché Guevara). In *Teatro.* Lima: Universidad Nacional Mayor de San Marcos, Fondo Editorial, 2000.

    Eróstrato. In *Conjunto,* no. 37 (July-Sept. 1978), pp.11-46.

    La eternidad del ocaso. In *Teatro.* Lima: Universidad Nacional Mayor de San Marcos, Fondo Editorial, 2000.

    Menos grande que la luna.

    La obra (1958).

PER 005

    HELFGOTT, SARINA (1928-   ) was born in Chiclayo, Peru and is best known as a poet. She has also directed the cultural magazine *Tiempo* and was an early critic of music and ballet in the newspaper *El Correo.* She won an honorable mention from the Centro Peruano de Teatro in 1964.

Plays

    La jaula. Lima: Servicio de Publicaciones del Teatro Universitario de San Marcos, 1973. In *Teatro.* Lima: Ediciones del Teatro de la Universidad Católica, 1967.

    La sentencia. In *Teatro.* Lima: Ediciones del Teatro de la Universidad Católica, 1967.

    La señõrita Canario. In *Teatro.* Lima: Ediciones del Teatro de la Universidad Católica, 1967.

    El verdugo.

PER 006

    JOFFRÉ, SARA (1935-   ) was born in Bellavista Callao, Peru. She studied at the Escuela Nacional de Arte Dramática and later was awarded a scholarship to study in London. She was the first woman to direct theater in Peru and also the first Peruvian woman to write theatrical works especially for children. After returning from England in 1963, she founded a theatrical group, "Homero Teatro de Grillos." In 1969 she was awarded the Premio del Teatro de la Universidad de San Marcos. She is also known as an actress and stage director.

Plays

Cuentos de la sierra y de la selva. In *Conjunto*, no. 35 (Jan.-March 1978). pp.116-124.

El embudo de la ley. Lima: Servicio de Publicaciones, Teatro Universitario, U.N.M. de San Marcos.

Pretexto. In *Teatro peruano.* Lima: Ediciones Romero Teatro de Grillos, 1974-1985.

Se administra justicia. In *Teatro peruano.* Lima: Ediciones Romero Teatro de Grillos, 1974-1985.

Se consigue madera. In *Teatro peruano.* Lima: Ediciones Romero Teatro de Grillos, 1974-1985.

Los tocadores de tambor. In *Teatro peruano.* Lima: Ediciones Romero Teatro de Grillos, 1974-1985.

PER 007

ORTEGA, JULIO (1942-) was born in Casma, Peru and grew up in Chimbote. He studied literature at the Universidad Católica and at the Universidad de San Marcos. He won prizes for his poetry and his essays in the 1960's. He has lived in the United States since 1969 and has taught at the University of Texas where he began to write narrative and theater. He was awarded the Premio de Teatro, Casa de las Américas in 1982.

Plays

Balada de la dirección correcta. In *Conjunto,* no. 53 (April-June 1982), pp.50-71.

La campaña. In *Teatro.* Lima: Ediciones del Teatro de la Universidad Católica, 1965.

Ceremonia y otros actos (1974).

Como cruzar una calle. Lima: Servicio de Publicaciones, Teatro Universitario, U.N.M. de San Marcos, 1973.

El intruso. In *Teatro.* Lima: Ediciones del Teatro de la Universidad Católica, 1965.

*Lázaro.*In *Teatro.* Lima: Ediciones del Teatro de la Universidad Católica, 1965.

La ley. In *Teatro.* Lima: Ediciones del Teatro de la Universidad Católica, 1965.

Mesa pelada.

Moros en la costa. In *Teatro.* Lima: Ediciones del Teatro de la Universidad Católica, 1965.

El mosto de los lagares. In *Teatro.* Lima: Ediciones del Teatro de la Universidad Católica, 1965.

Pasos, voces, alguien.

Perfecta soledad. In *Teatro.* Lima: Ediciones del Teatro de la Universidad Católica, 1965.

Se vende cualquier cosa. In *Teatro.* Lima: Ediciones del Teatro de la Universidad Católica, 1965.

Sociedad anonima. In *Teatro.* Lima: Ediciones del Teatro de la Universidad Católica, 1965.

Varios rostros del verano. In *Orfeo en las tinieblas.* San Marcos, Peru: Teatro Universitario de San Marcos, 1968.

PER 008

RIBEYRO, JULIO RAMÓN (1929-   ) was born in Lima and began his literary production while studing law at the Universidad Católica. He is known as one of Peru's best short story writers. In addition to short stories, he wrote three novels and several plays. In 1986 he was made a cultural ambassador of Peru to UNESCO. He has also written film scripts and literary criticism.

Plays

Confusión en la prefectura. In *Teatro.* Lima: Instituto Nacional de Cultura, 1975

Los caracoles. In *Teatro.* Lima: Instituto Nacional de Cultura, 1975.

Fin de semana. In *Teatro.* Lima: Instituto Nacional de Cultura, 1975.

Santiago el pájarero. In *Teatro.* Lima: Instituto Nacional de Cultura, 1975.

El sótano. In *Teatro.* Lima: Instituto Nacional de Cultura, 1975.

El último cliente. In *Teatro.* Lima: Instituto Nacional de Cultura, 1975.

El uso de la palabra. In *Teatro.* Lima: Instituto Nacional de Cultura, 1975.

PER 009

RÍOS, JUAN (1914-1991) was born in Lima and studied law in Spain. He wrote a great deal of unpublished poetry and beginning in 1945 began to write theater. He won the Premio Nacional de Teatro five times and the Premio Nacional de Poesía twice in 1948 and 1953. His theater has a strong poetic influence, inspired by Greek tragedy and Shakespearian drama, often with leftist overtones. He has also reset ancient mythologies to a new world setting. In 1936 he went to fight in the Spanish Civil War on the Republican side. Upon returning to Peru in 1938, he was jailed and deported. He has been a staunch defender of social causes, indigenous culture, and of human rights.

Plays

Argos (1954).

Ayar Manco (1952). Lima: Casa de la Cultura del Peru,1963.

Los bufones. In *Teatro.* Lima: J. Mejía Baca, 1961.

Los desesperados. In *Teatro.* Lima: J. Mejía Baca, 1961.

Don Quijote (1946). Lima: Teatro Nacional del Perú, Ministerio de Educacíon Pública, 196? In *Teatro.* Lima: J. Mejía Baca, 1961; *Teatro peruano contemporáneo.* Lima: Ed. Huascaran, 1947.

El fuego. In *Teatro.* Lima: J. Mejía Baca, 1961.

Medea (1950).

Los mimidones.

Prometeo.
El reino sobre las tumbas. In *Teatro.* Lima: J. Mejía Baca, 1961.
La selva. In *Teatro.* Lima: J. Mejía Baca, 1961.

PER 010
   RIVERA SAAVEDRA, JUAN (1930-   ) was born in Lima and studied at
   the Escuela de Arte Dramática de Buenos Aires. In 1986 he received the
   Premio de la Nación for his work. His play *Los ruperto* is considered as
   the master work of black humor in Peruvian theater. He teaches at the
   Escuela de Arte Dramática in Lima.
Plays
   Alberto, el bueno. In *Teatro de humor negro.* Lima: Ediciones Arte Futuro,
      1967.
   Las armas de Dios. Lima: Ediciones Pegaso, 1990.
   Bajo la sombra del cuervo. In *Teatro.* Lima: Banco Central de Reserva del
      Perú, Fondo Editorial, 1988.
   La calva. In *Teatro de humor negro.* Lima: Ediciones Arte Futuro, 1967.
   El crédito.
   El enemigo público número uno. In *Teatro de humor negro.* Lima: Ediciones
      Arte Futuro, 1967.
   El general no tiene quien lo mate. In *Teatro.* Lima: Banco Central de
      Reserva del Perú, Fondo Editorial, 1988.
   El gran tú. In *Teatro de humor negro.* Lima: Ediciones Arte Futuro, 1967.
   El león. In *Teatro de humor negro.* Lima: Ediciones Arte Futuro, 1967.
   La leyenda. In *Obras seleccionadas de teatro.* Lima: Fondo Editorial,
      Universidad Inca Garcilaso de la Vega, 2001.
   Una media colgada en la azotea. In *Teatro de humor negro.* Lima: Ediciones
      Arte Futuro, 1967.
   El pájaro. In *Obras seleccionadas de teatro.* Lima: Fondo Editorial,
      Universidad Inca Garcilaso de la Vega, 2001.
   El paraíso encontrado. Lima: Ediciones Pegaso, 1990.
   ¿Por qué la vaca tiene los ojos tristes? In *Teatro de humor negro.* Lima:
      Ediciones Arte Futuro, 1967.
   El postulante. In *Teatro de humor negro.* Li ma: Ediciones Arte Futuro,
      1967.
   Los ruperto. Lima: Editora Latina, 1986. In *Obras seleccionadas de teatro.*
      Lima: Fondo Editorial, Universidad Inca Garcilaso de la Vega, 2001.

PER 011
   ROSE, JUAN GONZÁLO (1928-1983) was born in Tacna, Peru and
   studied literature at the Universidad de San Marcos. He primarily wrote
   "social poetry" in free verse or poetic prose and belonged to the
   "Generation of 1950." He was exiled to Mexico for his political beliefs.
   He was awarded the national prize for poetry in 1958.

Plays

Carnet de identidad. Lima: Teatro Universitario de San Marcos, Servicio de Publicaciones, 1966.

PER 012

SALAZAR BONDY, SEBASTIÁN (1924-1965) was born in Lima and studied literature at the Universidad de San Marcos. He also studied in France at the Conservatoire National. Upon returning to Peru, he founded the Club del Teatro de Lima. He was an active promoter of writers such as Mario Vargas Llosa (he helped fund his first novel). He won the Premio Nacional de Teatro twice. Though he lived only to be forty, he made a significant contribution to poetry and literary criticism as well as drama.

Plays

Algo quiere morir. Buenos Aires: Editorial Talía, 1956. In *Teatro.* Buenos Aires, Losada, 1961.

Amor, gran laberinto. In *Teatro peruano contemporáneo.* Lima: Ed. Huascaran, 1947.

Un cierto tic tac (1956). Lima: Servicio de Publicaciones, Teatro Universitario, U.N.M. de San Marcos, 1971.

Como vienes se van.

Dos viejas van por la calle. In *Comedias y juguetes.* Lima: Editorial Horizante, 1987.

El de la valija. In English as *The suitcase.* Oshogbo, Nigeria: Adeyeye Print. Press, 1966.

El fabricante de deudas. Lima: Ediciones Nuevo Mundo, 1964. In *Comedias y juguetes.* Lima: Editorial Horizante, 1987.

En el cielo no hay petróleo.

La escuela de los chismes.

Flora Tristán. Lima: Ediciones Nuevo Mundo, 1964.In *Teatro.* Buenos Aires, Losada, 1961.

Ifigenia en el mercado.

No hay isla feliz. In *Teatro.* Buenos Aires, Losada, 1961.

Los novios.

Pantomimas (1954).

El Rabdomante. Lima: Servicio de Publicaciones del Teatro Universitario de San Marcos, 1975.

Rodil. Lima: Talleres de la Tipografia Peruana, 1952. In *Teatro.* Buenos Aires, Losada, 1961.

Todo queda en casa.

PER 013

SÁNCHEZ LEÓN, ABELARDO (1947-   ) was born in Lima and studied sociology at the Universidad Católica. He later did postgraduate work at the Université de Nanterre in France. He is best known for his lyric poetry of the 1970's. He also wrote of number of sociological texts on urban problems in addition to his poetry and plays. He works for the Centro de Estudios y Promoción del Desarrollo in Lima.

Plays

Tabla de multiplica. In *Conjunto*, no. 68 (April-June 1986), pp.64-93.

PER 014

SEGUÍN, CARLOS ALBERTO (1907-   ) was born in Arequipa, Peru and studied medicine at the Universidad de San Marcos. He worked as a psychiatrist in the U.S. and later as a professor at San Marcos. He won the Premio Nacional de Teatro in 1964.

Plays

Encrucijada. Lima: Editorial Jurídica, 1974.

PER 015

SOLARI SWAYNE, ENRIQUE (1915-   ) was born in Lima and studied medicine in Munich, where he lived for many years. After returning to Peru he worked for various magazines such as *Las Moradas*. He is a psychiatrist and a professor of psychiatry. His plays often have psychological themes.

Plays

Circo del zorro desencantado. In German in *Entwicklungstendenzen im modernen peruanischen Theater* (1950-1980). Berlin: B. Panse, 1981.

Collacocha. Lima: Populibros Peruanos, 1955; Huaraz, Peru: Teatro Nacional, 1955; Lima: Editorial Rocarme,1969; Philadelphia: Center for Curriculum Development, Inc.,1971; Lima: Fondo Editorial de la Facultad de Letras: Oficina General de Editorial e Imprenta, Universidad Nacional Mayor de San Marcos, 1992. In *Teatro peruano contemporáneo.* Madrid: Aguilar, 1963.

La mazorca (1966).

PER 016

UGARTE ELÉSPURU, JUAN MANUEL (1911-   ) was born in Lima and was educated in Germany and Spain. He studied art in Buenos Aires and is best known as a painter and sculptor. He is president of the Instituto Peruano de Cultura Hispánica and Miembro Correspondiente de la Real Academia Española.

Plays

Pedro eterno. In *Teatro para leer.* Lima: s.n., 1982.

Rebelión de Atusparia. In *Teatro para leer.* Lima: s.n., 1982.

PER 017

VARGAS LLOSA, MARIO (1936-   ) was born in Arequipa, Peru and received a doctorate in literature from the Universidad de Madrid. He has written novels, short stories, and essays and has won numerous awards for his work, including the Premio Rómulo Gallegos. He is considered one of Latin America's foremost novelists.

Plays

La Chunga. In *Obra reunida; teatro*. Madrid : Alfaguara, 2001. In English as *La Chunga*. In *Three plays*. Boston: Faber and Faber, 1990. In German in *Spectaculum 47, Sechs moderne Theaterstücke*. Frankfurt am Main: 1988.

Kathie y el hipopótamo. In *Obra reunida; teatro*. Madrid : Alfaguara, 2001. In English as *Katie and the hippopotamus*. In *Three plays*. Boston: Faber and Faber, 1990.

El loco de los balcones. Barcelona: Seix Barral, 1993. In *Obra reunida; teatro*. Madrid : Alfaguara, 2001.

Ojos bonitos, cuadros feos. In *Obra reunida; teatro*. Madrid : Alfaguara, 2001.

La señorita de Tacna (1981). Barcelona: Seix Barral, 1982. In *Obra reunida; teatro*. Madrid : Alfaguara, 2001. In English as *The young lady from Tacna*. In *Three plays*. Boston: Faber and Faber, 1990.

PER 018

VEGA HERRERA, CÉSAR (1939-) is a Peruvian writer of children's books and plays. He won the Premio Casa de las Américas in 1969 and the Premio Tirso de Molina in Spain.

Plays

El ascensor. In *Soñar sí cuesta mucho*. Lima: Consejo Nacional de Ciencia y Tecnología, 1989.

El cielo alcanza para todos. In *Soñar sí cuesta mucho*. Lima: Consejo Nacional de Ciencia y Tecnología, 1989.

¿Conoces el cuento de Robinson Crusoe? In *Soñar sí cuesta mucho*. Lima: Consejo Nacional de Ciencia y Tecnología, 1989.

El cuenteo, o, La mejor forma de cruzar el lodazal. In *Soñar sí cuesta mucho*. Lima: Consejo Nacional de Ciencia y Tecnología, 1989.

Ipancankure. In *Dos obras de teatro*. Havana: Casa de las Américas, 1969. In *Soñar sí cuesta mucho*. Lima: Consejo Nacional de Ciencia y Tecnología, 1989.

El padrino. In *Soñar sí cuesta mucho*. Lima: Consejo Nacional de Ciencia y Tecnología, 1989.

¿Qué sucedió en Pasos?

El secreto de la papá. In *Conjunto*, no. 64 (April-June 1985), pp.45-58.

Soñar sí cuesta mucho. In *Soñar sí cuesta mucho*. Lima: Consejo Nacional de Ciencia y Tecnología, 1989.

PUERTO RICO

PUE 001

ARRIVÍ, FRANCISCO (1915-   ) was born in Santurce, Puerto Rico and studied at the Universidad de Puerto Rico where he edited a number of student literary magazines. In 1941 he moved to San Juan where he founded the experimental theater group "Tinglado Puertoriqueño." He also translated plays into Spanish from other languages and wrote critical essays and some poetry. He was also a radio program director and professor of Spanish language and literature.

Plays

Alumbramiento (1945)

Bolero y plena. In *Máscara puertorriqueña*. Rio Piedras, Puerto Rico: Editorial Cultural, 1970.

Caso del Muerto en Vida (1941).

Club de solteros (1940). San Juan, Puerto Rico: Editorial Tinglado Puertorriqueño, 1962. In *Teatro*. Madrid: Talleres Gráficos de I. Mendez, 1953; *Tres piezas de teatro puertoriqueño*. San Juan Editorial del Departamento de Instrucción Pública, Estado Libre Asociado de Puerto Rico, 1968.

Cóctel de don Nadie.

Un cuento de hadas.

El diablo se humaniza (1941).

María Soledad (1947). San Juan, Puerto Rico: Editorial Tinglado Puertorriqueño, 1962. In *Teatro*. Madrid: Talleres Graficos de I. Mendez, 1953; *Tres piezas de teatro puertoriqueño*. San Juan Editorial del Departamento de Instrucción Pública, Estado Libre Asociado de Puerto Rico, 1968.

Medusas en la bahia; plena. In *Bolero y plena*. San Juan, Puerto Rico: Editorial Tinglado Puertorriqenð, 1960; Rio Piedras, Puerto Rico: Editorial Cultural, 1970.

El murciélago; bolero. In *Bolero y plena.* San Juan, Puerto Rico: Editorial Tinglado Puertorriqenõ, 1960; Rio Piedras, Puerto Rico: Editorial Cultural, 1970.

Sirena. San Juan, Puero Rico: Editorial Tinglado Puertorriqueño, 1960. In *Máscara puertorriqueña.* Rio Piedras, Puerto Rico: Editorial Cultural, 1970; *Teatro mental.* s.l.: s.n., 1990.

Una sombra menos. In *Teatro.* Madrid: Talleres Gráficos de I. Mendez, 1953.

Vejigantes. San Juan, Puerto Rico: Editorial Tinglado Puertorriqueño, 1968; Rio Piedras, Puerto Rico: Editorial Cultural, 1970. In *Tres piezas de teatro puertoriqueño.* San Juan Editorial del Departamento de Instrucción Pública, Estado Libre Asociado de Puerto Rico, 1968; *Máscara puertorriqueña.* Rio Piedras, Puerto Rico: Editorial Cultural, 1970.

PUE 002

BABÍN, MARÍA TERESA (1907-   ) was born in Ponce, Puerto Rico and studied at the Universidad de Puerto Rico and at Columbia University. She has taught at the Universidad de Puerto Rico and has written extensively on Federico García Lorca and in the area of Puerto Rican culture.

Plays

La hora colmada; una fábula teatral en dos actos. Santander, Spain: s.n., 1960.

PUE 003

BAUZÁ, GUILLERMO (1916-   ) was born in Puerto Rico and studied at the Universidad de Puerto Rico where he founded two student magazines. He later was a columnist for the daily *El Imparcial.* He also organized and was active in the Teatro de la Farándula Bohemio. He continued to work in law while writing poetry, novels, and drama.

Plays

Don Cristobál (1963). Barcelona: Ediciones Rumbos, 1963.

La guerra. San Juan, Puerto Rico: s.n., 1969.

La loba (1964). Barcelona: Ediciones Rumbos, 1968.

PUE 004

BELAVAL, EMILIO S. (1903-1972) was born in Fajardo, Puerto Rico and studied law in San Juan. In 1939 he founded the Sociedad de Teatro "Areyto" and began writing most of his plays. He served in several government capacities, including on the Puerto Rican Supreme Court. In 1955 he was a founding member of the Academia Puertoriqueña de la Lengua Española. He was recognized by the Asociación de Artes y Ciencias de Puerto Rico. In addition to plays, he wrote short stories, essays, literary crititism and art history and criticism.

Plays

Cielo caído. In *Teatro puertorriqueño.* San Juan, Puerto Rico: Instituto de Cultura Puertorriqueña, 1961. Also published in Barcelona, 1961.

Circé o el amor. In Teatro puertorriquena. San Juan, Puerto Rico: Instituto de Cultura Puertoriqquena, 1963, pp. 123-275.

Cuando las flores de Pascua son flores de azahara (1939). In *Areyto.* San Juan, Puerto Rico: Biblioteca de Autores Puertorriquenos, 1948.

La hacienda de los cuatro vientos (1940) in Teatro Puertorriqueño. San Juan: Insitutto de Cultura Puertorriqueña, 1959, pp. 173-278.

La muerte (1950). San Juan, Puerto Rico: Biblioteca de Autores puertorriqueños, 1953.

La novela de la vida (1935).

La presa de los vencedores. In *Areyto.* San Juan, Puerto Rico: Biblioteca de Autores Puertorriquenos, 1948.

El puerto y la mar (1965).

La vida. Barcelona: Ediciones Rumbos, 1959; Madrid: Ediciones Areyto, 1958.

PUE 005

CARRERO, JAIME (1931-   ) was born in Mayaguez, Puerto Rico and studied art in Puerto Rico and in the United States. He has won awards for his poetry and short stories and novels.

Plays

A cuchillo de palo. In *Teatro.* San Juan, Puerto Rico: Instituto de Cultura Puertorriqueña, Programa de publicaciones y grabaciones, 1992.

El caballo de Ward. In *Flag inside.* Río Piedras, Puerto Rico: Ediciones Puerto, 1973.

Capitán F4C. In *Flag inside.* Río Piedras, Puerto Rico: Ediciones Puerto, 1973.

Flag inside. In *Conjunto*, no. 25 (July-Sept. 1975), pp.20-48. In *Flag inside.* Río Piedras, Puerto Rico: Ediciones Puerto, 1973.

El Granito.

Linea viva.

Pipo subway no sabe reir. In *Flag inside.* Río Piedras, Puerto Rico: Ediciones Puerto, 1973.

PUE 006

CASAS, MYRNA (1934-   ) was born in San Juan, Puerto Rico. She studied in at Vassar College, Boston University, and at Harvard. In 1955 she joined the faculty of the Drama Department at the Universidad de Puerto Rico. She also worked as an actress and as director for the Teatro Universitario de Puerto Rico. Her plays were influenced by the work of Eugene Ionesco, Jean-Paul Sartre, and Harold Pinter.

Plays

Absurdos en soledad (1963). San Juan, Puerto Rico, Editorial Cordillera, 1964.

Aladino y la lámpara maravillosa (1988).

Cristal roto en el tiempo (1960). In *Tres obras*. Madrid: Editorial Playor, 1987.

Cuarenta anos después (1975).

El cumpleanos de Pinocho (1988).

Este pais no existe (1993).

Eugenia Victoria Herrera. Hato Rey, Puerto Rico: Borikén Libros, 1987.

El impromptu de San Juan (1974). Rio Piedras, Puerto Rico: Editorial Universitaria, Universidad de Puerto Rico, 1974.

Jack y la mata de guisantes (1989).

No todas lo tienen (1994).

Pincho (1987).

El Quijote y su mundo.

La trampa (1964). Rio Piedras, Puerto Rico: Editorial Universitaria, Universidad de Puerto Rico, 1974. In *Tres obras*. Madrid: Editorial Playor, 1987.

Tres (1974). In *Tres obras*. Madrid: Editorial Playor, 1987.

Voces. San Juan, Puerto Rico: Editorial Plaza Mayor, 2001.

PUE 007

CUCHÍ COLL, ISABEL (1904-   ) was born in Arecibo, Puerto Rico and studied in New York and Madrid. She worked first as a journalist in the 1930's for *Puerto Rico Ilustrado*. She is better known as a literary critic and essayist rather than as a dramatist. She has received numerous awards for her journalism and writing and and served as president of the Sociedad de Autores Puertorriqueños.

Plays

Cofresí. San Juan, Puerto Rico: s.n., 1976. In *Un patriota y un pirata*. San Juan, Puerto Rico: s.n., 1973. In *Teatro escolar*. San Juan, Puerto Rico: s.n., 1990.

La familia de Justo Malgenio (1963). Madrid: s.n., 1964. In *Teatro escolar*. San Juan, Puerto Rico: s.n., 1990.

La muñeca. In *Teatro escolar*. San Juan, Puerto Rico: s.n., 1990.

La novia del estudiante (1965). Barcelona: Ediciones Rumbos, 1965. In *Teatro escolar*. San Juan, Puerto Rico: s.n., 1990. In English as *The student's sweetheart*. San Juan, Puerto Rico: s.n., 1973.

El patriota. In *Un patriota y un pirata*. San Juan, Puerto Rico: s.n., 1973; *Teatro escolar*. San Juan, Puerto Rico: s.n., 1990.

El seminarista (1967). In *Teatro escolar*. San Juan, Puerto Rico: s.n., 1990.

Sueño de Navidad. In *Teatro escolar*. San Juan, Puerto Rico: s.n., 1990.

PUE 008
FERNÁNDEZ DE LEWIS, PIRI (1925-   ) was born in San Juan, studied at the Universidad de Puerto Rico and received her PhD from Johns Hopkins University. She taught at the Universidad de Puerto Rico, the Colegio Universitario del Sagrado Corazón and directed the Teatro Experimental del Ateneo Puertorriqueño. She has also worked as actress.

Plays
De tanto caminar (1960). In *Teatro puertorriqueno 1961*. San Juan, Puerto Rico: Instituto de Cultura Puertorriqueño, 1962.
Un grito en el tiempo (1968).
Sueños y maracas (1946).
El tributo (1966).

PUE 009
MARICHAL, TERESA (1956-   ) was born in Ponce, Puerto Rico and studied set design at the Instituto de Teatro de Barcelona. She also worked with the Compañia Naional de Marinesta and wrote television scripts in addition to being an actress and playwright.

Plays
Amor de medianoche (1983).
Divertimiento liviano (1983).
Dranky (1984).
El exterminador (1980).
Las horas de los dioses nocturnos (1986).
María Chuzema.
Paseo al atardedcer (1984).
Pista de circo (1980).
Vlad (1985). In *Dramaturgas latinoamericanas contemporáneas*. Madrid: Editorial Verbum, 1991.

PUE 010
MARQUÉS, RENÉ (1919-1979) was born in Arecibo, Puerto Rico and studied agronomy at the Universidad de Mayaguez. He later went to study literature in Madrid and returned to Puerto Rico in 1947 to begin a literary career. He also studied theater at Columbia University. He has been recognized for his novels and short stories, as well as his theater. He received a number of awards including the Diploma de Honor from Instituto de Cultura Puertorriqueña. His work has been translated into English, Romanian, Czech, and Swedish. He was a founder of the Academia Puertorriqueña de la Lengua.

Plays
El apartamiento (1965). Barcelona: Rumbos, 1966. In *Teatro*. Río Piedras, Puerto Rico: Editorial Cultural, 1970-1971.

Carnaval afuera, carnaval adentro (1971). Rio Piedras, Puerto Rico: Editorial Antillana,, 1971.

La carreta (1952). Santiago: Casa Baldrich, 1952. San Juan, Puerto Rico,, 1951-52; Río Piedras, Puerto Rico: Editorial Cultural, 1963. In English as *The oxcart.* New York: Scribner, 1969.

La casa sin reloj (1962). Xalapa, Mexico: Universidad Veracruzana,, 1962. In *Teatro.* Río Piedras, Puerto Rico: Editorial Cultural, 1970-1971.

David y Jonatán (1970). Río Piedras, Puerto Rico,Editorial Antillana,, 1970.

El hombre y sus sueños (1948). In *Teatro.* Río Piedras, Puerto Rico: Editorial Cultural, 1970-1971.

Los inocentes y la huida de Egipto (1956).

Juan Bobo y la dama de occidente. Mexico City: Los Presentes, 1956.

La leyenda hebrea de Abrahán, Sara e Isaac (1971).

Mariana o el alba (1966). Barcelona: Ediciones Rumbos, 1966; Barcelona: Editorial Antillana, 1968.

La muerte no entrará en palacio (1957). In *Teatro.* Mexico City: Arrecife, 1959. In *Teatro.* Río Piedras, Puerto Rico: Editorial Cultural, 1970-1971.

Un niño azul para esa sombra. In *Teatro.* Mexico City: Arrecife, 1959; *Teatro.* Río Piedras, Puerto Rico: Editorial Cultural, 1970-1971.

Palm Sunday (1956).

Sacrificio en el Monte Moriah (1970). San Juan: Editorial Antillana,, 1969.

El sol y los Macdonald (1957). In *Teatro.* Río Piedras, Puerto Rico: Editorial Cultural, 1970-1971.

Los soles truncos (1958). Río Piedras, Puerto Rico: Editorial Cultural, 1983. In *Teatro.* Mexico City: Arrecife, 1959; *Teatro.* Río Piedras, Puerto Rico: Editorial Cultural, 1970-1971.

Tito y Berenice (1970). Río Piedras, Puerto Rico: Editorial Antillana, 1970.

Un niño azul para esa sombra (1958).

PUE 011
MÉNDEZ BALLESTER, MANUEL (1909-   ) was born in Aguadilla and studied at the Universidad de Puerto Rico. Throughout the 1940's and 1950's he produced a number of dramas, melodramas, and zarzuelas, most being performed at theater festivals in Puerto Rico. He served in the Puerto Rico House of Representatives and on the governing board of the Instituto de Literatura Puertoriqueña.

Plays

Arriba las mujeres. In *Teatro de Manuel Méndez Ballester.* San Juan, Puerto Rico: Instituto de Cultura Puertorriqueña, División de Publicaciones, 1991.

Bienvenido Don Goyito (1965). San Juan, Puerto Rico: s.n., 1974; San Juan, Puerto Rico: Cultural Puertorriqueña, 1988. In *Teatro de Manuel Méndez Ballester.* San Juan, Puerto Rico: Instituto de Cultura Puertorriqueña, División de Publicaciones, 1991.

El circo. In *Teatro de Manuel Méndez Ballester.* San Juan, Puerto Rico: Instituto de Cultura Puertorriqueña, División de Publicaciones, 1991.

El clamor de los surcos (1941). San Juan, Puerto Rico: Casa Baldrich, 1940. Mexico City: Editorial Orion, 1952; San Juan, Puerto Rico: Estado Libre Asociado de Puerto Rico; Departamento de Instrucción Pública, 1960?

Los cocorocos (1975). In *Teatro de Manuel Méndez Ballester.* San Juan, Puerto Rico: Instituto de Cultura Puertorriqueña, División de Publicaciones, 1991.

Encrucijada (1953). San Juan, Puerto Rico: s.n., 1958. In *Teatro de Manuel Méndez Ballester.* San Juan, Puerto Rico: Instituto de Cultura Puertorriqueña, División de Publicaciones, 1991.

Es de vidrio la mujer (1952).

Este desamparo (1949).

Un fantasma decentito (1950),

Fería. In *Teatro de Manuel Méndez Ballester.* San Juan, Puerto Rico: Instituto de Cultura Puertorriqueña, División de Publicaciones, 1991.

Hilarión (1943).

La invasión. In *Teatro de Manuel Méndez Ballester.* San Juan, Puerto Rico: Instituto de Cultura Puertorriqueña, División de Publicaciones, 1991.

Jugando al divorcio (1970).

El milagro (1960). In *Teatro de Manuel Méndez Ballester.* San Juan, Puerto Rico: Instituto de Cultura Puertorriqueña, División de Publicaciones, 1991.

El misterio del Castillo (1956).

Nuestros días (1944).

La pollila. In *Teatro de Manuel Méndez Ballester.* San Juan, Puerto Rico: Instituto de Cultura Puertorriqueña, División de Publicaciones, 1991.

Tambores en el Caribe. In *Teatro de Manuel Méndez Ballester.* San Juan, Puerto Rico: Instituto de Cultura Puertorriqueña, División de Publicaciones, 1991.

Tiempo muerto (1940). San Juan, Puerto Rico: Casa Baldrich, 1940; Santurce, Puerto Rico: Imprenta Soltero, 1958. Barcelona: Ediciones Rumbos, 1967. Barcelona: M. Pareja. 1970; San Juan, Puerto Rico: Cultural Puertorriqueña, 1988. In *Teatro de Manuel Méndez Ballester.* San Juan, Puerto Rico: Instituto de Cultura Puertorriqueña, División de Publicaciones, 1991.

PUE 012

PAGÁN, JUAN BAUTISTA (1907-1964) was born in Aguadilla, Puerto Rico and worked as a journalist both in Puerto Rico and in New York City. He is better known as a poet and essayist than a dramatist. He also wrote a book on the history of the origins of theater in Puerto Rico.

Plays

Angel. In *Teatro.* San Juan, Puerto Rico: Editorial Club de la Prensa, 1957.

El círculo de tiza. In *Teatro.* San Juan, Puerto Rico: Editorial Club de la Prensa, 1957.

El gallo de Eusculapio. In *Teatro.* San Juan, Puerto Rico: Editorial Club de la Prensa, 1957.

La libertadora. In *Teatro.* San Juan, Puerto Rico: Editorial Club de la Prensa, 1957.

El rey destronado. In *Teatro.* San Juan, Puerto Rico: Editorial Club de la Prensa, 1957.

PUE 013
RAMOS PEREA, ROBERTO (1959-   ) was born in Mayaguez, Puerto Rico and worked at as an actor, set designer, journalist and theater critic as well as dramatist. He studied drama and acting at the Instituto Nacional de Bellas Artes in Mexico City. He is currently Executive Director of the the Ateneo Puertorriqueño, Puerto Rico's oldest cultural institution and writes for the newspapers *El Reportero*, *El Vocero* and *El Mundo*. His works have been awarded prizes both in New York and in Puerto Rico. In 1992 he was awarded the prestigious Premio Tirso de Molina in Spain.

Plays
A puro bolero (1989).
Las amantes pasan el año nuevo solas (1990).
Besos de fuego (1996).
Callando amores (1994).
Camándula (1985).
Censurado (1987).
Crimen y castigo (1984).
Cueva de Ladrones – Revolución en el Paraíso (1984).
Ese putnto de vista (1981).
Golpe de rejas (1987).
Llanto de Luna (1989).
Los 200 No (1983).
Malasangre-la nueva emigración (1987). San Juan, Puerto Rico: Editorial Cultural, 1990.
Más allá de ti (1997).
Melodía salvaja (1991).
Miénteme más (1991).
Mistiblú (1991).
Módulo 104- Revolución en el Purgatorio (1983).
Morir de noche (1992).
La mueca de Pandora (1981).
El narcisista (1995).
Obsesión (1988).
Revolución en el infierno (1982).
El sueño vicioso (1979).

Tragedia bruja (1996).
Tuya siempre Julia (1992).
Vida de un poeta romántico (1996).
Yalta (1989).

PUE 014

RECHANI AGRAIT, LUIS (1902-   ) was born in Aguas Buenas, Puerto Rico. He studied journalism in Puerto Rico and the natural sciences at Harvard. He worked briefly as a journalist for *El Mundo*. He also wrote children's poetry and short stories. He also wrote a number of journalistic pieces in support of statehood for Puerto Rico.

Plays

¿Cómo se llama esta flor? (1965). In *Teatro de Luis Rechani Agrait.* San Juan, Puerto Rico: Instituto de Cultura Puertorriqueña, 1989.

Contra la vida (1926)

El extraño caso del señor Oblomós.

Llora en el atardecer la fuente (1971). In *Teatro de Luis Rechani Agrait.* San Juan, Puerto Rico: Instituto de Cultura Puertorriqueña, 1989.

Mi señoría. In *Teatro de Luis Rechani Agrait.* San Juan, Puerto Rico: Instituto de Cultura Puertorriqueña, 1989.

¡Oh dorada ilusión de alas abiertas! (1978).

Todos los ruiseñores cantan (1964). In *Teatro de Luis Rechani Agrait.* San Juan, Puerto Rico: Instituto de Cultura Puertorriqueña, 1989.

Tres piraguas en un día de calor (1970). In *Teatro de Luis Rechani Agrait.* San Juan, Puerto Rico: Instituto de Cultura Puertorriqueña, 1989.

Tu mujer no te engaña (1934).

PUE 015

SÁNCHEZ, LUIS RAFAEL (1936-   ) was born in Humacao, Puerto Rico and was active in the Teatro Ateneo. After graduation from the Universidad de Puerto Rico he studied at New York University and Columbia University. He received a doctorate from the Universidad Compultense in Madrid. He later returned to teach at the Universidad de Puerto Rico. In addition to theater he has written poetry, essays, short stories and a novel. In 1997 the Puerto Rican Foundation of the Humanities named him "Humanist of the Year."

Plays

Los angeles se han fatigado (1960). Barcelona: Ediciones Lugar, 1960; Río Piedras, Puerto Rico: Antillana, 1976. In *Sol 13, interior: teatro de Luis Rafael Sánchez.* Río Piedras, Puerto Rico: Editorial Cultural, 1987.

Farsa del amor compradito (1960). Barcelona: Ediciones Lugar, 1960; Río Piedras, Puerto Rico: Antillana, 1976. In *Sol 13, interior: teatro de Luis Rafael Sánchez.* Río Piedras, Puerto Rico: Editorial Cultural, 1987.

La hiel nuestra de cada día (1960). Río Piedras, Puerto Rico: Antillana, 1976. In *Sol 13, interior: teatro de Luis Rafael Sánchez*. Río Piedras, Puerto Rico: Editorial Cultural, 1987.

O casi el alma (1965).

La pasión según Antígona Pérez. Río Piedras, Puerto Rico: Editorial Cultural, 1968.

PUE 016

SOTO, PEDRO JUAN (1928-   ) was born in Cataña and studied medicine at Long Island University. He later studied English literature at Columbia University and wrote for a number New York periodicals. He returned to Puerto Rico in 1954. He has written short stories and novels as well as plays.

Plays

El huésped (1956). Río Piedras, Puerto Rico: Ediciones Puerto, 1973.

La máscara y otros disfraces (1958).

URUGUAY

URU 001
ACOSTA, WALTER (1942-   ) was born in Montevideo and became involved in theater at a young age, first as an actor, later as a director. He was associated with the Teatro del Pueblo and Teatro El Tinglado. He specialized in pantomime which he studied in Paris. He also wrote for television.

Plays
Clochardo (1979).
Mimo explícito.
Sembrador de tempestades.
Tito y Otit (1984).

URU 002
AHUNCHAIN, ÁLVARO (1962-   ) was born in Montevideo and graduated from the Instituto de Profesores Artigas. He has been a professor of communication studies at the Universidad Católica since 1997. He received grants to study in the U.S., Japan, France, and Spain. In addition to plays, he has written narrative and poetry, as well as for television and videos.

Plays
All that tango (1988).
Como vestir a un adolescente (1981). Montevideo: Arca, 1993.
Dominus (1984).
¿Dónde estaba Ud. el 27 de junio?
El espíritu de la Navidad (1984).
La felicidad está en las cosas simples (1984).
Hijo del rigor (1988).
El hueco de la gran carcajada (1984).
El infalible beso de la muere (1998).

Mala onda (1991).

Miss Mártir (1989). In *Teatro uruguayo de hoy (1987-1994)*. Montevideo: Editorial Proyección, 1994.

Navidad tercermundista (1995).

Nuestro amante (1984).

Perros de la calle (2000).

Se deshace más fácil el país de un hombre que el de un pájaro.

¿Se encuentra un tal Dios en la platea? (1981).

El séptimo domingo (1981).

El sol bañadolo todo.

Tengo la debilidad de amar la vida (1993).

URU 003

AMORIM, ENRIQUE (1900-1960) was born in Salto, Uruguay and lived in Buenos Aires and Spain, where he was friends with Jorge Luis Borges, Federico García Lorca and others. After returning from Spain in the 1930's he lived in Argentina for the remainder of his life. He also worked in the cinema. He remained a staunch communist until his death. He is best known for his short stories and poetry.

Plays

Don Juan 38. Montevideo, Ed. del autor, 1959.

Pausa en la selva. Buenos Aires: Editorial Conducta, 1950.

La segunda sangre. Buenos Aires: Editorial Conducta, 1950.

Y voy más lejos (1952). Buenos Aires: Editorial Conducta, 1950.

URU 004

ARMAS, DINO (1941-   ) was born in Montevideo and directed and wrote a number of plays. He began writing for children while working as a college professor. His work includes musical comedy and a television miniseries. He has been a finalist in Spain's Tirso de Molina competition and has won the Premio Municipal of Montevideo and other prizes at the national level.

Plays

Alias el Manco (1985).

Alicia en el otro país (1987).

Apenas ayer (1995).

Atrás del Mercosur (1997).

La canción del solerto (1984).

Candombé al sur (1966).

¿Conoce Ud. al Dr. Freud? (1977).

Cosmópolis (Memorias de mi ciudad) (1999).

De las pequeñas cosas (1983).

Día libre (1999).

Dios salve a la señora (1997).

En la vía (2000).

En otro y último verano (1965).

Extraños por la calle (1991).

Feliz día, Papá (1989). In *Teatro uruguayo de hoy; antología.* Montevideo: Editorial Proyección, 1994.

Locos por el tango (1995).

La lujuria según Ramiro (1996).

Manos a la obra (1996).

Más gente como nosotros (1995).

Mujeres solas a la hora del te (1994).

El mundo es flaco y ajeno (1995).

Nuestro virus (1995).

Pagar el pato (Tango para dos) (2000).

Los papeleros (1972).

Pensión graciable (1995).

La reina de febrero (1995).

Rumor de mar (2000).

No salgas esta noche (1994).

Pentágono (1988).

Petunias salvajes (1994).

El regreso del viejo.

Se ruega no enviar coronas (1993).

Los soles amargos (1982).

Sorteo de ilusiones (1993).

Susana's tango (1979).

Sur, desempleo y después (1984).

Sus ojos se cerraron (1992).

Todos los juegos, el juego (1983).

Trampas para divoriciadas (1991).

Veraneantes (1999).

Yo soy Montevideo (1998).

URU 005

AYALA GRAÑA, JUAN JOSÉ (1948-   ) was born in Montevideo and graduated from the Escuela Dramática of the Teatro Circular. He has worked as an actor, producer, director, and radio commentator in addition to writing plays. He won the Premio Florencio in 1995.

Plays

Acto privado o acción privado (1983).

El asesino no anda solo (1976).

Como quien no quiere la cosa (1979).

La compradora de angustia (1972).

¿Con qué derecho? (1983).

El coscorrón pintado (1975).

De tiempo en tiempo (1972).

La familia (1971).

La farsa del palito (1980).

La goma (1972).

Lo veremos triste y amargado (1979).
La muerte del perro (1995).
El otro péndulo (1971).
Pero no del todo (1978).
La piel de Judas (1976).
¡Qué problema! (1987).
El truco trucado (1977).
Vivir para atrás (1979).

URU 006
AZCOYTÍA, LUIS CARLOS (1930-   ) was born in Montevideo and is known as an actor and playwright. He also founded the Teatro Cómico de Montevideo.

Plays
Alfredo, mi querido Alfredo (1998.).
Aunque la mona se vista de seda, la mona...se queda (1965).
La casa de te de Madame Lulú (1998).
Y el carné pa'la Credicial (1961).

URU 007
BACO, JUDITH (1941-   ) is known as a poet, journalist, children's writer, and dramatist. She has won awards in Mexico, the United States, Cuba, and in Uruguay for her work. She is a member of the Academia Uruguaya de Letras.

Plays
Las algas.
El día que murió Richard Burton.
Elisa amor mía.
Un ladrón bueno, un cocodrilo y un violoncello.
La mesa
La otro cara del ángel (1994).
Las señoritas de Avignon.

URU 008
BARALE, WASHINGTON H. (1923-1977) was born in Montevideo and studied at the Escuela de Arte Dramático del Sodre. He worked as a television writer in addition to writing theater.

Plays
Una cadena de papel violeta (1966).
El gas nuestro de cada día (1967).
El presidente y limones para ti (1965).
La república de la calle (1973).

URU 009
BARBERO, RAÚL E. (1917-   ) was born in Montevideo and began his career in radio as an actor, singer, and librettist. He also worked as a

journalist for the Montevideo newspaper *El País* as well as a radio broadcaster and sports historian.

Plays

Así lo quiso la vida (1954).
Gente en obra (1967).

URU 010

BARONE, LUPE (1953-   ) was born in Montevideo and has written a number of plays which have not yet been performed.

Plays

El arco y la flecha (2000).
En voz alta (1998).
Un polvo de verdad (2000).
Por debajo de los muros (1999).
El umbral (2000).

URU 011

BARREIRO, JULIO (1922-   ) was born in Montevideo and trained as an attorney. In addition to theater, he has also written short stories for both children and adults. More recently he has worked as a judge and expert on social issues, abandoning his theater career.

Plays

Confusión (1958).

URU 012

BASSO MAGLIO, VICENTE (1889-1961) was born in Montevideo and is known primarily as a poet, journalist, and essayist. He was cofounder and director of Radio El Espectador.

Plays

El azahar y la rosa (1962).
Canto llano (1962).
Una noche despierto (1939).

URU 013

BEDNARIK, SEBASTIÁN (1975-   ) was born in Montevideo and is known as a director and dramatist. He has twice won the Premio del Encuentro de Teatro Joven. He has also written for the cinema.

Plays

Amenaza la muerte (1993).
Monos lOgos (1995).
¿Qué pasó con B.N.? (1999).

URU 014

BENEDETTI, MARIO (1920-   ) was born in Paso de los Toros, Tacuarembo and attended the Colegio Alemán and the Center for Literary Research of the Casa de las Americas, Havana, Cuba. He is considered one of Uruguay's foremost literary figures for his narrative, poetry, and drama. Some of his works have been adapted to the screen. He was exiled from Uruguay during the military regime of 1975-1985.

Plays

Ida y vuelta (1958). Buenos Aires: Talía, 1963. In *Dos comedias*. Madrid: Editorial Alfa, 1968

El reportaje (1958). Montevideo: Editorial Marcha, 1958. In *Dos comedias*. Madrid: Editorial Alfa, 1968.

Pedro y el capitán (1979*).*Mexico City: Nueva Imagen, 1979; Madrid: Alianza Editorial, 1986. In *Modern International Drama, vol.* 19, no. 1 (1985).

Primavera con una esquina rota. In *Conjunto* no. 67 (January-March 1986), pp. 54-103.

La tregua [with Rubén Yáñez] (1996).

Ustedes por ejemplo. In *Número*, nos. 23/25 (April-September 1953).

URU 015

BENZO, RAÚL (1967-   ) was born in Montevideo and received a degree in art history and literature from the Universidad de la República del Uruguay. He also studied journalism, cinema and art. Most recently, he has been involved in writing for cinema and video.

Plays

Al final ¿qué somos? ¿gallos o caqpones? (1997).

Pájaros de ceniza (1991).

URU 016

BERAMENDI, FERNANDO (1954-2000) was born in Caramelo, Uruguay and was well known as a poet as well as director and playwright. He graduated from the Escuela Municipal de Arte Dramática "Margarita Xirgú" in 1990. He also studied screenwriting and journalism in in Cuba, Germany and Chile and worked as a professor of communication at the Universidad de la República prior to his untimely death.

Plays

Acuérdate, amor mío (Crónica de un encuentro) (1996).

Ainadamar (1986).

URU 017

BERTHIER, RUBÉN (1954-   ) was born in Montevideo and studied at the Escuela Municipal de Arte Dramática from 1974 until its closing under the military dictatorship. He also received a degree in medicine from the Universidad de la República.

Plays

Charlas de amor con Zully (1990).

¿Cuál es la tuya, momia? (1988).

Cuando el olvido no alcanza (1984).

Una luz chiquita (1985).

Oscura, reémula carne de diván (1999).
Paysandú, la canción de los orientales (1991).

URU 018
BLANCO, JORGE DANIEL (1940-   ) was born in Montevideo and studied at the Escuela Municipal de Arte Dramático. He is best known for his work in film, which has won several awards in Europe.

Plays
Aliento (1993).
La araña y la mosca (1962).
Duo (1968).

URU 019
BLANCO, SERGIO (1971-   ) was born in Montevideo, studied linguistics at the Universidad de la República, and graduated from the Escuela Municipal de Arte Dramático. He also studied in France and in New York and has lived in France since 1998. He won the Premio Florencio in 1991.

Plays
El puente (2000).
La vigilia de los aceros o La discordia de los Labdácidas (1999).

URU 020
BOLÓN, HUGO (1926-   ) was born in Montevideo and is an important member of the literary group La Isla. He was one of the founders of the Teatro El Galpón in 1949. His plays are often a mixture of experimentalism and costumbrismo.

Plays
Acuario (1967).
Una isla chiquita y lejana llamada Australia (1966).
Ramón's bar (1964).
Montevideo desde el satélite (1965).
El puerto (1966).
Water 2000. Montevideo: Círculo Editorial, 1966.

URU 021
BRUNO, JORGE (1927-1960) was born in Montevideo and studied at the Escuela Nacional de Arte Dramático. He won the Concurso de Autores Nacionales in 1956. He is considered the precursor of the theater of the absurd in Uruguay. He disappeared under the military dictatorship and was killed.

Plays
Claudina, Guillermo y Marcos (1953).
El cuarto de Anatol. Montevideo: Ediciones El Tinglado, 1956.
El desencuentro (1953).
Lázaro (1958).

La señora Olga se libera (1957).

URU 022

BUREL, HUGO (1951-   ) was born in Montevideo and received a degree in literature from the Instituto de Filosofía, Ciencias, y Letras de Montevideo. He later studied law and graphic design and worked as a journalist for a number of magazines. In more recent years he has written novels and short stories. He did adapt one of his novels into a play.

Plays

Elogio de la nieve (1999).

URU 023

CAPODÓNICO, CÉSAR (1929-   ) was born in Montevideo and is known as a director, actor and dramatist. He studied theater in Paris and Rome before returning to Uruguay where he helped found the Teatro El Galpón. The Teatro El Galpón produced most of his work, which used folkloric and local elements to deal with larger human problems. His work has been compared to that Brecht. He lived in exile in Mexico, El Salvador, and Colombia during the years of the military dictatorship.

Plays

Un cielo de diamantes (1997).
Clara Carla (1972).

URU 024

CASTILLO, ANDRÉS (1920-   ) was born in Montevideo where he studied law before becoming involved with theater as a translator, adaptor, critic, screenwriter, and dramatist. He cofounded the Teatro Universitario in 1942 and served as its director for a number of years. He also acted in a number of experimental theaters in Uruguay. He won the Premio Casa de Teatro for his work, which often shows a rich cross section of Uruguayan life.

Plays

Atardecer (Sosita) o *Atardecer (La plasita)* (1994).
La bahía (1960). In *Teatro uruguayo contemporáneo*. Madrid: Fondo de Cultura Económica, 1992.
La cantera (1957)
¡Caracol, col, col...! (1959).
Carnaval de los lubolos [with Raúl Mené] (1965).
Cinco goles (1963).
El circo de Chin Pam Pum (1957).
Cosas de negros (1969).
Del candombe al tango (1969).
Días apacibles en la playa [with Juan Carlos Legido] (1985).
Excursión (1998).
Festival de candombe (1968).

Historia del negro en Montivideo (1975). In *Teatro negro uruguayo*. Montevideo: Editorial Graffiti, 1996.

La jaula (1961).

Llegada (1950).

Lo que pasa en la calle (1996).

Macumba (1968).

Marieta, Caramba (1993).

Medianoche (1988)

Metastasio (Circus) (1987). Montevideo: Ministerio de Educación y Cultura, Instituto Nacional del Libro, 1991.

La mujer que no podía dormir la siesta (1999).

El negrito del pastoreo (1964).

No somos nada (1966). In *Cincuenta años de teatro uruguayo*. Montevideo: Ministerio de Educación y Cultura, 1988.

La noche (1959).

Parrillada (1958).

Reir en uruguayo (1987).

La reja (1972).

Salvador (1968).

Somos o no somos (1985).

URU 025

CORRADI, PEDRO (1942-1994) was born in Montevideo and graduated from the Escuela Municpal de Arte Dramático. He also served as the Director of the Sociedad Uruguaya de Actores.

Plays

La pasión de Oscar Wilde (1993).

Retrato de señora con espejo (1979).

URU 026

COSTA, ATILIO J. (ATILIO JOSÉ) (1932-1991) was born in Carmelo, Uruguay and studied at the Escuela Municipal de Arte Dramático. He worked as a director, adaptor, and dramatist. Most of his work was written for children. He was an active member of the the theater group La Máscara which was prohibited from performing during the military dictatorship.

Plays

El baterista de los ojos de platino (1990).

Lo de siempre.

El teléfono enterrado.

Una vaca llamada Yolanda (1960).

La visita (1955).

URU 027

CULTELLI, MARINA (1958-   ) was born in Montevideo and studied acting at the Escuela Nacional de Arte in Havana. Upon returning to

Uruguay she has been active in both theater and cinema. She also taught in Cuba from 1980 to 1986. She has primarily written theater for children.

Plays

La clonación (1998).
Cuentamitos (1992).
Hasta que el arte muera (1992).
Historias del universo (1999).
El principito (1999).

URU 028

CURI, JORGE (1931-) was born in Montevideo and studied architecture and taught mathematics in addition to being a director, actor and dramatist. He has received a number of prizes, including the Premio Florencia and the Premio de la Comedia Nacional. In more recent years he has concentrated on directing plays.

Plays

Entre gallos y mediasnoches [with Mercedes Rein] (1987).
El herrero y la muerte (1981).

URU 029

DAMÍAN, LUIS (1954-) was born in Montevideo and graduated from the Instituto de Profesores Artigas. He also studied theater with groups such as "El Galpón." He has also written several volumes of poetry. During the military regime he went to live in Brazil.

Plays

Alerta (1985).
Donde nos lleve el viento (1999).
La herencia de piedra (2000).
La nave de los locos o Alegoría del Apicurnio (1988).
Sobre los muros, Liber Falco (1984).

URU 030

DE CAMILLI, ELZEAR (1915-1957) was born in Montevideo and was known for his social and political drama and comedy.

Plays

Agua estancada (1954).
El sueño anclado (1954).

URU 031

DE LA PEÑA, ALFREDO (1927-1985) was born in Montevideo he began his career in theater with the Teatro Universitario first as an actor and later as a director. He distinguished himself for humorous monologues. He was a cofounder of the Nuevo Teatro Circular and was very active in television, film, and journalism. During the military regime he and other vanguard authors were censored.

Plays
Al gran bonete (1971).
El amórlogo (1977).
De nada, nada (1963).
Engaña Pichanga (1983).
Formas de amor (1977).
Gente en obra [with Daniel Díaz Mondino] (1968).
Humornada (1977).
El monostáculo (1976).
El novio de la nena (1983).
El quiosco volador (1970).
La relación (1978).

URU 032
DENEVI, JORGE (1944-) was born in Montevideo and is known as a director, producor, actor and playwright. He became involved with the Teatro Universitario in 1959 and later went on to study at the Club de Teatro, where he eventually became a director. He also worked in television and wrote theater for children. He received the Premio Florencio in 1993 and 1994.
Plays
CTV el cable [with Andrés and Gerardo Tulipano] (1997).
Esta noche, Oscar Wilde (El rey de la vida) (1997).
Humor al mango [with Fernando Schimidt and Andrés Tulipano] (1993).
Humor en banda (1989).
La locura uruguaya [with Andrés Tulipano].
Manual de supervencia de la mujer casada (1996).
Montevideo Palace Club (1996).
La muerte de Tarzán (1977).
Se T.V. bien buena (1992).
Se T.V. el cable (1997).
Sexo, coca y corrupción [with Andrés Tulipano] (1997).
El sur también es chiste {with Andrés Tulipano] (1991).
Todo lo que Vd. quería saber acerca del sexo y se animó a preguntar [with Andrés Tulipano] (1998).
La última noche de Sebastián Melmoth (1978).

URU 033
DENIS MOLINA, CARLOS (1918-1983) was born in San José. He distinguished himself in poetry and the novel., however theater was his most successful genre. Most of his plays were done by the Comedia Nacional where he was the Artistic Director for several years.
Plays
La boa (1973).
Soñar con Ceci tra cola (1983).

URU 034

    DEUGENIO, RUBÉN (1925   ) was born in in Montevideo and is known as a radio and television writer, journalist, and dramatist. He was censored by the military dictatorship and went to live in Switzerland until 1984.

Plays

    El ascenso (1959).

    Diez y seis años y una noche (1961).

    Quiniela (1960). Montevideo: Editorial El Siglo Ilustrado, 1962.

URU 035

    DÍAZ MONDINO, DANIEL (1928-   ) was born in Buenos Aires and came to live in Uruguay in the 1950's. He has worked as a journalist, radio and televsion writer, and dramatist.

Plays

    Gente en obra [with Alfredo de la Peña] (1968).

    Historia de una lágrima (1961).

    Historia de un par de medias negras (1961).

URU 036

    DOGLIOTTI, ALICIA (1959-   ) was born in Canelones and graduated from the Escuela Municpal de Arte Dramático in 1987. She went to live in Chicago where she studied Latin American literature. Upon returning to Uruguay in 1997 she became inolved with theater both as a director and set designer and more recently as a dramatist. She was a finalist for the University of Miami's Letras de Oro Prize in 1998.

Plays

    Con marea alta (1995).

    Ocho Elenas para Esteban (1998).

URU 037

    ECHEVERRIA, ANDRÉS (1964-   ) was born in Melo and is the author and director of several plays in the 1990's. His works have been presented in theater festivals in Uruguay and Spain.

Plays

    La historia en dos cuerpos (1992).

    Homenaje al espejo (1993).

    El re dio la nota (1998).

    Sonorama (1994).

    ZZZZZZ (1995).

URU 038

    ELIAS, JORGE (1959-   ) was born in Montevideo and is known as a director, actor, and dramatist. He won the Premio Florencio among other prizes. He now lives in Switzerland.

Plays
¡Locahisto!.. como en las películas (1990).
Remake, la vuelta de Locahisto (1994).

URU 039

FABREGAT CUNEO, ROBERTO (1906-1970) was born in Montevideo and was a professor of social psychology, journalist, essayist, historian and dramatist. He was best known for his novels and short stories.

Plays
Como por arte de magia (1950).
La dama del retato (1950).
Luces y cine (1952).
El pinar de las tierras altas (1953).
La torre de Heredom (1960).
La verdad llega de noche (1952).
Wavell (1936).

URU 040

FLORES, NELSON (1939-   ) was born in Montevideo and is known as a director, actor, set designer, and dramatist. He was active as an actor and director in a number of Montevideo theater groups before retiring in 1995. Upon retirement, he began to write drama. He won the Premio Concurso Municipal in 1995.

Plays
La bella y el amor (1998).
La Dorothy y el mondeja (1998).
Ella (1999).
Espejos (1998).
Menú del día (1997).
Monólogos (1995).
Los músicos (1997).
Nuevos monólogos (1999).
Pacto de amor (1998).
Pepit (1997).

URU 041

FONT, ARMENGOL PEDRO (1903-1993) was born in Montevideo and was the executive of a large industrial company. He also wrote a number of comedies that were commercially successful.

Plays
Un amigo para Lolita (1960).
Un cabello de mujer (1961).
Los cubitos de hielo (1961).
Un enemigo de las mujeres (1961).
El hambre y la sed (1960).
Las horas extras (1961).

El inquilino imaginario (1955).
Mi querida Mariana (1961).
Mucana para hombres solos (1961).
El sótano (1961).
La torre de los sueños (1948).
Tres lunas de miel en avion (1947).
El vecindario (1961).
La visita (1961).
Yo soy Lulú (1961).

URU 042

FONTANA, RICARDO (1947-1999) was born in Montevideo and was known as a director and author of children's theater. In addition to plays, he also wrote short stories, poems, and librettos.

Plays

Cantegrillo (1992).
La ceremonia.
Dulce agaonía.
El jardín de la risa (1993).
La mucama sorda.

URU 043

FRECCERO, MARIANELA (1956-   ) was born in Montevideo and has written a number of works for children, musicals, and humorous texts.

Plays

Brujos (La revancha) (1996).
Cada Pepe con su tema o ¡Qué verde era mi Pepe! (1994).
Salvavidas (1996).
¿Tango veraz? (1996).

URU 044

GELSI CARNEVALE, ADOLFO (1942-   ) was born in Livorno, Italy and became a naturalized Uruguayan citizen. He was educated at Oxford and studied law in Uruguay. He wrote extensive narrative in addition to his plays. Some of his plays have been translated into English or were written in English. He lived abroad for many years and returned to Uruguay in 1990.

Plays

Al pie del pitíbulo (1967).
La angurria (1992) [in English as *Helen's tapes*].
Las arañas (2000).
El amante o Te amaré siempre (1966).
Bailando en la caca ... ¡gaac! (1990).
El enano verde (1966).
Pececitos de colores (2000) [in English as *Goldfish*].
Pequeños miserables (1999) [in English as *Twirps*].

URU 045
GENTA, ADRIANA (1952-   ) was born in Montevideo and went to live in Argentina during the military dictatorship in Uruguay. She studed at the Escuela Nacional de Arte Dramático de Buenos Aires and in workshops with Argentine playwrights Ricardo Monti and Mauricio Kartún. She has acted in television as well as on the stage. She has also written essays and adaptations both in Latin America and in Europe.

Plays
Estrella negra (1995).
La pecadora, habanera para piano (1998). Madrid: Asociación de Directores de Escena, 1997.
Violeta (1998).

URU 046
GRASSO, RICARDO (1949-   ) was born in Montevideo and studied law. He served as an editor of the magazine *Opus* where he published a number of short stories and poems before beginning to write theater.

Plays
Ensayo general (1999).
Imaginemos (1998).
Las que esperan (1999).
Llovía en París en 1951.
López (1998).
Una mujer obediente (1999).
Nicomedes o el olvido (1985).
Obra sin nombre (1998).
La quinta pared (1998).
Un regalo de cumpleaños (1999).
El regreso del Padre Ubú (1996).
R.S.V.P. (1999).
Se olvida Ud. de la mordaza (1996).
La última vez que pasó el tren (1994).

URU 047
GUARNERO, ENRIQUE (1917-1981) was born in Montevideo and was primarily known as an actor. He was a founder of and the first actor in the Comedia Nacional. He lived and worked in Buenos Aires, Paris, and Madrid. He also appeared in two films. In spite of writing only a few plays, his work is highly regarded.

Plays
Club de divorciados (1962).
Entre tango y mate, dòlar (1980).
La espiral (1971).
Fidelio (1959).
El gordo de fin de año (1965).

URU 048
JIMÉNEZ, WILFREDO (1915-   ) was born in Montevideo but moved to Buenos Aires while very young. He was a member of a family of distinguished journalists and also worked as a translator, adaptor, and writer for film and television.

Plays
La pasión de Florencio Sánchez. Buenos Aires: Editorial Losange, 1955.

URU 049
LANGSNER, JACOBO (1927-   ) was born in Romania but came to Uruguay in 1930. He was an important figure in theater in both Buenos Aires and Uruguay in the 1950's. He lived in Buenos Aires in 1967 and went to live in Spain in the 1970's. He currently resides in Argentina. He received the Premio Argentores a number of times and is known as one of the better technical writers of drama in the region.

Plays
Un agujero en la pared (1974).
Area de penal (1981).
Los artistas (1953). Montevideo: Talleres Gráficos Impresora Uruguaya, 1956.
Barbacoa (1986).
Caracol 61 (1961).
Chimichurri (1989).
Una corona para Benito (1973).
Creer para ver (1973).
Los elegidos (1957).
Esperando la carroza (1962). Buenos Aires: Argentores, 1988.
La gotera del comedor (1973).
La gotita (1973).
El hombre incompleto (1951)
Un inocente adulterio (1964).
El juego de Ifigenia (1951).
Locos de contentos (1993). Buenos Aires: Ediciones Teatro Vivo, 2000.
La máquina rota (1996).
Una margarita llamada Mercedes (1974). Havana: Casa de las Américas, 1985.
Medio mundo (1966).
Mis amores con Douglas Fairbanks (1986).
Ocho espías al champagne [with Sergio Otermin] (1964).
Otros paraísos (1996).
Paca Montevideana; infiel y conquistadora [with Sergion Otermin].
Pater Noster (1979).
La planta (1981).
La rebelión de Galatea (1952). Montevideo: Editorial Fábula, 1951.
Los ridículos (1951). Montevideo: Número, 1951.

El terremoto. (1973).
El tobogán (1971). Buenos Aires: Talía, 1970.
Visitas inesperadas (1999).

URU 050
 LARRETA, ANTONIO (1922-   ) was born in Montevideo. He worked as
 an actor, adaptor, theater critic, and director of both theater and cinema.
 In 1949 he founded the Club de Teatro which brought together many
 exiled Spanish intellectuals living in Uruguay. During the military
 dictatorship, he went to live in Spain where he worked almost
 exclusively in television and film. He won the Premio Planeta in 1980
 and the Premio Casa de las Américas in 1972.
Plays
 Un enredo y un marqués (1963).
 Una familia feliz (1948).
 Juan Palmieri (1972). Havana: Casa de las Américas, 1972.
 Las maravillosas (1998). Montevideo: Ediciones Trilce, 1998.
 Oficio de tinieblas (1954).
 La sonrisa (1950).

URU 051
 LEGIDO, JUAN CARLOS (1923-   ) was born in Montevideo. He has
 taught literature and history and has written poetry, essays, and narrative
 in addition to drama. He was a regular columnist for several newspapers
 and magazines as well as a radio commentator. From 1976 to 1980 he
 went to live in Spain during the dictatorship period in Uruguay. He also
 wrote a history of Uruguayan theater from 1880 to 1969. He won the
 Premio Casa del Teatro de Uruguay.
Plays
 Ajuste de cuentas (1997).
 Los cuatro perros (1964).
 Días apacibles en la playa [with Andrés Castillo] (1985).
 Dos en el tejado (1957).
 Historia de judíos (1969). Montevideo: Editorial Alfa, 1969.
 La lámpara (1953).
 Nostalgeses II (Discepolín) (1987).
 La piel de los otros (1958).
 Tangodrama 90-90 (1991).
 El tranvía (1965).
 Veraneo (1961).

URU 052
 LEITES, VÍCTOR M. (VÍCTOR MANUEL) (1933-   ) was born in
 Paysandú and worked as a journalist for newspapers and television
 before writing drama. He served as artistic director of the Comedia

Nacional and his work has been performed throughout Latin America as well as in the United States. He twice won the Premio Florencio.

Plays

La buena familia (1974).

El chalé de Gardel (1985). Montevideo: Instituto Nacional del Libro, 1991.

El copamiento (1996).

Costumbres. In *Conjunto*, no. 49 (July-September 1991).

Crónicas de bien nacido (1972).

Doña Ramona (1982). In *Teatro uruguayo.* Montevideo: ACTU/SGNOS, 1989.

Informe para distraídos (1968).

El loco Julio (1998).

Pasado amor (2000).

Quiroga (1979).

Tango-Mito (1988).

Varela, el reformador (1990).

Yo tengo una idisce mame, ¿y Ud.? (1974).

URU 053

LISCANO, CARLOS (1949-   ) was born in Montevideo and wrote narrative, poetry, and worked as a director and dramatist. During the military regime he was exiled in Sweden. He has won a number of prizes for his poetry and narrative. Several of his works have been published in Swedish, French and Catalan.

Plays

Cambio d'estilo (1999).

Mi familia. In *Cinq pièces d'Amerique Latine.* Paris: Ed. Théâtrales Maison Antoine Vitez, 1999.

El informante (1998).

Retrato de pareja (Porträtt av ett par) [bilingual Swedish/Spanish] (1995).

La subvención (2000).

¡Vengan a vernos por favooor! (2000).

La vida al margen (Pa gränsen) [bilingual Swedish/Spanish] (1992).

URU 054

LUZ ALVARADO, MANUEL (1919-1981) was born in Santa Lucía and studied music in addition to working as a dramatist and journalist. He was also a music and arts critic for a number of newspapers and won the Premio Florencio in 1966.

Plays

El ángel de silencio (1966).

La creación del mundo en solo siete días (1965).

Requiem por las hadas (1961).

Veintecinco y medio, otra variación par la vigilia de Goldberg (1965).

URU 055
   MAGGI, CARLOS (1922-   ) was born in Montevideo and studied law at
   the Universidad de la República del Uruguay. He has written short
   stories, essays and drama as well as for television and film. During the
   dictatorship of the 1970's he produced little but reappeared in 1979. He
   won the Premio Florencia in 1985-1986 as best national author.
Plays
   Amor y boda de Jorge con Georgina (1993). In *Tres obras de teatro.*
      Montevideo: Arca, 1989.
   El apuntador (1961). Montevideo: El Siglo Ilustrado, 1962. In *Primer acto*,
      no. 96 (May 1968); *Teatro breve hispanoamericano*. Madrid: Aguilar,
      1970.
   El baile del cangrejo (1971).
   La biblioteca (1959). Montevideo: Ediciones del Mercado, 1960; Buenos
      Aires: Centro Editor de América Latina, 1968.
   Caracol, col, col (1959).
   Con el un Ladislao (1992). In *Tres obras de teatro.* Montevideo: Arca, 1989.
   Cosetino. In *La palabra y el hombre*, no. 45 (January - March 1968).
   Un cuervo en la madrugada (1961). Montevideo: El Siglo Ilustrado, 1962;
      Buenos Aires: Centro Editor de América Latina, 1967. In *Teatro de la
      vanguardia*. Lexington, MA: D.C. Heath and Co., 1975.
   Esperando a Rodó. Buenos Aires: Centro Editor de América Latina, 1967.
   Frutos (1985). In *Tres obras de teatro.* Montevideo: Arca, 1989; *Teatro
      uruguayo*. Montevideo: ACTU/Signos, 1991.
   La gran viuda (1961).
   La hija de Gorbachov (1991).
   Las llamadas (1968). Buenos Aires: Centro Editor de América Latina, 1968.
   Un motivo. In *Número,* vol. 2, nos. 3-5 (May 1964).
   La noche de los ángeles inciertos (1960). Montevideo: El Siglo Ilustrado,
      1962, Buenos Aires: Centro Editor de América Latina, 1967.
   El patio de la torcaza (1967). Buenos Aires: Centro Editor de América
      Latina, 1968. In *Teatro uruguayo*. Montevideo: ACTU/Signos, 1991.
   Para siempre y un día (1978).
   El pianista y el amor (1965).
   Rancho en la noche (1973).
   La trastienda (1958). Montevideo: Ediciones del Mercado, 1960. In *Voices
      of change in the Spanish American theater*. Austin: University of Texas
      Press, 1971.

URU 056
   MAGNABOSCO, ANA MARÍA (1952-   ) was born in Montevideo and
   studied drama at the Seminario de Autores de El Galpón. She directed a
   number of plays and has written for radio and television as well as for the
   stage. She has won the Premio Florencio for best national author.
Plays
   Agarrate Catalina (1999).

Cardenal amarillo ¿dónde estás? (1999).
Con la ayuda de mis amigos (1995).
Cual retazo de los cielos (1994).
Cuartos de luna (1997).
Don Pepe en el jardín (1998).
Dulce compañía (1991).
El equilibrista (1994).
Esa loca pasión (1996).
Estación de las piedras (1998).
Familiares del Sr. González (1991).
Una francesca llamada Igalidad (1998).
Las mágicas noches bailables del Pepe Pelayo (1989) [with Alberto Paredes].
La niña que riega la albahaca (1998).
El ojo de Dios (1982).
Pecados en escabeche (1993).
La perseguida (1994).
La pulpera de Santa Lucía (2000).
Punto atrás (1989).
Raúl aprende a bordar (1990).
Santito mío (1989).
Sentarse a esperar (1985).
El tercer tiempo (1998).
Trampa para ratones (1990).
Venus en la plaza (1996).
Viejo smoking (1988).

URU 057
   MASCI, LUIS (1949-   ) was born in Montevideo and has worked as a dramatist, poet, essayist, journalist and television and screen writer. From 1975 until 1991, he lived in Caracas and Los Angeles. He received a degree in literature from the University of California, Los Angeles and has directed a number of theater periodicals. Currently he directs the Taller Permanente de Escritura Dramática de El Galpón. He has won the Premio Iberoamericano de Dramaturgia in Venezuela.
Plays
   Detrás de Fahrenheit (1984).
   La trampa del lobo (1992).
   Urbania, la ciudad sin fin (1997).

URU 058
   MASLIAH, LEO (1954-   ) is known as a musical composer and journalist as well as a dramatist, poet, and novelist. He has won a number of awards including the Premio de la Fundación Konex in Argentina.
Plays
   El ama de llaves (1990).

Bulimia (2000).
Certificaciones médicas (1980).
Chanel no. 5 (1996).
Democracia en el bar (1986).
Juegos de salón (1990).
Mar de fondo (1980).
No jueges con fuego porque lo podés apagar (1993).
Puedo escribir las más atroces barbaridades esta noche (1994).
Tres idiotas en busca de una imbécial (1997).
El último sandwiche caliente (1988).
El zapato indómito (1988).

URU 059

MASTANDREA, ARIEL (1946-   ) was born in Montevideo and received a degree in philosophy and literature from the Universidad de la República. He received a scholarship from the Centro de Estudios Latinoamericanos "Rómulo Gallegos" in Caracas to study screenwriting and cinematography. During the military regime he remained outside Uruguay for more than a decade in Venezuela, Mexico, and the United States.

Plays

El hermano olvidado (2000).
La monstrua (2000).
¡Oh, Sarah! (1997).
La otra Juana (1993).

URU 060

MEDIZA, ALBERTO (1942-1978) was born in Montevideo and studied literature at the Facultad de Humanidades of the Universidad de la República. In addition to writing plays, he also was an actor, poet, and critic. He also adapted a number of foreign plays for the stage.

Plays

Aventuras de Juan el Pícaro (1967).
Cachiporra o El zoológical al poder (1972).
Vietnam, oratorio por la lucha del hombre.

URU 061

MENÉ, RAÚL (1934-   ) was born in Montevideo and studied for the priesthood in Uruguay and Argentina, however left the seminary to study law. He worked with the Teatro Negro Independiente and his plays are often written along Afro-Uruguayan themes.

Plays

Carnaval de los lubolos [with Andrés Castillo] (1965).
Doña Algarrobo (1969).
Evocación de candombe (1963).

URU 062
MEZQUIDA, NELSON is known as a dramatist and theater producer. He also edited the journal *Saltomortal*. He went to live in Switzerland after the military seized power in Uruguay.

Plays
Historia de la mujer que protestó en la cola del mercado. In *Conjunto* Nos. 61-62 (July-December 1984), pp.36-42
Terror y miseria de Montevideo /Historia del viejo que volvió de la fería. In *Conjunto*, nos. 61-62 (July-December 1984), pp.32-35.

URU 063
MICELLI, LUIS (1970-   ) was born in Montevideo and graduated from the Escuela Municipal de Arte Dramática where he studied acting and directing. He founded the group "La Butaca" in 1994 and the Teatro Abierto de Montevideo in 1998. He currently teaches acting.

Plays
La boca del tigre (1994).
Un duende llamado Federico (1998).

URU 064
MIERES, ESTLA (1951-   ) was born in Maldonado and graduated from the Escuela Municipal de Arte Dramático in 1980 where she specialized in pantomime, acting, and directing. She was awarded a scholarhip from the Instituto de Cooperación Iberoamericana to travel to Spain shere she studied at the Real Escuela Superior de Teatro y Danza in Madrid. Many of her plays are pantomimes.

Plays
Caja de colores (1997).
El círculo vicioso (1981).
Humane herrarus est (1993).
Humor sin palabras I, II, III (1984, 1985, 1986).
Insa-Louvre (1991).
El lenguaje es un virus (1993).
Miren quienes hablan (¿también?) (1992).
¿Quiénes son los legítimos dueños? (1985).

URU 065
MIERES, HUGO MANUEL (1940-   ) was born in Treinta y Tres and has written plays and short stories, primarily for children.

Plays
Adán nació en Babilona (1994).
Ahora los caballos no vuelan (1994).
Chocolate almendras (1995).
El juicio del lobo (1994).
El portrero (1999).
Querida, espero que te mueras (1995).

URU 066

MORENA, MARIANELLA (1965-   ) was born in Saradí Grande and graduated from the Escuela del Teatro de El Galpón in 1992. She is known as an actress, poet, and teacher as well as dramatist. She received a grant to study in Poland and is a teacher of drama at various private schools.

Plays

Amnesia (2000).
Los cuentos del ombligo (1999).
Los huecos del pan (1996).

URU 067

NOVAS TERRA, LUIS (1923-1979) was born in Germany as Ludwig Neulaender and changed his name when he came to Uruguay in 1939 fleeing Nazism and anti-Semitic persecution. He began work as a translator and later wrote plays. He worked for over four decades in the theater, strongly supporting independent theater. His musical comedy *Todos en París conocen* was immensely succesful and was translated into other languages and performed throughout the world.

Plays

Los cuatro musicantes (1963).
Cuestión de precio (1983).
El día del perdón (1973).
El jasmín azul (1962).
¿Jirafas y elefantes? (1983).
MMQH (Mucho mejor que hidrógeno) (1958). Montevideo: Ministerio de Educación y Cultura, Instituto Nacional del Libro, 1991.
Pan y circo (1959).
La pequeña diferencia (1960).
Pilán y los musicantes (1963).
La pulga de porqué (1968).
Savoir faire (1975).
Todos en París conocen (1959).
¡Tout va tres bien! (1974)
¡Uruguayos campeones! (1968).
Una vida color topacio (1977). In *Antología del teatro uruguayo moderno*. Montevideo: Proyección, 1988.

URU 068

ORPI, LUIS (1955-   ) was born in Montevideo and has worked extensively in television and has produced one-person shows in addition to writing plays. He directed all of his own plays.

Plays

La locura está en crisis (1987).
La metamorpitis (1991).
Orpi al tacho (1999).

Uno para arriba, una para abajo (1988).

URU 069
OSTUNIA, OMAR (1935-   ) was born in Paysandú and taught philosophy before abandoning teaching to work in the theater. He with associated with a number of theaters in Paysandú. He helped found the group "Atahualpa" (Nuevo Teatro de Paysandú). He has also directed a number of plays and wrote a book on the history of theater in the interior of Uruguay.

Plays
¡Ay, Colón! ¿por qué nos descubriste? (1990).
La caída de Paysandú y otras historias (1988).
Chau paisito (1997).
Los fuegos de la caída (1984).
Mamá Soledad (1987).
Marcianos en Uruguay (1997).
Paraíso oriental (1991).
La retirada (1984).
Una sombrilla de maravilla (1991).
Tarzán en el rincón de Pérez (1993).
Las vacaciones de Pedro (1986).
La vida que elegimos (1983).
Las voces lejanas (1987).
Volverán los locos, volverán (1992).

URU 070
OTERMIN, SERGIO (1931-1992) was born in Montevideo where he began his career as a teacher. In the 1950's he became involved with the Club Teatro and directed many works with the Comedia Nacional. He was a producer of opera and directed television series. He won an international prize for his direction and for his novels.

Plays
Caracol, col, col [with Carlos Maggi].
Ocho espías de champagne [with Jacobo Langsner] (1964).
Paca Montevideana, infiel y conquistadora (1985).
Ruina en la casa Ocampo (1958).
Semilla sagrada (1983).
Requiem para una dama otoñal (1984).

URU 071
PAREDES, ALBERTO (1939-1998) was born in Montevideo and studied at the Escuela de El Galpón, where he was a founder of the author's workshop. He won the Premio Florencio in 1983.

Plays
Aquella pareja (1979).
La casa vieja (1987).

Chun chun los ferrocarriles (1969).

Decir adiós (1971). In *Antología del teatro uruguayo moderno*. Montevideo: Proyección, 1988; *Cincuenta años de teatro uruguayo*. Montevideo: Ministerio de Educación y Cultura, 1990.

Devaluación (1983).

Eramos tan felices (1967).

Grito, según Brecht, Strindberg y proprios (1970).

Lo de siempre, lo otro y lo que te dije (1983).

Lo veremos triste y amargado (1978) [later titled *Vamos a ver lo que pasa*].

Las mágicas noches bailables del Pepe Pelayo [with Ana Magnabosco].

Los mendigos (1971).

Un pedazo de barrio (1983).

Papá murió (1984).

La plaza en otoño (1985).

Por hacerlo de mentira (1968).

La puerta (1964).

El rey de los vivos (1966).

Tan aburridos (1965).

Tiempo de mudanza (1981).

Tréboles en la cara (2000).

Tres de última (1971).

Tres tristes tangos (1983).

URU 072

PATRÓN, JUAN CARLOS (1906-1979) was born in Montevideo where he studied law. He served as dean of the Facultad de Derecho and also was a radio commentor. He also wrote lyrics for tango in addition to writing plays, often with legal themes.

Plays

Al dar las cinco (1969).

Almendras amargas (1968).

La bomba (1969).

Cafetín del puerto (1940).

La casa vacía (1977).

Cinco hermanos (1968).

Compañera (1944).

Felicidad (1928).

Hacía la calle. In *Escenario revista teatral*, No. 1 (Decenber 1971).

Humanidad (1932).

El jopo (1973).

La novia de Gardel (1971).

El pasajero (1966).

Procesado 1040 (1957). Buenos Aires: Losange: 1957.

URU 073

PEDEMONTE, HUGO EMILIO (1922-1994) was born in Montevideo and studied at the Instituto de Estudios Superiores. He went to live in Seville, Spain in 1968, a city about which he has written extensively.

Plays

Balada de los trenes nocturnos. Badajoz, Spain: Editorial Pedro de Valencia, 1980.

El herrero y la fragua. Montevideo: Editorial Unión del Magisterio, 1968.

URU 074

PERCOVICH, MARIANA (1963-   ) was born in Montevideo and graduated from the Instituto de Profesores, Artigas, specializing in the theater history and theory. She has taught at the Universidad Católica since 1992 and has received grants to study in Great Britain, Brazil, Spain, and Cuba. She is known for writing vanguard theater with unconventional staging.

Plays

Cenizas en mi corazón (1999).

Duras (2000).

Extraviada (1996).

Te casarás en América (1996).

URU 075

PLAZA NOBLÍA, HÉCTOR (1924-1989) was born in Paysandú but grew up in Montevideo. He studied law and gave it up to teach high school literature. He became involved with theater as founder and director of the Taller de Teatro del Liceo Departamental and as a cofounder of the Comedia Nacional. Throughout the 1950's he was associated with the Teatro El Tinglado which mounted his first works. He won prizes in Argentina and Uruguay. He was one of the most produced playwrights in the 1950's. Most of his plays were unpublished.

Plays

Alcestes o la risa de Apolo (1953).

La cajita de música. In *Teatro de cámara.* Montevideo: s.n., 1954.

La casa quinta (1957). Montevideo: s.n., 1953.

La cerrazón. Montevideo: Instituto Nacional del Libro, 1991.

La clave perdida (1950).

El cono de luz (1951).

Ecce homo. Madrid: Instituto de Cooperación Iberoamericana, Ediciones de Cultura Hispánica, 1992.

La enfermedad de Arlequín (1960). Montevideo: s.n., 1961.

Ensayo No. 4 (1953).

Los jugadores (1957).

Muerte en fuente grande (1991).

Odiseo (1957).

Los ojos en el espejo (1960).

El puente (1950).

Los puros (1953).

Recuerde usted a Artigas, señor. In *Conjunto* no. 11, (April-June 1984).

Tarde. In *Teatro de cámara.* Montevideo: s.n., 1954.

La última madrugada (1980).

URU 076

PRIETO, RICARDO (1943-   ) was born in Montevideo and is known as a director, poet, novelist and short story writer, and dramatist. From 1975 to 1982 he lived in Buenos Aires. His plays have won various national and international prizes including the Premio Florencio and the Premio Tirso de Molina. His works have been translated into French and broadcast on French radio.

Plays

Acuérdate de Euménida (1981).

Amantes (1994).

Bacterias (1987).

La buena vida. (1994). Montevideo: Arca, 1994.

La casa de las cenizas (1974).

Danubio azul (1989).

El desayuno durante la noche (1987). Madrid: Ediciones Cultura Hispánica, Insituto de Cooperación Iberoamericana, 1985.

Después de la cena (1978). Montevideo: Proyección, 1983. In *Cuadernos de Gran Aldea,* no. 4 (1981); *Antología Uruguay literario.* Madrid: Casa de América, 1996; *Proa,* 3a época, no. 34 (March-April 1988); *Teatro.* Montevideo: Proyección, 1993.

Los disfraces (1968). Montevideo: Revista Franco-Uruguaya, 1969.

Este lugar pequeño (1988).

Un gato en un almacén extraño (1973).

Garúa. In *Teatro uruguayo de hoy (1987-1994): antología.* Montevideo: Proyección, 1994.

El huésped vacío (1971).

El lado de Guermantes (1970). In *Teatro.* Montevideo: Proyección, 1993.

La llegada a Kliztronia (1987). In *Teatro.* Montevideo: Proyección, 1993.

El mago en el perfecto camino. Montevideo: Casa del Teatro, 1985. In *Antología del teatro uruguayo moderno.* Montevideo: Proyección, 1988.

Me moriría si te vas. Montevideo: Editorial Proyección, 1988.

El niño verde (1970).

Pecados mínimos (1995). Montevideo: Editorial Proyección, 1993; Saint Nazaire, France: Editeurs Maison des Ecrivains Etrangères et des Traducteurs, 1996. In *Teatro.* Montevideo: Proyección, 1993.

La perrita sabia (1972).

La salvación de los pobres (1970).

Les sauveurs (1980). In *Teatro uruguayo contemporáno .* Madrid: Fondo de Cultura Económica, 1992; *Cincuenta años de teatro uruguayo.* Montevideo: Ministerio de Educación y Cultura, 1988.

Se alquila (1994). Montevideo: Arca , 1994.

Una sonata de Ravel (1997). In *Postdata*, nos. 21, 22, 271 (February 3, 1995).

Un tambor por único equipaje (1989). In *Teatro*. Montevideo: Proyección, 1993.

Todo duerme en derredor (1985).

URU 077

PUCEIRO, ROBERTO (1939-   ) was born in Montevideo and is an attorney as well as dramatist. He is director of the Academia Diplomática Uruguaya and was a participant in the Taller Permanente de Escritura Dramática of the Teatro El Galpón. He has written several works for children and adults.

Plays

La divina Delfa (1993).

La peste de la farsa (1999).

Zarabanda.

URU 078

PUYESKY, FANY (1939-   ) was born in Montevideo and is an attorney, journalist, and a writer of poetry, short stories and drama. She is an important feminist activist and writes for a number of publications.

Plays

Berenice's windows (1997).

Manual para divorciadas (1980).

Mujeres al poder (1986).

URU 079

RAMA, ANGEL (1926-1983) was born in Montevideo and is better known as an essayist and critic than as a dramatist. He was a promient figure in the literary "Generación del 45" and directed the department of Latin American literature at the Facultad de Humanidades of the Universidad de la República Uruguaya. During the military regime he went to live in Caracas and also taught at Stanford and Princeton universities before settling in Paris.

Plays

La inundación (1958).

Lucrecia o Lucrecia Frangimani (1959).

Queridos amigos (1961).

URU 080

REHERMANN, CARLOS (1961-   ) was born in Montevideo and studied engineering before abandoning it to study architecture. He has written novels, directed the Cinemateca Uruguaya and is a columnist for newspapers and radio.

Plays
Congreso de sexología (1999).
Minotauros (2000).

URU 081
   REIN, MERCEDES (1930-   ) was born in Montevideo and is known as a
   translator and adaptor, essayist, and literary critic. She received a degree
   in philosophy and literature from the University of Hamburg, Germany,
   and has taught Latin American literature at the Facultad de Humanidades
   of the Universidad de la República Uruguaya. She has also written a
   number of collections of short stories as well as songs. She has won the
   Premio Serena Foglia and the Premio del Ministerio de Educación y
   Cultura.

Plays
   Balada de los años cuerdos (1964).
   Entre gallos y media noches [with Jorge Curi] (1987).
   El herrero y la muerte (1982).
   Juana de Asbaje (1993).
   Operación masacre (1973).
   La rebelión de las mujeres (1985).

URU 082
   RESTUCCIA, ALBERTO (1942-   ) was born in Montevideo and studied
   at the Escuela Nacional de Declamación. In 1963 he helped found the
   Teatro Uno for which he wrote a number of works for children. He later
   became associated with the Casa del Teatro. He is best known for his
   work as a director and drama theorist.

Plays
   La abertura (1964).
   Amleth (1969).
   El amor tiene cara de monstruo (1981).
   Aquello era cordura sexual (1988).
   Artaud en Latinoamérica (1979).
   Artó el otro (1980).
   Asesinato de un presidente uruguayo (1995).
   Las aventuras (1966).
   El caballo perdido (1966).
   Conversaciones con mis hijos (1979).
   El cuco no asusta (1979).
   En la vida hay amores que nunca pueden olvidarse (1996).
   Epifanía (1963).
   Eso fue locura, ¡anormal! (1988).
   Esto es cultura, ¡animal! (1988).
   Esto es cultura, bárbara, brutal (1991).
   La fidelidad no es cosa de hombres (1990).
   Los habitantes (1966).

Haciendo Capote (1981).
Happenings (1969).
La hipocresía uruguaya (1997).
El infierno (1964).
Jóvenes en el infierno (1961).
Juan Moreira, Butch Cassidy y los otros (1986).
Locus Solus (1992).
Papá, ¿te gustaría que mi mamá fuera tu mamá? (1993).
¿Quién será mi futura exmujer? (1989).
La rabia entra en la ciudad (1968)..
Requiem para un pájaro llamado Charlie Parker (1967).
Salsipuedes (El exterminio de las charrúas) (1985).
Las sirvientas de Sánchez (1980).

URU 083
RODRÍGUEZ, FRANKLIN (1963-   ) was born in Montevideo and graduated from the Escuela Municipal de Arte Dramático in 1984. He has worked as an actor in addition to writing both narrative and drama. His plays have been immensely successful. He currently teaches set design at the Escuela de Arte Escénico. He has also written for cinema and television.

Plays
Arroz con leche (me quiero divorciar) (1997).
Camas (1998).
¡Cuidado con el perro! (2000).
Debajo de las polleras (1998).
Encantada de conocerme (1999).
La familia....¿toda bien? (1998).
Los grillos (1989).
La novia huyó de blanco (1999).
Pecados mortales (1991).
¡Tuya, Héctor! (1992).
Uno para el otro (1998).
Veinte años no es nada (1990).

URU 084
ROMANO, RAFAEL (1921-   ) was born in Montevideo and is known as an anthropologist, historian, essayist, poet, and dramatist. He has spent much of his life studying pre-Columbian culture which often provide subject matter for his plays and novels. He spent nearly twenty years in exile in Venezuela, Cuba, Costa Rica and Mexico.

Plays
Dos mundos (1990).
Frida (1997).
La jaula (1992).
La mesa servida (1993).

Para atar cabos (1990).
Pasionaria (2000).
Todo puede estar en el aire (1995).

URU 085

ROSENCOF, MAURICIO (1933-   ) was born in Florida, Uruguay and begbegan his career as a journalist. He has written novels and poetry as well as numerous plays which have been performed throughout Europe and Latin America. Some of them have been translated into French, Dutch, German, and Turkish. He has also writen for cinema and television. He has received a number of awards for his work including the Premio Bartolomé Hidalgo. His works are characterized by a denunciation of social injustice.

Plays

El bataraz (1996). Hondarribia, Spain: Argitaletxe Hiru, 1993; Montevideo: Alfaguara,1999.

Los caballitos rebeldes (1976).

Los caballos (1967). Montevideo: Sandino, 1967; Montevideo: Librosur, 1985. In *Teatro selecto contemporáneo hispanoamericano, II*. Madrid: Escelicer, 1971; *Teatro escogido*. Montevideo: Tupac Amaru Editorial, 1988; *Las ranas y otras obras*. Montevideo: Ediciones del Sol, 1994.

La calesita rebelde (1966) Montevideo: Corporación Gráfica, 1964; Montevideo: Editorial Ejido, 1964.

El combate del establo (1994). Montevideo: Librosur, 1985. In *Las ranas y otras obras*. Montevideo: Ediciones del Sol, 1994.

El gran bonete (1985).

El gran Tuleque (1960).

El hijo que espera (1986). In *Teatro escogido*. Montevideo: Tupac Amaru Editorial, 1988.

El maizal de la escalera (1999).

La Margarita (1996). Buenos Aires: Ediciones Colihue, 1995.

Memorias del calabozo (1997).

Pensión familiar (1963). Montevideo: Editorial Sandino, 1963.

Las ranas (1961). Montevideo: El Siglo Ilustrado, 1961. In *Primer Acto,* no. 67 (1965); *Teatro escogido*. Montevideo: Tupac Amaru Editorial, 1988; *Las ranas y otras obras*. Montevideo: Ediciones del Sol, 1994.

El regreso del gran Tuleque (1987). In *Las ranas y otras obras*. Montevideo: Ediciones del Sol, 1994.

El saco de Antonio. Montevideo: Librosur, 1985. In *Teatro escogido*. Montevideo: Tupac Amaru Editorial, 1988.

El señor Sjöbo (1990).

Sonata de espectros (1991).

La valija (1964). Montevideo: Ediciones Aquí Poesía, 1964. In *Teatro escogido*. Montevideo: Tupac Amaru Editorial, 1988.

El vendedor de reliquias (1992).

Y nuestros caballos serán blancos. Montevideo: Arca, 1986. In *Teatro escogido.* Montevideo: Tupac Amaru Editorial, 1988.

URU 086

SARLÓS, EDUARDO (1938-1998) was born in Budapest and came to Uruguay in 1948 with his mother and aunt who were survivors of a Nazi concentration camp. He graduated from the Universidad de Montevideo in architecture and won various prizes for his architectural work. Beginning in 1984 he began to produce plays with great success. He won the Premio Florencia, the Premio Intendencia Municipal, and the Premio del Ministerio de Educación y Cultura.

Plays

Amarillo color cielo (1988).

La balada de los colgados (1984).

Bésame con frenesí (1989).

Cazuela de pecados (1984).

Chocolate y ajo (1992).

Crepúscolo interior (1998).

Delmira Agustini o La dama de Knossos (1985).

Los ecos de silencio. Montevideo: Caiguá Editores, 1994.

El día que el río Jordán pasó por la Teja (1995).

Escenas de la vida de Su Majestad, la Reina Isabel (1991). *In Teatro uruguayo de hoy* (1987-1994). Montevideo: Proyección, 1994.

Estimada Señorita Consuelo (1985).

La flor azteca y la degollada de la rambla Wilson (1992).

Homocalvus (1991). In *Los ecos del silencio y otras obras de teatro.* Montevideo: Caiguá Editores, 1992.

Mujeres en el armario (1990).

Negro y blanco (1990). In *Los ecos del silencio y otras obras de teatro.* Montevideo: Caiguá Editores, 1992.

Una obcecada lombriz de futuro incierto (1996).

La pecera (1987). In *Teatro uruguayo.* Montevideo: ACTU/Signos, 1991.

Perdóname Sábato. In *Los ecos del silencio y otras obras de teatro.* Montevideo: Caiguá Editores, 1992.

Su amante esposo (1995).

La X con una pata rota o Sarita y Michelle (1994). Montevideo: Arca, 1993.

URU 087

SCHINCA, MILTON (1926-   ) was born in Montevideo and has written poetry, narrative, and drama. He has worked as journalist and theater critic. During the military dictatorship, he went to live in Brazil and Mexico and wrote very little. He founded the theater group La Barraca, which performed in Latin America and Europe. He has won the Premio Florencio among other prizes.

Plays

Las alamedas de Maturana (1997).

Ana Monterroso de Lavalleja (1974).

Artigas, general del pueblo [with Rubén Yáñez] (1981).

Las artiguistas (1975).

Bernardina de Rivera (1973).

Boulevard Sarandí (1973). In *Cincuenta años de teatro uruguayo.* Montevideo: Ministerio de Educación y Cultura, 1988.

¡Chau, todo! (1972). In *Delmira y otras rupturas.* Montevideo: Ediciones Banda Oriental, 1977.

El dandy en Tontovideo. Montevideo: Ediciones de la Banda Oriental, 1998.

Delmira. In *Delmira y otras rupturas.* Montevideo: Ediciones Banda Oriental, 1977.

Ese milagro (1959).

¡Guay Uruguay! (1971).

Juegos con Emily (1975).

Juegos de Federico entre las cosas (1986).

Madame Lynch.

Nuestra Señora de los Ramos (1991). Montevideo: Instituto Nacional del Libro, 1991.

El Otelo Oriental o El Hotel Oriental (1988).

Pepe el oriental (1972).

Las raíces (1975). In *Delmira y otras rupturas.* Montevideo: Ediciones Banda Oriental, 1977.

Sancho Panza, gobernador de Barataria (1956).

El vuelo de Asis.

URU 088

SCHMIDT, FERNANDO (1965-   ) was born in Montevideo and is well known as a television writer and actor, as well as a dramatist. He wrote a number of works for the celebration of Uruguay's Carnaval.

Plays

Gracias por todo (1999*).*

Humor al mango [with Andrés Tulipano and Jorge Denevi] (1993).

El humor en tiempos del cólera (1991).

Llena tu eres de gracia (1998).

Lola sola bien se lame [with Andés Tulipano] (1992).

Media suela y taco (1989).

Noches de radio (El Día menos pensado) (1991).

Track (7 personajes en busca de amor) (1995).

URU 089

SCLAVO, JORGE (1936   ) is a journalist, dramatist, and publicist. He studied law later turning to drama at the Escuela Municipal de Teatro and at the Escuela de Club de Teatro. He also writes for a comedy show on Uruguayan television and is a humorist for the weekly *Búsqued.* His narrative has won several awards in Uruguay.

Plays
Alfonso: una cuestión reflexiva (1984).

URU 090

SEONE, CÉSAR (1937-) was born in Montevideo and graduated from the Escuela Municipal de Arte Dramático. He is known as an actor, dramatist, and director. In 1969 he was jailed for poltical reasons and in 1973 went to live in Buenos Aires where he abandoned his theatrical career.

Plays
Una mosca contra el muro (1962).
No sea Ud. subersivo (1964).
Y hablando de ruiseñores (1965).

URU 091

SILVA VALDES, FERNÁN (1887-1975) was born in Montevideo but spent his childhood in Sarandí del Yí, where he spent much time with rural people and villagers, the subject of much of his work. He wrote narrative and poetry and several plays in a vanguard style.

Plays
Barrio Palermo (1953) Montevideo: Tallers Gráficos de A. Monteverde y Cia., 1952; Buenos Aires: Editoral Losada, 1957.
El burlador de la pampa. In *Teatro uruguayo contemporáneo.* Madrid: Aguilar, 1960.
El espejo roto. Montevideo: Librería Edit. Medina, 1958.
Los hombres verdes (Misterio de la selva misionera) (1956). Montevideo: Talleres Gráficos de A. Monteverde y Cía., 1956
Por la gracia de Dios (1954). Montevideo: Impresora LIGU, 1954; Buenos Aires: Editorial Losada, 1957.
Santos Vega (Misterio del medioevo platense) (1952). Montevideo: Talleres Gráficos de A. Monteverde y Cia., 1952; Buenos Aires: Editorial Losada, 1957.
Vida de dos cuchillos (1957) Montevideo: Impresora LIGU, 1957.

URU 092

SOLARI, ANA (1947-) was born in Montevideo and is known as a journalist and writer of narrative. She also writes literary criticism for press and radio. She was nominated for the Premio Foglia in 1996.

Plays
Rigor Mortis (1999).

URU 093

SOSA, YAHRO (1955-) was born in Montevideo and writes for television and the stage, and occasionally directs theater. She began the Seminario de Dramaturgia del Teatro Circular.

Plays
El mono y su sombra (1979).

URU 094
SPERANZA, ROLANDO (1928-   ) was born in Montevideo and is known as a dramatist and theater instructor. He studied at the Seminario de Autores de El Galpón in the 1960's and has produced a number of puppet plays for children and theater for adults. He also writes for radio, television and cinema. He has won prizes for his drama and children's stories.

Plays
El achique (1990).
Allá en el bajo (1979).
El asesino está en el tercer piso (1957).
Los días de Carlitos Molinari (1985)
En la fería (1981).
En la lona (1987)
La familia Pereyra (1983).
La fórmula CBT (2000).
La lección (1966).
El mascota (2000).
No soy Ana (1987).
Los pilares de la sociedad (1994).
La princesa Clarisa (1961).
Sobremesa (1967).
Telón para Demarco (1999).
Toda una vida (1965).
El último expediente (1963).
Y hay que seguirla Pereyra (1990).

URU 095
SPINELLI, ROSSANA (1970-   ) was born in Montevideo and graduated from the Escuela Municipal del Arte Dramático in 1993. She won a number of competitions while studying there.

Plays
Comedia poética en un solo acto (2000).
Muerto el perro (2000).
La tía Delmira (1998).
La verdad es libre (1996).
La zanja de la esquina (2000).

URU 096
SUÁREZ, ROBERTO (1970-   ) was born in Montevideo and was practically self-taught in theater. He has worked as a director and actor as well as a dramatist. He has won the Premio Florencio, the Premio

Instituto del Teatro Internacional and has traveled in Europe and Israel. He is one of the most prominent young playwrights in Uruguay today.

Plays

El bosque de Sasha (2000).
Una cita con Calígula (1999).
Las fuentes del abismo (1992).
Kapeluz (1994).
Rococó Kitsch (1996).

URU 097

TULIPANO, ANDRÉS (1955-) was born in Montevideo and received a degree in literature from the Facultad de Letras. In addition to writing drama, he has written for television in Argentina, Brazil, Spain and the United States. Many of his plays were coauthored with Jorge Denevi or his brother Gerardo.

Plays

Caiga quien caiga [with Gerardo Tulipano] (1998).
Coquita diputada (1994).
CTV el cable [with Jorge Denevi and Gerardo Tulipano] (1997).
De Broadway a Montevideo [with Gerardo Tulipano] (1995).
La fiesta [with Gerardo Tulipano] (1999).
Gasalla-Perciavalle, el regreso [with Gerardo Tulipano] (1999).
Gasalla y Perciavalle en punta [with Gerardo Tulipano] (1998).
Humor al mango [with Fernando Schmidt, Angel Armagno and Jorge Denevi] (1993).
La locura urugaya [with Jorge Denevi] (1995).
Locos por la tele [with Gerardo Tulipano] (1996).
Loles sola bien se lame [with Fermnando Schmidt] (1992).
Manual de supervivencia (1996).
Montevideo Palace Club [with Jorge Denevi] (1995).
Moria y Carlos [with Gerardo Tulipano[(2000).
Sálvase quien pueda [with Gerardo Tulipano] (2000).
Sexo, coca y corupción [with Jorge Denvi] (1996).
El Sur también es chiste [with Jorge Denevi] (1990).
Todo lo que Ud. quería saber acerca del sexo y se animó a preguntar [with Jorge Denevi] (1998).

URU 098

TULIPANO, GERARDO (1963-) is the brother of Andrés and was born in Montevideo. He worked on scripts for children's plays and also wrote for television. Many of his works were coauthored with his brother Andrés. He won the Premio Florencio.

Plays

Caiga quien caiga [with Andrés Tulipano] (1998).
CTV el cable [with Jorge Denevi and Andrés Tulipano] (1997).
De Broadway a Montevideo [with Andrés Tulipano] (1995).

La fiesta [with Andrés Tulipano[(1999).
Gasalla y Perciavalle en punta [with Andrés Tulipano] (1998).
Locos por la tele [with Andrés Tulipano] (1996).
Moria en la casa de Carlos [with AndresTulipano] (1999).
El prinsokito (1989).
El prisokito contrataca (1991).
Sálvese quien pueda [with Andrés Tulipano] (2000).

URU 099

ULIVE, UGO (1933-   ) was born in Montevideo and began work in radio theater at age fifteen. While young he became associated with the Teatro del Pueblo and later the teatro El Galpón. He worked as a director, actor, and move producer and director in addition to being a playwright. He founded and directed the Escuela Nacional de Arte Dramático. He was exiled to Venezuela where produced a number of plays and was awarded the Premio Nacional de Teatro de Venezuela.

Plays

Baile de máscaras (1980). In *Cuadernos de Difusion* no. 97 (1980).
Después y siempre (1997).
El dorado y el amor (1987). Caracas: Monte Avila Editores, 1989.
Mefistófeles con sotana (1986).
Opus 5 (1995).
Prueba de fuego. In *Conjunto*, no. 52 (April-June 1982), p.14.
Reynaldo (1982).

URU 100

VARELA, CARLOS M. (CARLOS MANUEL) (1940-   ) was born in Dolores, Uruguay and graduated from the Instituto de Profesores Artigas. He has written a number of plays that have been awarded prizes such as the Premio Florencio and Premio de la Federación Uruguaya de Teatros Independientes. He is a professor and Director of the Escuela Municipal de Arte Dramático. During the military dictatorship, he often wrote in a coded fashion to deal with difficult themes and issues to avoid censorship.

Plays

Alfonso y Clotilde (1980) In *Antología del teatro uruguayo moderno.* Montevideo: Proyección, 1988.
Crónica de la espera (1986). In *Conjunto*, no. 69 (July-September 1986), pp.36-63.
Los cuentos del final (1980). In *Teatro uruguayo.* Montevideo: ACTU/Signos, 1989; *Teatro uruguayo contemporáneo.* Madrìd: Fondo de Cultura Económica, 1992.
Después de la ratonera (1987). Montevideo: Ministerio de Educación y Cultura, Instituto Nacional del Libro, 1991.
Las divas de la radio (1996).
Don Quijote (1999).

Emboscada (1997).
La enredadera (1970).
La esperanza, S.A. (1989). Montevideo: Arca, 1993.
Las gaviotas no beben petróleo (1979). Montevideo: Arca, 1993.
¿Happening? (1971).
Interrogatorio en Elsinor (1983). Montevideo: Ministerio de Educación y Cultura, Instituto Nacional del Libro, 1991.
El juego tiene nombre (1968).
Palabras en la arena (1982).
¡Rinning! (1993).
Sin un lugar. (1987). In *Teatro uruguayo de hoy (1987-1994).* Montevideo: Editorial Proyección, 1994

URU 101

VÁSQUEZ, MARY (1931-) was born in Artigas and is known as a director, actress, translator and dramatist. She is a professor of Latin American literature and works as an inspector of secondary schools. She has been a strong supporter of independent theater since 1951 and is closely assocated with the Teatro El Galpón where she heads a dramatist workshop. She has won the Premio Ministerio de la Educación y Cultura.

Plays
Campamento.
El dulce estilo (1999).
El lobo arrepentido.
La memoria en donde ardía. In *Teatro uruguayo de fin de siglo.* Montevideo: Editorial AGADU, 1999.
El señor de la aurora (1998).

URU 102

VELANDO, HELEN (1961) was born in Montevideo and studied theater and puppetry at the Teatro El Galpón. She is known as a director, dramatist and actress. She was nominated for the Premio Florencio for acting in children's theater, her specialty.

Plays
Cuentos de otras lunas (1999).
El fantasma de Canterville (1997).
Historias telefónicas (2000).
Locura cable no ve (1996).
Los sentidos (2000).

URU 103

VENEZIANO, DIANA (1961-) was born in Montevideo and graduated from the Escuela Municpal de Arte Dramático in 1990. She had previously lived in Venezuela where she studied at the Taller Nacional de Teatro in Caracas.

Plays
El viaje de Atanor (2000).

URU 104
VIDAL, LUIS (1955-   ) was born in Montevideo and has a degree in sociology and cultural anthropology from the Facultad de Humanidades at the Universidad de la República Uruguaya. He also graduated from courses at the Teatro Circular and has worked as an actor and director in addition to writing plays.

Plays
La Gioconda diet (1990).
Los girasoles de Van Gogh (1989).
El muro de Berlín nunca existió (2000).
La última noche del joven Rodríguez (1990).

URU 105
YAÑEZ, RUBÉN (1929-   ) was born in Montevideo and began work at the Teatro del Pueblo in 1948 in lighting and set design, and occasionally acting. He is known as a director, theater resarcher and actor as well as the writer of two plays in co-authorship with Milton Schinca and Mario Benedetti.

Plays
Artigas, general del pueblo [with Milton Schinca] (1985).
La tregua [with Mario Benedetti] (1996).

VENEZUELA

VEN 001
BERMÚDEZ, LUIS JULIO was born in Puero Cabello and studied theater at the Instituto Nacional de Bellas Artes in Mexico. He has worked as a journalist in Colombia, Central America, and Mexico.
Plays
Por debajo del círculo dorado. Caracas: Ministerio de Educación, 1958.

VEN 002
CABRUJAS, JOSÉ IGNACIO (1937-   ) is an important figure in Venezuelan drama of the twentieth century. He also wrote a number of screenplays.
Plays
Acto cultural (1979). Caracas: Monte Avila Editores, 1976. Madrid: Editorial Vox con la colaboración del Centro de Documentación Teatral, 1979. In *El teatro de Cabrujas.* Caracas: Pomaire/Fuentes, 1991.
El americano ilustrado. In *Conjunto,* no. 75 (Jan.-March 1988), pp. 31-78; *El teatro de Cabrujas.* Caracas: Pomaire/Fuentes, 1991.
El día que me quieras (1979). Caracas: Fundarte, 1979; Madrid: Editorial Vox con la colaboración del Centro de Documentación Teatral, 1979; Caracas: Monte Avila Editores, 1979. In *El teatro de Cabrujas.* Caracas: Pomaire/Fuentes, 1991. In English as *The day you'll love me* in *American theater,* vol. 6, no. 6 (Sept. 1989).
El extraño viaje de Simón el malo.
Juan Francisco de León (1959).
Profundo (1971). Caracas: Tiempo Nuevo, 1972. In *El teatro de Cabrujas.* Caracas: Pomaire/Fuentes, 1991.
La soberbia milagrosa del General Pío Fernández (1979). Madrid: Editorial Vox con la colaboración del Centro de Documentación Teatral, 1979.

VEN 003
CERTAD, AQUILES (1914-   ) was born in Cumaná, Venezuela. He studied diplomacy in Venezuela and later went to study in Italy. He was a contributor to *El Tiempo* and other newspapers. He also served as Ministro de Relaciones Exteriores de Venezuela. He was primarily active in experimental theater.

Plays
Cuando quedamos trece. Caracas: Impresores Unidos, 1943.
Cuando Venus tuvo brazos. In *Tres obras de teatro.* Buenos Aires, Editorial Interamérica, 1951.
El hombre que no tuvo tiempo de morir. In *Tres obras de teatro.* Buenos Aires: Editorial Interamérica, 1951.
Julieta Engaña el Rome (1952). Caracas: Asociación de Escritores Venezolanos, 1952.
Lo que le faltaba a Eva. Caracas: Editorial Elite, 1943.
La serpiente sobre la alfombra (1954). In *Tres obras de teatro.* Buenos Aires: Editorial Interamérica, 1951.
Tres maridos al azar.

VEN 004
CHALBAUD, ROMÁN (1931-   ) was born in Mérida, Venezuela and studied at the Escuela del Teatro Experimental de Caracas. He also studied direction with Lee Strassberg of Actor's Studio in New York. He was a founder of El Teatro de Arte de Caracas. He won the Premio Nacional de Teatro in 1984 and in 1990 was awarded the Premio Nacional de Cine. He has also been decorated with the Orden Andrés Bello.

Plays
Los adolescentes (1950). In *El teatro de Chalbaud.* Caracas: Pomaire, 1992.
Los ángeles terribles (1967). Caracas: Editorial Tres Molinos, 1967. In *Teatro.* Caracas: Monte Avila Editores,1991.
Caín adolescente (1955). In *Teatro venezolano.* Caracas, Venezue: Monte Avila, 1991; *Teatro.* Caracas: Monte Avila Editores, 1991.
Cantata para Chirinos.
La cigarra y la hormiga. In *Teatro.* Caracas: Monte Avila Editores,1991.
Los espíritus animales (2000).
La magnolia inválida (1993).
Muros horizontales (1953). In *El teatro de Chalbaud.* Caracas: Pomaire, 1992.
El pez que fuma (1968). In *Teatro.* Caracas: Monte Avila Editores,1991.
Preguntas (1998).
La quema de Judas (1964). Caracas: Dirección de Cultura, Universidad Central de Venezuela, 1965; Caracas: Monte Avila,1974. In *Teatro.* Caracas: Monte Avila Editores,1991.

Ratón en ferretería. Caracas: Monte Avila Editores, 1977. In *Teatro.*
Caracas: Monte Avila Editores,1991.
Reina pepeada. Caracas: Editorial Panapo, 1997.
Réquiem para un eclipse (1958). Caracas: s.n., 1957. In *Teatro.* Caracas:
Monte Avila Editores,1991.
Sagrado y obsceno (1961). Caracas: Tip. Iberia, 1961. In *Teatro.* Caracas:
Monte Avila Editores, 1991.
Todo bicho de uña (1982). In *Teatro.* Caracas: Monte Avila Editores, 1991.
Vesícula de nacar (1992). In *El teatro de Chalbaud.* Caracas: Pomaire, 1992.

VEN 005
CHOCRÓN, ISAAC E. (1933-   ) was born in Maracay, Venezuela, and
studied economics and international relations at Columbia University. He
began writing in the 1950's for various newspapers including *El
Nacional.* He won the Premio de Teatro del Ateneo de Caracas in 1963.
Plays
El acompañante. In *Teatro.* Caracas:: Monte Avila Editores, 1981.
Alfabeto para analfabetos. In *Teatro.* Caracas: Monte Avila Editores, 1981.
Amoroso. In *Teatro.* Caracas: Dirección de Cultura, Universidad Central de
Venezuela, 1968; *Teatro.* Caracas: Monte Avila Editores, 1981.
Animales feroces. In *Teatro.* Caracas: Dirección de Cultura, Universidad
Central de Venezuela, 1968; *Teatro.* Caracas: Monte Avila Editores,
1974.
Asia y el lejano oriente. In *Teatro.* Caracas: Dirección de Cultura,
Universidad Central de Venezuela, 1968; *Teatro.* Caracas: Monte Avila
Editores, 1981.
Clipper. Caracas: Alfadil Ediciones, 1987. In *Teatro.* Caracas: Monte Avila
Editores, 1981.In English in *Three plays by Isaac Chocrón.* New York:
Lang, 1995.
La máxima felicidad. In *Teatro.* Caracas: Monte Avila Editores, 1981. In
English as *The ultimate bliss* in *Three plays by Isaac Chocrón.* New
York: Lang, 1995.
Mesopotamia. Caracas: Editorial Ateneo de Caracas, 1978. In *Teatro.*
Caracas: Monte Avila Editores, 1981.
Mónica y el florentino. In *Teatro.* Caracas: Monte Avila Editores, 1981.
Okey. Caracas: Monte Avila, 1969. In English as *OK* in *Three plays by Isaac
Chocrón.* New York: Lang, 1995.
El quinto infierno. Caracas: Ediciones Zodiaco, 1961. In *Teatro.* Caracas:
Monte Avila Editores, 1971.
La revolución. In *Teatro.* Caracas: Monte Avila, 1981.
Simón. Caracas: Alfadil Ediciones, 1983. In *Teatro.* Caracas: Monte Avila
Editores, 1981.
Solimán el Magnífico. In *Teatro.* Caracas: Monte Avila Editores, 1981.
Tric-Trac. Caracas: Ediciones el Nuevo Grupo, 1977. In *Teatro.* Caracas:
Monte Avila Editores, 1981.
Uno reyes uno. Caracas: Panapo, 1996.

VEN 0006

COLMENARES, LUIS OSCAR (1916-1964) was born in Valencia, Venezuela. He studied for the priesthood and later went to Paris to study theater. He returned to Venezuela and edited the journal *Latitud.* He was a founder the the theater group "Máscaras."

Plays

El rincón de Nueva York. Caracas: Miniterio de Educacion, Direccion de Cultura y Bellas Artes, 1959.

El reloj perdido. In *Revista Nacional de Cultura*, no. 129 (July-Aug. 1958) pp.126-144.

VEN 007

GONZÁLEZ PAREDES, RAMÓN (1925-   ) was born in Trujillo, Venezuela. He studied law at the Universidad Central de Venezuela and later in Paris and Madrid. He became interested in writing and helped found the Ateneo de Trujillo and the literary weekly *Presenta.* He wrote poetry, essays and narrative and held various government offices. He was a frequent contributor to newspapers and magazines. He received the Premio Hispanoamericano and was made a member of the Academia Venezolana de la Lengua.

Plays

Celia o delirio de soledad. Caracas: Cuadernos Literarios de la Asociacion de escritores Venezolanos, 1957.

Dos agonías. Caracas: Editorial Universitaria, 1948.

VEN 008

GRAMCKO, IDA (1924-   ) was born in Puerto Cabello, Venezuela. She received a degree in philosophy at the Universidad Central de Venezuela and began writing poetry and prose at an early age. She contributed to various newspapers such as *El Nacional* and to literary magazines. In 1956 she won the Premio de Teatro Ateneo de Caracas and the Premio de la Universidad Central de Venezuela in 1960.

Plays

La dama y el oso. Mexico City: s.n., 1959.

La loma del angel. In *Teatro.* Caracas: Ediciones del Ministerio de Educación, Dirección de Cultura y Bellas Artes, Departamento de Publicaciones, 1961.

Maria Lionza. Caracas: Monte Avila, 1976. In *Teatro.* Caracas: Ediciones del Ministerio de Educación, Dirección de Cultura y Bellas Artes, Departamento de Publicaciones, 1961.

La mujer del catey. In *Teatro.* Caracas: Ediciones del Ministerio de Educación, Dirección de Cultura y Bellas Artes, Departamento de Publicaciones, 1961.

Penelope. In *Teatro*. Caracas: Ediciones del Ministerio de Educación, Dirección de Cultura y Bellas Artes, Departamento de Publicaciones, 1961.

VEM 009
LASSER, ALEJANDRO (1916-   ) was born in Agua Larga, Venezuela and studied political and social science at the Universidad Central de Venezuela and later in London and Paris. He wrote a number of works on family law, criminology, ethnology, and social justice. He belonged to the Generation of 1936 and was part of the Venezuelan literary groups "Presente" and "Suma."

Plays
Catón in Utica (1948) Caracas: Editorial Grafolit, 1948; Caracas: Asociación de Escritores Venezolanos, 1959.
La cueva (1967). Caracas: Zodíaco, 1967.
La entrega de Miranda, o El maestro y el discípulo. Caracas: Editorial Lisbona, 1990.
El general Piar (1946) Caracas: Talleres Patria, 1946. In *Teatro venezolano*. Caracas:: Monte Avila, 1981.

VEN 010
OTT, GUSTAVO (1963-   ) was born in Caracas and studied at the Universidad Católica Andrés Bello and at the University of Iowa. He studied in drama workshops at the University of London and at the Centro de Nuevas Tendencias in Madrid. He was awarded the Premio José Felix Rivas in 1991 and Spain's Premio Tirso de Molina in 1998.

Plays
Apostando a Elisa (1990). Madrid: Editorial La Avispa, 2001. In *8 piezas and two plays*. Caracas: Textoteatro Ediciones, 1981.
Bandolero y malasangre (2001).
La casa puertola (1996).
Cielito lindo (1990). In *8 piezas and two plays*. Caracas: Textoteatro Ediciones, 1981.
Comegato (1996).
Corazón pornográfico. In *Las piezas del mal*. Caracas: Teatro San Martín de Caracas, 1991.
Divorciadas, evangélicas y vegetarianas (1989). Madrid: Sociedad General de Autores y Editores, 1991; Madrid: Editorial La Avispa, 2001. In *8 piezas and two plays*. Caracas: Textoteatro Ediciones, 1981.
Dos amores y un bicho (2000).
Fotomatón (1995).
Gorditas (1993). Madrid: Sociedad General de Autores y Editores, 1991. In *Las piezas del mal*. Caracas: Teatro San Martín de Caracas, 1991.
Historietas suicidas (1991).
Lávese delicademente a mano.
Linda gatita (1992).

Me parece ver una linda gatita (1992). In *8 piezas and two plays*. Caracas: Textoteatro Ediciones, 1981. In English as *I tawt I taw a putty tat* in *Translation as recreation: two plays by Gustavo Ott "I tawt I taw a putty tat" and "Whoever said I was a good girl?"* M.F.A. Thesis, University of Kansas, 1995.

Meticulosos criticos y criticados (1991).

Mientras te digo te quiero (1986).

Misa negra con rayas rosas.

Miss (1999).

La mujer del diputado (1986). In *Teatro 5*. Caracas: Textoteatro Ediciones, 1989.

El muro con la marca del zorro (1989).

Niclas (1981).

La nube (1984).

Nunca dije que era una nina buena (1991). In *8 piezas and two plays*. Caracas: Textoteatro Ediciones, 1981. In English as *I never said I was a good girl* in *Translation as recreation: two plays by Gustavo Ott "I tawt I taw a putty tat" and "Whoever said I was a good girl?"* M.F.A. Thesis, University of Kansas, 1995.

Ochenta dientes, quatro metros y doscientos kilos. Madrid: Agencia Española de Cooperación Internacional, Ediciones de Cultura Hispánica, 1999.

Onda media (1986). In *Teatro 5*. Caracas: Textoteatro Ediciones, 1989.

Passport (1989). In *Teatro 5*. Caracas: Textoteatro Ediciones, 1989; *8 piezas and two plays*. Caracas: Textoteatro Ediciones, 1981.

Pavlov, el perro y la campana (1986). In *8 piezas and two plays*. Caracas: Textoteatro Ediciones, 1981; *Teatro 5*. Caracas: Textoteatro Ediciones, 1989; *Las piezas del mal.* Caracas: Teatro San Martin de Caracas, 1991;.

Los peces crecen con la luna. In *Teatro 5*. Caracas: Textoteatro Ediciones, 1989.

Proceso a Socrates (1985).

Quiéreme mucho (1989). Madrid: Editorial La Avispa, 2000. In *8 piezas and two plays*. Caracas: Textoteatro Ediciones, 1981.

El siglo de las luces. Madrid: Editorial La Avispa, 2000.

Tres esqueletos y medio. Madrid: Editorial La Avispa, 2001.

Tres estados (1984).

VEN 011

PEÑA, EDILIO (1954-) was born in Mérida, Venezuela and is known as a writer of narrative, essays, dramas, and screenplays. He has received numerous awards for his work including the Premio Tirso de Molina, and the Ordén Andres Bello. He currently teaches theater at the Centro Universitario de Arte of the Universidad de los Andes in Mérida, Venezuela.

Plays

Los amantes de Sara. In *Dos ritos y una imagen*. Caracas: Universidad Central de Venezuela, 1988; *Obras de teatro*. Mérida, Venezuela: Universidad de Los Andes, Consejo de Publicaciones, 1999.

El chingo. In *Obras de teatro*. Mérida, Venezuela: Universidad de Los Andes, Consejo de Publicaciones, 1999.

El círculo. In *Teatro*. Caracas: Monte Avila Editores, 1975. In *Los pájaros se van con la muerte y otras piezas de teatro*. Caracas: Monte Avila Editores, 1986; *Obras de teatro*. Mérida, Venezuela: Universidad de Los Andes, Consejo de Publicaciones, 1999.

Consucre. Caracas: s.n. 1978.

Ese espacio peligroso. In *Obras de teatro*. Mérida, Venezuela: Universidad de Los Andes, Consejo de Publicaciones, 1999.

Los hermanos. Caracas: FUNDARTE, 1980. In *Los pájaros se van con la muerte y otras piezas de teatro*. Caracas: Monte Avila Editores, 1986; *Obras de teatro*. Mérida, Venezuela: Universidad de Los Andes, Consejo de Publicaciones, 1999.

El huésped indeseable. Caracas: Monte Avila Editores, 1998

El intruso. In *Obras de teatro*. Mérida, Venezuela: Universidad de Los Andes, Consejo de Publicaciones, 1999.

Lady Ana. In *Obras de teatro*. Mérida, Venezuela: Universidad de Los Andes, Consejo de Publicaciones, 1999. In *Dos ritos y una imagen*. Caracas: Universidad Central de Venezuela, 1988.

Lluvia ácida sobre el mar Caribe. In *Obras de teatro*. Mérida, Venezuela: Universidad de Los Andes, Consejo de Publicaciones, 1999.

La noche del pavo real. *Obras de teatro*. Mérida, Venezuela: Universidad de Los Andes, Consejo de Publicaciones, 1999.

Los olvidados. In *Los pájaros se van con la muerte y otras piezas de teatro*. Caracas: Monte Avila Editores, 1986; *Obras de teatro*. Mérida, Venezuela: Universidad de Los Andes, Consejo de Publicaciones, 1999.

Los pájaros se van con la muerte. Mexico City: Tramoya, 1978. Madrid : Ediciones Cultura Hispánica del Centro Iberoamericano de Cooperación, 1978. Caracas: Taller de Creación Literaria, Centro de Estudios Latinoamericanos Rómulo Gallegos, 1978, In *Los pájaros se van con la muerte y otras piezas de teatro*. Caracas: Monte Avila Editores, 1986; *Dos ritos y una imagen*. Caracas: Universidad Central de Venezuela, 1988.

Regalo de Van Gogh. In *Obras de teatro*. Mérida, Venezuela: Universidad de Los Andes, Consejo de Publicaciones, 1999.

Resistencia. Madrid: Primer Acto, 1974. In *Teatro*. Caracas: Monte Avila Editores, 1975.; *Los pájaros se van con la muerte y otras piezas de teatro*. Caracas: Monte Avila Editores, 1986; *Obras de teatro*. Mérida, Venezuela: Universidad de Los Andes, Consejo de Publicaciones, 1999.

VEN 012

RENGIFO, CÉSAR (1915-1980) was born in Caracas and studied the techniques of Diego Rivera at the Escuela de Artes Plásticas in Mexico. He began his career as a painter and muralist. In his twenties he became a member of the Communist party and was exiled to Colombia in 1939. He has taught at the Universidad de los Andes and the Universidad Central de Venezuela. In 1953, he founded the Teatro Máscaras which produced plays in Caracas and throughout the country. In 1979 he received the Premio Ollantay from CELCIT and in 1980 he won the Premio Nacional de Teatro.

Plays

Armaduras de humo.

Buenaventura chatarra (1964). In *Teatro*. Caracas: Letras de Venezuela, Dirección de Cultura, Universidad Central de Venezuela, 1966.

Los canarios (1949). In *Teatro breve*. Caracas: Editorial Ateneo de Caracas, 1979.

El caso de Beltrán Santos. In *Teatro breve*. Caracas: Editorial Ateneo de Caracas, 1979.

Curaya o El Vencedor. (1949).

De lejos llegan las mariposas.

En la selva de piedra.

La equina del miedo. In *Teatro breve*. Caracas: Editorial Ateneo de Caracas, 1979.

Esrellas sobre el crepúsculo (1958). In *Teatro*. Caracas: Letras de Venezuela, Dirección de Cultura, Universidad Central de Venezuela, 1966; *Teatro breve*. Caracas: Editorial Ateneo de Caracas, 1979.

La fiesta de los moribundos. Caracas: Asociación de Escritores Venezolanos, 1970.

Hojas del tiempo (1953).

Los hombres de los cantos amargos. Caracas: Asociación de Escritores Venezolanos, 1970. In *Teatro*. Havana: Casa de las Américas, 1977.

Joaquín Sánchez (1952).

Lo que dejó la tempestad (1951). In *Teatro*. Havana: Casa de las Américas, 1977.

Manuelote (1954). In *Teatro breve*. Caracas: Editorial Ateneo de Caracas, 1979.

Una medalla para las conejitas. In *Conjunto*, no. 22 (Oct.-Dec.1974).

Obcénaba (1959)

El otro pasajero.

¿Quién se robó esa batalla? In *Conjunto*, no. 40, (April-June 1979), pp.79-100.

El raudal de los muertos cansados. In *Teatro*. Havana: Casa de las Américas, 1977.

Soga de niebla (1958).

La sonata del alba (1963). In *Conjunto*, no. 22 (Oct.-Dec. 1974), pp.10-42.

Un tal Ezequiel Zamora. Caracas: Fundacademus, 1983. In *Teatro*. Havana: Casa de las Américas, 1977.

La telaraña.

Las torres y el viento. In *Teatro*. Havana: Casa de las Américas, 1977. In *Teatro contemporáneo hispanoamericano*. Madrid: Escelicer, 1971.

El vendaval amarillo (1959). In *Teatro*. Caracas: Letras de Venezuela, Dirección de Cultura, Universidad Central de Venezuela, 1966; *Teatro*. Havana: Casa de las Américas, 1977.

VEN 013

RIAL, JOSÉ ANTONIO (1911-) was born in Spain but has resided in Venezuela since 1955. He was imprisioned in Spain during the Spanish Civil War. While in Spain, he was part of the group "Cacetal del Arte" founded by Spanish surrealist writers. He has won the Premio del Teatro del Ateneo de Caracas and was a finalist for the Premio Tirso de Molina in Spain.

Plays

Arcadio. Caracas: Monte Avila Editores, 1985.

Bolivar. Caracas: Monte Avila Editores, 1985. In *Conjunto*, no. 53 (April-June 1982), pp.12-41; *VI Festival Internacional de Teatro '83: obras publicadas*. Caracas: Asociación Venezolana de Profesionales del Teatro (AVEPROTE), 1983.

Fragata del sol. Caracas: Asociación Venezolana de Profesionales del Teatro: Presidencia de la República de Venezuela, Consejo Nacional de la Cultura, 1983.

La muerte de García Lorca. Caracas: Monte Avila Editores, 1975. In *Teatro venezolano*. Caracas, Venezue: Monte Avila, 1991.

Nuramí. Caracas: s.n., 1954.

VEN 014

SANTANA, RODOLFO (1944-) was born in Caracas and founded the Teatro Experimental de la Casa de Cultura. Afer directing in several theaters he began writing plays. In 1970 he was awarded the Premio Nacional de Teatro.

Plays

Algunos en el islote. In *Ocho piezas cortas de teatro*. Caracas: Editorial S. Avila, 1974.

Babel. In *Ocho piezas cortas de teatro*. Caracas: Editorial S. Avila, 1974.

Barbarroja. Caracas: Monte Avila, 1971.

Los criminales. In *Ocho piezas cortas de teatro*. Caracas: Editorial S. Avila, 1974.

Del Sr. Ostrovich. In *Ocho piezas cortas de teatro*. Caracas: Editorial S. Avila, 1974.

La farra. In *Ocho piezas cortas de teatro*. Caracas: Editorial S. Avila, 1974.

Los hijos del iris. Maracaibo, Venezuela: Universidad del Zulia, Facultad de Humanidades, 1969.

Moloch. In *Ocho piezas cortas de teatro*. Caracas: Editorial S. Avila, 1974.

La muerte de Alfredo Gris. Maracaibo, Venezuela: Universidad del Zulia, Facultad de Humanidades, 1968. In *Ocho piezas cortas de teatro*. Caracas: Editorial S. Avila, 1974.

El ordenanza. Maracaibo, Venezuela: Universidad del Zulia, Facultad de Humanidades, 1969.

El sospechoso suicidio. In *Ocho piezas cortas de teatro*. Caracas: Editorial S. Avila, 1974.

Tiranicus. In *Ocho piezas cortas de teatro*. Caracas: Editorial S. Avila, 1974.

VEN 015

TRUJILLO, MANUEL (1925-   ) was born in Puerto Cabello, Venezuela. He studied painting and was part of the artistic and literary group "Contrapunto" in Caracas in the 1940's. He contributed to various newspapers aand cultural magazines. He has also written novels and a biography of Bolivar in addition to his plays.

Plays

El gentilmuerto. In *Teatro*. Caracas: Dirección de Cultura, Universidad Central de Venezuela, 1968.

Movilización general. In *Teatro*. Caracas: Dirección de Cultura, Universidad Central de Venezuela, 1968.

Los siete pecados capitales. Caracas: Monte Avila Editores, 1974.

VEN 016

USLAR-PIETRI, ARTURO (1906-   ) was born in Caracas and studied politics at the Universidad Central de Venezuela. and is widely published in various disicplines. He has held many government positions, among them the Miniter of Foreign Relations and Venezuelan ambassador to UNESCO. He was director of the daily newspaper *El Universal* and has contributed widely to international literary journals. He has received many awards for his writing, most notably the Premio Nacional de Literatura in 1953, the Premio Cervantes and the Premio Príncipe de Asturias, both from Spain.

Plays

Chúo Gil. Caracas: Monte Avila Editores, 1983. In *Chuo Gil y otras obras*. Caracas: Monte Avila, 1992.

El día de Antero Albán. In *Teatro*. Caracas: Ediciones EDIME, 1958; *Chuo Gil y otras obras*. Caracas: Monte Avila, 1992.

El dios invisible. In *Teatro*. Caracas: Ediciones EDIME, 1958; *Chuo Gil y otras obras*. Caracas: Monte Avila, 1992.

La fuga de Miranda. In *Teatro*. Caracas: Ediciones EDIME, 1958.

La tebaida. Caracas: Asociación Venezolana de Profesionales del Teatro: Presidencia de la República de Venezuela, Consejo Nacional de la Cultura, 1983. In *Teatro*. Caracas: Ediciones EDIME, 1958; *VI Festival Internacional de Teatro '83: obras publicadas*. Caracas: Caracas:

Asociación Venezolana de Profesionales del Teatro (AVEPROTE), 1983; *Chuo Gil y otras obras*. Caracas: Monte Avila, 1992;

VEN 017

WILLIAMS, PAUL (1942-   ) was born in Caracas and studied at the Ateneo de Caracas. In addition to writing plays, he has directed several dramatic productions and was awarded the Premio of the VII Concurso Literario de la Universidad de Zulia.

Plays

A toda velocidad. Maracaibo, Venezuela: Universidad del Zulia, Facultad de Humanidades, 1967.

Coloquio de hipócritas. Maracaibo, Venezuela: Universidad del Zulia, Facultad de Humanidades, 1968; Caracas: Ediciones El Nuevo Grupo, 1968.

AUTHOR INDEX

The Bio-bibliography is arranged by country, then by author. The codes refer to entry numbers for each author. The following codes are used for each country:

ARG	Argentina	GUA	Guatemala
BOL	Bolivia	HON	Honduras
BRA	Brazil	MEX	Mexico
CHI	Chile	NIC	Nicaragua
COL	Colombia	PAN	Panama
COS	Costa Rica	PAR	Paraguay
CUB	Cuba	PER	Peru
DOM	Dominican Republic	PUE	Puerto Rico
ECU	Ecuador	URU	Uruguay
ELS	El Salvador	VEN	Venezuela

A

Abelenda, Oscar M.   ARG 001
Acosta, Walter   URU 001
Adellach, Alberto   ARG 002
Adler, Mariela de   PAR 001
Adoum, Jorge Enrique   ECU 001
Aguilar, Hernan   ARG 005
Aguilera Malta, Demetrio   ECU 002
Aguirre, Coral   ARG 003
Aguirre, Isidora   CHI 001

Agurcia Membreño, Mercedes   HON 001
Agustín, José   MEX 001
Agustoni, Luis   ARG 004
Ahunchain, Alvaro   URU 002
Alanís, Guillermo   MEX 002
Albán Gómez, Ernesto   ECU 003
Alberto, Alberto Felix   ARG 005
Alberto, Alejandro   ARG 006
Alcayaga, Zulema   ARG 007

TITLE INDEX

The codes at the end of each title refer to the entry number for the author(s) of
works with that title.

F

H

U

V - Z

About the Author

TONY A. HARVELL is Head of Acquisitions at The University of California, San Diego Libraries.